글로벌 공공외교 기관과 활동

이상환 권재범 김현규 서인원 조용성
박광기 강유덕 김효정 박재적 Feta Simon 지음

글로벌 공공외교 기관과 활동

이상환 권재범 김현규 서인원 조용성
박광기 강유덕 김효정 박재적 Feta Simon 지음

Global Public Diplomacy: Organizations and Activities

KOREA FOUNDATION

HU:iNE

「글로벌공공외교 기관과 활동」을 발간하며…

2021년은 한국이 UN에 가입한 지 30년이 되는 해였다. 아울러 한국 공공외교의 대표 기관인 한국국제교류재단(Korea Foundation)이 1991년 설립 이래 30주년이 되는 해였다. 이제 한국 외교에서 공공외교의 중요성은 두말할 필요가 없다. 오늘날 각종 정부·비정부 기관은 물론 개인에 이르기까지 공공외교의 주체와 대상이 다원화되고 그 의제와 수단도 다양화하고 있다.

한 세대(generation)가 지나가는 시점에서 우리나라의 공공외교는 새로운 도약을 준비하고 있다. 외교부를 컨트롤 타워로 한국국제교류재단이 중심이 되어 한국국제협력단(KOICA), 재외동포재단(OKF), 해외문화홍보원(KOCIS), 세종학당(KSIF) 등의 기관과 각종 정부 부처와 지자체가 민간기관 및 국민과 함께하며 공공외교를 활발히 수행하고 있다. 이제 30년을 돌아보며 우리나라의 공공외교를 업그레이드해야 할 시점에서 학부학생과 관심 있는 일반인을 대상으로 본 단행본은 출간된 것이다.

세계 주요국의 공공외교 기관과 그 활동을 살펴보며 우리가 벤치마킹할 점이 무엇이 있는지를 찾아내는 것이 이 책의 기본적인 발간 취지이다. 연구 대상으로서 세계 주요국은 한반도 주변 4대 강국과 공공외교의 역사적 경험이 많은 유럽의 영국, 프랑스, 독일, 그리고 중견국 호주 등이다. 이 책을 통해 이들 국가의 주요 공공외교 기관의 전략을 분석하며 우리가 취할 공공외교 개선 전략을 제안하고자 한다.

본 단행본의 저자들은 해당 국가에 관한 지식과 경험을 겸비한 전문가로서 최근의 상황을 글에 반영하고 있다. 특히 세계 주요국의 공공외교 기관과 활동을 동일한 기준과 맥락에서 저술한 책이 부족한 상황에서 본 단행본이 그 목마름에 단비가 되리라 믿어 의심치 않는다. 지난 수년간 다양한 공공외교 교과목을 개설하여 학생들과 호흡한 입장에서 꼭 필요한 책이 출간됨을 기쁘게 생각한다.

책 출간에 즈음하여 지난 세월 맺어온 많은 소중한 인연들에 대한 고마움을 다시금 전하고자 한다. 우선 본 단행본의 발간을 위해 지원해주신 한국국제교류재단에 감사드리며, 빠듯한 출간 일정에도 불구하고 꼼꼼한 편집작업으로 저자들을 도와주신 도서출판 HUINE께도 사의(謝意)를 표하고자 한다. 끝으로 「글로벌 공공외교 기관과 활동」 저술을 함께한 저자분께 학문공동체의 일원으로 말로 표현할 수 없는 고마운 마음을 전하고자 한다.

2022년 3월

저자들을 대신하여

이상환

차례

서문 5

I부. 글로벌 공공외교 기관의 현황과 역할 10

II부. 세계 주요국의 공공외교 기관과 활동 46

제1장. 미국의 공공외교 기관과 활동 48

제2장. 중국의 공공외교 기관과 활동 82

제3장. 일본의 공공외교 기관과 활동 116

제4장. 러시아의 공공외교 기관과 활동 146

제5장. 독일의 공공외교 기관과 활동 176

제6장. 프랑스의 공공외교 기관과 활동 206

제7장. 영국의 공공외교 기관과 활동 240

제8장. 호주의 공공외교 기관과 활동 268

III부. 한국의 공공외교 기관과 활동 292

IV부. 한국의 공공외교 개선을 위한 제언 326

참고문헌 366

저자 소개 384

1부.

글로벌 공공외교 기관의 현황과 역할

공공외교[1]란 외국 국민과의 직접적인 소통을 통해 우리나라의 역사, 전통, 문화, 예술, 가치, 정책, 비전 등에 대한 공감대를 확산하고 신뢰를 확보함으로써 외교 관계를 증진하고, 우리의 국가 이미지와 국가 브랜드를 높여 국제 사회에서 우리나라의 영향력을 높이는 외교 활동을 말한다. 정부 간 소통과 협상 과정을 일컫는 전통적 의미의 외교와 대비되는 개념으로, 문화·예술, 원조, 지식, 언어, 미디어, 홍보 등 다양한 기제를 활용하여 외국 대중에게 직접 다가가 그들의 마음을 사고, 감동을 주어 긍정적인 이미지를 만든다는 것이 공공외교의 기본 개념이다.

공공외교는 주로 외국의 대중을 그 대상으로 하지만, NGO·대학·언론 등도 여론 형성에 중요한 역할을 한다는 점에서 공공외교의 대상에 포함된다. 또한, 최근에는 외교 정책에 대한 자국민의 이해와 지지가 중요해짐에 따라, 자국민과 단체·기관도 공공외교의 범주에 포함하는 경향이 있다. 공공외교는 정부 주도하에 외국 국민의 이해와 신뢰를 증진하는 외교 활동이다. 그러나 공공외교를 성공적으로 수행하기 위해서는 다양한 주체들의 자발적 참여가 필요하다. 국민 개개인, NGO, 기업, 지방자치단체, 각급 정부 기관 등 다양한 수준의 행위자들이 상대 국가의 행위자들과 네트워크를 형성하고 유지하는 가운데 서로에 대한 이해를 증진하고, 이를 통해 상호 교류와 협력을 더욱 돈독히 할 때 비로소 공공외교의 효과가 발휘될 수 있는 것이다.

공공외교라는 용어는 냉전이 한창이던 1965년 미국의 전직 외교관이자 터프츠대(Tufts University) 플래쳐스쿨(The Fletcher School) 학장인 에드먼드 걸리온(Edmund Gullion) 이 '에드워드 머로우 공공외교 센터(Edward R. Murrow

1 외교부 홈페이지(https://www.mofa.go.kr/)

Center for Public Diplomacy)'를 설립하면서부터 사용되기 시작했다. 당시의 공공외교는 냉전 질서 속에서 하드 파워를 추구하는 과정에서 상대방 국가의 정책에 영향을 미치기 위해 해당국의 여론을 움직이려는 정책이었다. 이후 1990년대 냉전이 종식되면서 공공외교에 관한 논의도 일시적으로 감소하는 듯했으나, 2001년 9·11 테러, 민주주의의 세계적 확산, 통신수단의 혁명적 발전, 세계적 금융위기 등으로 군사력과 경제력이 핵심을 이루는 하드 파워가 한계에 봉착하고 정부 간 외교뿐만 아니라, 외국 국민에게 직접 다가가는 외교의 중요성이 증가하면서 새로운 외교 패러다임으로 공공외교가 다시금 재조명되기 시작했다.

오늘날의 공공외교는 문화·예술, 스포츠, 가치관과 같은 무형의 자산이 지닌 매력을 통해 상대국 대중의 마음을 사로잡는 소프트 파워를 추구하는 개념이라고 할 수 있다. 20세기의 공공외교가 두 차례의 세계대전과 동서냉전 프레임을 배경으로 등장했다면, 21세기의 공공외교는 9·11 이후 하드 파워의 한계가 드러나면서 소프트 파워의 중요성 부각, 세계화의 급속한 진전과 민주화의 확산으로 다양한 비국가 행위자가 외교의 주체로 등장, 소셜 미디어·소셜 네트워크 등 뉴미디어 매체의 비약적인 발달로 시공간의 격차 해소, 정보 민주화가 확산하면서 대중에 의한 대중을 향한 개방형 외교의 중요성 확대 등 외교 패러다임이 변화하는 과정에서 재부상한 것이라고 할 수 있다. 우리나라는 선진국에 비해 공공외교에 한발 늦게 뛰어든 편이나, 2010년을 '공공외교의 원년'으로 선포하고, 기존의 정무외교·경제외교와 함께 공공외교를 대한민국 외교의 3대 축으로 설정하고, 공공외교 강화를 위해 노력하고 있다.

본 단행본에서 다루어지는 공공외교의 주요 대상국은 미국, 중국, 일본, 러시아, 독일, 프랑스, 영국, 호주 등이다.

첫째는 미국의 공공외교 기관과 활동 사례이다.[2]

미국의 공공외교는 다른 나라들과 마찬가지로 국제 사회에서 미국의 이미지를 제고하거나 미국이 추진하는 대외 정책에 대한 호의적 여론 조성, 미국에 대한 오해 및 왜곡된 정보를 바로잡는 것을 주요 목적으로 하고 있다. 20세기 이후 미국은 다른 나라들을 압도할 수 있는 수준의 하드 파워를 보유하고 있음에도 불구하고 지금까지 대외 정책 추진에 있어 많은 어려움을 겪어 왔는데, 그러한 과정에서 하드 파워만으로는 세계적 대외 정책 어젠다를 추진하고 목표를 성취하는 것이 어렵다는 인식을 가지게 된다. 그리고 이러한 인식 아래 해외 대중을 대상으로 한 공감과 설득이 필수적이며 해외 여론에 대한 호소의 중요성을 깨닫고 공공외교를 추진하게 된다.

미국 공공외교의 역사는 제1차 세계대전 무렵으로 거슬러 올라간다. 당시 많은 유럽국가들이 자국의 입장을 타국에 알리고, 자국의 이미지 제고를 위한 공공외교 전략을 추진하고 있었는데, 미국은 이러한 상황 속에서 비교적 뒤늦게 공공외교 경쟁에 뛰어들었다. 1917년 우드로 윌슨 행정부(1913-1921)에서는 공공정보 위원회(Committee on Public Information)를 설립하여 미국이 추구하는 가치와 정신을 해외에 소개하는 소책자를 발행하는가 하면 미국의 긍정적

2 권재범 교수(전북대 정외과) 담당

이미지 전파를 위한 영화를 제작하기도 했다. 또한 30년대 들어 루즈벨트 행정부(1933-1945)에서는 국무부 산하에 문화관련 부서 및 미주간 문제 담당기구(Office of Inter-American Affairs)를 설치하는 한편 제2차 세계대전 참전 이후 전시정보국(Office of War Information) 및 전략정보국(Office of Strategic Service)을 설치하여 미국에 대한 적국의 거짓정보 전파를 막고 영화 등과 같은 다양한 선전도구를 활용하기도 했다.

이후 냉전시기에 접어들면서 미국 공공외교는 소련의 프로파간다(propaganda)에 대항하는 성격을 띄며 전개되었다. 아이젠하워 행정부(1953-1961)에서는 1953년 대외공보처(US Information Agency, USIA)를 설립하고 냉전시기 공공외교를 추진해 나갔다. 당시 미국은 해외 정부의 리더 및 대중과의 소통을 강화함으로써 국제 사회에 미국의 가치를 전달하고자 했으며, 해외 국민들을 대상으로 한 교육/문화 프로그램 등을 추진함으로써 미국 외교 정책에 대한 지지를 이끌어냄과 동시에 미국과 이들 국가 간의 결합 강화를 도모했다. 미국은 USIA를 통해 국제 사회에 미국이 추구하던 가치들, 즉 자유, 진보, 평화를 전파, 증진하고자 했던 것이다. 하지만 냉전시기 USIA의 활동은 대부분 소련의 프로파간다 활동에 대항하는 데 그쳤으며, 미국 역시 자국의 입장을 선전하는 방향으로 공공외교를 추진했다는 비판을 받기도 했다.

탈냉전기 이후 미국의 공공외교는 행정부의 변화에 따라 그 기조와 접근법에도 변화가 나타났지만 전반적으로 해외 대중에 대한 의사소통이 강화, 확대되었다. 탈냉전 시기의 시작과 맞물려 시작된 클린턴 행정부(1993-2001)에서는 공공외교에 대한 관심이 상대적으로 감소했다. 냉전 체제가 붕괴되고 소련 등으로부터의 안보 위협이 사라진 이후 더 이상 체제 경쟁을 지속할 이유가 없어졌고, 따라서 소련의 프로파간다 활동에 대항한 냉전기 스타일의 공공외교를 추구할 유인이 없어졌기 때문이다. 부시 행정부(2001-2009) 들어 공공외교의 중요성은 국내에서 다시 한번 주목을 받게 되었다. 2000년대 이후 중동과 북아프리카 지역을 포함해 전 세계적으로 미국에 대한 반감이 증가하는 현상이 나타났고, 특히 9·11 테러 이후 미국이 주도한 '테러와의 전쟁'을 거치며 미국에 대한 국제적 여론이 악화된 것이다. 결국 미국은 공공외교에 대한 논의를 다시 시작하였고, 공공외교를 핵심적 외교목표 중 하나로 추진하려는 의지를 보임으로써 공공외교가 국무부의 핵심적 외교목표 중 하나로 승격되었다. 오바마 행정부(2009-2017)에서는 2008년 글로벌 금융위기로 인해 촉발된 미국의 경제적 쇠퇴라는 전 세계적 인식을 불식시키고, 테러와의 전쟁 과정에서 훼손된 글로벌 리더로서의 이미지를 재정착하는 것이 중요한 과제로 떠올랐다. 그리고 이를 위해 미국 공공외교의 예산과 프로그램, 인력자원이 본격적으로 갖춰지기 시작했다. 트럼프 행정부(2017-2021) 출범 이후 미국의 대외 정책 전반의 기조와 방향에 급격한 변화가 생겼다. 트럼프 행정부는 미국식 고립주의를 채택하며 환태평양 경제 동반자 협정(TPP)과 파리 기후 변화 협정 탈퇴를 선언하는 한편 동맹국보다는 자국 이익을 우선하는 정책을 추진하게 된다. 그리고 이 과정에서 공공외교에 대한 집중 역시 이전 정부들에 비해 감소하는 모습을 보여주었다. 요컨대 행정부의 외교 정책 기조에 따라, 그리고 대외 환경의 변화 등에 따라 각 행정부의 공공외교에 대한 접근법과 중요도는 변화해왔다고 볼 수 있다.

미국 공공외교 조직

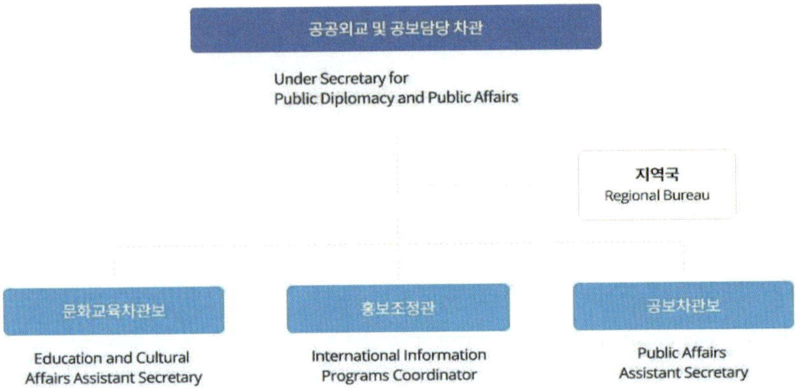

출처: 대한민국 외교부 https://www.mofa.go.kr/

둘째는 중국의 공공외교 기관과 활동 사례이다.[3]

중국 공공외교의 기원을 찾아본다면, 1949년 중화인민공화국 수립 이전의 항일 투쟁 시기로 거슬러 올라가야 한다. 그 당시 중국 공산당은 자국의 항일 정신과 공산당의 역할에 관하여 세계 사회에 알리고자 노력하였다. 그 대표적인 예로서 지금에서까지 많이 읽히고 있는 『중국의 붉은 별(Red Star China)』 출판이다. 중국 공산당이 국민당 군을 피해 내륙으로 피신한 대장정 기간에 미국인 기자 에드가 스노우(Edgar Snow)를 초청하여 마오쩌둥(毛泽东)을 밀착 취재하도록 하였다. 1936년 6월부터 10월까지 약 5개월간 이루어진 취재 결과물을 책으로 낸 것이 바로 『중국의 붉은 별』이며, 출판된 이후 세계적인 베스트셀러가 되었다. 이는 중국 공산당이 처음으로 서방의 기자와 서방의 매체를

3 김현규 교수(한국외대 글로벌정치연구소) 담당

활용하여 자신을 국제 사회에 소개하고 선전한 것으로, 중국 공산당 공공외교의 시작이라고 볼 수 있다.

신중국 성립 이후 중국 공공외교의 첫 번째 시기는 신중국 성립 이후부터 개혁개방 이전까지의 기간이다. 해당 시기의 중국 공공외교는 신중국을 선전하고, 세계 혁명을 지지하는 것을 목표로 이루어졌다. 문자 그대로 해당 기간에는 아직 현대적 의미의 공공외교와는 다른 선전이 주가 되어 공공외교를 수행하는 모습을 보였다. 두 번째 시기는 개혁개방 이후부터 냉전 종식까지의 기간이다. 해당 시기의 중국 공공외교는 개혁개방을 촉진하고 세계평화를 수호하는 것을 목표로 이루어졌다. 1976년 문화대혁명 시기에 폐지되었던 중국 공산당 중앙위원회 선전부(中国共产党中央委员会宣传部)가 부활하였고, 1978년 그 산하에 대외선전국을 조직하여 중앙 부처에 산재해 있던 대외 선전기구를 체계화하여 적극적으로 활용하기 시작하였다. 중앙과 지방뿐 아니라 대만, 화인(华人), 화교 등 국내외를 아우르는 폭넓은 범위와 대상으로 선전업무를 수행하였다. 나아가 1980년 4월 중앙대외선전소조(中央对外宣传小组)를 설립하였고 그 상설 기구로서 중앙대외선전판공실(中央对外宣传办公室)을 두었다. 세 번째 시기는 냉전 종식 이후부터 후진타오 집권기까지의 기간이다. 해당 시기의 중국 공공외교는 중국을 소개하고 평화 발전을 선도하는 것을 목표로 이루어졌다. 1990년대 중국의 대외 선전 목표는 그 당시 유행하였던 '중국위협론', '중국붕괴론' 등 중국에 대한 부정적 이미지를 해소하는 것으로, 중국을 적극적으로 소개하여 국제 사회가 가지고 있는 의심과 우려를 불식시키는 데에 주안점을 두었다. 게다가 과거와는 다르게 대외 선전의 주된 대상이 상대국 정부에서 민간으로 서서히 변화하기 시작하였다. 이렇게 컨트롤 타워가 중심을 잡아주자, 산하에 많은 공공외교 관련 기관과 활동이 등장하였다. 외교부, 문화부, 교육부, 국가방송총국(国家广播电视总局) 등 중앙 기관뿐 아니라, 지방 정부에서도 공공외교 담당 부서가 신설되어 많은 활동을 지휘하고 감독하였다. 마지막 시기는 시진핑 집권 이후부터 지금까지의 기간이다. 해당 시기의 중국 공공외교는 중국을 이해시키고 중국의 가치를 전파하는 것을 목표로 이루어지고 있다. 2010년 일본을 제치고 세계 제2의 경제 대국으로 발돋움하면서 과거 온전히 하드 파워 증진에 힘을 쏟았던 것을 소프트 파워에도 나누게 되었다. 2013년 시진핑 주석의 해외순방 때 언급이 시작되어 2015년 본격적으로 추진한 국가급 대전략인 '일대일로(一带一路)'를 보더라도 핵심 키워드인 5통(五通) 중에 '민심상통(民心相通)'이라는 키워드가 존재한다.

정부를 중심으로 민간이 참여하는 형태가 주를 이루면서, 민간에서의 공공외교 활동들도 날로 늘어나고 있다. 중국 정부는 중앙뿐 아니라 지방 각급 정부에도 공공외교협회와 공공외교연구 기관을 만들어 공공외교를 더욱 활성화하고 있다. 2018년 기준으로 베이징, 천진, 상하이, 광둥 등지에서 공공외교협회를 설립하였으며, 그 수는 20개에 달한다. 연구 기관의 수 또한 20개였는데, 칭화대학(清华大学), 중국런민대학(中国人民大学), 베이징외국어대학(北京外国语大学), 외교학원(外交学院) 등 고등 교육 기관과 국책 연구 기관 산하에 관련 연구센터를 설치 운영하고 있다.

중국의 공공외교[4]는 자국의 부상에 대한 우려, 즉 '중국 위협론'에 대한 주변국들과 세계의 우려를 불식시키고자 하는 데에 초점을 맞추어 왔으나,

4 김태환. 2016. "주변국 공공외교의 최근 추세 유형과 한국에 대한 함의." 『주요국제문제분석』, 2016-45: 1-30.

2008년 베이징올림픽과 세계 경제위기를 기점으로 적극적이고 공세적인 입장으로의 변화를 보이고 있다. 이는 곧 '부상하고 있는 대국'이자 동시에 '개발도상국'이라는 중국 자신에 대한 이중적 정체성에 기인하는 것이다. 중국의 이중적 정체성은 중국의 공식 담론 변화에도 반영되어 있다. 중국의 대표적인 공식 담론은 1980년대 덩샤오핑의 도광양회(韬光养晦)로부터 화평굴기(和平崛起), 화평발전(和平发展), 신형대국관계(新型大国关系), 신형국제관계(新型国际关系), 인류운명공동체(人类命运共同体)로 변화 발전하고 있다. 중

중국 공공외교 조직

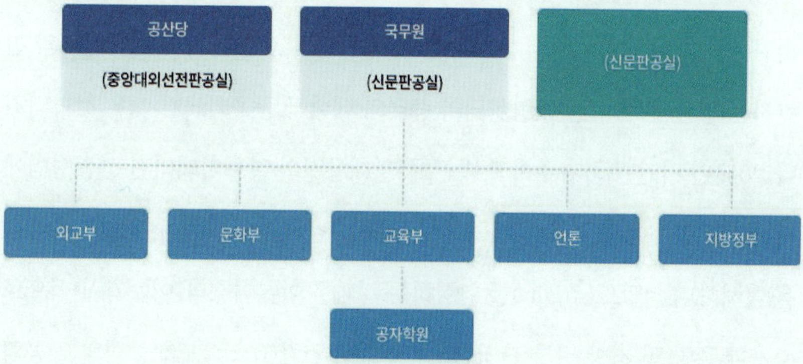

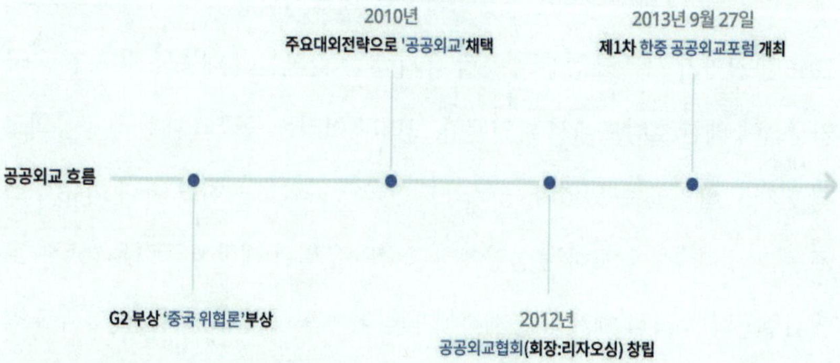

출처: 대한민국 외교부 https://www.mofa.go.kr/

국은 또한 다양한 문화 프로그램을 공공외교의 핵심 자산으로 사용하고 있으며, 특히 공자학원(孔子学院)이 대표적이다. 예를 들어, 미국의 공자학원은 지역의 공립 학교에 교실을 운영함으로써, 다차원적·다층적 글로벌 네트워크 구조를 지니고 있다. 그러나 미국과 캐나다 등지의 교수들은 공자학원이 학문적 자유를 저해한다며 공자학원의 폐쇄 및 증설에 반대하는 현상도 나타나고 있다.

시진핑 집권 이후 본격화된 중국의 대한국 공공외교는 일정 정도의 성과를 거뒀지만 그 한계가 비교적 단기간에 확인되었다. 2010년 초반 이후 중국과의 상호 의존적인 경제 관계를 중심으로 정치 안보의 측면에서도 거리를 좁히려는 노력이 강화되면서 하드 파워적인 협력이 소프트 파워적인 협력과 결합하는 양상이 양국 간에 형성되어 중국의 대한국 공공외교가 매우 강화되었다. 2013년 시진핑 국가주석과 박근혜 전 대통령의 한중미래비전 공동성명에서 명시되었듯이 양국 간의 공공외교 강화는 양국의 국민들이 서로의 유사점을 이해하며 친밀도(affinity)를 향상하는 결과를 이끌어냈다. 이는 폭발적으로 증가한 중앙 및 지방 정부 간의 교류, 정부 및 민간(Track 1.5, 2) 중심의 공공외교 포럼, 중국 내 한국 유학생의 증가와 한국 내 공자학원 및 중국어 교육 기관, 2016년 전까지 꾸준히 높은 수준을 유지한 한국 국민의 대중국 및 시진핑 국가주석에 대한 호감도에서 확인된다. 그러나 이러한 중국의 대한국 공공외교의 한계도 확인할 수 있었다. 중국의 대한국 공공외교는 하드 파워 이슈가 소프트 파워 이슈를 압도하는 상황에서 중국의 우월한 대한국 국력을 바탕으로 권위주의의 수직적 체계의 통제하에 움직이는 공공외교 행위자들이 우호적이고 긍정적인 매력 공세 위주의 공공외교에서 부정적인 위협과 압력의 정무

및 경제 외교와 결합된 형태의 공공외교로 급격히 변화함을 알 수 있다.[5]

셋째는 일본의 공공외교 기관과 활동 사례이다.[6]

일본은 1970년대와 80년대부터 자국 기업의 경제적 이해와 원조를 연계시킨 개발 도상국과의 경제 협력 및 ODA를 추진하였다. 그리고 사회 개발 분야와 아시아 공동체 형성에 기여하는 외교 정책을 중요시하였고 일본 국익 차원에서의 공공외교를 확대했다. 1990년대 후반부터 2000년대 사이 일본은 공공외교의 본연의 자세에 대해 새로운 방향성을 모색하게 되었다. 그 배경에는 버블 붕괴 이후 일본의 국제적 영향력의 원천이며 공공외교의 자원이기도 한 경제가 정체를 보이는 가운데 일본의 국제적인 지위를 유지하기 위해 경제력을 보완하는 정책이 요구된 적이 있다. 그 방안 중 하나가 '쿨 재팬'를 키워드로 해 그것을 소프트 파워의 원천으로 하는 팝컬쳐 문화 외교였다. '쿨 재팬'이라는 말이 보급되면서 고이즈미 준이치로 총리는 2004년 '문화 외교 추진에 관한 간담회'를 발족시켰다. 이 간담회는 2005년 7월 11일 보고서를 공표하고 문화 외교의 필요성을 호소한 후 일본 문화(전통문화 및 현대문화)와 사회모델을 '21세기형 쿨'로 자리매김하였다. '쿨 재팬'에 상징되는 문화 예술의 콘텐츠를 중심으로 하고 있던 홍보 외교는 제2차 아베 정권에서 문화로부터 영토나 역사에 관한 정보까지 넓혀 정보 발신에 힘을 넣게 되었다.

---

5 백우열·함명식. 2017. "중국의 대한국 공공외교 성과와 한계 분석: 시진핑 집권 시기를 중심으로." 『한국정치학회보』, 51(5): 135-159.

6 서인원 박사(일제강제동원피해자지원재단 전문관) 담당

현재 문화에 관한 일본의 홍보 외교방침은 국제교류기금과 협력하여 일본 외무성이 전통문화와 팝 문화 등의 일본의 매력을 다른 나라들에 소개하는 노력을 하고 해외에서 일본어 보급을 위한 지원을 제공하고 타국과의 인적 교류에 UNESCO와 유엔대학 등의 국제 기관을 통한 협력을 촉진한다는 방침이다. 외무성에서는 일본의 강점과 가치관, 전통, 현대 일본을 형성하는 문화적 배경 등 일본의 다양한 매력을 해외로 발신하고 일본 전체의 브랜드 향상에 이바지하기 위해 '일본 브랜드 발신 사업'을 수행하고 있다.

외무성도 현지에 있는 재외공관 등을 활용해 일본의 다양한 매력을 다양한 형태로 전 세계에 발신하는 등 친일층의 확대나 방일 관광객 유치에 연결되는 노력을 적극적으로 하고 있다. 재외공관은 국제 교류 사업을 일본 국내 또는 현지의 단체가 실시하는 사업과 조합해 '일본 주간'이나 '일본 축제'등의 종합적인 일본 문화 소개 사업의 선두 역할을 맡는 일도 하고 있다. '재포니즘 2018'은 2018년 7월부터 2019년 2월까지 일불우호 160주년을 기념하여 실시되었다. 이는 파리를 중심으로 프랑스에서 전개된 종합적인 일본문화 소개 사업으로 2016년 5월의 일불정상회담에서 아베 총리와 올랜도 프랑스 대통령 사이에서 합의된 행사이다.

2차 대전 종전 후 1960년대까지는 침략전쟁을 일으킨 일본의 부정적 이미지를 불식시키고 평화적 이미지를 심기 위한 소극적 공공외교를 시행하였으며, 따라서 이 시기의 일본 공공외교는 전통적 문화에 초점을 맞춘 일방향적 투사의 양상을 띠었다. 그러나 1970년대와 1980년대 일본의 비약적인 경제성장으로 인한 국제 사회의 우려를 불식시키기 위해서 문화 외교와 국제 홍보를 강화하기 시작하였으며, 국제 사회에서 일본의 경제력에 걸맞은 국제적 책임

일본 공공외교 조직

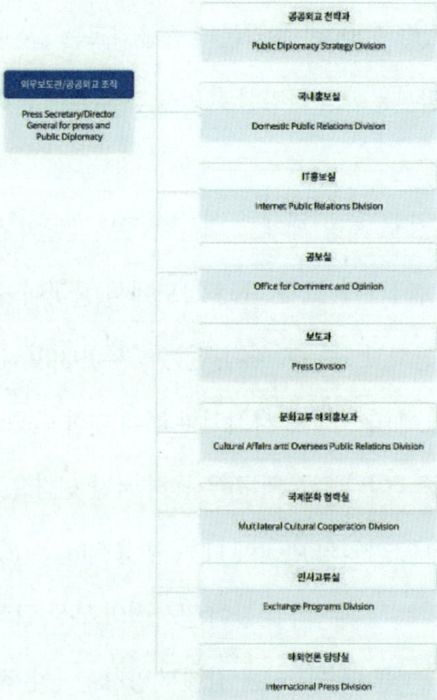

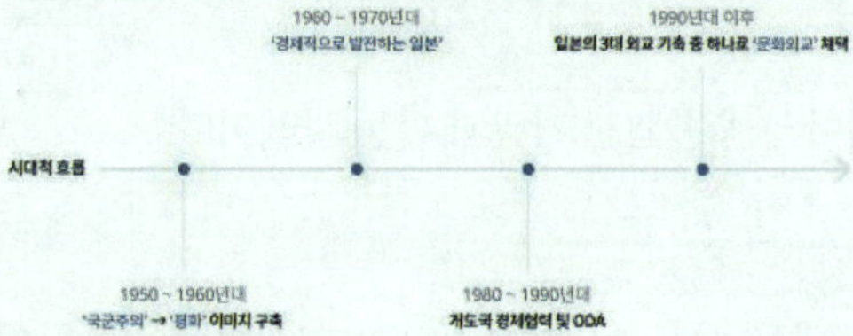

출처: 대한민국 외교부 https://www.mofa.go.kr/

을 수행하는 국가로서의 위상과 이미지 확산이 공공외교의 핵심 초점이 되었다. 이러한 필요에 따라 공공외교 전담 기관으로서 1972년 일본국제교류기금(Japan Foundation; JF)을 창설하였으며, 1980년대 들어서 국제적으로 일본어 붐이 일자 해외 일본어 교육 지원이 JF의 최우선 사업이 되었다. 1982년부터 일본 정부는 JF의 일본어 프로그램을 공적개발원조(ODA) 예산을 통해서 지원하기 시작했으며, 1987년에는 ODA가 JF 일본어 프로그램 사업비의 30%까지 차지하기에 이르렀다. 2000년대 일본의 공공외교는 일본어와 J-Pop에 대한 흥미를 기반으로 일본문화의 다양한 측면을 전 세계에 알리는 데에 초점을 맞추었다.[7]

최근 중국의 부상으로 서방 세계를 비롯한 주변국들의 우려가 깊어짐에 따라 이러한 우려를 불식시키고자 하는 시도에서 중국이 공공외교(China's charm offensive)에 주안하고 있는 것처럼, 일본 역시 1980년대에 일본의 '경제 초강대국'으로의 부상에 따른 국제 사회의 우려에 대한 반응으로 공공외교에 주력해왔다. 따라서 중국이나 일본의 경우 공히 국가 전략으로서 공공외교의 부상은 본질적으로 하드 파워의 마찰에 대한 '반응적(reactive)' 성격을 가지는 것이다. 중국의 경우에는 경제력과 더불어 군사력의 부상, 그리고 일본의 경우에는 경제력의 부상에 따른 마찰이라는 점에서 양자 간 근본적 차이가 있다.[8]

넷째는 러시아의 공공외교 기관과 활동 사례이다.[9]

공공외교에 대한 신생 러시아 연방의 인식은 2000년 러시아 외무부가 발표한 '러시아 연방 외교 정책 개념(The Concept of Foreign Policy of Russian Federation)'에서 드러난다. 이는 체제 전환기의 혼란을 딛고 러시아 정부가 외

---

7 김태환. 2015. "일본의 대미 공공외교와 한국의 지식외교 대응 방안." 『주요국제문제분석』, 2015-15: 1-25.

8 김태환. 2016. "주변국 공공외교의 최근 추세 유형과 한국에 대한 함의." 『주요국제문제분석』, 2016-45: 1-30.

9 조용성 박사(러시아 상트페테르부르크국립대학교 ABD) 담당

교적 역량을 강화하기 위해 해외에서 보는 자국의 이미지를 중요하게 여기기 시작했다는 것을 보여준다. 또한 러시아 정부는 미국과 벨기에의 광고회사들과 계약을 체결하고 서방권에서 러시아의 국가 브랜드 홍보 작업을 활성화하는 동시에, 2004년부터 해외의 러시아 전문가 및 언론인을 초청하여 진행하는 발다이 포럼(Valdai Forum)을 개최해왔다. 이는 해외에서 조성되는 러시아에 대한 부정적인 선입견을 줄이고, 러시아가 더 이상 이념과 권위주의에 경도되지 않고 합리적으로 사고하고 의사결정을 내리는 국가라는 이미지를 심어주기 위한 크렘린의 노력이었다.

특히 2007년은 러시아 공공외교의 분수령이 되는 해였다. 6월 21일 루스키 미르(Ру-сский Мир, Russkiy Mir) 재단 설립에 관한 대통령령이 공포된 것이다. 미르(мир)는 러시아어로 평화와 세계를 의미한다. 즉, 이미 명칭에서부터 "(러시아가 만드는) 세계와 평화"라는 단체의 설립 취지가 드러나는 것이었다. 루스키 미르 재단은 교육 재단으로서 러시아어 교육 지원 및 러시아 문화 보급, 재외 러시아인 동포의 문화 및 언어 정체성 보존 및 진흥을 목표로 하고 있다. 루스키 미르 사업은 푸틴 대통령 집권 말기에 재원 및 청사진이 마련되어 본격적인 활동이 시작된 것으로, 메드베데프(Dmitry Medvedev) 대통령이 취임한 이후에도 프로젝트는 지속되었다. 사업 방식은 세계 각국의 대학들을 선별하여 러시아 센터 또는 대표부를 설치한 다음 재정적인 지원과 함께 문화 및 교육 프로그램을 제공하고 있다. 2022년 1월 기준 남북한 포함 총 50개국에 러시아 센터가 개설된 상태이다.

루스키 미르 재단의 설립 이후 러시아 공공외교 정책은 2008년 외무부 산하 러시아 연방국제협력청(Россотрудничество, Rossotrudnichestvo)의 설립으로 점차 체계적으로 조직화되었다. 루스키 미르 재단이 해외 고등 교육 기관과의 협업을 통해 전 세계에서 러시아 언어 교육 및 문화 진흥에 초점을 맞춘 정부 출연 민간 기관이라면, 국제협력청은 이와 같은 협력을 전방위적으로 총괄하는 정부 기관이라고 할 수 있다. 주목할 점은, 국제협력청은 러시아 정부 초청 장학생 과정 등 전 세계 국가를 대상으로 한 프로그램을 운영하기도 하지만, 특히 구 소련 지역 국가를 대상으로 한 공공외교 프로젝트에도 높은 비중을 두고 있다는 것이다. 국제협력청 또한 루스키 미르 재단처럼 러시아학술문화센터(Russian Center for Science and Cultre)을 해외 각지에서 운영하고 있으며, 때때로 루스키 미르와 공동으로 러시아 문화 및 학술행사를 진행해 오고 있다. 언론 부문에서는 RT와 마찬가지로 스푸트니크(Sputnik) 통신사 또한 2014년 이후 뉴스 제공 언어를 확대시켰고, 2021년 1월 기준 9개 언어 라디오 방송 및 30개 언어의 온라인 기사를 제공하고 있는데, 여기서 우크라이나어와 에스토니아어를 제외한 구소련 13개국 언어와 2008년 조지아 전쟁 후 러시아가 독립을 승인한(세계 대부분은 미승인) 국가 언어인 압하스어(압하지야), 오세트어(남오세티야) 서비스도 제공하고 있다는 것이 주목할 만하다.

과거 소련 시기 공공외교는 사회주의권 국가와 제3세계 국가들로부터의 평판을 중시했기 때문에 비교적 단순한 패턴을 보였다. 그러나 체제전환기 이후 러시아 공공외교의 발전사는 역동적인 특성을 보인다. 옛 자유진영 국가들 사이에서 공유되는 러시아에 관한 선입견 및 부정적인 이미지 해소, 공산주의 이념이 부재한 현재 구소련 국가들과의 유대감 회복과 러시아 디아스포라의 연대 강화 등 이전과는 다른 새로운 환경에 직면했기 때문이었다. 그렇기에 러시아는 자국의 입장을 왜곡없이 국제 사회에 반영하고, 구소련 지역을 포함한 전 세계에 긍정적인 이미지를 확보하기 위한 기술적 방법과 체계 발전을 지속해 왔다.

러시아는 중국과 마찬가지로 2000년대에 들어서 미디어외교에 주력하고 있다. 2013년 러시아전략연구소(Russian Institute for Strategic Studies; RISS)는 새로운 연례 리포트(World's Media Hostility Index)를 출간하기 시작했는데, 이는 세계 미디어 내용을 분석하고 미디어에 나타난 반러시아 보도를 모니터하기 위한 것이다. 미디어외교와 더불어 특징적인 현상은 러시아가 서구의 이른바 '보편적 가치'에 대응하는 대안적 가치를 주창하기 시작했다는 점이다. 특히 푸틴 대통령하에서 러시아정교회(Russian Orthodox Church)가 러시아적 가치에 기반한 소프트 파워 공세의 근원으로 부상하고 있다. 러시아는 정교회를 통해서 동성애 혐오, 반민주적, 종교의 자유에 반하는 반서구적 가치를 제시하고 있으며, 러시아정교는 종교라기보다는 '영적 가치(spiritual values)'로서 범슬라브 정체성의 핵심 요소가 되고 있다. 푸틴은 "러시아의 전통적인 신앙과 핵무기는 러시아의 주권을 강화하고 대내외적 안보를 유지하기 위한 필수조건"이며, 정교회가 "다른 국가에서의 종교와는 달리 러시아 국가주의(Russian statehood)의 근원"임을 강조하고 있다. 러시아는 UN 총회, UN 인권위원회, UNESCO(United Nations Educational, Scientific and Cultural Organization), OSCE(Organization for Security and Cooperation in Europe), Council of Europe 등의 국제기구에서 인권, 개인적 자유, 보편적 인권과 같은 서구의 '보편적 가치'에 대해서 러시아의 '전통적 가치'를 옹호하고 있다. 루스키 미르의 활동에 러시아 문화 및 언어 증진에 더하여 러시아정교회의 '영적 유산과 전

통'을 증진하는 것이 주요 임무로 추가되기 시작하였다.[10]

다섯째는 독일의 공공외교 기관과 활동 사례이다.[11]

독일의 공공외교라고 할 수 있는 독일의 대외적인 문화정책은 이미 19세기 후반 비스마르크 시기에 시작되었다. 이 시기에 독일제국의 영토에 거주하지 않는 독일인을 지원하기 위한 다양한 민간조직이 만들어졌다. 독일학교협회(Deutscher Schulverein)와 같은 조직이 1881년에 결성되었고, 이 조직은 후에 해외독일인협회(Verein für das Deutschtum in Ausland) 그리고 해외독일문화관계협회(Verein für Deutsche Kulturbeziehungen im Ausland)로 개칭하였다. 이러한 민간단체들은 정부의 지원을 받았다. 바이마르 공화국 시기에는 외무부에 문화국이 설치되어 외국에 거주하는 독일인(Auslandsdeutsche)과 관련된 민간단체를 지원하는 한편 대외홍보 업무는 수상실에서 관할하게 되었다. 이러한 업무 분할은 1945년 이후 서독에서도 지속되었다.

1945년 이후 서독은 바이마르 공화국과 마찬가지로 문화정책를 통해 제2차 세계대전 이후 패전국으로서의 독일에 대한 국가 이미지 개선 및 민주주의에 대한 수호와 과거 청산을 위하여, 그리고 국제적인 이해와 협력을 위하여 적극적으로 추진되었다. 특히 1918년 독일어를 가르치는 외국인 교사를 양성하기 위하여 민간단체로 창설된 '독일아카데미'를 '독일문화원(Goethe

10 김태환. 2016. "주변국 공공외교의 최근 추세 유형과 한국에 대한 함의." 『주요국제문제분석』, 2016-45: 1-30.

11 박광기 교수(대전대 정외과) 담당

Institut)'으로 개편하여 비스마르크 시기에 추진한 문화정책을 담당하게 하였으며, 특히 1950년대에는 전 세계에 설립되어 있는 독일문화원이 관할하도록 그 활동 영역을 확장하였다. 그러나 기본적으로 독일의 문화정책은 정부 차원에서 기본적인 정책을 수립하고, 다양한 민간 기관들이 사업을 수행하는 혼합형 구조를 가지고 독일어 보급 활성화 사업과 저개발국 해외교육 지원 사업 및 문화 및 예술 교류 등을 추진하고 있다.

독일 공공외교 조직

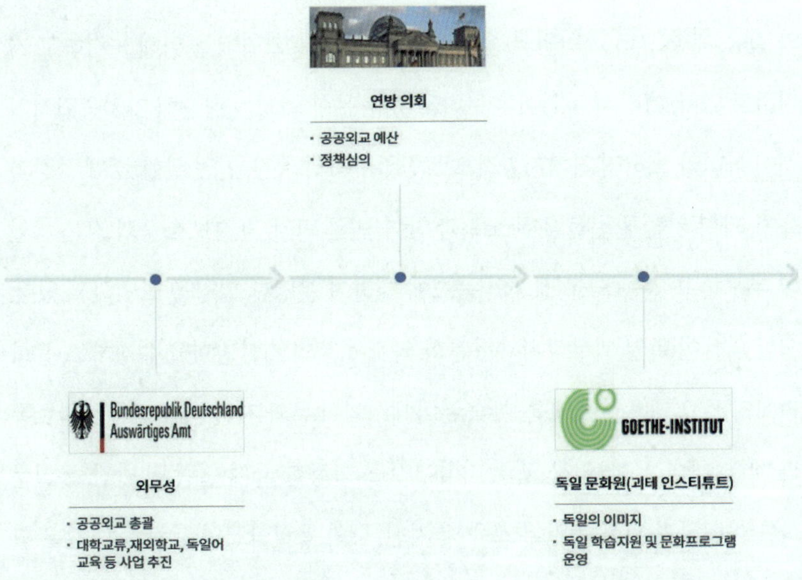

출처: 대한민국 외교부 https://www.mofa.go.kr/

그러나 1990년 독일통일과 유럽통합, 전지구적인 세계화 등과 같은 21세기 국제환경의 변화는 독일 문화 외교의 새로운 전환을 요구하게 되었다. 이에 따라 독일은 '컨셉트 2000(Konzeption 2000)'이라는 새로운 문화 외교 정책을 새롭게 제시하였다. 사실 독일의 공공외교라고 할 수 있는 문화 외교 정책의 대부분은 1970년대 독일 외무성에서 작성하여 필요할 경우 외무성이 현실을 반영하여 약간의 수정을 거쳐 추진해 온 것이었다. 그러나 1990년에 들어와 유럽의 통합, 러시아, 아시아 지역의 국제 정세의 변화 등 국제환경이 변화되면서, 이에 부합하는 문화외교 정책의 필요성에 따라서 연방의회 차원에서 논의를 통해 외무성이 제출한 컨셉트을 통과시켜 현재 독일 문화 외교 정책인 '문화 전략 2000(Kulturstrategie 2000)'을 수립하게 되었다.

독일의 새로운 문화 외교는 독일 외교 정책의 일반적인 목표인 평화유지와 갈등 예방 그리고 인권의 실현과 국가 간의 우호 협력을 위해 노력하고 지원하고 있다. 따라서 독일이 추구하고 있는 문화 외교는 단순히 가치중립적인 것이 아니라 오히려 가치지향적으로 민주주의의 촉진, 인권 실현, 경제 성장과 유지, 과학 기술 발전을 위한 노력과 참여, 빈곤 퇴치, 환경보호 등과 같은 독일이 추구하고 있는 외교 정책의 목표에 대하여 분명한 입장을 표명하고 있다. 이를 위하여 독일 외무성에서는 문화 외교 정책의 기본방향을 설정하고, 문화외교의 주요 내용으로 교육·학술 분야에서의 교류와 지원, 국제적인 문화소통과 대화, 예술·문화·인사 교류, 미디어 등을 활용한 국제 협력 및 발전, 독일문화를 이해하기 위한 독일어 교육 및 지원, 국외 독일학교의 건립 등과 같은 활동을 추진하고 있다.

그리고 독일은 연방, 주, 지방자치단체 그리고 각종 민간단체의 문화정책이나 활동 역시 이 문화 외교 정책의 추진 전략을 기초로 전개하고 추진하도록 하여 정부 기관은 물론 민간단체와 시민들이 자발적이고 적극적인 활동과 협력을 추진하도록 지원하고 있다. 따라서 독일 문화 외교 정책은 정부와 민간의 협력을 통해 추진되고 있으며, 독일 외무성은 매년 문화 외교의 진척상황과 결과 등을 고려하여 개선사항과 추진방법 등을 수정·보완하고 있다.

여섯째는 프랑스의 공공외교 기관과 활동 사례이다.[12]

프랑스의 공공외교 개념은 문화정책의 영향을 깊이 받았으며, 다른 국가들에 비해 그 역사가 길며, 그 범위가 광범위하다. 또한 문화 외교는 프랑스의 외교에 있어 다른 나라에 비해 훨씬 핵심적인 역할을 수행하는 개념이다. 역사적으로 프랑스의 문화형성의 축은 국가와 왕실, 그리고 교회였다. 국가와 교회는 자신의 위엄을 높이기 위해 문화를 후원했고, 절대왕정에 기반을 둔 중앙집권화 과정에서 국가의 역할은 더욱 강화되었고, 왕실은 고급문화 형성의 생산자이자 후원자 역할을 하였다.

부르봉 왕가의 루이 13세(1601~1643년) 기간 중 리슐리에(Richelieu)는 18년간 재상으로 재직하며 국가로서 프랑스의 기틀을 확립하는 데 크게 기여한 것으로 평가를 받는다. 리슐리에는 국가이성(raison d'Etat)을 주장하면서 국왕의 절대적 권위가 모든 것에 우선한다는 신조에 입각하여 문화 활동을 후원했다. 1635년에는 루이 13세의 이름으로 리슐리에는 프랑스 학술원(Academie française)의 창립을 주도했다. 또한 리슐리에는 1627년 신프랑스회사(Compagnie de la Nouvelle France)를 설립하여 북아메리카 진출 등 대외확장 정책을 시작했고, 이와 더불어 프랑스 문화를 해외에 보급하고자 노력했다.

12 강유덕 교수(한국외대 LT학부) 담당

유럽에서 프랑스의 국력이 크게 확대된 때는 루이14세(1638~1715) 통치 기간으로 재무총감이었던 장-바티스트 콜베르(Jean-Baptiste Colbert)의 역할이 매우 컸다. 콜베르는 보호무역주의와 국가주도형 제조업 육성이라는 독특한 방식의 중상주의 정책을 통해 프랑스를 유럽의 무역중심지로 끌어올렸다. 대외적으로도 이 무렵부터 식민지 확장에 관심을 기울였다. 17세기 이전의 식민 정책이 북아메리카 대륙에 국한되는 것이었다면, 루이14세 이후에는 아프리카와 아시아에 걸쳐 영국과의 식민지 확보를 위한 경쟁이 계속되었다. 루이 14세 시기는 왕실문화에 기반을 둔 프랑스 문화가 정착, 유럽 전역으로 확산되기 시작한 때이다. 루이 14세는 왕실의 후원으로 개최되는 축제, 연회, 연극, 무도회에 많은 귀족들을 초청하였고, 새로운 복장이나 예절, 화법 등 화려한 문화적 표준, 에티켓(étiquette)을 만들어냈다. 이렇게 확산된 프랑스 왕실문화는 고급문화의 표준으로 자리를 잡았는데, 프랑스 왕실은 이 문화를 유럽 전역으로 확산시키고자 하였다. 1694년 프랑스 학술원(Academie française)은 왕실의 후원으로 프랑스어 사전을 출판했는데, 이 시기에는 프랑스어가 라틴어를 대신해서 공식적인 외교언어로 자리 잡기 시작했고, 외국 왕실의 공용어가 되기도 하였다. 루이 14세 시기에 프랑스는 베르사유 궁전의 건축을 계기로 건축, 연극, 무용, 의복 등 다양한 예술 분야에서 유럽의 중심으로 부상했다. 이후 1700년대 말에는 나폴레옹의 이집트 원정 또한 프랑스 문화 외교가 확대되는 계기가 되었다. 당시 나폴레옹은 영국의 팽창을 견제하기 위해서는 이슬람세계에 대한 문화적 접근이 필요하다고 보았고, 1798년 학자와 예술가로 구성된 예술 및 과학위원회(Commission des sciences et des arts)를 구성하고, 이를 원정대에 편입시켰다. 이 위원회는 이집트 원정기간 중 각종 탐험과 조사, 연구를 진행하였고, 나폴레옹은 이들을 중심으로 이집트 연구소(Institut d'Égypte)를 창설하여 싱크탱크로 활용하였다. 원정에서 복귀한 후, 위원회는 이집트 원정기(Description de l'Égypte)를 발표했고, 위원회의 구성원들은 이후 각자의 분야에서 명저를 남겼다. 이렇듯 프랑스는 일찍부터 문화정책을 자국의 위상을 알리는 외교기제의 일부로 사용했고, 이를 통해 자국의 영향력을 유럽과 식민지 세계에 확대하고자 하였다. 또한 외국의 문화를 정책적으로 연구함으로써 대외 팽창 정책을 뒷받침할 수 있는 자료로 활용하고자 하였다. 물론 이러한 시도는 식민지 개척을 위한 도구적 차원이었다는 데에서 한계가 있지만, 오늘날 해외지역연구의 시발점이 여러 제국들의 대외 팽창 정책에서 시작되었다는 점에 유념할 필요가 있다. 이러한 프랑스만의 독특한 역사적 경험은 프랑스의 외교 정책에 있어 문화 외교가 독특한 의미를 갖게 되는 배경이 되었다.

프랑스의 공공외교는 영토 확장과 같은 제국주의적 전통과 깊은 관련이 있다. 그러나 20세기 들어 프랑스 영토의 공간적 확장은 사실상 불가능해졌고, 프랑스의 국력은 수차례의 쇠퇴를 경험했다. 제1차 세계대전 직후 프랑스의 교육부장관이었던 앙드레 오노라(André Honnorat)는 프랑스가 인구적 측면에서나, 경제적 측면에서나 더 이상 강대국이 되기 어렵다고 생각했고, 프랑스가 강대국으로 남을 수 있는 방법은 문화의 전파(rayonnement de culture)를 통해서라고 판단했다. 이러한 사고의 연장선에서 오늘날 청년문화 교류의 명소로 발전한 파리국제대학도시(La Cité internationale universitaire de Paris)가 설립되었다. 제국적 위상이 약화된 프랑스의 현실이 대외적으로 문화 외교를 강화하려는 의지를 만들어 낸 것이다.

프랑스의 공공외교가 문화 외교를 중심으로 체계화된 것은 제2차 세계대전 이후이다. 프랑스는 제2차 세계대전 이후 인도차이나와 아프리카의 해외 영토를 대부분 상실하였다. 과거의 영향력이 약화되는 상황에서 프랑스는 자국 문화의 보호와 유지를 위한 문화정책을 적극적으로 실시했고, 문화 외교를 통해 영향력 약화를 보완하고자 하였다. 가령 1948년 프랑스 외교부는 부처 내에 대외적 문화 외교를 담당할 문화총국(Direction générale des relations culturelle)을 설치했다. 이 조치는 프랑스어권 국가에 대한 프랑스의 영향력을 유지하고, 문화 예술 협력을 통해 프랑스의 문화를 전파시키기 위한 것이었다. 이후 드골 대통령은 1959년 7월 법령을 통해 '문화부(Ministère des Affaires culturelles)'를 창설하게 되는데, 이 시점은 프랑스의 공간적 확장을 담당했던 '식민지부(Ministère des Colonies)'가 그 역할이 대폭 축소된 해외영토부로 변경된 시점과 일치한다. 식민부 소속관료 중 상당수는 문화부로 충원되었는데, 이러한 인적 충원 방식은 과거의 제국주의적 전통이 문화정책으로 전이되는 통로가 되었다. 드골 대통령 당시 문화부 장관을 지낸 앙드레 말로(André Malraux)는 프랑스 문화의 우월성이 세계에서 인정받을 수 있도록 활발한 문화 외교를 전개하였는데, 프랑스의 대외적 이미지에 문화적 색채가 각인되기 시작한 것은 이 시점부터이다. 이러한 정책은 여러 정부를 거쳐 1980년대 초까지 계속되었다.

1980년대부터 프랑스는 좌파와 우파가 번갈아가면서 집권하였고, 프랑스 정치 체계의 특징에 기인하는 동거정부를 거치게 되었다. 이 과정에서 프랑스의 공공외교는 좌파정부가 집권했던 미테랑 대통령 시기와 이후 우파정부의 집권 시기로 구분해서 살펴볼 수 있다. 미테랑 대통령이 집권하기 전 프랑스의 문화 외교는 상당부분 과거 제국주의 전통을 계승하고 있었다. 그러나 1979년 프랑스 문화부의 차관이었던 자끄 리고(Jacques Rigaud)는 외교부 장관에게 제출한 보고서를 통해 문화패권주의를 비판하였다. 프랑스의 문화정책이 과거의 영광에 고착된 프랑스의 이미지를 전 세계에 전파하는 것이 아니라, 스스로의 자폐성을 극복하고 국제적인 문화적 교차로로서의 사명을 담당하는 것이어야 한다는 것이다. 미테랑 대통령 시기 프랑스 공공 문화 외교의 특징은 우선 기본틀에 있어 기존의 제국적 문화 외교에서 국제적 문화 외교로 중심이동을 꾀했다는 것이며, 민간의 참여를 확대했다는 점이다. 또한 프랑스어의 보호와 해외보급 확대를 통해 민간외교 확대를 도모하였다. 1995년 시라크-사르코지로 이어지는 우파 대통령 시기에는 제도적 개혁이 이루어졌다.

시라크 대통령의 임기 말이었던 2006년 5월 '퀼튀르프랑스(Cultures France)'가 창설되어 외교부로부터 대부분의 문화 외교 관련 업무를 이전 받

프랑스 공공외교 조직

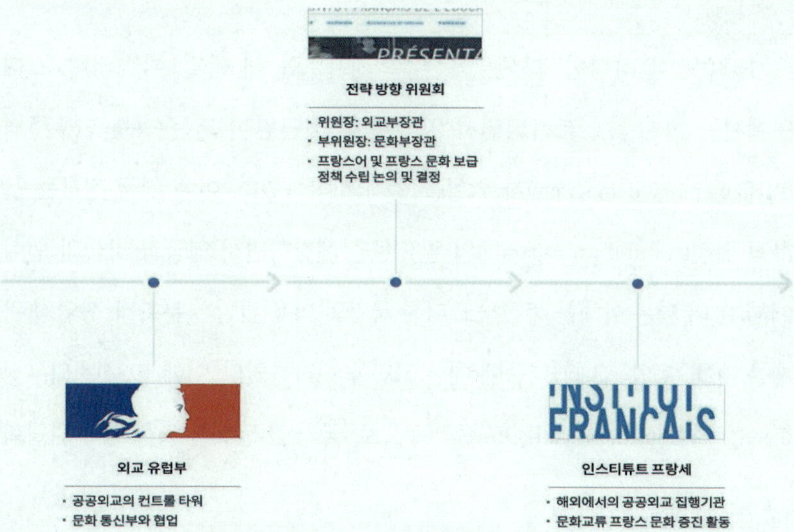

출처: 대한민국 외교부 https://www.mofa.go.kr/

았다. 연이어 집권한 우파정부의 사르코지(Nicolas Sarkozy) 대통령 시기에는 실용주의적 기조에 입각한 다양한 개혁정책이 추진되었다. 사르코지 대통령은 좌파인 미테랑 정부에서 보건부 장관을 역임했던 쿠쉬네(Bernard Kouchner)를 외교부 장관에 임명했고, 외교부를 세계화부로 변화시키고 유럽에 있어 프랑스의 위치를 공고히 할 것을 주문했다. 특히 공공외교와 관련해서는 프랑스의 문화적 영향력을 확대할 것을 주문했고, 특히 그 중심에 프랑스어의 확산과 방송 등 시청각 분야의 역량 재구성에 두었다. 이에 기존의 외교부는 외교유럽부(Ministère des Affaires étrangères et européennes)'로 개칭되었다. 이후 2008년에 발표된 프랑스의 외교백서는 2008~2020년의 기간 중 프랑스가 추진할 외교 정책의 5대 핵심 목표를 밝혔다.

일곱째는 영국의 공공외교 기관과 활동 사례이다.[13]

1930년대 러시아에서는 공산주의가, 유럽 내 독일·이탈리아·스페인에서는 파시즘이 확산되면서 영국 정부의 근간이 되는 의회 민주주의(Parliamentary democracy)가 위협을 받기 시작하였다. 이에 영국 정부는 문화적 선전(cultural propaganda)의 필요성을 체감하면서 영국과 자국의 언어에 대한 더 넓은 이해를 촉진하고 다른 국가와 더욱 긴밀한 문화적, 상업적 관계를 맺을 수 있는 메커니즘에 대한 고민을 시작하였다. 이에 1934년 외무성(Foreign & Commonwealth Office)의 주도로 '국가 간 관계를 위한 영국 위원회

13 김효정 교수(경희대 국제개발협력연구센터) 담당

(the British Committee for Relations with Other Countries)'를 설립하였다. 이듬해 이 위원회는 '국가 간 관계를 위한 영국 문화원(the British Council for Relations with Other Countries)'으로 이름을 변경하였으며, 1936년 최종적으로 '영국 문화원(the British Council)'이라는 명칭으로 확립되었다. 이것이 현재까지 영국 문화원으로 이어지고 있으며 영국 공공외교의 기원이 된다고 볼 수 있다.

영국 정부는 타국의 국민들에게 영국에 대한 긍정적인 이미지를 투사함으로써 우호적인 관계를 형성하고, 영국 정부의 대외 정책을 지지하도록 만들고자 하였다. 이러한 맥락에서 당시 영국 문화원의 설립 목표는 국제 사회에서 영국에 대한 이해의 기반이 될 수 있는 철학, 생활방식, 사고방식 등을 공유하고 이에 대한 우호적인 지식을 확산시킴으로써 영국의 외교 정책에 대한 공감대를 확산하고자 하는 것이었다. 이후 1940년 영국 문화원은 '영국과 영어에 대한 더 넓은 지식을 해외에 홍보하고, 영국과 다른 국가 간의 더 긴밀한 문화적 관계를 발전시키기 위한 기관'으로 영국 왕실 칙허(Royal Charter)를 부여받았다. 제2차 세계대전이 진행되는 과정에서 영국 문화원을 영국 정부의 마케팅을 담당하는 중앙공보원(Central office of Information)에 편입시키자는 주장이 제기되기도 하였다. 하지만 당시 영국 문화원의 의장을 맡고 있었던 로이드 경(The Lord Lloyd)의 강력한 주장에 따라 영국 문화원은 독립 기관으로서 문화와 교육업무를 담당하게 되었다.

영국 정부는 문화 예술 정책에 있어서 '팔 길이 원칙(arms' length principal)'으로 불리는 불간섭주의 원칙을 존중하고 있다. 이는 문화 예술 분야를 담당하는 집행 기관에 대한 재정 지원은 정부가 담당하지만 정부의 지원금이 어떠한 방식으로 누구에게 분배되는가에 대해서는 정부가 간섭하지 않고 집행 기관에 위임하는 원칙이다. 이러한 영국 정부의 원칙은 공공외교 분야에서도 적용되었다. 이에 따라 정부는 예산을 지원함에도 불구하고 실질적인 문화 예술 정책은 영국 문화원이 주도적으로 기획하고 수행한다. 따라서 영국의 공공외교 정책은 기본적으로 외무성이 주관하고 있으나, 영국 문화원의 비중이 더 크다고 볼 수 있다.

영국 공공외교 정책 수행에서 또 다른 큰 축을 담당하는 윌튼파크는 1946년 1월 설립된 정책 연구 기관이다. 1944년 윈스턴 처칠(Winston Churchill) 총리가 제2차 세계대전 이후 독일에 민주주의 이념 확립이 필요하다고 강력하게 주장한 이후 이를 구체적으로 실현하기 위한 방안으로 설립되었다. 이에 1946년 1월부터 1948년까지 독일 정치인들과 지식인들을 대상으로 하는 민주주의 재교육이 수행되었는데, 이 교육 프로그램 운영 장소가 2차 세계대전 중 전쟁포로 수용소로 사용되었던 윌튼파크 부지(Wilton Park Estate)에서 이루어졌기 때문에 기관의 명칭을 윌튼파크로 명명하였다. 윌튼파크는 1948년 6월 독일 정치인들과 지식인들을 대상으로 하는 교육프로그램을 마지막으로 진행하고, 민간인들을 대상으로 한 프로그램을 도입하기 시작하였다. 이 과정에서 영국 정부는 윌튼파크가 정부 자금으로 운영되어야 하지만, 기관이 훨씬 더 자율적이고 광범위한 권한을 가져야 한다고 주장하며 관련 정책을 위임하였다. 이에 따라 윌튼파크는 조직상 영국 외무성으로부터 독립된 비영리 책임 운영 기관(non-profit-making Executive Agency)으로 운영되고 있다. 1957년 윌튼파크는 경제협력개발기구(Organization for Economic Cooperation and Development)의 모든 회원국을 대상으로 민주주의 교육프로그램을 확대하고, 유럽과 아시아뿐만 아니라 아프리카 지역에 대한 의제도 포함하기 시작하였다.

이는 영국의 외교 정책 담당자들로 하여금 각국 전문가들의 다양한 의견을 파악하게 하고, 이에 의거하여 영국 외교 정책의 수정과 조정을 가능하게 한다. 즉, 윌튼파크는 궁극적으로 영국이 국제정치 담론의 주도권을 확보하는 데 기여하고 있으며, 학술 교류나 외교 안보 포럼 개최 등으로 공공외교의 다양한 요소들을 적극적으로 수행하고 있다. 영국 공공외교의 마지막 축을 담당하고 있는 BBC는 영국 문화원, 윌튼파크와 함께 공공외교의 핵심 수행 기관으로 간주되고 있다. 세계 최초의 공영 방송국인 BBC는 공공 서비스인 BBC 월드 서비스(BBC World Service)와 상업 서비스인 BBC 월드 뉴스(BBC World News)를 통하여 공공외교를 수행하고 있다. BBC 역시 영국 문화원과 마찬가지로 1927년 설립 당시 영국 왕실 칙허를 부여받았고, 설립 목적 중 하나는 영국과 영국의 문화, 그리고 영국의 가치를 전 세계에 투영할 수 있어야 한다는 것이었다. 이후 BBC는 1932년 대영제국 내 영어권 사용자들을 대상으로 한

영국 공공외교 조직

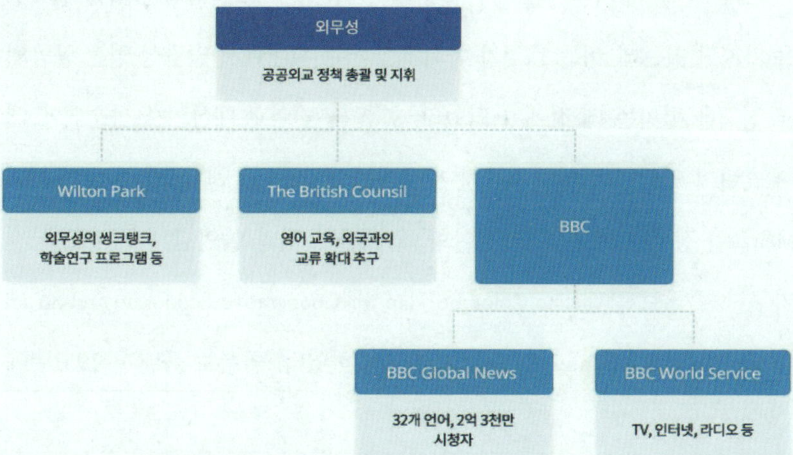

출처: 대한민국 외교부 https://www.mofa.go.kr/

라디오 뉴스를 제공하면서 BBC 제국 서비스(BBC Empire Service)라는 명칭을 사용하였고, 공공외교 정책을 수행하기 시작하였다.

이와 같이 영국은 급변하는 국제 정세에 신속하게 대응하면서 국제 사회 내 영국의 영향력을 유지하기 위하여 필요한 정책 집행 기관을 설립하였고, 이로 하여금 공공외교 정책을 담당하게 하였다. 하지만 냉전 종식 이후 영국의 문화와 역사, 예술과 교육을 홍보하거나 선전하는 수단으로서의 공공외교가 비판을 받기 시작하면서 영국 정부는 각 집행 기관이 보유하고 있는 고유한 특성을 바탕으로 독자적인 공공외교 정책을 수행하도록 지원하였다. 즉, 독립적인 집행 기관이 공공외교 정책을 기획하고 수행함에 있어 정부가 직접적으로 개입하지 않고 자율적인 공공외교 정책이 수행되도록 하고 있다.

여덟째는 호주의 공공외교 기관과 활동 사례이다.[14]

호주는 인·태 지역에 있지만 부유한 '서구 국가'로 인식되는 이중 정체성을 가지고 있는데, 이는 호주가 아시아와 서구 사이에서 일관성 있는 공공외교 정책을 펼치는 데 장애가 되었다. 호주 (공공)외교 대상의 우선순위에 대한 혼란이 있었던 것이다. 제2차 세계대전 후 자유당 멘지스(Robert Gordon Menzies) 정부는 호주의 '아시아화'에 대한 우려와 불안감 속에서도 국제기구인 '콜롬보 플랜(The Colombo Plan for Cooperative Economic and Social Development in Asia and the Pacific)'에 가입하였다. '콜롬보 플랜'은 1951년에

14 박재적 교수(한국외대 국제지역대학원)·Feta Simon 담당

호주를 포함한 영연방 7개국이 발족시켰는데, 전쟁 후 회복과 공산주의의 문턱 안에서 가난에 시달리는 탈식민지 아시아 국가들에 경제적, 기술적 지원을 제공하는 것을 목표로 했다. 이후 '콜롬보 플랜'에 따른 원조 및 국제교육은 호주가 아시아 정체성을 확립하기 위해 펼치는 대표적인 공공외교로 자리 잡았다. 호주는 1950년~1980년 사이에 약 4만 명의 유학생이 호주에서 수학할 수 있도록 지원하였는데, 이는 '백호주의' 정책을 채택했던 호주에 대한 부정적 인식을 완화하는 효과를 가져왔다.

키팅(Paul John Keating) 정부는 '아시아의 미래에 호주가 자리 잡고 있다'는 구호로 호주를 아시아에 본격적으로 배치하였다. 이 시기 호주는 호주의 중견국 외교를 강대국과 아시아를 연결하는 존재로서 인식하였다. '아시아' 정체성이 반영된 구체적인 성과로는 캄보디아 평화협정 설계에 호주가 적극적으로 관여하였던 것과 호주가 '아시아·태평양 경제협력체(APEC)' 창설에 중추적인 역할을 한 것을 꼽을 수 있다. 노동당 정부는 당시 아시아에 대해 이질감을 가지고 있었던 호주 국민을 계몽하기 위해 학계, 교육계, 정치권 내부를 대상으로 인식 개선 정책을 펼치면서, 한국, 중국, 일본, 인도네시아 4개국의 언어와 문화 연구 기관에 재정 지원을 하는 공공외교를 전개하였다.

2007년부터 2013년까지 노동당이 집권하였을 때도 노동당 정부는 전통적인 '아시아 중시' 정책을 강화하였다. 러드(Kevin Rudd) 수상이 2008년에 '아시아·태평양공동체(Asia-Pacific Community)'를 창설하자고 역설한 것이 대표적인 예이다. 동 구상은 동아시아 역외국가인 호주가 공동체 형성에 주도권을 갖는 것을 우려한 중국과 일본의 무관심으로 성과를 내지 못했다. 길라드(Julia Gillard) 정부 또한 노동당의 정체성에 부합하게 2012년 10월 호주가 아시아를 중심으로 정책을 전환하겠다는 것을 골자로 한 외교백서인 '아시아 시대의 호주(Australia in the Asian Century)' 백서를 발간하였다. 호주의 무역과 안보에서 한국, 중국, 인도, 인도네시아, 일본 등 아시아 5개국과 미국을 가장 중요한 6대 전략 파트너 국가로 명시하였는데, 국가 전략의 중심을 미국과 영국 등 구미에서 아시아로 이동하겠다는 발상의 전환이었다.

자유당/국민당 연합정부는 2014년부터 '새로운 콜롬보 플랜(New Coloombo Plan)'을 적극적으로 펼치고 있다. 기존의 '콜롬보 플랜'에 기반한 호주의 공공외교가 역내 국가 유학생을 호주에 유치하는 것에 중점을 두었다면, '새로운 콜롬보 플랜'은 호주 유학생을 역내 국가에 파견하는 정책이다. 자유당 집권 하에서도 호주가 아시아에 대한 공공외교를 강화하고 있는 것은 최근 호주 경제의 각 분야에서 중국을 포함한 아시아가 차지하는 비중이 급증하고 있는 것과 무관하지 않다. 호주 전체 수출의 약 1/3이 중국 시장으로 향하고 있으며, 중국, 일본, 한국 및 아세안이 미국, 뉴질랜드와 함께 호주의 최대 교역국이다. 코로나19 확산과 호주·중국과의 무역분쟁 전인 2018년에 호주를 찾은 중국인 관광객은 뉴질랜드인 다음으로 많은 138만 명이고, 호주 내 중국 유학생은 15만 7천 명이었다. 한편 중국에 대한 경제적 의존도를 줄인다는 관점에서도, 호주는 동북아뿐만 아니라 동남아도 중시하고 있다. 동남아시아에서 전자상거래 시장이 확장되고 있는바, 호주가 호주-아세안 간 디지털 무역 성장세가 클 것으로 전망하고 시장 공략을 준비 중이다. 이러한 상황에서 호주의 경제적 이익을 증진하기 위해서도 효율적인 공공외교가 필요하다.

부II

Ⅱ부.

세계 주요국의
공공외교 기관과 활동

제1장.

United States of America

미국의 공공외교 기관과 활동

I. 서론: 미국 공공외교의 이해

2001년 9월 11일, 미국 동부시간으로 8시 무렵 보스턴 로건공항(Logan International Airpot)과 워싱턴의 덜레스공항(Dulles International Airpot), 그리고 뉴어크 리버티공항(Newark Liberty International Airport)에서 이륙한 네 편의 비행기가 서부로 향하던 도중 테러리스트들에 의해 납치되었다.[1] 그리고 불과 1시간의 짧은 시간이 지나면서 네 편의 비행기는 차례로 관제탑 레이더에서 사라졌다. 두 편의 비행기가 뉴욕 도심의 세계무역센터에 충돌했고, 한 편의 비행기가 워싱턴 인근의 국방부 건물, 펜타곤 한켠에 충돌했으며, 나머지 한 편의 비행기는 펜실베니아 지역 벌판에 추락했다. 이 사고로 수천 명에 이르는 사람들이 목숨을 잃었고, 그보다 더 많은 숫자의 사람들이 다양한 종류의 질병과 정신적 충격으로 고통을 받게 되었다. 바로 국제정치질서에 거대한 충격을 안겨다 준 9·11 테러였다.

제2차 세계대전 이후 처음으로 본토에 대한 공격을 허용한 미국은 즉각적으로 대응했다. 9·11 테러가 일어난 직후 국제 사회의 구성원들도 일제히 비인간적 테러리즘을 규탄하고 미국에 대한 격려와 지지를 표명했다. 하지만 미국에 대한 국제 사회의 지지는 오래가지 않았다. 글로벌 테러리즘과 대량살상무기를 뿌리 뽑겠다는 의지 아래 미국은 강력한 군사력을 동원하여 일방적인 해결에 나선 것이다. 아프가니스탄 전쟁과 이라크 전쟁을 선포하는 과정에서 미국은 국제연합 안전보장이사회의 의견을 묵살하였고, 프랑스와 독일 등은 미

---

1 US National Commission on Terrorist Attacks, *The 9/11 Commission Report: Final Report of the National Commission on Terrorist Attacks Upon the United States* (New York, NY: W. W. Norton & Company, 2004), pp. 1-14.

국에 반대하는 입장을 표명하였다. 중동과 북아프리카 지역을 중심으로 미국에 대한 반감이 높아져 갔고 반미시위가 일기 시작했다. 그리고 미국은 많은 어려움을 겪으면서, 15년이 넘는 기간 동안 막대한 병력과 물량을 투입하고도 아프가니스탄과 이라크에서 철군하는 결정을 내리게 된다. 탈냉전기 이후 군사력과 경제력으로 대표되는 하드 파워(hard power)적 측면에서는 세계 최강국의 위치를 점하고 있던 미국이지만, 하드 파워에만 지나치게 의존했던 미국은 테러와의 전쟁에서 많은 어려움을 겪었고, 결국 문제 해결에 있어서도 기대 이하의 결과를 낳게 된 것이다.

이 사례는 미국이라는 초강대국이 대외 정책 어젠다를 추진하는 데 있어서 강력한 하드 파워만 의지해서는 원하는 결과물을 얻기 힘들다는 것을 보여준다. 강력한 군사력과 경제력을 보유하는 것이 다른 국가의 지지를 필연적으로 이끌어내지 못한다. 저명한 국제정치학자인 조셉 나이(Joseph S. Nye, Jr.) 교수의 주장처럼 하드 파워뿐만이 아니라 외국 정부 및 지도자들, 그리고 대중들의 마음을 얻을 수 있는 힘, 즉 소프트 파워(soft power)를 함께 보유하고 있을 때 다른 국가들의 이해와 지지를 구할 수 있는 것이다.[2] 나이 교수가 지적한 바와 같이, 만약 미국이 파키스탄 국민들의 지지를 얻었었더라면 아프가니스탄 전쟁 당시 미국은 파키스탄으로부터 더 많은 지원을 받을 수 있었을 것이고, 전쟁을 수행하는 데 있어서도 더욱 수월했을 수도 있다.[3] 하지만 미국은 파키스탄 내에서 일고 있던 반미감정에 효과적으로 대처하지 못했고, 파키스탄 국민들이 그들의 정부가 미군에 대한 공군기지 사용 등과 같은 지원을 하는 데 반대하는 것을

---

2 Joseph S. Nye, *Soft Power* (New York, NY: PublicAffairs, 2004), pp. 5-7.

3 Nye, (2004), p. 129.

막지 못했다. 이라크 전쟁 과정에서도 미국은 미국에 반감을 가진 해외 대중들을 이해시키는 데 실패했고, 결과적으로 많은 도움을 얻지 못하기도 했다.[4]

결국, 일련의 과정을 거치면서 미국은 소프트 파워에 대한 중요성을 깨닫게 된다. 미국이 국제 사회에서의 패권적 지위를 유지하고, 잠재적 도전국들의 추격을 막기 위해서는 더 이상 하드 파워에만 의존해서는 안되며, 소프트 파워를 동시에 강화시켜야 한다는 인식이 생긴 것이다. 즉, 해외 대중들을 대상으로 미국이 추구하는 중요한 가치들과 문화를 전파하고, 미국에 대한 왜곡된 정보를 차단하는 한편 정확한 정보를 제공함으로써 미국이 추구하는 대외 정책 어젠다에 대한 국제적 지지를 얻어야 한다는 인식을 가지게 된 것이다. 그리고 해외 대중들의 마음을 얻고, 더 나아가 자국의 소프트 파워 강화를 위해서 미국 역시 공공외교의 중요성을 다시 한번 강조하고 있다.[5] 그렇다면, 자국의 소프트 파워 확립을 위해 어떠한 기관들이 미국 공공외교를 추진하고 전담하고 있는가? 본 장에서는 국제무대에서 외국 대중들과의 소통 및 교류를 통해 미국의 호의적 이미지를 형성하고 미국에 대한 이해 제고, 지지 확립 등을 위해 활동하는 주요 공공외교 기관들을 살펴보고자 한다.

2. 미국 공공외교의 기원과 역사[6]

미국의 공공외교는 다른 나라들과 마찬가지로 국제 사회에서 미국의 이미

---

4 Nye, (2004), p. 105.

5 나이 교수 역시 소프트 파워 형성의 최우선 도구로 공공외교를 지목하고 있다; Joseph S. Nye, *The Future of Power* (New York, NY: PublicAffairs, 2011), pp. 100-101.

6 미국 공공외교의 기원과 역사에 관해서는 다음의 자료들을 참고, 정리하였다; 송태은, "미국 공공외교의 변화와 국제 평판," 『국제정치논총』 제57집 4호 (2017), pp. 163-198; 박지현·이숙종, "미국의 공공외교 정책: 국무부 국제방문자리더십 프로그램 사례연구," 『국제.지역연구』 제30집 2호 (2021), pp. 121-161; 김명섭·안혜경, "9·11 이후 미국 공공외교의 변화," 『세계지역연구논총』 제25집 3호 (2007), pp. 299-327.

지를 제고하거나 미국이 추진하는 대외 정책에 대한 호의적 여론 조성, 미국에 대한 오해 및 왜곡된 정보를 바로잡는 것을 주요 목적으로 하고 있다.[7] 20세기 이후 미국은 다른 나라들을 압도할 수 있는 수준의 하드 파워를 보유하고 있음에도 불구하고 지금까지 대외 정책 추진에 있어 많은 어려움을 겪어 왔는데, 그러한 과정에서 하드 파워만으로는 세계적 대외 정책 어젠다를 추진하고 목표를 성취하는 것이 어렵다는 인식을 가지게 된다. 그리고 이러한 인식 아래 해외 대중을 대상으로 한 공감과 설득이 필수적이며 해외 여론에 대한 호소의 중요성을 깨닫고 공공외교를 추진하게 된다.[8]

미국 공공외교의 역사는 제1차 세계대전 무렵으로 거슬러 올라간다. 당시 많은 유럽 국가들이 자국의 입장을 타국에 알리고, 자국의 이미지 제고를 위한 공공외교 전략을 추진하고 있었는데, 미국은 이러한 상황 속에서 비교적 뒤늦게 공공외교 경쟁에 뛰어들었다.[9] 1917년 우드로 윌슨 행정부(1913-1921)에서는 공공정보위원회(Committee on Public Information)를 설립하여 미국이 추구하는 가치와 정신을 해외에 소개하는 소책자를 발행하는가 하면 미국의 긍정적 이미지 전파를 위한 영화를 제작하기도 했다. 또한 30년대 들어 루즈벨트 행정부(1933-1945)에서는 국무부 산하에 문화관련 부서 및 미주간 문제 담당기구(Office of Inter-American Affairs)를 설치하는 한편 제2차 세계대전 참전 이후 전시정보국(Office of War Information) 및 전략정보국(Office of Strategic Service)을 설치하여 미국에 대한 적국의 거짓정보 전파를 막고 영화 등과 같은

7 송태은 (2017), p. 167.
8 송태은 (2017), p. 170.
9 박지현·이숙종 (2021), p. 127.

다양한 선전도구를 활용하기도 했다.[10]

이후 냉전시기에 접어들면서 미국 공공외교는 소련의 프로파간다(propaganda)에 대항하는 성격을 띠며 전개되었다. 아이젠하워 행정부(1953-1961)에서는 1953년 대외공보처(US Information Agency, USIA)를 설립하고 냉전시기 공공외교를 추진해 나갔다. 당시 미국은 해외 정부의 리더 및 대중과의 소통을 강화함으로써 국제 사회에 미국의 가치를 전달하고자 했으며, 해외 국민들을 대상으로 한 교육/문화 프로그램 등을 추진함으로써 미국 외교 정책에 대한 지지를 이끌어냄과 동시에 미국과 이들 국가 간의 결합 강화를 도모했다. 미국은 USIA를 통해 국제 사회에 미국이 추구하던 가치들, 즉 자유, 진보, 평화를 전파, 증진하고자 했던 것이다. 하지만 냉전시기 USIA의 활동은 대부분 소련의 프로파간다 활동에 대항하는 데 그쳤으며, 미국 역시 자국의 입장을 선전하는 방향으로 공공외교를 추진했다는 비판을 받기도 했다.[11]

탈냉전기 이후 미국의 공공외교는 행정부의 변화에 따라 그 기조와 접근법에도 변화가 나타났지만 전반적으로 해외 대중에 대한 의사소통이 강화, 확대되었다. 탈냉전 시기의 시작과 맞물려 시작된 클린턴 행정부(1993-2001)에서는 공공외교에 대한 관심 상대적으로 감소했다. 냉전 체제가 붕괴되고 소련 등으로부터의 안보 위협이 사라진 이후 더 이상 체제 경쟁을 지속할 이유가 없어졌고, 따라서 소련의 프로파간다 활동에 대항한 냉전기 스타일의 공공외교를 추구할 유인이 없어졌기 때문이다.[12] 동시에 미국으로서는 국제무대

10 박지현·이숙종 (2021), p. 127.
11 송태은 (2017), p. 172.
12 송태은 (2017), p. 173.

에서 경제적 리더로서의 위상을 확립하기 위한 노력이 외교 정책의 우선순위로 자리잡게 되며 공공외교의 비중이 낮아질 수 밖에 없었다. 실제로 냉전시기까지 미국 공공외교를 주관했던 USIA가 1999년에 독립된 기관으로서의 지위를 상실하고 국무부 산하 '공공외교 및 공보차관(Under Secretary for Public Diplomacy and Public Affairs)' 조직으로 편입된 것은 당시 공공외교에 대한 클린턴 행정부의 인식을 보여주는 사례라고 할 수 있다. 미국으로서는 탈냉전기 이후 경제적 호황과 함께 초강대국으로서의 위치를 공고히 다지게 됨으로써 굳이 USIA와 같은 독립 기관을 통한 공공외교를 추진하지 않아도 미국이 선호하는 대외 정책의 어젠다가 국제적 지지를 얻을 수 있을 것이라는 자신감을 가지게 되었다.[13] 결국, 소련의 붕괴와 함께 기존의 공공외교를 추진할 유인이 사라진 상황에서 세계 경제 질서를 이끌고 세계화 주도를 대외 정책 우선순위에 둔 클린턴 행정부는 공공외교에 대한 관심을 상대적으로 거두게 되면서 공공외교에 대한 예산 역시 줄여나갔다.[14] 따라서 미국 공공외교 활동 역시 그 범위와 중요도 측면에서 줄어들게 되었다.

부시 행정부(2001-2009) 들어 공공외교의 중요성은 국내에서 다시 한번 주목을 받게 되었다. 2000년대 이후 중동과 북아프리카 지역을 포함해 전 세계적으로 미국에 대한 반감이 증가하는 현상이 나타났고, 특히 9·11 테러 이후 미국이 주도한 '테러와의 전쟁'을 거치며 미국에 대한 국제적 여론이 악화된 것이다. 결국 미국은 공공외교에 대한 논의를 다시 시작하였고, 공공외교를 핵

---

13 송태은 (2017), p. 174.

14 Joseph S. Nye, "Public Diplomacy and Soft Power," *The Annals of the American Academy of Political and Social Science* 616-1 (2008), p. 98.

심적 외교목표 중 하나로 추진하려는 의지를 보임으로써 공공외교가 국무부의 핵심적 외교목표 중 하나로 승격되었다.[15] 당시 발간된 9·11 조사위원회 보고서에서도 앞으로의 테러리즘을 막기 위해서는 해외 대중들의 미국에 대한 이해를 제고하고, 미국과의 결속 강화가 필수적이며, 이를 위해서는 외국인들을 대상으로 한 교육프로그램이 가장 효과적 수단임을 지적하기도 했다.[16] 이를 통해 부시 행정부는 미국의 강력한 하드 파워에 대한 지나친 의존을 완화하고 소프트 파워 확립을 통해 해외 대중들의 호감을 얻는 한편 미국의 평판 및 영향력 회복을 도모하고자 했다. 특히 이 시기 미국의 공공외교는 한 가지 특징을 보였는데, 미국에 호의적이었던 외국의 대중보다는 미국을 적대적으로 인식하는 국가와 지역의 대중을 공공외교의 주 대상으로 삼았던 것이었다.[17] 일례로 기존의 국제 미디어 플랫폼에 더해 중동지역을 대상으로 한 '중동방송 네트워크(Middle East Broadcasting Network, MBN)'가 2004년 설립되어 이 지역에 미국의 대외 정책이나 미국과 미국인들의 생활 모습을 소개하는 프로그램이 전파되기 시작했다.[18] 결국, 부시 행정부 시기 미국 공공외교의 주요 방향은 반미감정을 차단하고 미국에 대한 왜곡되지 않은, 올바른 정보를 제공하는 데 있었다.

---

15 김명섭·안혜경 (2007), p. 311.

16 US National Commission on Terrorist Attacks (2004), pp. 374-377.

17 송태은 (2017), p. 176.

18 미국의 글로벌 미디어 네트워크에는 '미국의 소리(Voice of America),' '자유 유럽 라디오(Radio Free Europe)' 등이 있다. 이중 중동지역을 대상으로 2004년 MBN이 설립되었고, 그 산하에 '알후라 TV(Alhurra TV), 사와 라디오(Radio Sawa)' 등이 운영되고 있다. 공공외교 추진과 관련한 글로벌 미디어 네트워크에 대해서는 본장 3절(미국의 공공외교 주요 기관)을 참고하시오; US Advisory Commission on Public Deplomacy, "Comprehensive Annual Report on Public Diplomacy & International Broadcasting," https://www.state.gov/2020-comprehensive-annual-report-on-public-diplomacy-and-international-broadcasting/ (검색일: 2022.01.18.), pp. 286-287.

다만, 공공외교의 중요성을 강조했음에도 불구하고 부시 행정부 시기 미국의 공공외교는 인적, 재정적 측면에서 전폭적인 지원을 받았다고 보기에는 어렵다는 평가도 존재한다. 2007년 미국 공공외교 예산 요청액이 16억 달러로 2004년의 5억 6천만 달러 대비 대폭 증가하기는 했으나 인플레이션 등 실질가치에 대한 고려와 1인당 국민소득 수준을 감안하면 당시 프랑스나 스페인의 공공예산 규모보다도 작은 것으로 평가할 수 있다.[19]

오바마 행정부(2009-2017)에서는 2008년 글로벌 금융위기로 인해 촉발된 미국의 경제적 쇠퇴라는 전 세계적 인식을 불식시키고, 테러와의 전쟁 과정에서 훼손된 글로벌 리더로서의 이미지를 재정착하는 것이 중요한 과제로 떠올랐다. 그리고 이를 위해 미국 공공외교의 예산과 프로그램, 인력자원이 본격적으로 갖춰지기 시작했다. 2010년과 2015년에 발간된 4개년 외교·개발 검토보고서(Quadrennial Diplomacy and Development Review)에서는 미국 외교의 핵심과제 중 하나로 공공외교를 지목하였고, 특히 시민 외교관으로서의 국내외 미국인들의 역할, 미국과 뜻을 같이 하는 해외 국가 및 지역과의 협력 관계 확대의 중요성이 강조되었다.[20]

트럼프 행정부(2017-2021) 출범 이후 미국의 대외 정책 전반의 기조와 방향에 급격한 변화가 생겼다.[21] 트럼프행정부는 미국식 고립주의를 채택하며 환태평양경제동반자협정(TPP)과 파리 기후변화협정 탈퇴를 선언하는 한편 동맹국보다는 자국 이익을 우선하는 정책을 추진하게 된다. 그리고 이 과정에

19 김명섭·안혜경 (2007), pp. 314-315.
20 송태은 (2017), pp. 182-183.
21 송태은 (2017), p. 186.

서 공공외교에 대한 집중 역시 이전 행정부들에 비해 감소하는 모습을 보여주었다. 특히 2018년 미국 공공외교 주무부서인 국무부의 예산이 전년 대비 28% 감소하였고, 대외원조를 위해 가용할 수 있는 국무부 및 국제개발처(US Agency for International Development, USAID)의 총 예산이 37% 삭감되었으며, 그 결과 이 시기 미국의 공공외교의 활동범위와 영역 역시 제약을 받았다는 평가가 나타났다.[22]

요컨대 행정부의 외교 정책 기조에 따라, 그리고 대외환경의 변화 등에 따라 각 행정부의 공공외교에 대한 접근법과 중요도는 변화해왔다고 볼 수 있다. 하지만 미국의 공공외교는 자국 외교 정책이 호의적 환경 속에서 추진될 수 있도록 뒷받침하는 역할을 해옴과 동시에 미국에 대한 왜곡된 정보 확산을 막고, 미국의 긍정적 이미지를 심어주는 데 중요한 역할을 해왔음은 부인할 수 없는 사실이다. 지금도 미국은 패권국으로서의 지위와 영향력을 유지하기 위해 하드 파워와 함께 소프트 파워 강화에 노력을 기울이고 있으며, 이러한 노력은 미국 공공외교를 통해 실현되고 있다.

3. 미국의 공공외교 주요 기관

1) 국무부

현재 국제 사회에서 미국만큼 전 세계를 무대로 군사적, 경제적 활동을 하는 국가는 드물다. 그리고 대부분의 국가들이 대외 정책을 추진하는 데 있어 그 초점이 자국을 중심으로 한 지역 수준에 머물러 있다면 미국의 대외 정책

22 송태은 (2017), p. 186; 박지현·이숙종 (2021), p. 129.

은 글로벌 차원에서 진행되고 있다. 특히 제2차 세계대전 이후 미국은 다양한 국가들로부터 그 지위에 도전을 받아왔으며, 현재까지도 그러한 현상이 나타나고 있다. 미국의 입장에서는 자국의 국제적 지위를 유지하기 위한 수단 중 하나로서 소프트 파워 확대가 필수적이며, 이를 위해 공공외교를 적극적으로 추진하고 있다.

국무부 산하 공공외교 전담부서 조직도

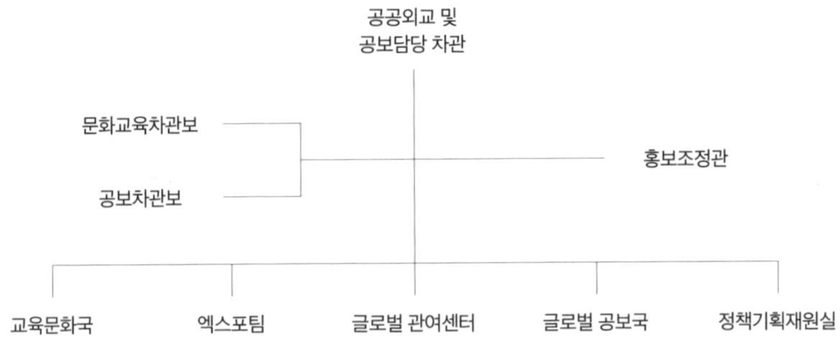

현재 미국의 공공외교를 전담하는 부서는 국무부라고 할 수 있으며, 그 중에서도 '공공외교 및 공보담당 차관(Under Secretary for Public Diplomacy and Public Affairs)'은 미국 공공외교에 있어 주도적인 위치에 있다고 할 수 있다.[23] 특히 미국무부 공공외교 및 공보담당 차관은 미국인들과 세계 각 국가 대중들 사이의 관계를 확대, 강화하기 위한 국무부의 모든 노력을 주도하며, 그 산하 기관들을 관리·감독하여 해외 대중들에게 미국의 관점과 입장을 이해시킴으로써 미국의 국익을 증진시키는 역할을 하는 자리라고 할 수 있다.[24] 그

23 박지현·이숙종 (2021), pp. 135-136; Nakamura and Weed (2009), p. 17.
24 US Department of State, "Under Secretary for Public Diplomacy and Public Affairs - Our

리고 국무부 내에 '공공외교 및 공보담당 차관'을 정점으로 하는 공공외교 총괄 조정 체제를 구축하고, 그 아래로 '문화교육차관보(Education and Cultural Affairs Assistant Secretary),' '홍보조정관(International Information Programs Coordinator),' '공보차관보(Public Affairs Assistant Secretary)' 등 3개 차관보를 두어 다양한 영역에서의 공공외교 활동이 효율적으로 추진될 수 있는 기반을 마련해 놓고 있다.[25]

이러한 체제 속에서 공공외교를 실질적으로 계획하고 진행하는 다섯 곳의 하위 부서들이 설치되어 있어 각 분야마다의 사업이 진행된다.[26] 첫 번째로, 교육문화국(Bureau of Educational and Cultural Affairs)은 미국의 대외 정책 목표 달성에 기여할 수 있도록 미국과 타국 간 상호이해를 증진·발전시킬 수 있는 다양한 교육적·전문적·문화적 교류/프로그램을 주관한다. 교육문화국에서 진행하는 국제 교류 프로그램에는 '영어 교육 프로그램(English Language Program),' '글로벌 교육 프로그램(Global Education Program),' '국제 방문자 프로그램(International Visitors Implement Program),' '기술 및 문화 교류 프로그램(Professional and Cultural Exchange Program)' 등이 있다.[27] 특히 교육문화국은 '영어 교육 프로그램'을 통해 영어의 전 세계적 보급을 위한 노력을 진행 중

Mission," https://www.state.gov/bureaus-offices/under-secretary-for-public-diplomacy-and-public-affairs/ (검색일: 2022.01.12.).

25 외교부, "주요국의 공공외교," https://www.mofa.go.kr/www/wpge/m_22714/contents.do (검색일: 2022.01.18.).

26 5개 하위 부서에 대한 소개는 다음의 내용을 정리하였다; US Department of State, "Under Secretary for Public Diplomacy and Public Affairs."

27 Kennon H. Nakamura and Matthew C. Weed, "U.S. Public Diplomacy: Background and Current Issues," U.S. Congressional Research Service, December 18, 2009, https://sgp.fas.org/crs/row/R40989.pdf (검색일: 2022.01.12.), p. 20.

인데, 영어를 보급함으로써 미국과 미국인, 미국의 가치, 미국의 대외 정책에 대한 해외 대중들의 이해를 더욱 증진시키는 한편 외국인들이 미국 내 다양한 분야에서의 일을 할 수 있는 기회도 제공하고 있다.[28] 또한 풀브라이트 프로그램(Fulbright Program)은 교육문화국이 진행하는 다양한 교류 협력 프로그램 중 가장 대표적인 플래그십 프로그램으로 평가받는다.[29] 미국뿐만 아니라 전 세계의 우수한 인재를 선발하여 미국 유수의 고등 교육 기관 등에서 유학할 수 있도록 지원하는 프로그램인데, 이를 통해 미래의 해외 지도자들의 미국에 대한 이해를 제고하고 우호적인 인식을 형성함으로써 미국과 전 세계의 우수한 인재들 간의 관계 확대에 중요한 역할을 한다.

한편, 교육문화국은 해외 각 지역에 '문화유산센터(Cultural Heritage Center)'의 운영을 통해 전 세계의 문화와 유산을 보존하는 한편, 외국과의 협약을 통해 해외 문화유산이 불법적으로 밀발출되는 행위를 막는 데에도 노력을 진행한다.[30] 이와 함께 2019년부터는 '여성 기업가 아카데미(Academy for Women Entrepreneurs)'를 진행하며 전 세계 여성들이 경제·사회적으로 의미 있는 역할을 할 수 있도록 다각도에서의 지원활동을 펼치는 중이다.[31] 이렇게 교육문화국에서 주관하는 교류 프로그램들은 미국과 해외 대중들과의, 특히 해외 각 국가의 차세대 지도자들과의 유대를 강화시키고 있으며, 이러한 네트워크와 관계 형성을 바탕으로 미국의 국가 안보 및 가치 증진에도 의미 있는

---

28 US Advisory Commission on Public Diplomacy, "Comprehensive Annual Report on Public Diplomacy and International Broadcasting," 2020, https://www.state.gov/2020-comprehensive-annual-report-on-public-diplomacy-and-international-broadcasting/ (검색일: 2022.01.13.), p. 45.

29 US Advisory Commission on Public Diplomacy (2020), p. 36.

30 US Advisory Commission on Public Diplomacy (2020), p. 29.

31 US Advisory Commission on Public Diplomacy (2020), p. 29.

기여를 하고 있다.

둘째, '엑스포 팀(Expo Unit)'은 국제박람회 등에 미국의 참여와 관련된 업무를 주관한다. 엑스포는 다양한 세계의 다양한 국가들이 참가하여 각 국가의 문화와 기술, 생산품 등을 전시하는 국제박람회인데, 외국 대중들에게 자국을 홍보하는 데 있어 중요한 역할을 한다. 엑스포 팀은 엑스포에 참가하는 미국과 관련된 코너를 기획, 전시하는 등 엑스포 참여 전반에 걸친 업무를 주관하는 곳으로 이를 통해 미국의 문화와 기술 등을 세계에 홍보하는 데 기여하고 있다.

셋째, '글로벌 관여센터(Global Engagement Center)'는 미국에 대한 허위사실이나 미국을 비판하는 외국정부 및 비정부 행위자들의 프로파간다에 효율적으로 대응하는 것을 임무로 하고 있다. 이를 위해 글로벌 관여센터에서는 인터넷 등 다양한 플랫폼을 활용해 미국에 대한 왜곡된 정보나 프로파간다를 차단하고, 이러한 과정 속에서 정부 내 여러 유관 기관들을 조율, 통합하는 역할을 하기도 한다. 이러한 활동을 바탕으로 글로벌 관여센터는 미국과 그 동맹국, 그리고 협력국가들의 이익이나 안보, 안정을 저해하는 외부의 시도들을 차단하는 데 중요한 기여를 하고 있다.

넷째, 글로벌 공보국(Bureau of Global Affairs)은 미국 자국민들에게 미국 외교의 중요성, 해외 국민들과의 관계형성의 필요성, 미국 대외 정책의 우선순위 등을 홍보하고 미국의 가치와 정책에 대한 미국인들의 이해 증진 및 지지 확보를 임무로 한다. 즉, 다른 부서들이 해외국민들을 대상으로 활동을 한다면 글로벌 공보국은 자국민들에게 미국에 대한 이해를 제고하고 공공외교 등에 대한 올바른 정보를 제공함으로써 국제무대에서 공공외교를 추진하기 위한 국내적 지지 기반을 마련하는 역할을 한다고 볼 수 있다. 이러한 임무를 위해 글로벌 공보국은 미국의 대외 정책을 소개 및 논의하기 위해 미국내 지역사회를 대상으로 회의를 개최하거나 연사초청 행사를 갖기도 한다.[32] 특히 공공외교를 위한 다양한 사업을 추진하기 위해서는 매년 막대한 양의 재정과 인적 자원이 투입되어야 하는데, 공공외교 활동에 대한 국내적 지지를 확보하게 된다면 재정 확보 등에 있어서도 더 수월할 수 밖에 없는 만큼 미국 공공외교 추진을 위해 중요한 부서라고 평가할 수 있다.

마지막 하위 부서로는 '정책기획재원실(Office of Policy, Planning, and Resources)'이 있다. 이 부서는 공공외교 추진을 위한 장기적인 전략계획을 수립하고, 기추진된 사업에 대한 효과를 분석하는 한편 차관보에 대한 정책적 건의 제공 등의 역할을 수행하고 있다. 정책기획재정실의 독특한 임무 중 하나는 바로 '국립 미국외교 박물관(National Museum of American Diplomacy)' 운영이다. 이 박물관은 미국 외교의 역사와 현재를 소개하는 미국 최초의 박물관으로써 정책기획재정실에서는 이 박물관의 운영을 통해 미국 외교 자체는 물론이고 국가의 이익과 번영에 있어 미국 외교의 역할을 일반 국민과 해외 방문객들에게 알리고 있다.[33]

한편 위에 소개된 다섯 곳의 하위부서가 중앙정부 차원에서 미국 공공외교 정책의 방향과 집행을 책임진다면, 세계 각 지역에서의 현장 공공외교는 각 국가에 설치된 대사관 등과 같은 해외공관에서 주로 추진되고 있다. 전 세계 곳곳에 설치되어 있는 대사관이나 영사관과 같은 해외공관에서는 해당국가

32 Nakamura and Weed (2009), p. 22.
33 US Advisory Commission on Public Diplomacy (2020), p. 24.

국민들을 대상으로 다양한 공공외교 사업들이 추진되고 있는데, 특히 대사관별로 공보관(Public Affairs Officer)과 문화담당관(Cultural Affairs Officer)을 두고 해외 대중을 대상으로 미국을 소개하는 문화 프로그램을 관리하거나 미국에 대한 잘못된 지식을 바로잡는 업무 등이 수행되고 있다.[34] 또한 각국에 설치된 해외공관 일부를 '아메리칸 스페이스(American Space)'로 지정하여 미국을 알리는 공간으로 활용하고 있기도 하다. 아메리칸 스페이스는 대사관 등에 설치되는 '아메리칸 센터(American Center)'와 공관이 주재한 도시의 도서관 등에 설치되는 '아메리칸 코너(American Corner)' 등으로 구분되는데, 이곳을 찾는 현지 국민들이 각종 문화 교류 프로그램과 강연 등을 경험하고, 미국과 관련된 다양한 자료들을 확인할 수 있는 공간으로 활용되고 있다. 현재 한국에는 총 여섯 곳의 아메리칸 스페이스가 설치되어 있으며, 그중 서울 미대사관에는 아메리칸 센터가 자리잡고 있다. 이곳은 한국인 방문객들을 대상으로 미국의 교육과 정책, 문화 등 미국 전반에 걸친 정보를 포괄적으로 제공해 주는 한편 연사프로그램이나 워크숍, 문화 예술 상영 및 전시회 개최 등을 통해 한국인들에게 미국을 널리 알려주는 역할을 한다.[35] 현재 전 세계 곳곳에 설치된 미국의 해외공관에는 2019년 기준으로 약 630여 곳의 아메리칸 스페이스가 운영 중이며, 한해 동안 6,600만 명의 해외 방문객들이 이곳을 찾은 만큼 미국의 현지 공공외교의 첨병이라고도 평가할 수 있다.[36]

---

34 Nakamura and Weed (2009), p. 22.

35 이외에 부산과 대구, 광주, 평택, 강릉에는 각각 아메리칸 코너가 설치되어 있다; 주한미국 대사관 및 영사관, "아메리칸센터 코리아," https://kr.usembassy.gov/ko/education-culture-ko/american-center-korea-ko/ (검색일: 2022.01.15.).

36 US Advisory Commission on Public Diplomacy (2020), p. 46.

아메리칸센터 코리아 전경

출처: 주한미국 대사관 및 영사관 https://kr.usembassy.gov/

2) 국방부

미국 공공외교의 주무부서는 국무부라고 볼 수 있지만 미국 내 다른 기관들, 특히 국방부 역시 공공외교 활동을 하며 국제 사회에서의 미국에 대한 긍정적 이미지 형성 등에 의미 있는 기여를 하고 있다. 조셉 나이 교수 역시 한 국가의 군사력이 때로는 외국군과의 교류 협력, 합동훈련, 대민 지원 등을 통해 소프트 파워 창출에 중요한 역할을 할 수 있음을 지적하기도 했다.[37] 실제로 미 국방부는 전통적인 군사임무에서 벗어나 정보 및 영향력에 기반한 활동에 초점을 맞추기 시작했으며, 평시 미군이 주둔해 있거나 활동하는 지역을 중심으로 다양한 교류 협력 프로그램 및 대민봉사활동 등의 전개를 통해 해외 대중들과의 소통 확대, 상호 이해 증진을 위한 노력을 집중하며 미국 공공외교의 한 축을 맡고 있다.[38]

37 Nye (2008), p. 106.
38 Nakamura and Weed (2009), p. 28.

국방부에서는 국무부의 권한이라 할 수 있는 공공외교에 공식적·직접적으로 관여하는 모습은 보여주고 있지 않지만, 평시 해외 대중들을 대상으로 한 국방부의 상당수 활동들은 국무부의 공공외교 목적과 부합되는 면이 많으며, 결과적으로도 국익에 도움이 된다는 인식이 자리잡고 있다.[39] 부시 행정부와 오바마 행정부에서 국방장관을 역임한 로버트 게이츠(Robert Gates) 전 장관은 "장기적인 관점에서 테러리즘과 극단주의와의 싸움에 있어 군사력은 여전히 중요한 역할을 할 것이지만 그것만으로는 승리할 수 없으며, 가능하다면 더 나은 거버넌스의 증진, 경제성장을 위한 프로그램, 그리고 불만을 품은 사람들의 고충들을 해결해줄 수 있는 노력들이 함께 추진되어야 함"을 언급하며 국방부 차원에서도 해외 대중과의 의사소통, 관계강화 등이 중요함을 강조하기도 했다.[40] 이러한 인식 아래 미국방부는 국무부의 공공외교에 상응하는 '전략적 소통(strategic communication)'이라는 개념을 만들고 공공외교 활동을 전개해 오고 있다.[41]

특히 국방부는 국무부나 다른 기관들이 공공외교 활동을 활발히 추진하기 힘든 지역에서도 그러한 활동을 전개하고 있다. 일례로 아프가니스탄이나 이라크 등과 같이 위험한 지역에서는 실질적으로 국방부가 공공외교를 추

---

39 Matthew Wallin, *Military Public Diplomacy: How the Military Influences Foreign Audiences* (Washington, D.C.: American Security Project, 2015), p. 2.

40 Wallin (2015), p. 3.

41 '전략적 소통'이란 미국의 이익과 정책, 목표의 증진을 위해 국내외 핵심 청중들을 이해시키고, 이들과의 관계를 맺음으로써 현지인들의 마음을 얻고, 미국에 호의적인 활동 조건을 형성, 보존하려는 노력을 의미한다. 다만, 외국 일반 대중들과의 소통 및 교류가 미국무부 공공외교의 주요 대상이라면, 미국방부 '전략적 소통'개념의 주요 대상은 일반 국민들 뿐만 아니라 군사적 적대세력, 협력국가 등을 모두 포함한다; Wallin (2015), p. 7; Nakamura and Weed (2009), p. 28.

진할 수 있는 유일한 기관이라 할 수 있다.[42] 전쟁이나 내전 등으로 인해 위험이 상존한 지역에 파견된 미군들은 현지인들과의 다양한 상호작용을 통해 해당지역 대중들의 미국에 대한 우호적인 인식 형성에 중요한 역할을 할 수 있기 때문이다. 일례로 국방부는 2007년부터 사회학자와 인류학자 등으로 구성된 전담팀(Human Terrain Team)을 조직하여 아프가니스탄 및 이라크에 파견된 군부대에 배치했고, 이를 바탕으로 해당지역과 사회에 대한 이해 제고, 현지인들과의 소통 강화 노력을 진행하기도 했다.[43] 또한 아프가니스탄 전쟁 당시에는 아프간 지역 현지 여성들과의 교류를 목적으로 한 전담팀(Female Engagement Team)이 투입되어 전쟁 과정에서 많은 피해를 받고 차별받은 여성들의 인권 향상과 생활 환경 개선을 위한 다양한 지원 프로그램이 진행되기도 했다.[44]

이와 함께 전 세계적 범위의 군사력 투사능력을 보유하고 있는 미국은 지구촌 곳곳을 무대로 인도주의적 활동도 적극적으로 참여하며 미국의 긍정적 이미지 형성에 기여하고 있다. 지금까지 국제 사회에서는 수많은 자연재해들이 발생했고, 특히 저개발국가의 경우 자연재해에 대한 대처능력은 물론이고 피해 복구 능력 역시 부족한 경우가 많았다. 때문에 수많은 사람들이 자연재해로 인해 심각한 피해를 입었을 뿐만 아니라 그 피해로부터 벗어나는 일조차 힘든 환경에 놓여져 있다. 이러한 상황 속에서 미군은 지금까지 자연재해로 큰 피해를 입었던 여러 나라들에 대한 인도주의적 원조와 재난구호 활동을 전개

42 Wallin (2015), p. 3.
43 Nakamura and Weed (2009), p. 29.
44 Wallin (2015), pp. 21-22.

해오고 있다. 피해를 입은 지역에 대한 다양한 물적 지원과 의료서비스를 재공하는 한편 공병대가 투입되어 파괴된 도시의 재건 사업에도 참여하면서 해당 지역 주민들과의 우호적인 관계뿐만 아니라 미국에 대한 긍정적인 인식형성에도 중요한 역할을 한다고 평가할 수 있다.

미군의 인도적 지원활동

출처: 미국방부 https://www.defense.gov/

한편, 일부 유럽국가나 한국, 일본 등과 같이 위험지역은 아니더라도 미군이 상주하는 국가, 그리고 해군 함대가 방문하는 지역들에서도 미군의 공공외교 활동은 활발히 추진되고 있다. 해당 지역 군대와의 합동군사훈련과 '군대간 교류 프로그램(Military Exchange Program)' 등을 통해 군사적 교류 뿐만 아니라 문화 교류와 상호이해 증진을 촉진시키고, 미해군의 외국항구 방문 과정에서도 해당지역 일반국민을 대상으로 한 민군 교류프로그램(함대 초청행사 등), 대민봉사활동 등이 적극적으로 추진되며 미국에 대한 이미지 제고에 중요한 기여를 하고 있다.[45] 한편, 미해군은 외국과의 '글로벌 해양 파트너십(Global Maritime Partnership)'을 통해 해군선박 및 병원선을 파트너 국가에 파견하여 인도적 지원활동 및 민관 교류 협력 프로그램을 진행하기도 한다. 결국 일반적으로 군사력은 국가들이 대외 정책을 추진하는 데 있어 최후의 수단으로 인식되고 있지만, 미국은 자신의 강력한 군사력을 공공외교 영역에서도 중요한 역할을 수행할 수 있는 훌륭한 수단으로 활용하고 있는 것이다.

3) 미국국제개발처(US Agency of International Development)

미국의 대표적인 대외 원조 기관인 미국국제개발처(USAID) 역시 미국 공공외교의 한 축을 담당하는 기관이다. 국제개발처는 100개가 넘는 국가들에 대한 국제 개발 및 인도적 지원을 바탕으로 단순한 경제적 원조를 넘어 전 세계 사람들의 생명을 살리고, 빈곤을 줄이며, 민주적 거버넌스를 강화시키는 것을 임무로 하고 있으며, 이를 통해 미국의 안보와 국익을 확보하는 것을 중요 목표로 삼고 있다.[46] 특히 국제개발처는 전 세계 저개발 국가들을 중심으로 경제·보건·환경·교육 등 다양한 분야에서의 원조를 통해 미국과 해외 국민 간의 우호적 관계 형성에 기여할 뿐만 아니라 미국 및 미국의 정책에 대한 해외 대중들의 이해를 제고하고 미국이 추진하는 다양한 이니셔티브에 있어서도 협력을 이끌어내는 역할을 한다.[47]

---

45 Wallin (2015), p. 18; Amy Ebitz, "The Use of Military Diplomacy in Great Power Competition," Brookings, February 12, 2019, https://www.brookings.edu/blog/order-from-chaos/2019/02/12/the-use-of-military-diplomacy-in-great-power-competition/ (검색일: 2022.01.12.).

46 USAID, "Who We Are," https://www.usaid.gov/who-we-are (검색일: 2022.01.13.).

47 Nakamura and Weed (2009), p. 31.

국제개발처의 원조 활동

출처: USAID https://www.usaid.gov/news-info

전 세계를 대상으로 추진 중인 국제개발처의 지원 프로그램은 광범위한 분야를 망라한다. 농업 및 식량안보 문제라든지 반부패 문제, 국제 보건 문제, 민주주의와 인권 문제, 교육 문제, 환경 및 에너지 문제, 성평등 및 여성인권 증진 문제 등에 대한 해결이 모두 국제개발처의 지원 프로그램이 추구하는 목표라고 할 수 있으며, 이러한 목표를 위해 국제개발처는 2020년 한 해 동안 전 세계 154개국을 대상으로 221억 달러를 지원, 사용하기도 했다.[48] 인도주의적 지원과 관련해 국제개발처는 세계 각 지역에서 자연재해나 국가 내부의 인위적 상황 등으로 촉발된 각종 위급상황에 놓인 사람들에 대한 원조활동을 적극적

48 2020년 미국국제개발처의 한 해 사용예산은 총 221억 달러였으며, 이중 외국 각 국가 및 시민사회 발전을 위해 약 30억 달러, 기초보건 증진을 위해 18억 달러, 모자 보건 분야에 9.6억 달러, 농업 분야에 8.4억 달러, 기초 교육 분야에 6.7억 달러 순으로 투입되었다. 국제개발처의 협력프로그램 분야에 대한 세부 투입 예산에 대해서는 다음을 참고하시오; USAID, “Dollars to Results,” https://results.usaid.gov/results (검색일: 2022.01.13.).

으로 추진하고 있다. 일례로 국제개발처는 매년 위급상황에 놓인 4천만 명에서 5천만 명에 이르는 사람들에게 식량과 의료품을 지원해오고 있다.[49] 한편, 국제개발처는 저개발국가의 어린이 등과 같은 취약하고 소외된 이들이 양질의 교육을 받고, 삶의 질 개선을 위해 필요한 다양한 기술 및 전문지식을 습득할 수 있도록 적극적인 지원을 해오고 있다. 2020년 한 해 동안 국제개발처의 지원을 통해 50개국 이상의 국가에서 2,400만 명의 어린이들과 취약계층의 학생들이 교육을 받았고, 30만명 이상의 교육업 종사자들이 미국에서 연수를 받았으며, 전 세계 9,300여 곳의 교육 기관들이 다양한 지원을 받기도 했다.[50]

이러한 미국의 지원활동의 목적은 원조 그 자체에 국한되어 있지 않다. 국제개발처는 자체적으로 공공외교 전담인력인 '개발 지원 및 공보 담당관(Development Outreach and Communication Officer)'을 배치하여 해외 원조와 공공외교 간의 연계를 강화하고 있고, 국무부와 합동으로 '공공정책위원회(Joint Policy Council)' 및 '관리위원회(Joint Management Council)'을 통해 공공외교의 효율성을 높이는 노력을 진행 중이다.[51] 전 세계의 수 많은 국가들이 마주하고 있는 여러 가지 문제를 해결하기 위해 국제개발처에서는 다양한 협력 및 원조 프로그램을 추진하고 있는데, 이러한 활동이 결국 미국의 긍정적 이미지를 형성할 뿐만 아니라 결과적으로는 미국의 국익 및 번영에도 중요한 기여를 하고 있다는 평가가 있다.[52] 이와 같이 미국국제개발처는 미국인들의 호의

49 USAID, "Providing Humanitarian Assistance," https://www.usaid.gov/humanitarian-assistance (검색일: 2020.01.13.).

50 USAID, "Education," https://www.usaid.gov/education (검색일: 2022.01.13.).

51 Nakamura and Weed (2009), p. 31.

52 USAID, "What We Do," https://www.usaid.gov/what-we-do (검색일: 2022.01.13.).

를 상징하는 '미국인들로부터의 지원(US Aid from the American People)'이라는 기치 아래 미국 공공외교의 중요한 한 축을 담당하는 기관이 되어 왔다.

4) 미국 국제방송처(U.S. Agency for Global Media)

미국 국제방송처도 미국 공공외교의 중요한 기둥 중 하나라고 평가할 수 있다. 국제방송처는 민주주의의 가치와 자유의 증진을 위해 전 세계 대중에게 정보를 제공하고 관여하며, 해외 대중과 미국을 연결하는 것을 임무로 규정하고 있다.[53] 공공외교자문위원회에서 2020년 발간한 보고서에 따르면 미국 국제방송처의 한 해 예산규모는 2016년 7억 5천만 달러 수준에서 2020년 8억 천만 달러 수준으로 점진적으로 증가해왔으며, 2019년 한해 동안 산하 5개의 방송 네트워크를 통해 매주 전 세계 3억 5천만 명의 해외 청중을 대상으로 미국과 미국 정책, 미국의 가치(민주주의, 자유, 투명성 등), 미국인들이 실생활 등을 포함한 뉴스, 정보 프로그램을 62개 언어로 100개국 이상에 송출했다고 한다.[54] 특히 미국의 이야기를 전 세계에 전달하고, 미국의 정책을 국제 사회, 국제 청중들에게 설명하는 것은 국제방송처의 역할 중 핵심이라 할 수 있으며 이를 통해 다른 지역 대중들이 미국의 가치들을 받아들일 수 있도록 함으로써 미국의 대외 정책을 지지하게끔 만드는 역할을 하는 것이다.[55]

사실 미국 국제미디어의 역사는 약 75년 전 '미국의 소리(Voice of America, VOA)'의 설립과 함께 시작되었다. 제2차 세계대전이 한창일 무렵인 1942년

53 US Agency for Global Media, "Who We Are – Mission," https://www.usagm.gov/who-we-are/mission (검색일: 2022.01.16.).

54 US Advisory Commission on Public Diplomacy, p. 244.

55 US Advisory Commission on Public Diplomacy, p. 244.

2월, *"우리는 여러분들에게 미국의 목소리를 들려드릴 것입니다. 오늘, 그리고 앞으로 매일 매일, 우리는 미국과 전쟁에 대해 당신들에게 이야기를 할 것입니다. 이러한 뉴스들이 미국에게 좋을 수도, 나쁠 수도 있지만, 우리는 여러분에게 진실을 말할 것입니다"*라는 독일어 문구로 시작되는 VOA의 첫 번째 라디오 방송이 독일 국민들을 대상으로 송출되었고, 이로부터 VOA의, 그리고 더 나아가 미국 글로벌 미디어의 역사가 시작되었다.[56] 이후 미국은 해외 각 지역 청중들에게 미국에 대한 올바른 정보 전달을 위해 여러 지역을 담당하는 방송 플랫폼을 설립, 운영해오고 있다. 냉전 초기였던 1950년 7월에는 동유럽 지역에 미국 민주주의 체제와 가치를 알리기 위한 목적으로 '유럽 자유 라디오(Radio Free Europe/Radio Liberty)'를 설립하였고, 적대적 관계에 놓여있던 쿠바를 대상으로는 1980년대 중후반 이후 '쿠바 방송국(Office of Cuba Broadcasting)' 설립을 통해 라디오와 TV 방송을 실시하였다. 그리고 1996년에는 '자유 아시아 라디오(Radio Free Asia)'를 설립되었다. 이후 1994년 국제방송처의 전신이라 할 수 있는 '미국 방송이사회(Broadcasting Board of Governors)'가 USIA 산하에 설립되어 '미국의 목소리' 등과 같은 글로벌 미디어 플랫폼들을 총괄, 감독하는 역할을 맡았다가 1998SUS USIA 해산 후 독립기관으로 승격되었다. 한편 9·11 테러 이후에는 중동지역에서의 반미 감정 확산을 막고 미국에 대한 긍정적 이미지 전파를 위한 목적으로 '중동 방송네트워크(Middle East Broadcasting Networks)'를 설립, 운영되고 있다. 2018년 8월에는 미국 글로벌 미디어의 임무와 역할에 효율성을 더하기 위해 현재의 명칭인

56 US Agency for Global Media, "Who We Are – History," https://www.usagm.gov/who-we-are/history (검색일: 2022.01.16.).

국제방송처로 변경되어 오늘에 이르고 있다. 즉, 국제방송처는 그 산하 미디어 플랫폼인 '자유의 소리,' '유럽 자유 라디오,' '쿠바 방송국,' '자유 아시아 라디오,' 그리고 '중동 방송네트워크' 등 5개 조직을 관리·감독하며 미국을 전 세계에 알리는 총책을 맡고 있다.

미국 국제방송처 및 산하 미디어 네트워크 조직도

한편, 국제방송처 산하의 5개 조직들 역시 각 지역에서 미국의 입장을 대변하고, 미국을 소개하는 데 있어 중요한 활동을 하고 있다. 일례로, 2004년에 설립된 '중동 방송네트워크'는 그 하부 조직으로 '알후라 TV(Alhurra TV)'와 '사와 라디오(Radio Sawa)'를 두고 중동 및 북아프리카 지역을 대상으로 미국에 대한 정확하고 객관적 뉴스 및 정보를 제공하고, 미국과 미국인들, 그리고 미국의 정책을 대변하는 첨병 역할을 하고 있다.[57] VOA 역시 '미국의 정책을 분명하고 효과적으로 전달하며, 정책에 대한 책임있는 토론과 의견을 함께

57 US Agency for Global Media, "Who We Are - Mission."

제공한다'는 명목 아래 매주 2억 7천 8백만 명의 시청자들을 대상으로 미국과 관련한 다양한 콘텐츠를 47개 언어로 제공해오고 있다.[58] 미국 국방부 및 국제개발처의 활동이 교류 협력 및 지원 활동을 바탕으로 해외 대중들과의 우호적 관계 형성에 중점이 맞춰져 있다면 미국 국제방송처는 미국에 대한 왜곡된 정보를 차단하는 한편 미국에 대한 정확한 정보를 해외 청중에 전달함으로써 미국에 대한 이해를 제고하는 역할을 하고 있다.

4. 미국의 공공외교 주요사례

전 세계 지도자들과 대중들에게 미국을 소개하고 이해시키며, 더 나아가 미국에 대한 긍정적인 이미지 및 우호적 인식 형성을 위해 미국의 여러 기관들은 지금까지 다양한 프로그램을 추진해오고 있다. 그중 미국이 지난 70여 년 동안 진행해온 '국제방문자리더십 프로그램(International Visitor Leadership Program, IVLP)'은 해외 대중을 대상으로 한 다양한 교류 협력 프로그램 중에서도 대표적인 공공외교의 주요 사례로 꼽힌다.[59] IVLP는 국무부의 교육문화국이 담당하고 있으며, 구체적인 진행 등은 '전국프로그램대행단체(National Program Agency)'라는 비영리단체를 통해 이루어진다.[60] 이 프로그램(IVLP)은 해외 국민들 중에서도 특히 각 분야의 차세대 지도자 및 엘리트를 겨냥하고 있는데, 이들을 단기간 동안 미국에 초청함으로써 다양한 분야에서의 미국을 경험하게 하고, 미국과의 오랜 관계 형성을 구축하도록 도와주고 있다.[61]

58 미국의 소리, "VOA 소개," https://www.voakorea.com/p/3955.html (검색일: 2022.01.20.).
59 박지현·이숙종 (2021), p. 122.
60 박지현·이숙종 (2021), p. 140.
61 US Department of State, "International Visitor Leadership Program - At-a-Glance," https://

보다 구체적으로, IVLP는 해외 국민 중 해당 국가의 정치와 경제, 사회, 문화 등 다양한 분야에서의 현재 및 차세대 지도자들을 선발하고 이들에게 미국을 단기간 방문할 수 있는 기회를 부여한다. 이 방문에서 선발된 참가자들은 각 전문 분야에 관한 미국의 시스템과 문화, 제도, 법 등과 같은 전문적인 내용을 소개받고, 각종 문화 활동 및 가정방문 등을 통하여 미국의 문화와 일상생활 등을 직접 경험하게 된다.[62] IVLP는 크게 두 가지 프로그램으로 분류되는데, 첫 번째는 일반적인 방문 프로그램으로 매해 정기적인 참가자 선발을 통해 3주 간의 미국 방문기회를 부여하고 미국 정부에서 참가비 전액을 지원한다. 이때 참석자들은 워싱턴D.C.를 포함해 미국 내 2-4개 지역을 방문하게 된다. 두 번째는 때마다 수요에 맞추어 진행하는 프로그램(IVLP On-Demand)인데, 이를 통해 상시 선발절차과정을 거쳐 참석자들을 선별하고, 참석자들에게 최대 10일의 미국 방문기회를 제공하고 있으며, 항공료를 제외한 방문비용이 미국 정부로부터 제공된다.[63]

1940년 프로그램이 처음 시행된 이후 IVLP는 어느덧 80여 년이 넘은 세월 동안 지속되어 왔다. 2020년이 프로그램 시행 80주년이 되는 해였는데, 당시 보도에 따르면 80년간 프로그램이 진행되면서 전 세계 22만 5천 명의 국외의 현재 및 미래 지도자들이 이 프로그램에 참가를 해왔다고 한다.[64] 그리고

exchanges.state.gov/non-us/program/international-visitor-leadership-program-ivlp (검색일: 2022.01.18.).

62 박지현·이숙종 (2021), p. 140.

63 박지현·이숙종 (2021), p. 141.

64 US Department of State, "Launching the 80th Anniversary of the International Visitor Leadership Program," https://eca.state.gov/highlight/launching-80th-anniversary-international-visitor-leadership-program (검색일: 2022.01.18.).

이들 중에는 마가렛 대처(Margaret Thatcher)와 토니 블레어(Tony Blair) 전 영국 총리, 니콜라스 사르코지(Nicolas Sarkozy) 전 프랑스 대통령, 펠리페 칼데론(Felipe Calderon) 전 멕시코 대통령, 인디라 간디(Indira Gandhi) 전 인도 총리, 그리고 안와르 사다트(Anwar Sadat) 전 이집트 대통령도 포함되어 있다. 한국인 중에서는 김영삼, 김대중 전 대통령을 포함해 9명의 전직 총리와 수십 명의 국회의원들이 IVLP에 참여하기도 했다.[65]

IVLP 80주년 행사 모습

출처: US Department of State https://eca.state.gov/

이렇게 오랜 역사를 거쳐 오늘날까지 이어지고 있는 IVLP는 실제로 참가자들로 하여금 미국에 대한 이해를 돕고 전문적인 지식을 습득하며, 미국에 대한 긍정적인 태도를 갖도록 하는 데 기여를 하고 있는 것으로 보인다. 실제로 IVLP 참석자들의 미국에 대한 태도 및 인식 변화를 분석한 일부 연구들도

---

65 주한미국 대사관 및 영사관, “철통같은 한미 동맹 강화,” https://kr.usembassy.gov/ko/031721-strengthening-the-ironclad-u-s-rok-alliance-ko/ (검색일: 2022.01.18.).

IVLP의 긍정적 효과를 보여주고 있다.[66] 한국을 비롯한 다른 국가들도 지금까지 공공외교를 추진하는 데 있어 해외의 일반 대중들뿐 아니라 실제 여론을 주도할 수 있는 각 분야의 외국 지도자들과 엘리트들을 대상으로 한 프로그램을 적극적으로 추진 중이다. 이들을 중심으로 자국에 대한 우호적 인식을 확산시키게 된다면 향후 대외 정책 추진 등에 있어서도 지지를 얻을 수 있을 것이기 때문이다. 미국의 IVLP 역시 이러한 맥락에서 지금까지 진행되고 있으며, 이 프로그램의 중요성 역시 계속될 것으로 보인다.

이외에도 미국 공공외교를 담당하는 또 다른 기관인 국방부의 공공외교 사례로는 미군의 해외 구호 및 봉사활동을 들 수 있다. 미군은 현재 국제 사회에서 유일하게 전 세계를 무대로 활동할 수 있는 역량을 갖추고 있으며, 이러한 능력을 바탕으로 지구촌 곳곳의 이슈들에 개입해왔다. 그리고 최근에는 전 지구적으로 자연재해 현상이 나타나고 수많은 국가와 지역에 피해가 생김에 따라 미군들의 구호활동이 활발히 진행 중이다. 또한 미군이 주둔하는 해외 지

해외 주둔 미군들의 봉사활동(좌: 한국 어린이들 위한 위문품을 구입 활동 / 우: 필리핀 학교 건설 참여활동)

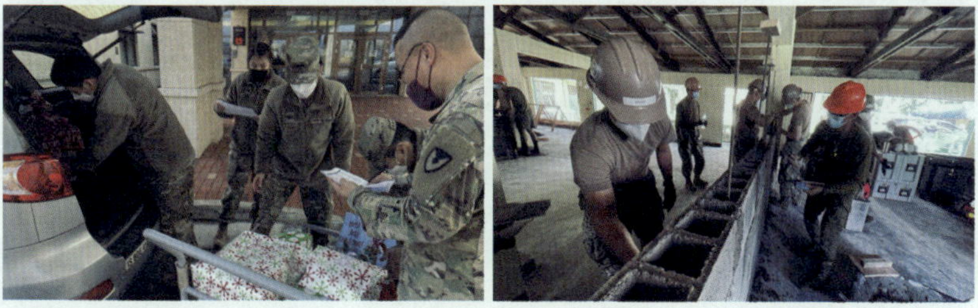

출처: US Indo-Pacific Command https://www.pacom.mil/Media/Photos/

66 박지현·이숙종 (2021), pp. 121-161; Young Ho Kim, "Public Diplomacy and Cultural Communication: The International Visitor Program," Ph.D. Dissertation, University of Southern California, LA, 1990.

역이나 해군함선이 방문한 도시를 대상으로 외국 국민들을 위한 건설활동, 위문활동과 같은 각종 프로그램을 진행하고 있다. 이러한 노력을 통해 미군들 역시 해외 대중들에게 미국의 호의를 전달하고 미국에 대한 긍정적인 이미지 형성에 기여하고 있다.

5. 결론: 미국 공공외교 기관과 활동의 한국적 함의

90년대 초 냉전 체제가 붕괴되고 소련이라는 강력한 경쟁국이 사라진 후 미국은 초강대국의 위치를 점하며 미국 주도의 국제적 평화 시기, 즉 '팍스 아메리카나(Pax-Americana)' 시대를 열었다. 하지만 강력한 군사력과 경제력을 보유하고 있던 미국은 시간이 지날수록 국제 사회와 여론의 지지를 얻지 못하는 상황과 마주하였고, 여러 대외 정책을 추진하는 과정에서도 국제 사회의 지원을 받지 못해 어려움에 봉착한 경험을 하게 된다. 이후 하드 파워만으로는 국제 사회에서 자국의 영향력을 유지하기 어렵다고 판단한 미국은 다시 한번 소프트 파워 강화를 위한 재정비에 나서게 된다. 오늘날 미국은 국제 사회에서 자국의 긍정적 이미지를 형성하고 호감도를 높이며, 미국에 대한 이해를 돕기 위해 적극적인 공공외교 정책을 추진하고 있다. 그리고 이러한 미국의 공공외교는 오늘날 국무부가 중심이 되어 추진되고 있으며, 이외에도 국방부나 국제개발처, 국제방송처 역시 저마다의 조직과 자원을 통해 특색 있는 공공외교를 추진 중이다.

이들 여러 기관들을 통해 공공외교 활동을 전개하고 있는 미국의 사례는 한국이 공공외교 정책을 추진하는 데 있어 몇 가지 함의를 준다. 첫째, 미국 공공외교를 주도하는 국무부의 경우 다섯 곳의 하부 부서들이 설치되어 있고, 이들 부서는 저마다의 임무를 수행함으로써 효율성을 높이고 있다. 특히 해외 대중과의 교육·문화적 교류를 전담하는 교육문화국, 미국에 대한 허위사실 확산을 방지하는 한편 자국에 대한 올바른 정보를 해외 대중들에 전달하는 국제관여센터, 해외 엑스포 참가와 관련한 업무를 전담하는 엑스포 팀, 그리고 자국민들에게 공공외교의 중요성과 미국 대외 정책을 소개하는 글로벌 공보국의 존재는 각 부서들이 특화된 임무를 담당함으로써 미국의 공공외교가 체계적으로 추진되고 있음을 보여준다. 아시아 지역의 대표적 중진국 중 하나인 한국에게 있어 향후 공공외교가 가지는 중요성 역시 높아질 것으로 예상된다. 문제는 이러한 상황 속에서 한국이나 한국이 추진하는 정책에 대한 잘못된 정보들이 해외 대중들에 확산될 가능성도 있고, 한국민들이 공공외교에 대한 자원 투입을 부정적으로 바라볼 가능성도 배제할 수 없다는 점이다. 이러한 상황에 대응하기 위해 한국 역시 미국 국무부의 경우처럼 각각의 임무들을 전담하는 하부 부서들을 체계적으로 구성하여 공공외교 정책을 추진할 필요가 있어 보인다.

둘째, 미국의 국제방송처의 역할 역시 주목할만 하다. 물론 현재 한국에서도 '아리랑 TV'나 'KBS 월드' 등과 같은 글로벌 방송 네트워크가 활동하고 있지만, 미국의 경우처럼 국가 차원에서 독립적으로 활동하는 국제미디어 조직은 아직까지 존재하지 않고 있다. 또한 미국의 국제방송처는 각 지역별로 특화된 하부 미디어 네트워크를 보유하고 있으며, 해당 지역 대중들에 대한 맞춤형 방송 프로그램을 해당 지역 언어로 송출하고 있다. 전 세계 각 지역 사람들의 미국에 대한 관심 분야와 우호도 등은 차이가 날 수밖에 없는 상황에서 미국은 방송의 효과를 높이기 위해 해외 특정 지역 청중들을 대상으로 한 방송 네트워크를 설립하여 해당 지역 청중들에 대한 접근성을 강화하고 있다. 이는 한국에게도 중요한 함의를 준다. 해외 각 지역별로 한국의 정책이나 문화 등에 대한 관심도와 이해관계, 지식 등이 다를 수 밖에 없다. 따라서 해외 각 지역 청중들에게 한국에 대한 관심과 이해도를 높이기 위해서는 미국과 마찬가지로 각 지역에 특화된 글로벌 방송네트워크를 구축할 필요가 있어 보인다.

물론 국제 사회에서 미국과 한국의 대외 정책 목표와 비전, 우선순위 등에서는 차이가 날 수 밖에 없으며, 따라서 공공외교의 추진 전략과 방향 역시 차이가 날 수 밖에 없다. 또한 재정이나 인적자원 측면에서도 한국이 미국의 공공외교 전략을 그대로 벤치마킹 하는 데에는 어려움이 있을 수 있다. 하지만, 한국 역시 앞으로 국가 이익을 극대화하기 위해서는 공공외교를 보다 더 효과적으로 추진해야만 한다. 보다 장기적인 관점에서 미국의 공공외교 기관들과 활동사례들을 참고하여 한국의 공공외교 추진 전략을 마련해야 할 것으로 보인다.

제2장.

China

중국의 공공외교 기관과 활동

I. 서론: 중국의 공공외교에 대한 이해

중국의 공공외교에 대한 이해를 위해서는 우선 중국 공산당 전국대표대회(中国共产党全国代表大会)(이하 당대회) 및 전국인민대표대회(全国人民代表大会)를 포함한 주요 정치행사에서의 정치 지도자의 보고 및 담화문에 주의를 기울여야 한다. 그들이 보고하고 발언한 내용을 토대로 세부적인 정책 노선이 정해지며, 하부 실무 조직이 유기적으로 정책을 시행하기 때문이다. "공공외교"라는 단어가 주요 외교 정책으로 등장한 시기는 그리 오래전 일이 아니다. 2009년 7월, 당시 국가주석이었던 후진타오(胡锦涛)는 제11차 주중 외국사절회의(第十一次驻外使节会议)에서 공공외교에 관한 중요한 담화문을 발표하였다. 그는 중국 외교업무에서 공공외교가 차지하는 중요한 지위와 역할에 대하여 상세히 이야기하였으며, 공공외교는 전반적인 외교의 중요한 구성 부분으로서 새로운 시대의 중국 외교를 보완하는 객관적인 요구이자, 중국 외교업무의 개척해야 할 중요한 방향이라고 밝혔다. 아울러, 그는 공공외교를 잘 수행하는 것이 중국의 국제적 이미지와 직접 연계되기에, 정치 영역에서 더욱 영향력 있고, 경제 영역에서 더욱 경쟁력 있으며, 이미지 영역에서 더욱 친화력 있고, 도의상 더욱 감화력 있도록 노력해야 한다고 강조하였다.[1]

이후 2012년 18차 당대회 보고에서 후진타오는 다시 한번 공공외교의 중요성과 함께 인문 교류의 중요성을 지적하고, 이 둘을 착실히 추진해야 한다고 밝혔다. 정권을 이어받은 시진핑(习近平) 국가주석 역시 비슷한 행보를 보였다. 2017년 19차 당대회 보고에서 그는 중외인문 교류(中外人文交流)를 강화

1 杨洁篪, "努力开拓中国特色公共外交新局面," 『求是』 第4期 (2011), p. 43.

해 나가자고 이야기하면서, 이를 토대로 국가 문화 소프트 파워(soft power)를 증진하고, 나아가 인류운명공동체(人类命运共同体)를 건설하자는 주장을 펼쳤다. 2012년 후진타오 주석의 당대회 보고와 2017년 시진핑 주석의 당대회 보고를 비교한다면, 시진핑 주석의 당대회 보고에서 공공외교라는 단어가 빠져있고 인문 교류라는 단어를 강조하지만, 공공외교라는 정의와 그것을 포함하는 내용상 인문 교류를 포함하기 때문에, 그 중요성은 지금에서까지 이어지고 있다고 말할 수 있겠다.

이어지는 절에서는 먼저 중국의 공공외교 기원과 역사를 살펴보고자 한다. 앞서 이야기하였듯이, 공공외교가 외교 정책에 주요한 부분으로 자리 잡은지는 비교적 최근의 일이다. 그럼에도 불구하고, 중국 정부는 국가 수립 이전부터 지금까지 지속해서 공공외교 활동을 수행하고 있었으며, 시대적 흐름 속에서 주안점이 변화하는 모습을 볼 수 있다. 3절에서는 중국의 공공외교 주요 기관을 설명하고자 한다. 핵심 컨트롤타워부터 실무 부서까지 대표적인 기관들을 선별하였다. 4절에서는 중국의 공공외교 주요 사례를 홈그라운드 외교와 장학금 지원을 통한 청년 교류 이렇게 두 가지를 뽑아서 소개하고자 한다. 마지막으로 중국 공공외교 기관과 활동의 한국적 함의에 관해서 이야기해 보고자 한다.

2. 중국의 공공외교 기원과 역사

1) 중국 공공외교의 기원: 선전(propaganda)의 시작

중국 공공외교의 기원을 찾아본다면, 1949년 중화인민공화국 수립 이전의 항일투쟁 시기로 거슬러 올라가야 한다. 그 당시 중국 공산당은 자국의 항일정신과 공산당의 역할에 관하여 세계 사회에 알리고자 노력하였다. 그 대표적인 예로서 지금에서까지 많이 읽히고 있는 『중국의 붉은 별(Red Star China)』 출판이다. 중국 공산당이 국민당 군을 피해 내륙으로 피신한 대장정 기간에 미국인 기자 에드가 스노우(Edgar Snow)를 초청하여 마오쩌둥(毛泽东)을 밀착 취재하도록 하였다. 1936년 6월부터 10월까지 약 5개월간 이루어진 취재 결과물을 책으로 낸 것이 바로 『중국의 붉은 별』이며, 출판된 이후 세계적인 베스트셀러가 되었다. 이는 중국 공산당이 처음으로 서방의 기자와 서방의 매체를 활용하여 자신을 국제 사회에 소개하고 선전한 것으로, 중국 공산당 공공외교의 시작이라고 볼 수 있겠다. 이후 1940년 12월 30일 개국한 옌안 신화 라디오 방송국(延安新华广播电台)은 공산당이 만든 최초의 방송국으로서, 중국을 침략한 일본군을 대상으로 정치적 목적을 가지고 일본어로 방송하였다. 또한 1941년 3월에 발행 기간은 길지 않았으나 중국의 항일정신과 공산당의 견해를 대변하는 "중국통신(中国通讯, China Letter)"이 발간되었다.

1945년 일본의 2차 세계대전 패배 이후, 국공내전에 들어서면서 중국 대륙은 다시 혼란한 상황에 빠져들었다. 국민당의 장제스(蔣介石)는 신문과 잡지 등 간행물 발행을 통하여 국민당의 통치를 정당화하는 국내외 여론전을 벌였고, 이에 공산당도 맞불을 놓았다. 1946년 5월 17일 상하이에서 발행한 영문 저널 "신화주간(新华周刊, New China Weekly)"은 공산당이 처음으로 발행한 외국어 저널이자 국민당 여론전의 맞대응 성격이었다. 3번의 발행을 끝으로 더는 해당 이름으로 출판되지 않았지만, 도리어 다른 장소 다른 모습으로 새롭게 창간되었다. 같은 해 12월 31일 홍콩에서 발행한 "중국문적(中国文摘, People's Digest)"이 바로 그것인데, 공산당이 처음으로 해외에 발행한 영문 저널이었다. 두 영문 저널 모두 그 당시 중국혁명의 정당성을 대내외에 알린 유일한 간행물이었다.

1949년 10월 1일 공산당이 대륙을 통일하여 중화인민공화국을 수립하였지만, 곧이어 전 세계가 냉전의 소용돌이 속으로 들어가면서 대외 선전이 국가 차원에서 체계적으로 수행되었다. 이후의 역사는 외교상에서의 선전의 색채가 점차 옅어지는 방향으로 진행됐으며, 진정한 의미에서의 21세기형 공공외교 출현은 역사 발전의 결과물이었다. 본 절에서는 중국 공공외교의 역사를 1) 신중국 성립 이후부터 개혁개방 이전까지, 2) 개혁개방 이후부터 냉전 종식까지, 3) 냉전 종식 이후부터 후진타오 집권기까지, 4) 마지막으로 시진핑 집권 이후부터 지금까지 이렇게 4시기로 나누어 설명하고자 한다.

2) 신중국 성립 이후(1949) ~ 개혁개방 이전(1978)

첫 번째 시기는 신중국 성립 이후부터 개혁개방 이전까지의 기간이다. 해당 시기의 중국 공공외교는 신중국을 선전하고, 세계 혁명을 지지하는 것을 목표로 이루어졌다. 문자 그대로 해당 기간에는 아직 현대적 의미의 공공외교와는 다른 선전이 주가 되어 공공외교를 수행하는 모습을 보였다. 그도 그럴 것이 신중국 성립 직후, 국제 질서는 중국에 유리한 모습이 아니었다. 대외적으로 이미 미국을 중심으로 한 자유주의 진영과 소련을 중심으로 한 사회주의 진영이 이데올로기 갈등을 시작하고 있었으며, 대내적으로 내륙의 국민당 잔재를 청산하면서 국가의 기틀을 막 다져가고 있었다. 그러던 와중에 국가를 수립한 지 1년도 안 되어 이웃 지역인 한반도에서 전쟁이 발발하였고, 군사개입을 하면서 자유 진영과 완전히 대립하는 결과를 낳았다. 이러한 상황 속에서 중국은 한편으로 사회주의 진영 내부, 일부 아시아 국가, 그리고 아프리카 지역을 대상으로 대외 선전에 주력하면서, 다른 한편으로 자유주의 진영에 대하여 비판의 목소리를 내었다. 그 당시 선전은 사회주의 진영의 내부 결속을 위해 자유 진영의 자본주의제도를 비판하고 사회주의제도의 우수성을 홍보하였으며, 제3 세계의 중국에 대한 의구심을 지우기 위해 적극적으로 해당 지역에서 대외 선전 활동을 하였다. 이에 따라 1949년 11월 1일 중앙인민정부 신문총서(中央人民政府新闻总署)를 설립하여 대외 선전을 위한 국가 체계를 본격적으로 구성하기 시작하였고, 그 하위 부서로 국제신문국(国际新闻局), 중앙방송사업국(中央广播事业局), 신화통신(新华通讯) 또한 만들며 구체화했다. 그중 국제신문국은 중국 최초의 신문출판기구로 중국 국내 뉴스를 외국어로 번역하여 해외에 전하는 대외뉴스 보도 총괄이 주된 임무였다.[2]

이렇게 점차 체계를 갖추어 나가면서, 사회주의 국가에 주재하고 있는 신화사 지사를 통하여 대외 선전 활동을 추진하였고, 중국 국제 라디오 방송국(中国国际广播电台, CRJ)에서도 다양한 언어로 방송을 진행하였다. 1966년까지 신화사 지사는 총 51개까지 늘어나 초보적 수준의 국제보도 네트워크를 형성할 수 있었다. 또한 초창기 영어로만 발행하다가 다섯 가지의 외국어로 늘어나 보다 넓은 독자층을 확보할 수 있게 되었다. 중국 국제 라디오 방송국 방송 언어 송출의 경우에도 비슷한 경향이 나타났는데, 1950년대 후반까지 20가지의 언어로 방송이 진행되었다면, 1966년에는 32가지의 언어로 확대되었다. 이와 동시에 1952년 쑹칭링(宋庆龄)이 "중국 건설(中国建设, China Reconstructs)"을 창간하고 1958년 저우언라이(周恩来) 총리가 영문 저널 "베

2 문현미, "역사적 제도주의 관점에서 본 중국 공공외교 연구," 『현대중국연구』 제23권 3호 (2021), p. 48.

이징 주보(北京周报, Beijing Review)"를 창간하여, 주요한 대외선전물 역할을 수행하였다. 특히 중국 건설은 창간 당시 두 달에 한 번 영문판으로 출판되었지만, 1955년에 매달 출판으로 변경되었고, 이후 1980년까지 스페인어, 프랑스어, 아랍어, 러시아어, 독일어, 포르투갈어 등 여러 외국어로도 출판되었다. 이 밖에도 1953년 6월에 베이징에서 창간된 월간 일어(日語) 저널 "인민중국(人民中国, People's China)"도 있다. 이러한 흐름은 1966년 문화대혁명 발발로 주춤하다가 마오쩌둥 사후 덩샤오핑(邓小平)이 집권하여 개혁개방노선을 천명하면서 새로운 분위기로 바뀌었다.

3) 개혁개방 이후(1978) ~ 냉전 종식까지(1991)

두 번째 시기는 개혁개방 이후부터 냉전 종식까지의 기간이다. 해당 시기의 중국 공공외교는 개혁개방을 촉진하고 세계평화를 수호하는 것을 목표로 이루어졌다. 1976년 문화대혁명 시기에 폐지되었던 중국 공산당 중앙위원회 선전부(中国共产党中央委员会宣传部)가 부활하였고, 1978년 그 산하에 대외선전국을 조직하여 중앙 부처에 산재해 있던 대외 선전기구를 체계화하여 적극적으로 활용하기 시작하였다. 중앙과 지방뿐 아니라 대만, 화인(华人), 화교 등 국내외를 아우르는 폭넓은 범위와 대상으로 선전업무를 수행하였다. 나아가 1980년 4월 중앙대외선전소조(中央対外宣传小组)를 설립하였고 그 상설 기구로서 중앙대외선전판공실(中央对外宣传办公室)을 두었다. 중앙대외선전소조에는 중앙선전부, 중앙대외연락부, 외교부, 문화부, 광전부(广播电影电视部), 외문국(外文局), 국무원 화교판공실(国务院侨务办公室), 홍콩-마카오 판공실, 인민일보사, 신화사 등 여러 단위의 간부들이 참여하였다. 1987년 12월 정부가 제도 간소화를 이유로 해당 조직을 폐지하였으나, 1989년 천안문 사건 이후 대내외 우호적인 여론 형성이 필요하여 1990년 3월에 부활하였다.[3]

이렇게 점차 체계를 갖추어 나가면서, 정기적인 회의, 민간기구 설립, 영어 신문 발간 등 공공외교와 관련한 여러 활동이 지속해서 이루어졌다. 중국 정부는 1986년부터 매년 국가 지도자가 참석하는 대외선전업무회의(对外宣传工作会议)를 꾸준히 개최하였고, 같은 해 7월 중앙대외선전소조의 민간기구인 대외문화교류협회(对外文化交流协会)를 설립하여 과거 국가 중심에서 조금이나마 탈피하는 모습을 보였다. 아울러 1981년 6월 베이징에서 창간된 종합 영어신문인 "중국일보(中国日报)"를 비롯하여, 1985년 7월 창간된 중국 공산당 중앙위원회 기관지인 중국어 일간지 "인민일보·해외판(人民日报·海外版)", 1986년 5월 인도차이나반도 화교 출신들이 오스트레일리아에 이민 가서 창간한 중국어 주간지 "화성보(华声报)" 등이 있다.[4]

4) 냉전 종식 이후(1991) ~ 후진타오 집권기까지(2012)

세 번째 시기는 냉전 종식 이후부터 후진타오 집권기까지의 기간이다. 해당 시기의 중국 공공외교는 중국을 소개하고 평화 발전을 선도하는 것을 목표로 이루어졌다. 1990년대 중국의 대외 선전 목표는 그 당시 유행하였던 "중국 위협론", "중국 붕괴론" 등 중국에 대한 부정적 이미지를 해소하는 것으로, 중국을 적극적으로 소개하여 국제 사회가 가지고 있는 의심과 우려를 불식시키는 데에 주안점을 두었다. 게다가 과거와는 다르게 대외 선전의 주된 대상이

---

3 문현미 (2021), pp. 55-56.

4 钟龙彪·王俊, "中国公共外交的演进: 内容与形式," 『外交评论(外交学院学报)』 第3期 (2006), pp. 66-67.

상대국 정부에서 민간으로 서서히 변화하기 시작하였다. 3절에서 상세히 후술하겠지만, 1991년 1월에 국가 차원의 공공외교 컨트롤타워 역할을 하는 국무원신문판공실(国务院新闻办公室)이 설립되었고, 당 차원에서는 1993년에 관련 핵심 임무를 수행하였던 중앙대외선전소조를 중앙대외선전판공실로 개편하였다. 당-국가 체제인 중국의 국가 특성상 공공외교와 관련한 컨트롤타워가 드디어 완성된 것이다. 아울러 1997년 중국 공산당 선전부의 영문 명칭을 propaganda에서 publicity로 변경하면서, 선전에서 언론홍보로 그 뉘앙스를 전환하는 모습을 보였다.

이렇게 컨트롤타워가 중심을 잡아주자, 산하에 많은 공공외교 관련 기관과 활동이 등장하였다. 외교부, 문화부, 교육부, 국가방송총국(国家广播电视总局) 등 중앙 기관뿐 아니라, 지방 정부에서도 공공외교 담당 부서가 신설되어 많은 활동을 지휘하고 감독하였다. 일례로 외교부 산하에 외교부 공공외교판공실이 있고, 교육부 산하에 공자학원이 있으며, 문화부에서는 상대국과 문화의 해(文化年), 문화주간(文化周)과 같은 인문 교류 활동을 진행하고 있다. 2011년 2월에는 중국에서 처음으로 공공외교협회가 설립되었는데, 상하이공공외교협회(上海公共外交协会)가 바로 그것이다.

5) 시진핑 집권 이후(2013) ~ 지금까지

마지막 시기는 시진핑 집권 이후부터 지금까지의 기간이다. 해당 시기의 중국 공공외교는 중국을 이해시키고 중국의 가치를 전파하는 것을 목표로 이루어지고 있다. 2010년 일본을 제치고 세계 제2의 경제 대국으로 발돋움하면서 과거 온전히 하드 파워 증진에 힘을 쏟았던 것을 소프트 파워에도 나누게 되었다. 2013년 시진핑 주석의 해외순방 때 언급이 시작되어 2015년 본격적으로 추진한 국가급 대전략인 "일대일로(一带一路)"를 보더라도 핵심 키워드인 5통(五通) 중에 "민심상통(民心相通)"이라는 키워드가 존재한다. 결국 상호 간의 교류를 통해서 서로를 이해하는 것이 중요하다는 뜻인데, 이러한 역할을 공공외교 업무를 수행하는 여러 기관이 중심이 되어 추진해야 한다는 것이다. 물론 앞서 밝혔듯이 시진핑 집권 시기에 "공공외교"보다는 "인문 교류" 언급이 증가하고 있으며, 교육부 국제 협력·교류사(国际合作与交流司) 산하에 중외인문교류기제판공실(中外人文交流机制办公室)을 신설하여 인문 교류와 관련한 주도적인 업무를 담당하도록 하고 있다. 공공외교 관련 부처가 있는 외교부와는 다르게 교육부에 해당 조직을 신설하여 표면적으로 인문 교류를 강화하는 듯 보이나, 인문 교류의 목표와 목적을 볼 때 공공외교와 뚜렷한 차이점을 보이지 않으므로, 향후 어떻게 변화 발전해 나가는지 지켜봐야 할 것이다.

정부를 중심으로 민간이 참여하는 형태가 주를 이루면서, 민간에서의 공공외교 활동들도 날로 늘어나고 있다. 중국 정부는 중앙뿐 아니라 지방 각급 정부에도 공공외교협회와 공공외교연구 기관을 만들어 공공외교를 더욱 활성화하고 있다. 2018년 기준으로 베이징, 천진, 상하이, 광둥 등지에서 공공외교협회를 설립하였으며, 그 수는 20개에 달한다. 연구 기관의 수 또한 20개였는데, 칭화대학(清华大学), 중국런민대학(中国人民大学), 베이징외국어대학(北京外国语大学), 외교학원(外交学院) 등 고등 교육 기관과 국책 연구 기관 산하에 관련 연구센터를 설치·운영하고 있다.[5]

---

5 田田·陈追, "改革开放以来中国公共外交成就与发展趋势探究," 『国际公关』 第9期 (2020), p. 1.

정리하자면, 중국 공공외교의 특징은 다음과 같다. 첫째, 공공외교의 목표와 지위가 점차 과학적이고 이성적이며 객관적으로 변화하고 있다. 과거 세계 혁명을 지지하는 것에 반해, 개혁개방 이후 중국 자신을 선전하고 조화로운 세계를 만드는 데에 목표를 두고 있다. 다시 말해 이데올로기에 치중한 과거와는 이별하고 현 세계 여러 국가가 요구하는 지향점을 찾고 이를 실천하려고 노력한다. 둘째, 공공외교의 참여기구가 점차 증가하고 있다. 물론 정부 주도의 모습이 강하게 남아있지만, 정부와 민간이 함께하는 1.5트랙, 민간 중심의 2트랙이 정부 간 1트랙과 공존하여 공공외교가 이루어지고 있다. 1트랙 차원에서 국무원신문판공실, 외교부, 문화부, 교육부가 참여하고 있고, 중앙방송국(中央电视台, CCTV), 중앙라디오방송국 또한 대외 선전의 중심에 있다. 1.5트랙 차원에서 중국인민대외우호협회(中国人民対外友好协会), 중국인민외교학회(中国人民外交学会), 중국적십자회 등이 공공외교에 힘쓰고 있으며, 2트랙 차원에서 관련 학술계, 기업, 국제비정부기구, NGO 등 또한 적극적으로 참여하고 있다. 셋째, 공공외교의 내용이 점차 풍성해지고 형식이 다양화되고 있다. 과거 단순하게 상대국 정부와 대중에게 라디오 방송, 외국어 저널, 신문 방송 등으로 선전하는 모습을 넘어 위성TV, 인터넷, 역서, 문화행사 등 다양한 수단으로 상호 교류하며 이해를 높이고 있다.[6]

2. 중국의 공공외교 주요 기관

중국의 공공외교는 당 차원에서의 대외선전판공실과 정부(국무원) 차원에

6 이계란·김현태, "中國公共外交的發展現狀及對策分析," 『중국연구』 제69권 (2016), pp. 266-268; 廖宏斌, "我国公共外交的发展现状及对策分析," 『四川大学学报(哲学社会科学版)』 第5期 (2007), pp. 112-113.

서의 국무원 신문판공실이 컨트롤타워가 되어 이루어지고 있다. 당-국가 체제인 중국의 특성상 실질적으로 두 조직은 거의 동일한 조직이라고 볼 수 있고, 두 조직의 수장 즉 주임은 대개 동일인이 맡고 있다. 공공외교의 지침을 제정하고 주도하는 이 두 조직을 중심으로 국무원 산하의 각 부처에서 공공외교 관련 기구를 신설하여 업무를 수행하고 있다. 대표적으로, 외교부 직속의 외교부공공외교판공실(外交部公共外交办公室), 교육부 직속의 중외언어교류협력센터(中外语言交流合作中心)와 공자학원(孔子学院), 중국 공산당 선전부의 관리 감독을 받는 중앙방송국과 중앙라디오방송국 등이 있다. 중앙정부 직속의 국책 연구 기관을 비롯하여 각 성급 및 시급 산하의 연구 기관 그리고 여러 대학의 연구소들도 상호 간 나아가 외국의 연구 기관과 네트워크를 형성하여 공공외교를 주관하고 공공외교와 관련한 연구에 힘쓰고 있다. 비정부기구 역시 정부의 보조적인 역할로서 공공외교를 수행하고 있는데, 중국인민대외우호협회, 중국공공외교협회(中国公共外交协会), 차하얼학회(察哈尔学会) 등이 있다. 정리하자면, 중국의 공공외교는 국가와 민간 모두에서 활발히 진행되고 있

중국 공공외교 조직 체계

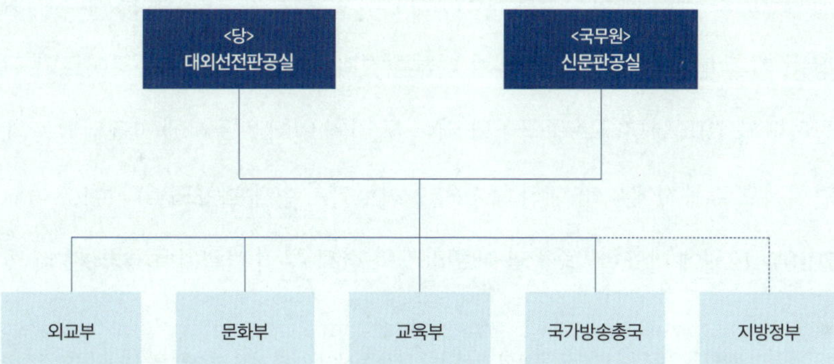

출처: 이희옥 (2010) 표 2 재구성

다.[7] 본 절에서는 그중에서 대표적인 공공외교 관련 기관을 살펴볼 것이다.

1) 국무원 신문판공실

국무원 신문판공실의 주요 책임과 업무는 한편으로 중국 언론과 매체가 자국의 모습을 전 세계에 널리 홍보하면서, 다른 한편으로 외국 언론과 매체의 중국에서의 취재를 돕고, 중국을 보도할 때 객관적이고 정확한 보도를 할 수 있도록 지원하는 것이다. 중국 언론과 매체가 중국의 국정 방향과 대외 정책을 소개하고, 정치, 경제, 사회, 과학 기술, 교육, 문화, 역사 등 여러 분야의 발전상황을 세계 사회에 알리도록 지도·조정하는 소임을 수행하고 있다. 아울러 기자회견(언론브리핑)을 개최하여 직접적으로 국내외 언론매체와 소통하고 있고, 관련 서적과 영상자료를 제공하여 세계 여러 나라에 중국에 대한 이해도를 높이고 있으며, 각국 정부 및 언론매체와 교류 협력을 광범위하게 전개하고 있다. 여기서 주목해야 할 점은 국무원 신문판공실에서는 매해 여러 주제를 가지고 백서를 편찬하여 발표하는 것이다. 1991년 11월 『중국의 인권상황(中国的人权状况)』을 백서로 처음 편찬한 이래로 지금까지 인권, 외교, 국방, 양안 관계(대만), 소수민족(특히, 신장웨이우얼과 티벳), 식량, 환경, 우주, 해양, 에너지, 성평등, 기후 변화 등 다양한 주제가 다루어졌다. 2009년까지는 중국어로만 편찬하다가, 2010년부터는 중국어와 영어 두 가지 언어로 동시에 발표되었는데, 간헐적으로 목적에 따라 대상 국가의 언어로까지 함께 발표되었다. 예를 들어 2010년 12월에 발표한 『중국과 아프리카의 경제·무역 협력(中国与非洲的经贸

---

7 백우열·함명식, “중국의 대한국 공공외교 성과와 한계 분석: 시진핑 집권 시기를 중심으로,” 『한국정치학회보』 제51집 5호 (2017), pp. 138-140.

合作)』 백서는 프랑스어로도 제공되었고, 2012년 9월에 발표한 『댜오위다오는 중국의 고유영토(钓鱼岛是中国的固有领土)』 백서는 일어로도 제공되었다.

국무원 신문판공실이 발표한 중국 정부 백서의 수

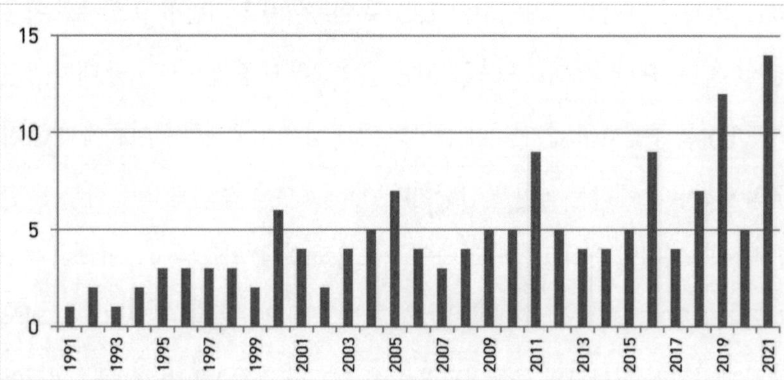

출처: 국무원 신문판공실 홈페이지를 참고하여 저자 작성, http://www.scio.gov.cn/zfbps/index .htm (검색일: 2022.02.03)

2) 외교부

외교부는 국가의 외교방침과 정책을 집행하고, 국가를 대표하여 국가의 주권, 안보, 국익을 수호하며, 정부를 대표하여 외교 사무를 처리하는 기관이다. 외교부는 중요한 외교 활동 정보를 공표하고 대외 정책을 천명하며 국가의 주요 외교 활동 보도 업무를 책임진다. 특히 공공외교 활동을 조직하여 재중 외국 기자와 상주하고 있는 외국 언론매체 사무를 주관한다. 외교부 산하의 대사관과 영사관은 세계 각지에 퍼져있으며, 그들 기관을 통하여 상대 국가의 국민과 직접적인 교류 활동을 이어나가고 있다. 공공외교와 관련한 조직 개편은 1998년에 이루어졌는데, 외교부 홈페이지를 개설하고, 정기적인 기자회견을 열었으며, 홈페이지를 통해 외교부 기자회견의 전문을 검색할 수 있게 하였다.

1999년 6월, 외교부 신문사(新闻司) 직속의 "인터넷홈페이지관리처(因特

网主页管理处)"를 설립하여 외교부와 각국 대사관의 인터넷 홈페이지를 관리하도록 하였다. 이를 시작으로 2004년 3월, 인터넷 홈페이지 관리 업무와 함께 공중외교(公众外交)에 힘쓰기 위해, "공중외교처(公众外交处)"로 확대 개편하였다. 2008년 "공공외교처(公共外交处)"로 이름이 변경되면서 그 임무와 활동 영역이 더욱 확대되었다. 공공외교처는 ① 외교부 대중개방의 날 등 대형 공공외교행사를 주관하고, ② 언론에 중국의 외교 정책과 국제적 핫이슈에 대한 자국의 입장을 소개하는 역할을 담당한다. ③ 외교부 직속 기관 및 문화부 등 관련 부처와 위원회 간의 공공외교 사업을 조율하고, ④ 외교부 공공외교 홈페이지 관리와 204개의 하위 홈페이지 개설 그리고 외교 포럼을 관리한다. ⑤ 외국 주재 대사관과 영사관의 공공외교 활동을 지원하고 감독하며, ⑥ 공공외교에 관한 조사 연구도 진행한다. 2009년 10월, 공공외교판공실로 "처"에서 "실"로 승격하면서 그 위상이 높아졌으며, 이듬해인 2010년에는 외교부에서 공공외교 원년이라 선포하여 공공외교에 박차를 가했다. 이를 보조하기 위해 같은 해 8월 외교부 산하에 공공외교자문위원회(公共外交咨询委员会)를 두어 공공외교 추진의 효율성을 증대하였다. 정책이론과 실무경험이 풍부한 원로 대사, 원로 외교관, 전문가, 학자 등 19명으로 구성된 본 위원회는 외교부와 재외공관에게 공공외교에 관한 자문을 해 주는 것을 목적으로 한다.[8] 2012년 8월, 신문사에 속해있던 공공외교판공실을 아예 외교부 직속으로 승격시키면서, 책임과 권한을 강화하였고, 공공외교의 종합적인 관리 역할(인터넷 공공외교 기능을 포함)을 담당하게 되었다.

8 양명·차창훈, "중국 공공외교의 등장과 강화: 조직구조와 수행방식을 중심으로," 『21세기정치학회보』 제24집 1호 (2014), pp. 375-377.

외교부 공공외교판공실의 변화

1999년	외교부 신문사 인터넷홈페이지 관리처 (外交部新闻司因特网主页管理处)
2004년	외교부 신문사 공중외교처 (外交部新闻司公众外交处)
2008년	외교부 신문사 공공외교처 (外交部新闻司公共外交处)
2009년	외교부 신문사 공공외교판공실 (外交部新闻司公共外交办公室)
2012년	외교부 공공외교판공실 (外交部公共外交办公室)

3) 문화부

공공외교 및 인문 교류 활동을 체계적으로 조직하여 운영하기 위해서 문화부의 적극적인 협력이 필요하다. 공공외교의 목표인 상대 국가 국민의 호감을 얻고 국가 이미지를 쇄신하기 위해서는 꾸준한 문화 교류 행사가 필요한데, 문화부 산하에는 대표적으로 "국제교류협력국(国际交流与合作局)"이 있다. 해당 조직은 문화 및 관광에 대한 대외 정책과 홍콩·마카오 및 대만과의 교류 협력 정책을 제정하며, 홍보 업무를 지도 관리한다. 외국 주재 문화 및 관광기구 역시 지도 관리하며, 문화 및 관광 분야의 대외 협력 협정과 기타 부속 문건의 협상 체결업무를 담당한다. "중국 문화의 해" 개최, 문화 예술 단체의 파견, 대형전시회 및 박람회 개최 등 다양한 문화 교류 활동을 진행하고 있으며, 적극적인 지원을 아끼지 않고 있다.[9] 일례로 "중국 문화의 해" 행사의 경우, 프랑스

9 이희옥, "중국공공외교의 확산: 체계와 목표," 『중국학연구』 제54권 (2010), pp. 371-372.

(2003~2004년), 러시아(2006~2007년), 한국(2007년), 영국(2008년), 이탈리아(2010년) 등 여러 나라에서 개최하였고, 해당 국가도 중국에서 "문화 교류의 해" 행사를 진행하였다.[10]

4) 교육부

공공외교 분야에서 인문 교류에 점차 방점을 찍다 보니 교육부 산하 공공외교 관련 기관들의 역할이 더욱 중요시되고 있다. 교육부는 2004년부터 중국문화를 세계에 널리 보급하기 위해 세계 각지에 공자학원과 공자학당을 설립하였다. 최일선에서 중국문화를 전파하는 공자학원과 공자학당을 자세히 살펴보기 전에, 감독·관리하는 기관부터 우선 소개하도록 하겠다.

먼저, "국가 한어국제보급영도소조판공실(国家汉语国际推广领导小组办公室)" 약칭 국가한반(国家汉办)이다. 1987년 설립된 국가한반은 국무원 11개 부처의 고위 관료로 구성된 일상적인 사무기구로 교육부 산하에 소속되어, 세계 각국에 언어·문화와 관련한 교보재와 서비스를 제공하고 최대한 해외 중국어 학습자들의 요구를 충족시키는 데에 주력하였다. 국가한반의 주요 기능과 업무로는 다음과 같다. 첫 번째로 중국어의 국제적 확산을 위해 관련 정책을 수립하고 추진한다. 두 번째로 각국·각급·각 유형별 중국어 교학 관련 사업들을 지원한다. 세 번째로 대외 중국어 교육 기준을 제정하고, 그 교육의 수준을 평가한다. 네 번째로 각종 중국어 시험을 개발하고 확대한다. 다섯 번째로 대외 중국어 교사의 자격 기준을 결정하고 사후 교사에 관한 교육 훈련, 선발 및 파

10 王宇轩, "公共外交视阈下中国国家形象塑造面临的挑战及对策研究," 『중국지식네트워크』 제18권 (2021), pp. 327-330.

견, 교학 능력 인증 등을 실시한다. 여섯 번째로 대외 중국어 교육에 필요한 인터넷 시스템의 기준을 제정하고 그와 관련된 자원을 제공한다. 일곱 번째로 공자학원 본부를 지도 감독하여 전 세계 국가와 지역에 공자학원을 설립하도록 애쓴다.[11]

이를 근거로, 2000년대 초반부터 시작된 중국어 학습 열풍에 힘입어, 2002년 해외에 중국어와 중국문화를 전파하기 위한 기관을 설립하려는 준비를 시작했으며, 독일의 괴테 문화원(Goethe-Institut), 프랑스의 알리앙스 프랑세즈(Alliance Française), 에스파냐의 세르반테스 문화원(Instituto Cervantes) 등의 경험과 노하우를 차용하려 힘썼다. 그 결과 2004년 6월 우즈베키스탄 타슈켄트 국립동방학원, 미국 메릴랜드대학교, 케냐 나이로비대학교에서 공자학원을 시범 운영하였고, 2004년 11월 마침내 한국에 세계 최초로 공자학원을 개설하기에 이르렀다. 국가한반은 이후 중국어 교육 장학금(中文教育奖学金)과 신한학계획(新汉学计划) 업무를 신설하여 그 기능을 강화하였는데, 중국어 교육 장학금으로는 국제 중국어 교사 장학금(国际中文教师奖学金)과 중국어 교육 연합 장학금(中文教育联合奖学金)이 있으며, 신한학계획으로는 박사학위 과정 프로그램, 학술연구 프로그램, 재중 전문 연수 프로그램, 교수 프로그램 등이 있다. 국가한반은 중외언어 교류 협력센터로 명칭을 변경하면서, 주요 기능을 그대로 유지하였지만, 공자학원 관리와 감독을 중국 국제중국어교육기금회(中国国际中文教育基金会)로 이관하였다.

다음으로 중국 국제중국어교육기금회는 민정부(民政部)에 등록된 자선단

---

11 李保高, "중국 공공외교와 공자아카데미," 『중국어문학논집』 제88호 (2014), pp. 442-443.

체로 2020년 6월에 베이징에서 설립되었다.[12] 대학교, 기업, 사회조직 등 27개의 단체가 연합하여 발기한 해당 기금회는 세계 범위의 중국어 교육 프로젝트를 지원하고 인문 교류를 촉진하는 데 목적을 두고 있다. 베이징대학, 베이징사범대학, 베이징어언대학, 중국런민대학(中国人民大学), 푸단대학(复旦大学), 화둥사범대학(华东师范大学), 난징대학(南京大学), 난카이대학(南开大学), 산둥대학(山东大学), 샤먼대학(厦门大学) 등 대학 18곳, 한카오 국제교육과학기술(베이징) 유한회사(汉考国际教育科技(北京)有限公司)와 중국 교육출판매체주식유한회사(中国教育出版传媒股份有限公司) 등 기업 2곳, 세계중국어교육학회(世界汉语教学学会)와 중국 교육국제교류협회(中国教育国际交流协会) 등 사회조직 7곳이 참여하였다.[13]

마지막으로 공자학원이다. 2004년 11월 서울에 처음 개소한 이래, 2005년 3월 벨기에 브뤼셀과 오스트레일리아 웨스턴오스트레일리아대학교에 잇따라 개설되었다. 이는 각각 유럽과 오세아니아 지역에서의 첫 공자학원 개소였다. 2006년 7월에는 세계공자학원대회가 처음으로 개최되었고, 2007년 1월에는 본부가 베이징에 설립되었다. 2009년 3월에는 "공자학원" 저널이 중문과 영문으로 처음 출판된 후, 프랑스어, 스페인어, 러시아어, 한국어, 일본어, 태국어, 아랍어, 독일어, 이탈리아어, 포르투갈어 등으로도 제공되었다. 2020년 6월에는 국가한반의 직속 기구에서 벗어나 중국 국제중국어교육기금회의 관리 감독을 받게 되었다. 이러한 주된 이유는 2010년대 미국과 유럽 등지에서

---

12 엄밀히 말하자면, 중국 국제중국어교육기금회는 민정부에 등록된 단체이기에 교육부 내용에 포함하지 않으려 했으나, 공자학원을 관리 감독하는 주체이고, 공자학원은 교육부 직속 기관에서 설립한 기구이므로 독자의 이해를 돕고자 해당 부분에 포함시켜 서술하였다.

13 중국 국제 중국어 교육 기금회 홈페이지를 참고, http://www.cief.org.cn/jj (검색일: 2022.02.04)

벌어진 공자학원 퇴출 사건으로, 공자학원이 중국 공산당의 사상과 이념을 전파하는 도구로 사용된다고 지적하여 해당 국가에서 공자학원을 폐소시켰기 때문이다. 그 당시 공자학원은 교육부 직속의 국가한반에서 관리 감독하는 기구였기에, 중국 정부는 이러한 우려를 불식시키고자 2020년 국제중국어교육기금회라는 비정부기구를 만들어 그 산하에 공자학원을 두는 조처를 하였다.

공자학원 홈페이지 화면

출처: http://www.ci.cn/#/Home

초기 설립 당시의 공자학원은 중국어 교육과 중국문화의 확산을 통한 상호 이해라는 기본 역할에 충실했던 반면, 현재의 공자학원은 국가 전략을 근거로 대상층을 다양화하고 대상에 맞게 세분화하여 접근하고 있다. 2017년 교육부는 세계 130개국에 있는 공자학원에 대한 조사를 바탕으로 2018년 "공자학원 발전행동계획(孔子学院发展行动计划)"을 제정하였고, 그동안의 경험과 노하우를 정리하여 "공자학원 장정(孔子学院章程)"을 개정하였다.[14] 공자학원의 주된 기능은 다음과 같다. 중국어 학습법과 이와 관련한 연구를 진행하고, 중국어를 매개로 하는 관련 학과 또는 분야의 학습법과 연구를 진행하며, 중국어 교원 양성에 힘쓴다. 또한 중국어 학습 자원을 개발하고, 중외 언어문화 교류 활동을 지원하며, 중국 언어문화와 관련한 시험과 인증을 주관한다. 마지막으로 중국의 교육, 문화, 경제 등 영역에 관한 연구와 자문 서비스를 제공한다.[15] 2019년 말을 기준으로 전 세계 162개 국가에 550개 공자학원과 1,172개의 공자학당이 개설되어 있다. 지역별로 살펴보자면, 공자학원의 수는 유럽이 187개로 가장 많았고, 공자학당의 수는 북미가 541개로 가장 많았다(<표 1> 참고). 그 수를 보더라도 공자학원과 공자학당의 주요 목표지역은 북미와 유럽이었다는 것을 유추할 수 있다.

<표 1> 전 세계 공자학원과 공자학당의 수

지역		개수
아시아	공자학원	37개국 137개
	공자학당	24개국 115개
유럽	공자학원	41개국 187개
	공자학당	31개국 348개
북미	공자학원	12개국 113개
	공자학당	8개국 541개
남미	공자학원	12개국 31개
	공자학당	5개국 19개

14 안지영, "중국 공공외교 전략과 수행방식 변화 연구," 『한국콘텐츠학회논문지』 제20권 7호 (2020), p. 175.

15 공자학원 홈페이지를 참고, http://ci.cn/#/Home (검색일: 2022.02.04)

아프리카	공자학원	45개국 62개
	공자학당	20개국 48개
오세아니아	공자학원	5개국 20개
	공자학당	5개국 101개

출처: 중국 국제 중국어 교육 기금회 홈페이지를 참고하여 저자 작성, http://www.cief.org.cn/qq# (검색일: 2022.02.03)

한국에는 24개의 공자학원과 15개의 공자학당 총 39개소가 운영되고 있다. 22개의 공자학원은 대학교 부설 기관으로 운영되고 있고, 중국에 협력 대학교를 두고 있다. 나머지 2개의 공자학원은 세계 최초로 세워진 서울 강남의 서울공자학원과 서울 관악구 대교 그룹 본사에 있는 차이홍 공자학원이다. 서울공자학원은 중국교육부와 베이징대학을 협력 기관으로 두고 있으며, 차이홍 공자학원은 지린성(吉林省) 대외 한어 교학 양성센터와 협력하고 있다. 차이홍 공자학원은 2014년 5월에 공자학당으로 시작하였지만, 설립 후 추진해 온 다양한 활동과 성과를 인정받아, 2021년 7월 공자학원으로 승격되었다.[16] 또한 공자학당은 대학에 속해있는 공자학원이 해당 지역의 중·고등학교와 연계하여 개설되었거나, 자매결연을 한 중국의 시급 정부의 지원을 받아 개설되었다. 부산 자산고등학교의 경우, 동서대학교 공자학원과 연계하여 공자학당을 설립하였고, 충청남도 천안고등학교와 아산고등학교의 경우, 순천향대학교 공자학원과 연계하여 공자학당을 만들었다. 인천 신현고등학교와 인천 국제고등학교 공자학당은 자매결연을 한 톈진시(天津市) 교육위원회의 지원을 받아 설립한 사례이다.

16 차이홍 공자학원 홈페이지를 참고, http://www.chg.co.kr:4433/intro/intro.aspx (검색일: 2022.02 .04)

<표 2> 한국의 공자학원 현황

명칭	개원시기	중국 협력 기관
서울 공자학원	2004년 11월	중국 교육부, 베이징대학교
충북대학교 공자학원	2006년 9월	옌볜대학교
동아대학교 공자학원	2006년 12월	둥베이사범대학교
호남대학교 공자학원	2006년 12월	후난대학교
강원대학교 공자학원	2007년 4월	지린베이화대학교
충남대학교 공자학원	2007년 4월	산둥대학교
우송대학교 공자학원	2007년 4월	쓰촨대학교
동서대학교 공자학원	2007년 4월	산둥대학교
계명대학교 공자학원	2007년 6월	베이징어언대학교
세한대학교 공자학원	2007년 6월	칭다오대학교
순천향대학교 공자학원	2007년 9월	톈진외국어대학교
대진대학교 공자학원	2007년 11월	하얼빈사범대학교
제주한라대학교 공자학원	2009년 4월	난카이대학교
우석대학교 공자학원	2009년 6월	산둥사범대학교
인천대학교 공자학원	2009년 8월	다롄외국어대학교
한국외국어대학교 공자학원	2009년 10월	베이징외국어대학교
경희대학교 공자학원	2010년 4월	퉁지대학교
국립안동대학교 공자학원	2012년 9월	취푸사범대학교
연세대학교 공자학원	2013년 11월	쓰촨사범대학교
차이홍 공자학원	2014년 5월	지린성대외한어교학양성센터
원광대학교 공자학원	2014년 9월	후난중의약대학교, 후난사범대학교
세명대학교 공자학원	2015년 3월	징시중의약대학교
한양대학교 공자학원	2015년 11월	지린대학교
국립제주대학교 공자학원	2017년 3월	대외경제무역대학교

출처: 공자학원 홈페이지와 백우열·함명식 (2017) 표 1을 참고하여 정리·보완함

서울공자학원 홈페이지 화면

출처: http://renew.kongzi.co.kr

5) 중국 공산당 선전부

2018년 3월, 중국 공산당 선전부의 관리 감독을 받는 거대한 중국 미디어 그룹이 탄생하였다. 그것은 바로 중앙방송총국(中央广播电视总台, China Media Group)으로, 중앙방송국, 중국 국제방송국(中国国际电视台, CGTN), 중앙인민라디오방송국(中央人民广播电台, CNR), 중국 국제라디오방송국으로 구성되어 있으며, 국무원 직속 부처급 사업 기관이다. 대외 선전과 관련한 방송은 중앙인민라디오방송국을 제외하고 모두 해당하며, 중국 국제라디오방송국은 앞서 역사 부분에서 다루었기에, 나머지 두 기관에 대해서 중점적으로 살펴보고자 한다. 과거 중앙방송국에서 해외 대중들을 위하여 편성한 주요 채널은 CCTV-4와 CCTV-9이었다. CCTV-4는 중국어로 방송되는 국제 채널로, 전 세계에 방송하는 유일한 중국어 채널이다. 대상은 전 세계의 중국인, 특히 해외에 거주하는 화교 및 홍콩, 마카오, 대만 사람이다. CCTV-9는 영어로 방송되는 국제 채널로, 1997년 6월 시험방송을 한 뒤, 2000년 9월부터 정식 송출되었다. 2010년 4월에는 해당 "영어 국제 채널"이 "영어 뉴스 채널", "다큐멘터리 채널(중문)", "다큐멘터리 채널(영문)" 이렇게 3개의 채널로 나누어졌고, 2016년 12월 중국 국제방송국으로 분사하면서 영문으로 송출하는 뉴스와 다큐멘터리 채널이 이동하였고, CGTN-NEWS와 CGTN-Documentary로 이름을 변경하였다. 또한 프랑스어, 스페인어, 아랍어, 러시아어 방송 채널 역시 중국 국제방송국으로 주관 기관이 바뀌어 현지에 송출하고 있다.

2004년 중국은 방송 영역의 구조조정을 실시하여 공중파 말고도 위성TV를 통해 국제적 경쟁력을 확보하였다. 장성(长城)위성TV는 국가방송총국의 승인을 받은 중앙방송국 산하의 중국국제TV총공사(中国国际电视总公司)가 전액 출자한 중국TV국제미디어(베이징)유한공사(中视国际传媒(北京)有限公司)가 제공하는 방송서비스이다. 중국의 주요 방송 채널을 해외의 미디어와 연결해 위성 송출과 IPTV 형태로 수출하는 시스템이므로, 현지 사람들과 화교에게 중국을 알리는 역할을 한다. 10월, 장성위성TV를 북미지역에 개국하여 CCTV-4, CCTV-9, 베이징TV, 상하이동방TV 등 17개 채널로 구성된 방송을 송출하였다. 이듬해 1월에는 장성 아시아 위성TV를 개국하여 서남아시아를 제외한 대부분의 아시아 지역에 방송서비스를 시작하였고, 2006년 8월에는 프랑스 파리의 IPTV를 통해 장성위성TV를 설립하여 유럽 전역에 방송을 내보냈다. 이 외에도 2009년 12월부터는 웹 기반의 인터넷 방송인 중국 네트워크방송국(中国网络电视台, CNTV)이 송출을 시작하였고, 지방 방송국으로는 처음으로 충칭 텔레비전 방송국에 국제방송 채널이 추가되었다.[17]

17 전가림, "중국의 소프트파워 발전 전략과 그 영향력: 공자학원과 방송 미디어 매체를 중심으로," 『중국연구』 제50권 (2010), pp. 523-525; 이장원, "중국의 공공외교: 배경, 목표, 전략," 『동서연구』 제23권 2호 (2011), pp. 112-113.

6) 비정부기구

중국 공공외교를 담당하는 비정부기구는 많이 있지만, 그중에서 중국인민대외우호협회, 중국공공외교협회, 차하얼학회 이렇게 세 기구를 소개해보고자 한다. 우선 중국인민대외우호협회는 1954년 5월에 전국구 10개의 사회단체가 연합·발기하여 설립된 비정부기구로 처음에는 중국인민대외문화협회(中国人民对外文化协会)로 불리다가, 1966년 중국인민대외문화우호협회(中国人民对外文化友好协会)로 개칭되었고, 1969년부터 현 명칭을 사용하였다. 베이징에 본부가 있으며, 각 성, 자치구, 직할시에 지방대외우호협회를 설립하였고, 일부 시, 군, 현에도 존재한다. 본 협회는 대외 교류를 위해 중국뿐 아니라 전 세계적으로 그 영향력을 넓혀가고 있는데, 현재 외국에 46개의 우호협회를 설립하였고, 세계 157개국의 413개 민간단체와 우호 협력 관계를 맺었다. 주요 기능으로는 ① 중국과 외국 간 민간 우호 교류를 전개하고, 대표단 상호 방문을 계획하며, 기념 축제를 개최하고, 세미나, 포럼 등 교류 활동을 제의·주관

중국인민대외우호협회 홈페이지 화면

출처: http://www.cpaffc.org.cn/

한다. ② 국제 협력 추진을 위해 교류 기제와 협력 플랫폼을 구축한다. 이를 통해 중국과 외국 간 경제, 과학 기술, 인재 교류 등 다양한 영역에서 실무적인 협력을 추진한다. ③ 중국과 외국 간 민간 문화 교류를 전개하고, 문화 예술 단체와 관련 인사를 파견하고 초빙하며, 공연과 박람회를 개최한다. ④ 정부의 위탁을 받아 중국과 외국의 자매결연도시 관계를 수립하고 발전시키는 데 도움을 준다. ⑤ 외국에 우호 협력단체를 만들고, 중국에 우호적인 단체와 관련 인사를 서로 연결해준다.[18]

다음으로, 중국공공외교협회는 2013년 3월에 설립된 기구로 중국 공공외교 분야의 전문가와 학자, 저명인사, 관련 기구와 기업 등이 자발적으로 참여하여 구성한 전국 단위의 비영리단체이다. 총 64명의 창립회원이 있으며, 사단법인 자격을 지니고 있다. 해당 협회는 전문적인 자문과 국제 교류를 통해 민간 채널의 역할을 발휘하여 중국 공공외교 사업의 발전을 도모하는 것을 목표로 삼는다. 아울러 세계 각국의 국민 간 상호 이해와 우의를 증진하여 국가 이미지를 제고하고 평화로운 국제환경을 조성하는 데에 힘쓰고 있다. 최근 활동으로는 중국공공외교협회가 중국(하이난) 개혁발전연구원, 일본 국제경제교류재단, 한국 동아시아연구원과 제8회 한중일 협력 대화를 공동으로 주최한 것이다.[19]

마지막으로 차하얼학회는 2009년 10월 중국인민정치협상회의(中国人民政治协商会议) 외사위원회(外事委员会) 부주임에 의해 설립된 기구로, 민간 자본의 비정부적·무당파적·독립적 싱크탱크이다. 총본부는 허베이성(河北省)

---

18 중국인민대외우호협회 홈페이지를 참고, http://www.cpaffc.org.cn (검색일: 2022.02.05)
19 중국공공외교협회 홈페이지를 참고, http://www.chinapda.org.cn (검색일: 2022.02.05)

차하얼 목장에 있지만, 베이징에 사무실을 두고 있다. 차하얼학회는 공공외교, 국제 관계, 평화학을 주요 영역으로 삼아, 인적 교류와 공개 활동을 활발히 하고, 이와 동시에 논문, 보고서, 출판물을 만들어내고 있다. 이를 통해 정부에게 관련 외교 정책을 건의하고 조언을 해 주며, 대중에게 새로운 이념과 사상을 제공하고 있다. 최근 활동으로는 2021년 11월에 한중수교 30주년을 기념하여 중국의 차하얼학회와 한국의 민주평화통일자문회의가 2021 한중 평화포럼을 개최한 것이다. 해당 포럼에서는 한반도의 평화와 안정 그리고 한중 관계의 미래 방향을 주제로 삼아 토론을 진행하였다.[20]

이 외에도 외교부에서 2010년을 공공외교 원년으로 천명한 만큼 많은 활동이 생겨났는데, 먼저, 공공외교 전문학술저널의 탄생이다. 2010년 양회 기간에 중국인민정치협상회의 외사위원회에서 합의하여, 중국 최초의 공공외교 학술저널인 "공공외교통신(公共外交通讯)"을 창간하였다. "공공외교계간(公共外交季刊)"으로 이름을 변경한 이후에도 공공외교 관련 연구가 꾸준히 나오고 있다. 다음으로, 8월에는 중국 최초로 베이징외국어대학 산하에 공공외교연구센터가 설립되었다. 이후에 베이징대학, 칭화대학 등 유수 대학에서 잇따라 공공외교와 관련한 전문 연구 기관을 설립하였다. 마지막으로, 12월에는 외교부 싱크탱크인 중국국제문제연구소 주최로 "란팅포럼(蓝厅论坛)"이 처음으로 열렸다. 이 포럼은 정부, 기업, 학계, 언론매체, 대중 등 국내외 각계각층이 모여 교류하는 플랫폼으로서 중국의 외교 정책과 국제 정세 등 공동의 관심사에 관해 토론하는 자리다.

20 차하얼학회 홈페이지를 참고, http://www.charhar.org.cn (검색일: 2022.02.05)

4. 중국의 공공외교 주요 사례

중국의 공공외교는 다양한 층위에서 이루어지고 있고, 대상 범위도 넓게 퍼져있다. 상대 국가 주요 인사 및 국민과의 소통을 통한 국가 이미지 제고가 주요 목적인 중국 공공외교의 성격을 고려하여, 본 절에서는 최근 두드러진 두 가지 주요 사례를 소개해 보고자 한다. 그것은 바로 "홈그라운드 외교(主场外交)"와 장학금 지급을 통한 "청년 교류"의 활성화이다.

1) 홈그라운드 외교

중국은 최근 올림픽, 세계선수권대회 등 대형 국제대회를 개최하거나, 각종 박람회, 협력포럼, 정상회담을 주최하여, 자국의 국가 이미지를 개선하고, 대외 영향력을 확대하는 시도를 지속하고 있다. 2000년 중-아프리카 포럼, 2001년 29개 회원국의 발기로 창설된 보아오 포럼(博鳌论坛), 2004년 중-아세안 정상회담을 계기로 만들어진 중-아세안 엑스포, 2006년 중-아랍 협력 포럼이 개최되었다. 중-아프리카 포럼은 2000년부터 3년마다 열리며, 2000년, 2006년, 2012년, 2018년 모두 베이징이 회의 장소였다. 보아오 포럼은 아시아판 다보스 포럼(Davos Forum)이라고 불리며 매년 4월 중국 하이난성(海南省) 충하이시(琼海市) 보아오에서 개최된다. 아시아 국가 간 교류 협력을 강화하는 방안과 아시아 경제통합을 주로 논의한다. 중-아세안 엑스포는 2004년에 만들어진 이후, 매년 중국 광시좡족자치구(广西壮族自治区) 난닝시(南宁市)에서 열리고 있다. 2004년부터 2년마다 열리는 중-아랍 협력 포럼은 4년마다 중국에서 개최되었는데, 2006년, 2014년, 2018년에는 베이징시, 2010년에는 톈진시가 회의 장소였다.

2008년과 2022년 베이징 올림픽 로고

출처: 국제 올림픽 위원회 https://olympics.com/

2008년 베이징 올림픽, 2009년 신화통신 주최로 베이징에서 개최된 세계 미디어정상회의, 2010년 상하이 엑스포와 광저우(广州) 아시안게임, 2011년 상하이 세계수영선수권대회와 제3차 브릭스(BRICS) 정상회의가 열렸다. 브릭스 정상회의의 경우, 2011년 제3차 정상회의는 하이난성 싼야시(三亚市), 2017년 제9차 정상회의는 푸젠성(福建省) 샤먼시(厦门市)가 회의 장소였다. 2014년 베이징에서의 APEC 정상회의, 2015년 베이징에서의 제1차 중국-중·동유럽 포럼(16+1)과 장쑤성(江苏省) 쑤저우시(苏州市)에서의 제4차 중국-중·동유럽 정상회담, 2016년 하이난성 싼야시에서의 란창강(瀾沧江)-메콩강(湄公河) 정상회담과 저장성(浙江省) 항저우시(杭州市)에서의 G20 정상회담이 개최되었다. 게다가 2017년 베이징에서 열린 일대일로 국제협력 정상포럼과 중국 공산당-세계정당 고위급대화, 2018년 산둥성(山东省) 칭다오시(青岛市)에서 개최된 상하이협력기구 정상회담과 2018년부터 매해 상하이에서 열리는 중국국제수입박람회 등이 있다. 2020년 코로나19가 전 세계에 만연함에 따라, 개최

예정이었던 많은 수의 국제대회가 취소되었지만, 박람회, 포럼, 정상회담 등은 온라인 회의로 전환되어 지속해서 이루어지고 있다. 그럼에도 불구하고, 중국 정부는 2022년 2월 베이징에서 동계올림픽을 개최하였다.

홈그라운드 외교의 특징을 정리해 보자면, 베이징, 상하이 등 대도시에서만 열리지 않았고, 지역 곳곳의 대표적인 도시들과 아름다운 도시들을 선정하여 그곳에서 공공외교 활동을 하였다. 이는 참여한 사람들에게 중국의 이미지를 개선할 수 있고, 대외적인 홍보 효과를 동시에 누릴 수 있기 때문이었다.

2) 장학금 지급을 기반으로 한 청년 교류

장기적인 관점에서 중국의 이미지를 제고시키는 데에 주요 목표로 삼아야 할 대상은 청년층이다. 청년층은 향후 나라를 이끌어 나갈 미래세대이자, 중국의 대외이미지를 만들어가고 결정하는 주체이기 때문이다. 중국 정부는 그러한 점을 숙지하고 있으며, 이에 따라 세계 각국의 청년들과 어떠한 방식으로 교류하여 자국의 이미지를 개선할지 고심하였다. 이에 관한 결과로 세계 각지에 있는 청년들을 중국으로 초대하여 직접 자국의 문화를 느끼고 이해할 수 있도록 하는 방안을 마련해 주고자 하였다. 바로 청년들에게 장학금을 지급하는 것인데, 그들이 중국으로 유학을 와서 어학연수 혹은 학위과정을 이수할 수 있도록 도움을 주었다. 특히, 후진타오 집권 시기에 공공외교와 소프트 파워를 강조하기 시작하면서, 그 시점부터 청년들을 위한 장학금 지원 범위와 그 액수가 대폭 증가한 모습을 보였다. 중국 정부에서 장학금을 지원해 주는 주체는 다양하며, 같은 장학금이라도 여러 경로로 장학생을 모집하고 있다.

대표적으로 가장 큰 조직인 중국 장학금위원회가 있다. 공공외교의 최일선에서 중국 소프트 파워 증대를 목적으로 하는 해당 기관은 주로 대학교와 대학원에서 학위를 취득하려는 학생을 대상으로 장학금을 지원한다. 장학생의 선발 과정은 중국 내에서 대학교 및 대학원과 연계하여 직접 선발하거나, 해외 주재 대사관 혹은 영사관에서 현지 학생을 선발한다. 중국 정부 장학생으로 최종 선발된 학생들은 등록금과 기숙사비뿐만 아니라 초기정착금, 생활비, 의료 보험비, 장기거류비자 제공 등 생활하는 데 모든 지원을 아끼지 않는다. 게다가 학교 측 유학생사무실에서 장학생들을 직접 관리 감독하면서, 해당 사무실에서 여러 문화 활동(예를 들어, 지방 도시 견학, 중국문화강좌, 중국문화체험 등)과 사회 실천 활동을 조직하였을 때, 장학생들을 우선 대상자로 지정하여 혜택을 누리게 해 준다. 이렇게 중앙정부 차원의 장학금 지원이 있다면, 성급 정부와 시급 정부에서도 장학생을 선발하여 중국 대학교에서 학위과정을 이수하거나, 어학연수를 하도록 지원해 준다. 정부 장학생과 마찬가지로 선발 과정도 몇 가지가 존재한다. 이 밖에도 공자학원의 중국어 교사 석사과정 지원 장학금, 신한학계획 등도 중국에 유학 와서 장학금을 지원받으며 생활할 수 있는 혜택 중 하나이다.

5. 결론: 중국 공공외교 기관과 활동의 한국적 함의

지금까지 중국 공공외교의 기원과 역사, 주요 기관, 주요 사례를 살펴보았다. 중국이 본격적으로 현재 의미로서의 공공외교 모습을 보여준 시점은 2009년 후진타오 주석 담화 이후부터라고 볼 수 있으며, 당의 대외선전판공실과 국가의 국무원 신문판공실이 컨트롤타워 역할을 하여 산하 부처와 함께 공공외교 활동을 수행하고 있다. 국무원 산하의 외교부, 교육부, 문화부, 그리고 공산당 산하의 선전부는 실무적인 역할을 담당하고 있다. 정부 부처 이외에도 반관반민 성격의 공공외교 관련 기관과 비정부기구 또한 중국의 공공외교 활동에서 빼놓을 수 없는 행위자이다. 중국의 국가 특성상 정부 부처든 반관반민 기관이든 비정부기구이든 공산당의 관리 감독과 그 영향력에서 자유로울 수 없기에, 우리는 그것을 참작하여 양국 간 교류 협력을 수행해야 할 것이다.

우리가 여기서 생각해 봐야 할 문제는 두 가지이다. 첫 번째로 국가 간의 관계가 소원해질 때 공공외교 활동이 실효성을 가질 수 있느냐이다. 사드(THAAD) 배치 문제가 발생한 지 불과 1년 전만 하더라도 한중 관계를 역사상 최고로 가까운 우호 관계라 칭하면서 상호 간 친밀감을 과시한 적이 있었다. 전방위적으로 한중 간 교류가 증대되는 시기였고, 이에 발맞춰 상호 간 공공외교 활동 또한 무수히 많이 진행하고 있었다. 재중 한국 유학생과 재한 중국 유학생의 수도 가파르게 증가하여, 인적 교류 역시 정점을 찍었다. 하지만 2016년 사드 배치 문제 발생 이후, 모든 것은 완전히 뒤바뀌었다. 한중 관계는 급속도로 악화하였고, 같은 해 9월 중국 국가방송총국에서 일방적으로 한류를 제한하는 "한한령(限韩令)"을 선포하여 지금에까지 이어지고 있다. 게다가 사건 발생 초기 중국 국민들은 한국산 불매운동을 전개하기도 하여, 그것을 이기지 못한 한 대기업은 중국 시장에서 완전히 철수하였고, 많은 한국 기업들이 동남아시아로 공장을 이전하는 상황이 벌어졌다. 이러한 영향으로 양국의 상호 이미지는 끝없이 추락하였으며, 이를 개선할 공공외교 활동 역시 중단되었다. 그렇다면 과연 한중수교 이후 중국의 대한국 공공외교가 실효성이 없었던 것일까? 결국 소프트 파워를 강화하는 외교 전략인 공공외교는 안보 문제와 결부되었을 때 부차적인 것으로 밀리는 것인가? 우리는 이 점을 생각하여 한국의 대중국 공공외교를 보완하고 전개해 나가야 할 것이다.

두 번째로 중국의 공공외교에서 학술계의 교류에 주목할 필요가 있다. 사드 배치 문제 발생 직후 정부 부처가 주관하거나 반관반민 성격의 공공외교 기관이 주최한 공공외교 활동들은 중단되었지만, 비정부기구는 규모와 비용을 줄였을지 몰라도 중단 없이 계속 공공외교 활동을 지속하였다. 특히 학술계의 교류인 대학에서 주최한 국제학술회의, 한중 양국 대학 간 공동으로 주최하는 포럼, 한중 양국 싱크탱크 간 정기회의는 꾸준히 이루어지고 있었다. 게다가 공공외교를 수행하는 데에 있어 싱크탱크의 역할이 중요하다는 정부의 문건이 최근 등장하였다. 18차 당대회 보고에서 공공외교와 인문 교류를 수행할 때 싱크탱크 역할이 중요하다고 밝혔고, 정부 정책에 관한 제언, 여론 주도 등 중요한 기능을 수행해야 한다고 명시하였다. 아울러 학자들의 위상과 지위도 과거에 비해 높아졌다. 한반도에서 국제적인 사건이 발생하면, 중앙정부에서 전국의 한반도 전문가를 중앙으로 초빙해 그들의 의견을 청취하거나, 직접 자문을 구하러 지방으로 출장을 가기도 한다. 또한 학자 출신의 왕후닝(王沪宁)이 중앙 정치국 상무위원 7인 안에 들어가 있을 정도이다. 이러한 점을 기회로 삼아 중단 없이 추진되고 있는 학술 교류회의에 참석하여 그들의 의견을 청취하고, 도리어 우리의 입장을 더욱 명확히 밝히는 활동을 하여 상호 간의 이해를 증진하는 데에 이바지해야 할 것이다.

제3장.

Japan

일본의 공공외교 기관과 활동

I. 서론: 일본의 공공외교에 대한 이해

일본 외무성은 홍보문화 외교에서 '공공외교'와 '소프트 파워'의 중요성을 조합해서 공공외교를 추진하고 있다. 일본에서 말하는 공공외교(public diplomacy)란, 전통적인 정부 대 정부의 외교와는 달리 홍보나 문화 교류를 통해서 민간과도 제휴하면서 외국의 국민이나 여론에 직접 일하는 외교 활동을 말하며 일본에서는 '홍보문화 외교'로 번역되는 경우가 많다. 글로벌화의 진전에 의해 정부 이외의 많은 조직이나 개인이 다양한 형태로 외교에 관여하게 되어 정부로서 일본의 외교 정책이나 그 배경에 있는 사고방식을 자국민뿐만 아니라, 각국의 국민에게 설명하고 이해할 필요성이 커지고 있다. 이러한 점에서 공공외교의 정책이 주목받고 있다.[1] 자국의 대외적인 이익과 목적을 달성하기 위해 미디어로 대외정보발신 및 해외 개인과 조직의 문화, 교육에 관한 교류 등의 활동을 통해 해외에서 자국의 프레전스 및 이미지 향상, 그리고 자국에 대한 이해의 심화를 목적으로 한 활동이다.[2]

세계적으로는 미국과 영국 등이 공공외교를 적극적으로 진행되어 왔고 정부의 정책 결정에 미치는 여론 역할이 증대하면서 공공외교가 외교수단으로서 중요시 되었다. 특히 공공외교는 9·11 테러 이후 이미지 전략의 중요성에서 활발하게 취급되어 왔다. 최근에는 중국이 공공외교를 적극적으로 다루고 있다.

일본에서 「쿨 재팬」이나 일본 문화의 발신 등이 적극적으로 다루고 있다. 특히 만화나 애니메이션 등 대중문화가 유명하다. 일본 외무성은 해외에서 공

---

1 外務省, https://www.mofa.go.jp/mofaj/comment/faq/culture/gaiko.html (검색일: 2022.03.10.).
2 "パブリック·ディプロマシー", https://ja.wikipedia.org/wiki/ (검색일: 2022.01.4.).

공 외교를 전개하는 중추적 역할을 담당하고 있으며, 예산 규모는 2010년대 후반부터 연간 약 800억 엔 규모로 추진하고 있으며 기존 대외 발신 예산에 비하면 4배 가까운 규모가 되고 있다.[3]

2012년 12월 제2차 아베정권이 발족하고 일본의 '정확한 모습'에 대해 해외에 '정확한 이해'를 얻어야 하고 대외 발신을 중요한 정권 과제로 하고 활발한 공공외교를 전개하기 시작했다. 2015년에는 전략적 대외발신에서 예산을 기존 예산보다 500억 엔을 증액하고 일본의 대외발신의 대폭 개혁에 단행했다.

일본은 일본의 매력의 발신, 친일파·지일파의 육성, 재외공관장, 재외공관에 의한 발신의 강화 활동과 시책을 추진하고 있다. 특히 영토 보전과 역사 인식, 적극적 평화주의 등 중요 문제에 대해서 일본의 주장을 국제 사회에 발신하기 위해 대외발신의 거점으로 런던, 상파울르, LA 등 3개 도시에 재팬 하우스를 설립하였다. 일본은 지일파·친일파 육성 사업에서 교류확대와 해외에서의 일본의 이해를 촉진시키기 위한 교류 프로그램이 신설하여 문화·교육 분야의 교류 사업에서 전 세계에 연간 2,000건 이상에 이르는 문화 교류 이벤트를 개최하고 있다. 이것은 해외의 우수한 인재의 발굴과 일본에의 초빙을 통해 일본의 정치, 사회, 역사 및 외교 정책에 관한 이해를 촉진하고 중장기적인 일본의 외교 환경 개선을 도모하는 것이 목적이라 한다. 그리고 해외에서의 일본 연구가 중국 연구와 비교해도 열세하지만, 미국의 대학을 중심으로 현대 일본 정치나 외교에 관한 연구의 지원을 하면서 기부 강좌를 개설하는 등 일본 연구를 지원하고 있다.

---

3 東洋経済オンライン, "日本のイメージが世界で改善し続けている事情", (2019.5.8.).

일본의 공공외교를 담당하는 핵심조직으로는 외무성의 홍보문화 외교 전략과(Public Diplomacy Strategy Division)가 있으며, 홍보의 주전장인 미국이나 유럽에서의 제3자 발신이다. 제3자 발신은 주로 해외에서 초청자에 의해 이루어지고 일본 정부가 주체가 되어 일본 자국에 유리하게 발신하고 있다. 또한 트위터나 페이스북과 같은 SNS나 유튜브 등의 소셜 미디어에 의한 편의성이나 영상을 구사한 활동도 중시되고 있다. 사회의 폭넓은 층에 일본에 대한 이해를 심화시켜 여론을 형성하기 위해 SNS에 의한 총리의 활동을 영어로 발신하고, 「방재」나 「법의 지배」, 「적극적 평화주의」, 「역사」를 주제로 한 동영상의 발신을 실시하고 있다.

2. 일본의 공공외교 기원과 역사

일본은 1970년대와 80년대부터 자국기업의 경제적 이해와 원조를 연계시킨 개발도상국과의 경제 협력 및 ODA를 추진하였다. 그리고 사회 개발 분야와 아시아공동체 형성에 기여하는 외교 정책을 중요시하였고 일본 국익차원에서의 공공외교를 확대시켰다.[4]

1990년대 후반부터 2000년대 사이 일본은 공공외교의 본연의 자세에 대해 새로운 방향성을 모색하게 되었다. 그 배경에는 버블 붕괴 이후 일본의 국제적 영향력의 원천이며 공공외교의 자원이기도 한 경제가 정체를 보이는 가운데 일본의 국제적인 지위를 유지하기 위해 경제력을 보완하는 정책이 요구

---

4 장혜영, "중국과 일본의 공공외교지역으로서의 베트남에 대한 양국의 ODA 정책연구", 『한중사회과학연구 31』(2014), pp.193~231.

된 적이 있다.[5] 그 방안 중 하나가 「쿨 재팬」를 키워드로 해 그것을 소프트 파워의 원천으로 하는 팝 컬쳐 문화 외교였다.「쿨 재팬」이라는 말이 보급되면서 고이즈미 준이치로 총리는 2004년 '문화 외교 추진에 관한 간담회'를 발족시켰다. 이 간담회는 2005년 7월 11일 보고서를 공표하고 문화 외교의 필요성을 호소한 후 일본 문화(전통문화 및 현대문화)와 사회모델을 '21세기형 쿨'로 자리매김하였다.[6] 이 보고서에서 팝 문화를 실마리로 세계에서의 「일본의 애니메이션 세대」의 육성을 적극적으로 도모해 일본 문화에의 관심을 더욱 발전시켜야 한다고 했다.

2004년 8월의 외무성 구조 개혁에서 대외공보 부서와 문화 교류 부서가 통합되어 '공보문화 교류부'가 신설되었다. 그리고 외무성의 공보문화 교류부가 중장기 목표설정 및 대외문화 교류 전략을 수립하고 사업은 국제교류기금이 추진하기로 하였다.[7]

2005년 경제산업성은 '쿨 재팬실'을 설치하였고, 내각에서도 「쿨 재팬」 담당 대신이 설치되어 일본 문화 산업의 세계 진출 촉진과 국내외에 발신 등의 정책을 추진하도록 하였다.

2012년 8월 외무성 조직 재편에서 홍보문화교류부가 폐지되고 홍보외교전략과가 신설되어[8] 국내외 보도 기관에 대한 정보 발신, 국내외 여론에 대한

---

5 小谷俊介, "我が国のパブリック·ディプロマシーの変遷と今後の課題",『技術と文化による日本の再生: インフラ, コンテンツ等の海外展開 総合調査報告書』(国立国会図書館, 2012.9), p.162.

6 文化外交の推進に関する懇談会, "「文化交流の平和国家」日本の創造を（報告）", (2005.7.11.) http://www.kantei.go.jp/jp/singi/bunka/kettei/050711houkoku.pdf (검색일: 2022.1.5.).

7 外務省, "文化外交", http://www.kantei.go.jp/jp/singi/bunka/konkyo.html (검색일: 2022.01.6.).

8 外務省広報文化外交戦略課(2013.2), "文化審議会文化政策部会用資料「外務省における広報文化外交の取組" http://www.bunka.go.jp/bunkashingikai/seisaku/10_06/pdf/shiryo_2.pdf (검색일: 2022.01.6.).

홍보활동, 그리고 문화 교류를 하게 되었다.

2013년 일본정부는 일본 매력을 산업화하고 해외 수요를 확장하는 동시에 리스크 머니(risk money) 공급을 지원하여 민간 부문에서 사업을 지속적으로 전개할 수 있는 제도를 마련하기 위해 '쿨 재팬 기구(Cool Japan Fund)'를 창설했다.[9] 「쿨 재팬」에 상징되는 문화 예술의 콘텐츠를 중심으로 하고 있던 홍보 외교는 제2차 아베 정권에서 문화로부터 영토나 역사에 관한 정보까지 넓혀 정보 발신에 힘을 넣게 되었다.

현재 문화에 관한 일본의 홍보 외교방침은 국제 교류 기금과 협력하여 일본 외무성이 전통 문화와 팝 문화 등의 일본의 매력을 다른 나라들에 소개하는 노력을 하고 해외에서 일본어 보급을 위한 지원을 제공하고 있다. 또한 최근 국제사회에서 빈곤 극복 교육의 보급이나 개발에서의 문화의 역할이 논의되면서 문화나 교육, 학술 등의 분야에서 활동하는 UNESCO와 유엔대학 등의 국제기관을 통한 협력을 촉진한다[10]는 방침을 가지고 있다.

외무성에서는 일본의 강점과 가치관, 전통, 현대 일본을 형성하는 문화적 배경 등 일본의 다양한 매력을 해외로 발신하고 일본 전체의 브랜드 향상에 이바지하기 위해 "일본 브랜드 발신 사업"을 수행하고 있다. 이 사업에서 영향력이 있는 다양한 분야의 전문가를 해외에 파견해, 각 분야의 강연회 및 워크숍 또는 공연 등을 실시해서 청중과 가치관이나 체험을 공유하면서 일본의 매

---

9 経済産業省 商務情報政策局, (2016), "クールジャパン機構について", http://www.meti.go.jp/policy/mono_info_service/mono/creative/160106CJfundJanuary.pdf (검색일: 2022.01.6.).

10 外務省, "広報文化外交", http://www.mofa.go.jp/mofaj/gaiko/culture/index.html (검색일: 2022.01.7.).

력에 대한 관심과 공감, 일본 문화에 대한 이해를 촉진하고 있다. 게다가 일본의 장점에 공감하는 외국인에 의한 재발신을 촉구해 파급 효과의 확대를 목표로 하고 있다.

앞으로 일본산 제품을 해외에서의 소비·유통을 확대하여 해외 비즈니스 전개, 가치관을 공유하는 사람들의 국제 교류의 확대, 방일 관광객의 증가로 이어질 수 있도록 노력하고 있다.[11] 일본은 관광 입국 추진 기본법에 근거한 방일 관광객 증가를 위해 정부와 일원이 되어 관민과 함께 관광 촉진에 노력을 하고 있다. 2018년에는 방일 관광객이 3,119만 명이 되어 그 소비액도 4.5조 엔에 달했다.[12] 외무성도 현지에 있는 재외공관 등을 활용해 일본의 다양한 매력을 다양한 형태로 전 세계에 발신하는 등 친일층의 확대나 방일 관광객 유치에 연결되는 노력을 적극적으로 하고 있다. 재외공관은 국제 교류 사업을 일본 국내 또는 현지의 단체가 실시하는 사업과 조합해 「일본 주간」이나 「일본 축제」등의 종합적인 일본 문화 소개 사업의 선두 역할을 맡는 일도 하고 있다.

「재포니즘 2018」은 일불우호 160주년을 기념하여 2018년 7월부터 2019년 2월까지 실시되었다. 파리를 중심으로 프랑스에서 전개된 종합적인 일본문화 소개 사업으로 2016년 5월의 일불정상회담에서 아베 총리와 올랜도 프랑스 대통령 사이에서 합의된 행사이다.

재포니즘 2018은 '울려 퍼지는 영혼'라는 주제로 전통 문화에서 현대 연극·미술과 최신 미디어·아트, 만화·애니메이션, 일본 영화의 상영과 일식·술,

11 外務省, "海外広報, 日本ブランド発信事業", https://www.mofa.go.jp/mofaj/p_pd/pds/page22_001100.html (검색일: 2022.01.6.).

12 外務省, "海外広報, インバウンド観光促進", https://www.mofa.go.jp/mofaj/gaiko/culture/pr/visitjapan/index.html (검색일: 2022.01.6.).

축제, 전통 공예 등의 70개 이상의 공식 기획·특별 기획을 실시하였다.[13] 이 행사는 약 8개월간 동안 다양한 일본 문화의 매력을 프랑스 전역에 소개되면서 많은 아티스트와 시민들의 교류도 이루어졌고 문화를 통해 일불의 파트너십이 더욱 강화되었다.

문화 교류는 외무성이 각국·지역 정부 관계자, 유식자, 문화인 등과의 교류 분야에서 각종 초대 프로그램, 유학생·청소년 교류, 외교관·공무원 일본어 연수, 스포츠 교류·2020년 도쿄올림픽·패럴림픽을 소개하는 다양한 프로그램을 실시하고 있다.

3. 일본의 공공외교 주요 기관

1) 국제교류기금(The Japan Foundation, JF)

1970년대 미일 간의 경제 마찰의 격화와 닉슨 쇼크, 오일쇼크를 경험하면서 국제 교류하는 공공외교의 필요성을 느껴 국제교류기금이 창설되었다.[14] 국제교류기금은 세계의 모든 지역에서 종합적으로 국제문화 교류를 실시하는 일본에서 유일한 전문 기관이다. 국제교류기금은 1972년에 외무성소관의 특수법인으로 설립되어 2003년 10월 1일에 독립행정법인이 되었다. 일본의 친구를 늘리고 세계와의 인연을 만들어가기 위해 '문화', '언어', '대화'를 통해 일본과 세계를 잇는 장소를 만들고 사람들 사이에 공감과 신뢰, 호의를 키워

13 外務省, "文化の交流,「ジャポニスム2018」の実施", https://www.mofa.go.jp/mofaj/p_pd/ca_opr/page25_001191.html (검색일: 2022.01.7.).

14 金子将史·北野充 編,『パブリック·ディプロマシー戦略: イメージを競う国家間ゲームにいかに勝利するか』(PHP研究所, 2014).

가고 있다.[15]

국제교류기금 홈페이지 화면

출처: Courtesy of the Japan Foundation https://www.jpf.go.jp/e/index.html

국제교류기금은 '문화 예술 교류 사업의 추진 및 지원', '해외에서의 일본어교육·학습기반의 정비' 및 '해외일본연구·지적 교류의 추진 및 지원'의 3분야와 함께 2020년도까지 실시하는 「아시아 문화 교류 강화 사업의 실시」에서 다양한 일본문화의 매력 발신, 해외의 일본이해의 발전을 맡는 인재 육성, 공동·협동 작업형 사업 추진에 대한 대처를 한층 강화하고 있다.[16]

국제교류기금이 중시하는 방침은 ① 사업의 전략성 강화로 지역별 중점 시책 및 정책 과제 등 국제 문화 교류에 관한 외교 정책을 근거로 장기적이고

15 國際交流基金, https://www.jpf.go.jp/j/about/index.html (검색일: 2022.01.10.).

16 独立行政法人国際交流基金, "第 4 期中期計画", https://www.jpf.go.jp/j/about/admin/plan/dl/4ki_chuki_29-34.pdf (검색일: 2022.01.10.).

광범위한 시야에서 상대국과의 외교 관계 및 상대국의 실정에 맞추어 지역·국별 사업 방침에 따라 전략적으로 사업을 실시하는 것이다. ② 다양한 층에서의 일본 이해의 촉진으로 글로벌화에 의한 비국가 주체의 역할 확대, 신흥국의 존재감이 증대하는 등 국제 정세의 복잡화에 따라 외국 정부 관계자부터 일반 시민까지를 포함한 다양한 층에서의 일본 이해 촉진이 중요시 되는 것을 바탕으로 국제 문화 교류 사업을 실시하는 것이다. ③ 국제 정세, 국내사정의 변화에 대응하는 사업전개, 외교상의 중요성에 따라 기동적이고 신속한 대응을 하고 해외 거점은 재외공관과도 충분히 협의하여 국제 교류 사업을 추진하는 것이다. ④ 국제교류기금의 해외 사무소는 해외 네트워크 구축, 정보 수집을 위해 해외 관계단체 및 재외공관과의 협력, 연계를 강화하고 해외 관계자와의 네트워크 구축, 국제 문화 교류에 관한 정보 수집에 노력한다는 방침을 가지고 있다.[17]

국제교류기금에서는 외무성·재외공관과의 제휴 하에 일본의 문화나 예술을 여러가지 형태로 세계 각지에 발신하는 문화 예술 교류 사업, 일본어 교육, 일본 연구의 추진 및 지원 등을 실시하고 있다. 문화 예술 교류 사업은 코로나 19 방역에 맞는 온라인 사업을 포함한 문화 교류활동에 대한 긴급 지원, 기금 본부·해외사무소에 의한 온라인 문화발신·대화를 실시했다.[18]

국제교류기금의 일본 연구 펠로우십 사업에서는 매년 많은 해외의 일본 연구자가 일본에 방문하고 있지만, 2020년에는 코로나19의 방역과 그 영향에

---

17 独立行政法人国際交流基金, "第4期 中期計画", pp.1~2, https://www.jpf.go.jp/j/about/admin/plan/dl/4ki_chuki_29-34.pdf (검색일: 2022.01.10.).

18 外務省, "第4節 日本への理解と信頼の促進に向けた取組",『外交青書』, pp.262~263. https://www.mofa.go.jp/mofaj/gaiko/bluebook/2021/html/chapter4_04_01.html#s441 (검색일: 2022.01.10.).

<표 1> 국제교류기금 조직도

이사장

이사

감사

총괄임원·상급심의원

구분	부서	팀
본부	총무부	
	경리부	
	기획부	
	문화사업그룹	
	문화사업부	기획조정팀 무대예술팀 미술팀
	영상사업부	영화팀 텔레비전방송팀
	일중 교류센터	
	일본어사업그룹	
	일본어 제1사업부	
	일본어 제2사업부	
	일본어시험센터	
	일본연구·지적 교류사업그룹	
	일본연구·지적 교류부	기획조정·미주팀 아시아·대양주팀 구주·중동·아프리카팀
	일미센터	
	청소년 교류실	
	아시아센터	일본어사업 제1, 2팀 문화사업 제1, 2팀
	커뮤니케이션센터	
	감사실	
부속기관 일본어 사업 그룹	일본어국제센터	교사연수팀 교재개발팀
	간사이국제센터	교육사업팀 미디어개발팀
지부	교토지부	
해외 사무소	로마일본문화회관	뉴욕일본문화센터
	쾰른일본문화회관	LA 일본문화센터
	파리일본문화회관	멕시코일본문화센터
	서울일본문화센터	상파울루일본문화센터
	베이징일본문화센터	런던일본문화센터
	자카르타일본문화센터	마드리드일본문화센터
	방콕일본문화센터	부다페스트일본문화센터
	마닐라일본문화센터	모스크바일본문화센터
	콸라룸푸르일본문화센터	카이로일본분화센터
	양곤일본문화센터	베트남일본문화교류센터
	뉴델리일본문화센터	아시아센터프놈펜연락사무소
	시드니일본문화센터	아시아센터비엔티안연락사무소
	토론트일본문화센터	

대한 각 전문 분야의 관점에서 논하는 동영상 시리즈를 전달했다. 또한 19개국·지역의 39개소의 일본 연구 기관에 대해 일본 관계 도서의 확충, 연구 조성, 세미나·심포지엄의 개최 지원 등을 실시한 것 외에 각국·지역의 일본연구자나 연구 기관의 네트워크 구축을 촉진하기 위해 학회 활동에의 지원도 실시하고 있다.

2013년 12월 아베 총리가 발표한 「문화의 WA(和·環·輪) 프로젝트」는 국제교류기금 아시아센터를 통해 일본어 학습 지원 사업과 쌍방향 문화 예술 교류 사업을 중심으로 다방면에 걸친 문화 교류 사업을 꾸준히 실시하고 있다. 아시아에서 일본어 학습 지원의 주요 사업의 하나인 일본어 파트너스 파견 사업에서는 파견 전 연수의 일부를 리츠메이칸아시아태평양대학(APU)에서 실시한 후, 2019년도 말까지 동남아시아 10개국, 중국 및 대만 중등 교육 기관 등에 총 2,375명을 파견하여 일본어교육 지원뿐만 아니라 일본문화를 소개하는 교류 사업을 실시했다. 그 결과, 많은 파견처의 학교 관계자로부터 일본어 파트너즈 활동은 학생의 학습 의욕의 향상에 공헌이 있었다는 좋은 평가를 받았다.[19]

2) 재팬 하우스(Japan House)

외무성은 일본의 다양한 매력과 정책, 대처, 입장의 발신을 통해 지금까지 일본에 관심이 없었던 사람들의 포함한 폭넓은 층을 사로잡고, 친일파·지일파의 역할을 한층 확대하는 것을 목적으로 상파울루(브라질), 런던(영국) 및 로스앤젤레스(미국)의 3개 도시에 대외 발신 거점 '재팬 하우스'를 설치하였다. 이

19 外務省, "第4節 日本への理解と信頼の促進に向けた取組",『外交青書』, p.263. https://www.mofa.go.jp/mofaj/gaiko/bluebook/2021/html/chapter4_04_01.html#s441 (검색일: 2022.01.10.).

활동은 ① 정부, 민간 기업, 지방 공공 단체 등이 제휴해 '올 재팬'으로 발신하는 것, ② 현지의 요구를 바탕으로 ③ 일본에 관한 정보를 한 번에 입수할 수 있는 원스톱 서비스를 제공함으로써 효과적인 발신에 노력하고 있다.

재팬 하우스의 전시는 「일류의 일본」을 발신하는 것으로 각 거점이 독자적인 「현지 기획전」을 기획하고, 일본에서의 공모, 전문가에 의한 선정을 통한 「순회 기획전」을 실시하여 현지·일본 쌍방의 전문가 식견을 살린 질 높은 기획을 하고 있다. 또한 전시뿐만 아니라 강연, 세미나, 워크숍, 웨비나, 물판, 음식, 서적, 웹, 카페 등을 활용하여 전통문화·예술, 하이테크, 자연, 건축, 음식, 디자인을 포함한 일본의 다양한 매력이나 정책·대처·입장을 발신하고 있다.[20]

재팬 하우스 홈페이지 화면

출처: https://www.japanhouse.jp

20 外務省, "第4節 日本への理解と信頼の促進に向けた取組",『外交青書』, p.259. https://www.mofa.go.jp/mofaj/gaiko/bluebook/2021/html/chapter4_04_01.html#s441 (검색일: 2022.01.10.).

재팬 하우스 3 거점은 2017년부터 2018년에 걸쳐 개관했지만, 2017년 이후, 방문객 수는 각 거점 모두 매년도 목표를 웃돌고 있다. 상파울루는 2021년 3월에 개관 이후 누계 방문객 수가 213만 명을 돌파하고 런던은 93만 명, LA는 41만 명을 돌파하고 있다. 방문객 수가 개관 당초의 목표를 크게 웃도는 요인은 전통문화에서 최첨단 기술까지 흥미로운 단면이나 스토리에 뒷받침된 일본에 접할 수 있다는 재팬 하우스의 취향이 현지의 니즈에 부합했기 때문이다. 또한 설문조사에서도 재팬 하우스에서 개최한 전람회나 웨비나 등을 통해서 방문자·시청자들이 일본에 대한 흥미나 관심을 한층 더 많이 가지고 있다는 것을 알 수 있다.[21]

3) 국제협력기구(JICA)

2006년 11월 일본은 「독립행정법인 국제협력기구법(일명 JICA법)」 국회에서 개정안을 통과한 이후 기술 협력과 무상 자금 협력 업무를 한 JICA와 유상 자금 협력 업무를 해온 JBIC의 해외경제협력부문이 통합되어 새로운 JICA가 탄생하였다. 외무성이 담당해온 무상 자금 협력 업무의 일부도 이행되어 기술 협력, 유상 자금 협력, 무상 자금 협력을 일원적으로 실시하는 통합적인 원조 기관이 되었다.[22]

독립 행정법인 국제협력기구(이하 JICA)는 일본의 정부 개발 원조(ODA)를 일원적으로 실시하는 실시 기관으로 개발도상국에의 국제 협력을 실시하고

---

21 재팬 하우스, "실시보고서", https://www.japanhouse.jp/n_pdf/whatsjh/report/report_202103_ja.pdf (검색일: 2022.01.10.).

22 日本 外務省, http://www.mofa.go.jp/mofaj/gaiko/oda/about/keitai/taisei.html (검색일: 2022.01.10.).

있다. 사업 전개의 방향성은 인간안보의 강화, 「질 높은 성장」의 촉진, 다양한 주체와의 제휴 강화 등이며 2015년 2월 국무회의에서 결정된 개발 협력 대강에 근거하는 사업을 전개하고 있다.[23]

국제협력기구 홈페이지 화면

출처: 국제협력기구(JICA) https://www.jica.go.jp

일본의 ODA의 중핵을 맡은 JICA는 개발도상국의 사회·경제 개발을 지원하기 위해 정부를 비롯해 국제기구, NGO, 민간기업 등 다양한 조직과 단체가 경제 협력을 하고 있다. JICA는 일본의 양국 간 원조의 핵심을 담당하는 세계 유수의 개발 원조 기관으로 양자 간 원조의 3가지 방법인 「기술 협력」, 「유상 자금 협력」, 「무상 자금 협력」을 중심으로 한 다양한 지원 메뉴를 활용해 개발도상국이 안고 있는 과제 해결에 공헌하기 위해 약 150개국·지역에서 사업

23 JICA, "事業展開の方向性", https://www.jica.go.jp/about/direction/index.html (검색일: 2022.01.10.).

을 전개하고 있다.[24]

JICA의 2020년도 사업별 실적을 보면, 기술 협력이 1,316억 엔으로 전년도 대비 24.8% 감소되었고 무상자금 협력의 공여실적은 총 155건, 839억 엔(증여 계약 체결액)이 되었다. 유상 자금 협력 중 엔 차관의 공여실적은 총 43건, 1조 4,932억 엔, 해외투융자의 공여실적은 총 10건, 734억 엔이 되었다.

기술 협력에서는 아시아 32.1%, 아프리카 17.3%, 북미·중남미 5.6% 순으로 비율이 많아지고 있다. 또한 신규 승낙분에 관한 유상자금 협력의 지역별 실적은 아시아 83.0%, 중동 4.4%, 아프리카 2.9%의 순서로 2019년도부터 변함없이 아시아의 비율이 높아지고 있다.

무상 자금 협력으로는 아시아 46.4%, 아프리카 44.9%, 대양주 3.4%, 2019년도와 마찬가지로 아시아 및 아프리카가 높은 비율을 차지하고 있다. 기술 협력에 대해 그 실적을 분야별로 보면 공공·공익사업 19.7%, 인적 자원 10.3%, 농림수산 9.7%의 순으로 되어 있다.

유상 자금 협력에서는 운수 분야에 대한 협력 실적이 45.6%, 프로그램형 차관 39.3%, 사회적 서비스 8.4% 순으로 비율이 높아지고 있다. 무상 자금 협력에 대해서는 공공·공익사업이 48.0%, 이어 보건·의료 21.1%, 인적 자원 15.7%로 되어 있다.[25]

2020년도 JICA 사업의 인원수 실적을 형태별로 보면 연수원 유입이 5,290명, 전문가 파견 553명, 조사단 파견이 238명, 청년 해외 협력대/ 해외 협력대

24 国際協力機構, “年次報告書 2021”, https://www.jica.go.jp/about/report/2021/ku57pq00002o5a6r-att/J_06.pdf (검색일: 2022.01.10.).

25 国際協力機構, “年次報告書 2021, 事業実績の概況”, https://www.jica.go.jp/about/report/2021/ku57pq00002o5a6r-att/J_08.pdf (검색일: 2022.01.10.).

파견이 10명, 그 외 해외 협력대 파견이 10명이었다. 이 결과 누계로는 연수원 유입 65만 4,304명, 전문가 파견 19만 7,342명, 조사단 파견 30만 3,950명, 청년 해외 협력대/ 해외 협력대 파견 4만 6,181명, 기타 해외 협력대 파견 7,955명이 된다.

<표 2> 국제협력기구 조직도

이사장

부이사장

이사

감사

상급심의원

본부	이사장실
	감사실
	총무부
	안전관리부
	정보시스템부
	광고부
	인사부
	재무부
	관리부
	기획부
	동남아시아·대양주부
	동·중앙아시아부
	남아시아부
	중남미부
	아프리카부
	중동·구주부
	민간연계사업부
	거번넌스평화구축부
	인간개발부
	경제개발부
	사회기반부
	지구환경부
	국내사업부
	자금협력업무부
	인프라기술사업부
	심사부
	조달·파견사업부
	평가부
	청소년해외협력대사무국
	국제긴급원조대사무국
	오가다 마사코 평화개발연구소
국내거점	
재외사무소	
지부	

4) 사사카와(笹川)평화재단

2015년 4월 사사카와평화재단과 해양정책연구재단의 이사회 및 평의원 회의 결의를 얻은 후, 사사카와평화재단이 합병 존속 법인이 되어, 자산 총액 1,426억 엔의 아시아 최대 규모의 공익 재단법인으로 시작하였다. 재단 합병 후에는 새로운 사회적 사명으로 '미션·스테이트먼트'를 정하고 구사사카와평화재단이 재단 사업으로서 국제 교류·국제 협력 등의 분야에서 실시해 온 과제 해결을 위한 사업 경험과 해양정책연구재단이 해양 싱크탱크로서 구축해 온 연구·조사나 정책 제언 등의 사업 성과가 해양정책연구소에 계승되어 하나로 통합되면서 더욱 확대·발전시키기 위해 신영역 개척 기금을 설치했다.

사사카와평화재단 홈페이지 화면

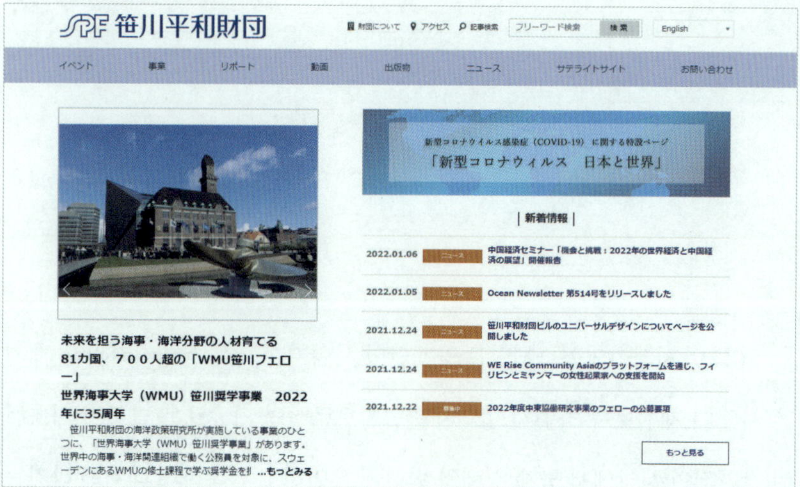

출처: https://www.spf.org/policy/

<표 3> 사사카와평화재단 조직도

2017년 사사카와평화재단은 양재단의 시너지 효과를 발휘시키기 위해 기존 사업의 재검토를 하면서 공익재단법인으로서의 자유로운 발상에 기초하여 장기적인 시야에서 국제 정세의 변화에 유연하고 신속하게 대처해 나가는 활동을 목표로 하고 있다. 또한 2017년도부터 '미일 관계의 강화', '아시아에서의 일본의 프레젠스 확대', '이슬람 국가에 대한 이해와 관계 강화', '해양 거버넌스의 확립', '여성의 임파워먼트'의 5개의 중점 목표를 설정하여 조사 연구

활동, 정책 제언, 국제적인 제휴·교류를 추진하고 있다.[26]

5) 쿨재팬기구(Cool Japan Fund)

쿨재팬기구는 일본의 매력 있는 상품·서비스의 해외 수요 개척에 관련된 지원을 촉진하는 목표로 2013년 11월 법률에 근거해 관민 펀드로서 설립되었다. '일본의 매력'을 사업화하고 해외 수요를 획득하기 위해 '미디어 콘텐츠', '식품 서비스', '패션 라이프 스타일', '인바운드'를 비롯한 다양한 분야에서 리스크 머니 공급을 실시하고 있다.[27]

문화 콘텐츠, 패션·일식을 비롯한 의식주 관련 상품, 관광, 서비스, 첨단 테크놀로지, 레저, 지역산품, 전통산품, 교육 등의 일본 문화와 라이프 스타일의 매력을 부가가치로 해 산업으로 발전시켜 해외 수요의 아웃바운드 및 일본 국내에의 인바운드에 연결해 일본의 경제 성장의 원동력으로 만들려고 노력하고 있다.

쿨재팬기구 홈페이지 화면

출처: https://www.cj-fund.co.jp/en/

26 사사카와평화재단 홈페이지, https://www.spf.org/about/program/ (검색일: 2022.01.10.).
27 쿨재팬기구, https://www.cj-fund.co.jp/about/cjfund.html (검색일: 2022.01.10.).

<표 4> 쿨재팬기구 조직도

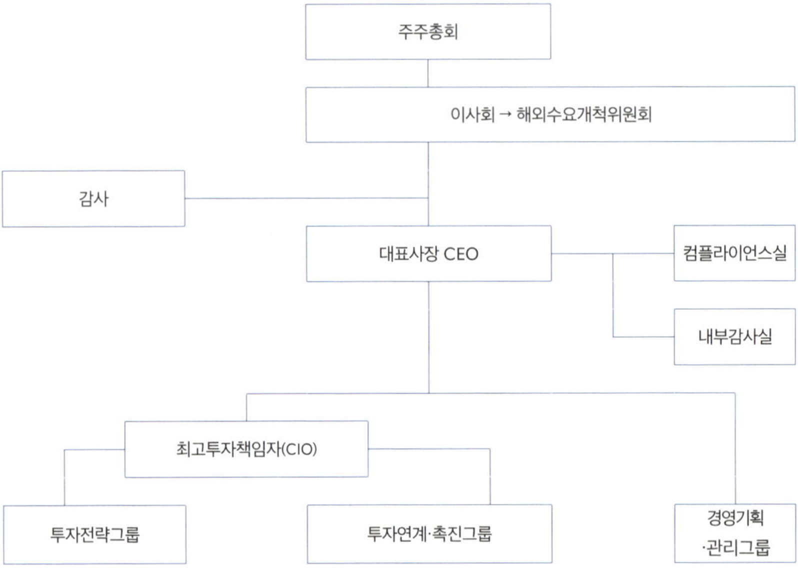

일본의 아웃바운드 투자는 해외 플랫폼 투자를 통한 현지에서 일본 비즈니스, 붐 창출을 하고 인바운드는 외자기업과 연계하여 국내 투자 활성화, 국내 투자는 사업 승계·국내 사업 확대와 해외 사업 확대를 연계한 투자이다.

4. 일본의 공공외교 주요 사례

국제교류기금의 문화 예술 교류 사업에서는 코로나19에 의해 일본의 무대예술 작품을 영·불·러·중의 자막 첨부로 온라인 배부하는 「Stage beyond Borders」, 온라인 전시회 「거리를 둘러싼 11의 이야기」, 다양한 언어의 번역가에 의한 온라인 좌담회 시리즈 「More than Worth Sharing」, 온라인 일본 영화제 등 다양한 온라인 사업을 강화해 기존과는 다른 대상에의 홍보 방법을 넓혀 다수의 시청자를 얻는 데 성공했다.[28] 또한 '방송 콘텐츠 등 해외 전개 지원 사업'을 통해 해외 TV 방송국에 무상 제공된 일본 TV 프로그램은 중기 목표 기간 중 121개국·지역을 넘는 광역에서 2,554개 프로그램 이상(2020년도는 83개국·지역 모두 583프로그램) 방송되는 등 코로나19에서도 해외에서의 대일 관심의 제고와 일본이해의 촉진에 공헌했다.

기금은 코로나19 방역을 철저히 하면서 현지에서의 순회전시(19개국 26 도시), 일본 영화 상영회 주최 사업(18개국·지역)을 실시하고 2020년 도쿄올림픽·패럴림픽 대회에 앞서 2019년도에 아테네에서의 성화 인계식에 맞추어 개최할 예정이 연기되었던 일본 현대 미술전 「Relay to Tokyo-계승과 발전」도 개최(2020년 7~9월)하였다.

일본어 교육 사업에서는 해외에서 질이 높고 안정된 일본어 교육이 널리 이루어지도록 일본어 전문가 파견(42개국 121포스트), 각국 지역의 교사에 대한 연수 사업(온라인 활용 작년대비 실적 증가한 1.5만 명 참가), 각 일본어 교육 기관의 활동에 대한 조성 사업(514건) 등 각국 지역의 상황에 맞춰 코로나 19 방역에 맞는 온라인 교육 중심으로 학습 기반 정비 사업을 실시했다. 또한 EPA(경제동반자협정)에 근거한 일본 간호사·요양보호사 수용 촉진을 위한 방일전 일본어 연수(온라인 실시)나 e러닝 교재의 개발 및 활용 촉진에 노력했다. 특히 일본에서의 생활이나 비즈니스에 필요한 기초적인 일본어 교재와 음성 데이터를 웹상에 무료 공개해 코로나 19에서의 재택 학습의 수요를 폭넓게 넓혔다.

일본 연구·지적 교류 사업에서는 일본 연구 기관 지원(11개국·지역 24개 기

28 국제교류기금, "2020년도업무실적등보고서(자기평가서)" (2021.6), pp.3~4.

관), 일본 연구 프로젝트 지원(13개국·17건)을 통해 각국의 일본 연구 기반 정비에 노력했다. 일본 연구 휄로우십으로 방일 연구 기회를 주기 위해 채용한 연구자(39개국·지역 127명)는 코로나19에 의해 전년도 체류자와 함께 61명이 일본에서의 연구에 머물렀고 2018년도부터 차세대 일본 연구자 육성을 목적으로 실시해 온 협동 연구 워크숍 참가자에게 온라인 후속 사업을 전개하는 사업을 실시하였다.

지적 대화·공동 사업은 영향력이 높은 지식인들 사이에 구축한 네트워크를 살려 중일 지적 교류 강화 사업에 에세이 연재를 기획하고, 미국 에스닉 커뮤니티의 지식인들을 온라인 세미나 등의 사업에 참가시켰다. 또한 일본과의 교류나 일본 문화의 발신을 담당하는 미국 각지의 미일협회의 대부분이 경제적인 영향을 크게 받기 때문에 「미일문화 교류 기반 긴급 지원 프로젝트」를 실시하고, '일반시민의 미일관계 강화에 관한 정부 TF'의 계획에 근거한 'Grassroots Exchange Japan(GEN-J) 프로그램'을 통해 미국 중서부 및 남부 각주의 미일협회에 파견 중인 '미일 교류 촉진자'가 온라인으로 일본 문화 소개를 활발히 계속했다.

재팬 하우스는 2021년 3월 18일 외무성의 주최에 의해 일본 국내의 보다 많은 외국인에게 재팬 하우스를 알리고 일본의 매력을 발신하는「무대」로서 활용하기기 위해 「JAPAN HOUSE 포럼 2021」을 개최했다. 재팬 하우스는 일본의 매력을 「세계를 풍요롭게 하는 일본」으로서 발신해 일본에 대한 깊은 이해와 공감을 넓히는 것을 목적으로 2015년에 시작한 프로젝트이다.

외무대신, 3개 도시의 재팬 하우스 관장으로부터의 메시지 발신과 함께 지역에 있는 문화, 전통, 문화 자산을 파악해 콘텐츠로서 세계에 발신하기 위한 방법에 대해서 의견이 교환하였다. 또한 실제로 재팬 하우스에서 기획전을 실시한 사업자가 콘텐츠의 개척에서 현지 니즈에 맞춘 발신까지의 구체적인 방법, 재팬 하우스 순회 기획전의 실적이나 향후의 전망에 대해서도 소개되었다.

JICA 해외 협력대(JICA 자원봉사 사업)는 기술·지식·경험 등을 가진 20세부터 69세까지의 국민이 개발도상국의 지역 주민과 함께 생활하고 일을 하고, 상호 이해를 도모하면서 그 지역의 경제 및 사회의 발전에 협력·지원하는 것을 목적으로 하는 JICA의 사업이다. 본 사업이 발족한 1965년 이후 누계로 98개국에 5만 4,418명의 대원을 파견해(2020년 3월말 기준), 계획·행정, 상업·관광, 공공·공익사업, 인적 자원, 농림 수산, 보건·의료, 광공업, 사회복지, 에너지의 9개 분야, 약 190 직종에 걸친 협력을 전개하고 있다.[29]

JICA 전문가는 전문적인 지식, 식견, 기술이나 경험을 가진 인재를 개발도상국의 정부 기관이나 협력이 필요한 현장에 파견해 상대국 정부의 행정관이나 기술자에게 고도의 정책 제언이나 필요한 기술 및 지식을 전수하고 현지에 적합한 기술과 제도의 개발과 보급을 하는 사업이다. 전문가들은 개발도상국 사람들이 직면한 개발 과제에 스스로 대처하기 위한 종합적인 능력 향상을 목표로 지역성과 역사적 배경, 언어 등을 고려하여 활동하고 있다.

2019년도는 신규로 8,012명의 전문가를 파견해, 활동 대상국·지역은 105개국에 달한다. 보건·의료나 물·위생과 같은 기본적인 휴먼 니즈를 해결하기 위한 분야, 법 제도 정비, 도시 계획 수립의 사회 경제의 발전에 기여하는 분야 등 폭넓은 분야에서 활동하고 있으며 개발도상국의 경제 및 사회의 발전과 일

29 외무성, "제5장 국민과 함께하는 외교", 『외교백서』(2021), pp.278~280.

본과의 신뢰 관계의 양성에 기여하고 있다.

쿨재팬기구의 미디어·콘텐츠 분야는 2018년도까지 방송 콘텐츠 관련 해외 시장 매출액을 2010년도의 66.3억 엔에서 약 3배의 200억 엔까지 증가시킨다는 목표를 세워 2015년도 실적치는 288.5억 엔을 달성했고, 2015년도는 2020년도까지 방송 콘텐츠 관련 해외 매출을 500억 엔으로 증가시킨다는 새로운 목표를 세워 2018년도 말에 519.4억 엔이 되어 목표 매출을 달성했다.[30]

식재·서비스 분야에서 농림 수산물·식품의 수출액은 2017년 8,071억 엔, 2018년 9,068억 엔, 2019년 9,121억 엔, 2020년은 9,217억 엔을 달성해 8년 연속으로 과거 최고액을 갱신했다. 그리고 코로나19에 의해 수출 전체가 전년대비 11.1%로 감소했지만 계란, 쌀 등의 가정식용품이 증가하고, 상반기는 침체된 쇠고기와 일본 술이 하반기에 회복되면서 농림 수산물·식품의 수출이 증가하였다. 해외 일식 레스토랑 수는 2006년 2.4만점에서 2015년 8.9만점, 2017년 11.8만점, 2019년 15.6만점으로 증가하였다.

라이프 스타일·패션 분야에서 「패션(의류·의류 부속품)」의 수출액은 2012년 335억 엔으로부터 순조롭게 증가해 2017년 493억 엔, 2018년 545억 엔, 2019년 585억 엔, 2020년은 531억 엔에 이룬다.

인바운드 관광 분야 「일본 재부흥 전략 2016」에서 방일 관광객 수 통계로 2020년 4,000만 명, 2030년 6,000만 명을 목표로 한 것에 비해 2017년 2,869만 명, 2018년 3,119만 명, 2019년 3,188만 명으로 증가 추세에 있었지만, 2020년은 412만 명에 그쳤다.

30 쿨재팬기구, "제8기 사업연도 사업보고" (해외수요개척지원기구, 2021), pp.1~2.

사사카와평화재단의 미일그룹은 미일 양국의 정책 커뮤니티에서의 인적 네트워크를 유지·발전시켜 그 인재들을 활용한 새로운 지식이나 정보를 생산해 미일 관계의 강화와 변화하는 세계에서의 양국의 협력에 공헌하는 것을 목표로 하는 자주 사업으로서 「미일간의 전략적 네트워크 구축」과 「미일관계 인사이트: 조사 연구/ 발신」, 사사카와평화재단-미국(SPF-USA)에서의 조성 사업 2건을 실시하고 있다. 코로나19의 영향에 의해 이동이 제한되었지만, 기존 인맥들을 활용한 정보 수집, 조사 연구 등을 진행하여 연구 네트워크의 유지·심화에 노력해 그 활동 성과와 정보를 널리 발신했다.[31]

안전보장연구그룹에서는 일본 및 인도 태평양 지역을 중심으로 세계 평화와 안정에 기여하기 위한 연구 사업을 실시하고 있다. 연구 사업에서는 일본의 정책이나 제도, 미일동맹, 인도 태평양 지역을 둘러싼 관계국과의 제휴·협조 등 전통적인 안보에 관한 연구 과제 외에 사이버 등 새로운 영역에서의 정책이나 제도상의 과제 등에 대한 조사 연구를 실시해 정책 제언을 통해 그 성과를 적극적으로 발신하고 있다. 아시아사업그룹에서는 주로 동남아시아, 남아시아를 중심으로 타이 남부 분쟁해결과 평화구축, 인도북동부에서의 정보발신과 기록관리, 마이너리티, 사회적 약자들의 엔파워먼트, 사회적 공정의 실현과 인권존중, 일본과 아시아의 파트너십 재구축 등의 사업을 전개하고 있다.

젠더이노베이션사업그룹에서는 아시아 지역 내에서 젠더 투자를 추진하고 기업을 통한 여성의 경제적 활동 강화를 목적으로 사업을 전개하고 있다. 아시아 여성 임팩트 기금(AWIF)은 젠더 투자 실천자로서의 영향력을 강화하

---

31 사사카와평화재단, "2020 연차보고서" (2021.9), p.13.

고 젠더 투자의 계발에 주력을 하고 있다.

5. 결론: 일본 공공외교 기관과 활동의 한국적 함의

일본의 공공외교는 외무성을 중심으로 경제산업성, 문부과학상, 문화청, 관광국 등 정부 기관, 국제교류기금, 민간 기관인 방송국 NHK, NGO, 지자체와 연계하여 실시하고 있다. 일본의 공공외교는 외견상으로 외무성을 통해서 공공외교의 비전과 계획을 설정하고 국제교류기금을 통해서 문화를 통한 장기적인 관계구축의 공공외교에 나서고 있다고 할 수 있다.[32]

한국의 공공외교는 외교부를 중심으로 2010년을 '공공외교의 원년'으로 선포하고 하드 파워 기반의 정무·경제외교와 소프트 파워 기반의 공공외교를 병행하는 이른바 스마트 파워(Smart power) 외교를 지향하고 있다.[33] 한국은 일본에 비해 공공외교 활동을 늦게 시작하였지만 공공외교 활동을 강화하기 위해 다양한 노력을 하고 있다. 한국의 공공 외교에 대한 영향력을 확대하고자 재외공관이 현지의 관습·문화·외교 관계 등을 고려한 맞춤형 공공외교 사업을 수행하고 있다.

일본 정부는 '쿨 재팬'을 통해 일본 문화 전파하면서 일본의 평화적 가치를 강조하고 전쟁국가가 아닌 평화 국가의 이미지를 제고시키는 공공외교를 하고 있다. 또한 일본정부는 일본의 매력을 산업화하고 해외 수요를 확장하는 동시에 리스크 머니(risk money, 투자의욕) 공급을 지원하여 민간 부문에서 사업

---

32 金子将史. 北野 充 編著,『パブリックディプロマシー：世論の時代の外交戦略』(東京: PHP研究所, 2007), p.200.

33 신동민, "공공외교 목표와 추진방향의 개념적 재모색: 국제관계학 고전적 현실주의 시각에서", 『사회융합연구 4(2)』, (2020), p.21.

을 지속적으로 전개할 수 있는 제도를 마련하고 있다.

일본정부는 대미 공공외교를 통한 글로벌 무대로의 문화 권력을 확장하면서 국제 사회에서 문화 권력을 넓혀가고 있다.[34] 국제교류기금과 사사카와평화재단 등이 대미 공공외교에 쓰는 연간 예산은 1,070만 달러(약 11억 7,700만 엔)로 한국 공공외교 예산의 8배를 뛰어 넘는다. 이러한 자금력으로 국제 사회에서 일본의 문화 권력을 확대하고 있다.

최근에 추진하고 있는 재팬 하우스 개설은 중국과 한국에 대항하는 홍보 목적으로 개설됐다는 의견도 적지 않다. 워렌은 중국 공자학원과 한국문화원에 맞서기 위해 설립되었지만 같은 규모는 아니라고 지적했다.[35] 일본정부는 재팬 하우스의 구조적 연대 결여를 해결해야 하고 단일방향의 독립형 허브보다는 상호작용과 다방향으로 네트워크를 확장해 나가야 한다. 대미 공공외교 강화와 일방적이고 문화 권력을 확장 중인 공공외교는 일본 국가 이미지에 부정적인 인팩트를 미칠 수 있다.

현재 한국의 공공외교는 현지의 관습·문화·외교 관계 등을 고려한 맞춤형 공공외교 사업을 수행하고 있는 점은 단일방향보다는 상호작용과 다방향으로 네트워크를 확장해 나갈 수 있는 계기가 되고, 한국의 스마트 파워 외교를 확대할 수 있을 것이다.

일본은 공공외교를 산업화하고 리스크 머니(risk money) 공급을 지원하여

---

34 桒原響子, "第二次安倍政権下の対米パブリック·ディプロマシー: その実情と効果についての一考察",『国際公共政策研究, 21(2)』(2017), pp.35~57.

35 Warren A. Stanislaus, "Japan House: Tokyo's New Public Diplomacy Push", *The Diplomat*, (2017.7.22.) https://thediplomat.com/2017/07/japan-house-tokyos-new-public-diplomacy-push/ (검색일: 2022.01.17.).

민간 부문에서 사업을 지속적으로 전개할 수 있는 제도를 구축하고 있어 한국도 한국의 매력, 문화 콘텐츠, 공공외교 등을 산업화하고 리스크 머니 공급을 지원할 수 있는 제도를 마련해야 문화 강국, 선진국의 공공외교로 자리매김할 수 있을 것이다.

제4장.

Russia

러시아의 공공외교 기관과 활동

I. 서론: 러시아 공공외교에 대한 이해

냉전 시기 미국은 자유주의 진영의 맹주로서 서유럽과 동북아시아 자본주의 국가들에 경제 및 군사 원조를 제공하며 시장경제 질서를 발전시켰다. 소련 또한 공산주의의 아성으로서 경제 분야에서는 코메콘(COMECON), 세계노동조합연맹(WFTU), 정치 및 군사 분야에서는 바르샤바 조약기구와 코민포름을 통해 사회주의 국가들을 이념적으로도, 물질적으로도 통제와 원조를 진행해 왔다. 이 당시 외교는 곧 "정부 사이에서 이뤄지는 활동"이었다. 하지만 체제 중심국이 제공하는 군사, 경제 및 문화적 원조는 공공외교의 역할과 유사한 효과를 보였다. 수혜국의 국민은 원조국인 강대국의 긍정적인 이미지를 받아들이게 되었고, 체제에 소속감을 느끼게 된 것이다. 아메리칸 드림을 꿈꾸며 미국에 온 이들은 성공하여 민간 외교관으로서 고국의 이웃들에게 기회의 땅인 미국의 이미지를 심어주었다. 소련은 이미 30년대 동방노동자공산대학(Communist University of the toilers of the East) 및 인민우호대학(People's Friendship University, 現 러시아민족우호대학)을 설립하여 사회주의권 국가 및 제3세계 유학생들을 유치해왔다.[1] 또 당원에게만 한정된 기회였지만, 소련 콤소몰(Komsomol)을 중심으로 한 사회주의권 국가들의 청년단 회합은 미래 엘리트들 간 협력 네트워크의 기반이 되었다.

하지만 냉전의 종식은 이념으로 묶인 진영 내 외교의 종말을 의미했다. 사실상 사회주의권 국가 대부분이 시장 경제 체제를 도입하면서 미국을 비롯한 옛 자유 진영 국가들과의 경제 활동이 활발히 이뤄지기 시작했다. 미국은 구

---

1 호치민(베트남), 덩샤오핑(중국) 등 사회주의 국가들의 지도자들이 수학하였으며, 조봉암, 주세죽, 허정숙 등 사회주의 계열 독립운동가들 또한 이곳에서 교육받았다.

사회주의 국가 국민들에게 '정치경제적 자유'와 '진보적인 트렌드' 이미지를 전파했다. 이는 특히 과거 "이념의 적"들이었던 동구권의 친 서방화를 촉진시켰다. 비셰그라드(Visegrad) 4개국(폴란드, 체코, 헝가리, 슬로바키아), 세르비아와 보스니아를 제외한 발칸반도의 구 공산권 국가들 모두 나토 또는 EU에 가입한 것이다. 이처럼 미국을 비롯한 전통적인 시장 경제 체제 국가들이 옛 사회주의 후발주자들에게 미치는 공공외교의 효과는 과거 자유진영 내부의 결속과 비슷했다. 정부에는 주권의 자유를, 민간에는 '노력하면 잘 살 수 있다'는 동기부여는 사회주의권 국가들 내에서 미국과 옛 자유진영 국가들의 매력을 높였다. 마찬가지로 구 사회주의 국가들도 적성국이 아니라 매력적인 투자처로서 옛 자유진영 국민들에게 자국을 홍보해야 하는 과제를 떠안게 되었다.

마찬가지로 신생 러시아 연방도 "강한 러시아"로서 재도약을 위해 공공외교 전략의 내실을 다질 필요를 절감하고 있었다. 때문에 러시아 공공외교의 특성은 두 가지로 요약할 수 있다. 첫째로, 투자유치와 지하자원의 수출 활로를 개척하기 위해 옛 자유 진영 국가들의 국민에게 러시아가 더 이상 "적국의 수괴"가 아니라는 점을 강조하며 긍정적인 이미지를 확보하는 것이다. 그리고 두 번째는 옛 사회주의권 국가를 비롯하여 구 소련 국가들과의 연대감을 유지하고 강화해 나가는 것이었다. 특히 러시아는 소련 시기 자국의 영토였던 발트 3국(에스토니아, 라트비아, 리투아니아)이 2004년 EU와 나토에 동시 가입한 것을 바라만 보고 있을 수밖에 없었다. 게다가 2000년대 후반부터 10년대 초반부터 역사적, 민족적인 부분에서 반목하던 우크라이나와 조지아의 친서방 노선 강화에 러시아는 전쟁과 제재를 불사하면서까지 강경하게 맞서고 있는 한편, 강력한 상호 의존 관계를 구축하고 있는 벨라루스, 카자흐스탄과 함께 "유라시아 경제연합(EEU)"를 구축했다. 이와 같은 복잡하고 다변화된 국제 관계 속에서 러시아에게 공공외교의 의미는 중요하게 다가오고 있다. 요약하자면, 정부 기관 사이의 실무적인 외교를 지탱하며 그들의 전통적인 세계를 유지하는 무형적 기반인 것이다.

2. 러시아 공공외교 기원과 역사

공공외교에 대한 신생 러시아 연방의 인식은 2000년 러시아 외무부가 발표한 <러시아 연방 외교 정책 개념(The Concept of Foreign Policy of Russian Federation)에서 드러난다. 즉, "러시아 연방의 대외 정책의 주요 방향으로는 국제 사회의 근본적인 문제에 대한 러시아의 입장과 외교적 문제해결 제안 및 과학 기술, 예술 등 러시아의 지적 창작활동 성과에 대해 국제 사회에 객관적이고 정확한 정보를 제공하는 것이며 ...(중략)...해외에서 러시아에 대한 긍정적인 인식을 높이고, 러시아에 대한 우호적인 태도를 형성하는 것이 선결 과제이다. 따라서 해외에 러시아 국내 정책의 본질에 대한 폭넓은 홍보 및 설명에 대한 목표지향적인 계획 수립이 필수적이며, 이에 따라 이를 위한 정보 수단의 신속한 개발이 필요하다"는 것이다.[2] 이는 체제 전환기의 혼란을 딛고 러시아 정부가 외교적 역량을 강화하기 위해 해외에서 보는 자국의 이미지를 중요하게 여기기 시작했다는 것을 보여준다.

소련이 해체될 때 14개의 주권 민족국가들이 전쟁 없이 자발적으로 독립

---

2 Концепция внешней политики Российской политики (2000). https://web.archive.org/web/20160305200711/http://archive.mid.ru//Bl.nsf/arh/19DCF61BEFED61134325699C003B5FA3 (검색일자: 2021. 12. 26).

을 달성하였고, 정치적으로는 권위주의였지만 경제 체제는 자본주의를 도입한 러시아임에도 불구하고, 서구 세계에 비춰진 러시아의 이미지는 소련의 그것과 크게 다르지 않았다. 2003년 설문조사에서 미국 국민들은 러시아를 연상시키는 단어로서 공산주의, KGB, 눈, 마피아를 가장 많이 선택했다. 또다른 설문에서도 높은 선택을 받은 단어는 칼라시니코프 소총(AK)과 화염병(Molotov cocktail)이었던 반면, 러시아의 문화 예술은 10위에 불과했기 때문이었다.[3] 이처럼 옐친(Boris Yeltsin) 대통령 시기 러시아가 민주주의 추구 및 서구에 협조적인 이미지를 구축하려 노력했음에도 불구하고, 서구 및 유로존과 나토에 가입한 구 공산권 국가들은 체제 전환된 러시아를 여전히 껍데기만 바꾼 소련으로 여기며 의구심을 거두지 않고 있던 것이다. 이와 같은 부정적인 이미지는 러시아의 석유 및 가스 수출 활성화 정책에 악영향을 미칠 것이 뻔한 일이었다. 이 때문에 첫 임기를 시작한 푸틴(Vladimir Putin) 대통령은 새로운 러시아의 긍정적인 이미지를 제고하기 위한 노력을 기울였으며, 이를 위해 정부 기관 및 언론을 정비하기 시작하였다. 국영방송사인 리아 노보스티(РИА Новости, RIA Novosti)가 2005년 러시아 투데이(Russia Today, Россия сегодня) 채널을 개국하였다. "세계에서 러시아의 모습이 더욱 잘 보이도록 하기 위해 러시아의 세계관을 알릴 것이다"라는 시모냔(Margarita Simonyan) 러시아 투데이 편집국장의 말 대로, 이 채널의 취지는 러시아의 국내외 정책 및 러시아 국내의 소식을 영어로 번역하여 송출하는 것이었다.[4] 이후 러시아 투데이는 RT로 채널

3 Evans, Julian"Spinning Russia," *Foreign Policy,* December 1 (2005), 우준모. 2010. "러시아의 공공외교: 특수성과 보편성". 『세계지역연구논총』제28집 3호에서 재인용.

4 "В России создан пропагандистский телеканал для иностранцев", *Lenta.ru* 07 June 2005.

명을 변경한 이래 BBC 등을 벤치마킹하여 아랍어, 스페인어 방송을 송출하며 그 영향력을 확대시켰다.

또한 러시아 정부는 미국과 벨기에의 광고회사들과 계약을 체결하고 서방권에서 러시아의 국가 브랜드 홍보 작업을 활성화하는 동시에, 2004년부터 해외의 러시아 전문가 및 언론인을 초청하여 진행하는 발다이 포럼(Valdai Forum)을 개최해왔다. 이는 해외에서 조성되는 러시아에 대한 부정적인 선입견을 줄이고, 러시아가 더 이상 이념과 권위주의에 경도되지 않고 합리적으로 사고하고 의사결정을 내리는 국가라는 이미지를 심어주기 위한 크렘린의 노력이었다. 특히 2007년은 러시아 공공외교의 분수령이 되는 해였다. 6월 21일 루스키 미르(Ру-сский Мир, Russkiy Mir) 재단 설립에 관한 대통령령이 공포된 것이다. 미르(мир)는 러시아어로 평화와 세계를 의미한다. 즉, 이미 명칭에서부터 "(러시아가 만드는) 세계와 평화"라는 단체의 설립 취지가 드러나는 것이었다. 루스키 미르 재단은 교육 재단으로서 러시아어 교육 지원 및 러시아 문화 보급, 재외 러시아인 동포의 문화 및 언어 정체성 보존 및 진흥을 목표로 하고 있다. 루스키 미르 사업은 푸틴 대통령 집권 말기에 재원 및 청사진이 마련되어 본격적인 활동이 시작된 것으로, 메드베데프(Dmitry Medvedev) 대통령이 취임한 이후에도 프로젝트는 지속되었다. 사업 방식은 세계 각국의 대학들을 선별하여 러시아 센터 또는 대표부를 설치한 다음 재정적인 지원과 함께 문화 및 교육 프로그램을 제공하고 있다.[5] 2022년 1월 기준 남북한 포함 총 50개국에 러시아 센터가 개설된 상태이다.

---

5 우준모(2010). pp. 197-198.

루스키 미르 재단의 설립 이후 러시아 공공외교 정책은 2008년 외무부 산하 러시아 연방국제협력청(Россотрудничество, Rossotrudnichestvo)의 설립으로 점차 체계적으로 조직화되었다. 루스키 미르 재단이 해외 고등 교육 기관과의 협업을 통해 전 세계에서 러시아 언어 교육 및 문화 진흥에 초점을 맞춘 정부 출연 민간 기관이라면, 국제협력청은 이와 같은 협력을 전방위적으로 총괄하는 정부 기관이라고 할 수 있다. 주목할 점은, 국제협력청은 러시아 정부 초청 장학생 과정 등 전 세계 국가를 대상으로 한 프로그램을 운영하기도 하지만, 특히 구 소련 지역 국가를 대상으로 한 공공외교 프로젝트에도 높은 비중을 두고 있다는 것이다. 대외협력청이 표방하는 "인도적 지원"은 구소련 지역 내에서 물질적인 지원 외에도 해외 국가와의 문화적 유대감을 강화하는 작업도 포함된다. 이를 통해 독립국의 자국어 및 자민족 문화 진흥 정책으로 인해 상대적으로 소외되어가는 러시아계 주민들에 대한 문화적인 지지와 연대가 가능해지고, 장기적으로 구소련 국가들 내에서 러시아 언어문화의 영향력이 유지되어 러시아에 우호적인 인사를 양성할 수 있는 토대가 마련되기 때문이다. 국제협력청 또한 루스키 미르 재단처럼 러시아학술문화센터(Russian Center for Science and Cultre)을 해외 각지에서 운영하고 있으며, 때때로 루스키 미르와 공동으로 러시아 문화 및 학술행사를 진행해 오고 있다.[6] 언론 부문에서는 RT와 마찬가지로 스푸트니크(Sputnik) 통신사 또한 2014년 이후 뉴스 제공 언어를 확대시켰고, 2021년 1월 기준 9개 언어 라디오 방송 및 30개 언어의 온라인 기사를 제공하고 있는데, 여기서 우크라이나어와 에스토니아어를

6 강윤희. 2021. "러시아 공공외교의 제도적 정비, 성과와 한계: 러시아국제협력청을 중심으로." 『중소연구』 45권 2호. pp. 174-177.

제외 구소련 13개국 언어와 2008년 조지아 전쟁 후 러시아가 독립을 승인한 (세계 대부분은 미승인) 국가 언어인 압하스어(압하지야), 오세트어(남오세티야) 서비스도 제공하고 있다는 것이 주목할 만하다.

과거 소련 시기 공공외교는 사회주의권 국가와 제 3세계 국가들로부터의 평판을 중시했기 때문에 비교적 단순한 패턴을 보였다. 그러나 체제전환기 이후 러시아 공공외교의 발전사는 역동적인 특성을 보인다. 옛 자유진영 국가들 사이에서 공유되는 러시아에 관한 선입견 및 부정적인 이미지 해소, 공산주의 이념이 부재한 현재 구소련 국가들과의 유대감을 회복과 러시아 디아스포라의 연대 강화 등 이전과는 다른 새로운 환경에 직면했기 때문이었다. 그렇기에 러시아는 자국의 입장을 왜곡 없이 국제 사회에 반영하고, 구소련 지역을 포함한 전 세계에 긍정적인 이미지를 확보하기 위한 기술적 방법과 체계 발전을 지속해 왔다. 요약하자면, 러시아 공공외교사는 곧 대외협력청이라는 정부 기관, 교육 및 학술 문화 재단, 다양한 언어서비스를 제공하는 언론사의 형성과 발전사로 볼 수 있을 것이다.

3. 러시아 공공외교 주요 기관

1) 러시아 연방 국제협력청(Россотрудничество)[7]

러시아 연방 국제협력청의 정식 명칭은 "러시아 연방 독립국가연합, 러시아 해외동포 및 국제 인도협력청(Federal Agency for the Commonwealth of Independent States Affairs, Compatriots Living Abroad, and International Humanitarian Cooperation)"으로서, 간

7 Россотрудничество, https://rwp.agency/ (검색일자: 2022. 1. 21)

단하게 "국제협력청(Rossotrudnichestvo)"으로 표기된다. 국제협력청은 메드베데프 정부 시기인 2008년 9월 6일 대통령령 제1,315호에 의거 기존의 러시아 연방 독립 국가연합청(Federal Agency for the Commonwealth of Independent States Affairs)이 확대 개편된 것이다. 또한 외무부 직속 기관이었던 러시아 학술문화센터의 관할권 또한 승계받았다.[8] 초기 독립국가연합청의 설립 취지가 구소련 국가들 내에서의 러시아어 및 문화 진흥이었다. 그 때문에 현재의 국제협력청도 구소련 국가 내 인도적 협력, 인문사회적 지원, 러시아어 진흥 및 러시아계 주민 지원 정책을 기본적인 우선 과제로 삼고 있다. 정부 초청 장학생 프로그램을 운영하면서 구소련 국가 출신 유학생(러시아계 포함)을 유치하고 있으며, 소련을 구성했던 14개 국가에 거주하는 러시아계 주민 본토 재정착 지원업무 또한 대표적인 예이다.

이와 같은 지원업무는 곧 기관명이 개칭되면서 그 범위가 전 세계로 확대되었다. 구소련 바깥에서 러시아 문화 홍보 및 언어교육 진흥, 그리고 해외 거주 러시아인 공동체 또한 포괄하기 시작한 것이다. 2021년 9월 기준 국제협력청은 80개 국가에 진출에 있는데, 이 중 62개국에 "러시아 하우스(Русский Дом, Russian House)"로 개칭된 학술문화센터 73곳이 개설되어 있고, 21개국에 24개의 대표부가 해당국 주재 러시아 대사관에 상주하고 있다. 특히 협력청 대표부는 구소련 지역 바깥에서 러시아 문화행사 및 5월 9일 2차대전 승전 기념일 행사 등 공공외교를 전개하고 있으며, 정부초청 장학생 프로그램을 운영하여 러시아 유학을 희망하는 학생들의 유치를 확대하고 있다. 이처럼 러시아는 자국의 문화 및 학술 분야에서의 접근성을 확대하여, 해외에 만연한 자국

8 Указ Президента Российской Федерации от 06.09.2008 г. № 1315 (2008) http://www.kremlin.ru/acts/bank/28020 (검색일자: 2022. 1. 21)

에 대한 선입견을 완화하고 긍정적인 이미지 제고를 도모하고 있는 것이다.

국제협력청은 대외홍보를 위해 해외 거주 러시아 청소년 및 해외 청년 단체를 초청하여 러시아의 주요 사적지 및 문화 예술 공연 견학 프로그램을 제공하고 있다. 첫 번째로 14세 이상 19세 이하 청소년들을 대상으로 한 **<안녕, 러시아!(Здравствуй, Россия!)>** 프로그램이 운영되고 있는데, 이는 구소련 지역 포함 해외 거주 러시아인을 참가 대상으로 하고 있다. 2014년부터 운영되기 시작했으며, 주요 내용은 해외 거주 러시아인 청소년들에게 고국의 현대적인 생활상과 다양한 민족으로 구성된 문화 체험, 러시아어 실습과 다양한 나라를 배경으로 한 친구 만들기 등이다. 연평균 700명이 선발되어 본국으로 초청되고 있으며, 해외 상주 러시아 하우스가 주관하는 러시아어 올림피아드 등 대회 우승자에게 체험 기회가 주어진다. 또한 정치, 사회, 학술, 비즈니스 분야에서 각국을 대표하는 25세 이상 35세 이하 청년 그룹을 초청하는 단기 연수 및 견학 프로그램인 **<새로운 세대(Новое поколение)>**가 2011년부터 운영되고 있다. 두 프로그램 모두 초청 대상의 차이는 있지만, 장기적인 관점에서 해외 민간외교 네트워크 구축 및 발전을 목표로 하고 있다는 점이 유사하다.

국제협력청은 또한 분쟁 및 자연재해 지역, 저개발 국가 대상으로 한 인도적 지원 프로그램 또한 운영하고 있다. 여기서 국제협력청은 NGO단체인 <러시아 인도적 미션(Россий-ская гуманитарная миссия, Russian Humanitarian Mission)>[9]과 함께 러시아 국내, 중앙아시아, 발칸, 중동의 저개발 지역, 분쟁

9 모스크바에 소재하고 있는 해당 NGO 단체는 현재 시리아에서 구호활동에 매진하고 있으며, 세르비아 베오그라드에도 상설 대표부를 개설한 바 있다. 활동 예산은 러시아 교육부, 문화부와 국제협력청으로부터 지원받고 있다. https://spending.gov.ru/subsidies/receivers/450%D0%932818/ (검색일자: 2022. 1. 25.)

러시아 국제협력청 전경

출처: ©A.Savin, WikiCommons

지역 및 자연재해 지역에서 의료 지원과 응급 구조 활동을 전개하고 있다. 해외파견 경험이 풍부한 의사, 응급 구조사, 러시아 비상사태부(Ministry of emergency situations) 소속 소방관 및 심리치료사, 종군기자 및 자원봉사자들이 교육받고 실무 현장에 투입되고 있다. 봉사팀은 해당 지역에서 구호 물품, 의약품 및 의료장비 공여, 정수 필터 제공을 포함한 식수 확보 사업을 진행하고 있다. 그리고 팔레스타인, 우즈베키스탄, 세르비아, 보스니아에서 태양광전지 사업을 진행하고 있다. 주목할 점은, 구호 물품 제공 및 봉사활동 사업임에도 불구하고 러시아어 및 문화교육 또한 포함되어 있다는 것이다.[10] 여기서 러

10 Russian Humanitarian Mission, https://rhm.agency/ (검색일자: 2022. 1. 25.)

시아 국가 이미지 제고에 언어 교육 진흥이 중시되고 있음을 엿볼 수 있다.

국제협력청은 모스크바에 소재하며 총 10개의 실무 부서로 구성되어 있다. 또한 해외의 러시아 하우스(학술문화 센터) 및 해외 대표부를 총괄하고 있다. 대한민국은 현재 서울 중구 소재 러시아 대사관에 대외협력청 대표부가 입주해 있다. 2022년 1월 기준 국제협력청장은 언론인 출신인 예브게니 프리마코프(Yevgeny Primakov Jr., 1976년생)로, 옐친 정부 시기 외무장관과 총리를 지낸 예브게니 프리마코프(1929~2015)의 손자이다.

러시아 국제협력청 로고와 조직도

ROССОТРУДНИЧЕСТВО · ROSSOTRUDNICHESTVO

- 국제협력청장실 (청장 1명, 부청장 4명)
- 해외소재 러시아 하우스 및 대표부

- 통화재정국 (Валютно-финанковое управление)
- 조직분석국 (Организационно-аналитическое управление)
- 법무국 (Правовое управление)
- 공직인사 및 반부패국 (Управление государственной службы, кадров м противодействия коррупции)
- 행정지원총무국 (Управление делами и административно-хозяйственного обеспечения)
- 정보정책 및 정보화국 (Управление информационной политики и информатизации))
- 문화국 (Управление культуры)
- 교육학술국 (Управление образования и науки)
- 국제개발진흥 및 인도적 지원사업국 (Управление содействия международному развитию и гуманитарных программ)
- 경제협력국 (Управление экономического сотрудничества)

2) 루스키 미르 재단(Фонд "Русский Мир")[11]

루스키 미르 재단은 푸틴 정부 시기인 2007년 6월 21일 자 대통령령 제796호에 의거 러시아 교육부와 외교부가 공동으로 설립하였다.[12] 재단 설립의 기본 목표는 러시아 민족의 최대 자산이자 러시아와 세계 문화의 중요한 요소인 러시아어의 대중화, 그리고 해외에서의 러시아어 인기 향상 및 교육 진흥이다. 더불어 1) 러시아와 재외 러시아인들에 관한 객관적인 정보의 확산, 이를 배경으로 해외에서의 러시아에 대한 긍정적 이미지 강화, 2) 러시아어 및 전통문화의 대중화를 위해 외국 정부 기관 및 해외 각종 비정부 기구들과의 협력, 3) 러시아의 교육서비스 수출 4) 재외 러시아인들의 문화 정체성과 민족 간 소통어로서의 러시아어 유지 노력 지원, 그리고 해당국 내에서 러시아에 대한 긍정적인 환경 조성 촉진, 5) 재단의 설립 취지에 부합하는 학술연구 및 교육 분야에서의 의견교환 촉진, 6) 해외에서 발간되는 러시아어 대중매체 또는 러시아인들이 발간하는 매체에 대한 지원, 7) 고대 문헌 보존 기관단체 지원, 8) 위의 지원 및 협력 사업을 원활히 하기 위해 러시아 정교회와의 긴밀한 협력 관계 구축 또한 루스키 미르 재단의 과제로 설정되어 있다.

루스키 미르 재단이 지향하는 "러시아의 세계(미르)"는 단순히 러시아 민족, 소수민족을 포함한 러시아 국적 보유자, 구소련 국가 및 해외에 거류하고 있는 러시아계 주민만을 의미하는 것이 아니다. 러시아에 정착한 이민자, 러시아어를 공부하고 러시아 문화를 향유하려는 외국인 수강생, 그리고 러시아 국

11 Фонд Русский мир, https://russkiymir.ru/ (검색일자: 2022. 1. 25)

12 Указ Президента Российской Федерации от 21.06.2007 г. № 796 (2007) http://www.kremlin.ru/acts/bank/25689 (검색일자: 2022. 1. 25)

내와 해외에서 러시아어를 가르치는 모든 러시아인 및 외국인 교사 또한 포함된다. 이를 통해 평화적인 방식으로 나머지 세계와 소통하여 러시아의 세계를 알리고, 내부적으로는 개인주의로 파편화된 러시아인들의 정신문화를 극복하고, 사회문화에서 공동체적인 전통과 구성원들과의 연대감을 복원 및 발전시키는 것이 루스키 미르 재단의 설립 이념이 되는 것이다. 즉, "미르"의 의미가 세계뿐만 아니라 평화도 있는 만큼, 러시아 문화와 언어가 만든 세계가 곧 평화와도 상통한다고 할 수 있다.

따라서 루스키 미르 재단이 해외 51개국(미승인국인 압하지야와 남오세티야 포함)에서 진행 중인 러시아 센터(Русский центр) 사업은 이와 같은 이념 실현을 위한 정책이라고 할 수 있다. 이 두 사업은 해외에서의 러시아어와 문화의 인기 향상, 해외에서의 러시아 교육 지원, 국제적인 대화 확대 및 국가 및 국민 간의 상호작용 강화를 목표로 하는 재단의 전초기지라고 할 수 있다. 러시아 센터는 해외에서 러시아의 문화, 역사, 문학 자산, 러시아어 교육방법론 및 실습, 그리고 러시아에서 유행하는 최신 아이디어에 대한 외국인들의 접근성을 향상시키고 있다. 러시아 센터는 개방성, 공공성, 관용(tolerance)의 원칙에 입각하여 현지에서 기관 운영 및 업무를 수행하고 있다. 2022년 1월 기준 대한민국에 서울대학교, 고려대학교, 부산대학교 3곳에 러시아 센터가 개설되어 있다.

국제적인 성격을 띠는 만큼 루스키 미르 재단도 다양한 국제 행사를 조직 및 기획하고 있다. 대표적으로 유럽 국가 출신 러시아어 전공생들을 대상으로 한 어학 축제인 <친구야, 우리의 연합은 아름답다(Друзья, прекрасен наш союз!)> 행사를 개최하고 있으며, 전 세계의 대학생 및 청년을 대상으로 교류 프로그램인 <세계의 세대(Поколение мира)>는 러시아 학생들에게는 외국문화의 이해도와 지식을, 외국 학생들에게는 러시아어의 인기와 중요성을 높여주는 데 기여하고 있다. 2018년에는 러시아인 디아스포라 대표를 초청하고, 여기에 국가두마위원들이 참여하여 해외에서의 러시아 문화유산 및 언어 보존 문제를 토의한 <러시아와 함께(Вместе с Россией)> 포럼, 2차대전 승전기념 및 전몰자 추모, 우주비행사 가가린(Yuri Gagarin) 기념행사 등 자국민과 동포를 대상으로 한 러시아 문화와 역사에 대한 자부심을 고취시키는 행사 또한 개최되고 있다. 러시아의 대외 이미지 제고 및 홍보를 위한 전문 언론인 확보를 위해 러시아의 역사 및 문화를 다룬 영상 제작 경연대회 <루스키 미르 특파원(Корре-спондент русского мира)>, 해외 러시아어 대중매체 발전을 위한 인터넷 저널리즘 경연대회인 <#RuMirDigital> 온라인 대회가 열리고 있다.

이처럼 루스키 미르는 외무부와 교육부가 합작한 재단으로서 러시아 연방정부의 주요 인사들이 재단의 운영 및 관리 이사진에 참여하고 있다. 2022년 현재 재단 이사장은 드미트리 코자크(Dmitry Kozak) 부총리이며, 본부는 모스크바에, 상트페테르부르크와 블라디보스토크에 각각 분관이 있다. 2007년 이래 해마다 국경일인 11월 4일 <국민 대통합의 날(День народного единства)[13]>에 총회가 개최되어 정부 인사, 의원 및 러시아어 문화 전문가들이 의견 교환 및 현안 토론을 진행하고 있다. 전통적으로 모스크바 및 러시아의 역사적인 도시들을 선정해 개최되어 온 행사는 2020년에 코로나 영향으로 처음으로 온라인으로 개최되었다.

---

13 폴란드-리투아니아 연합왕국의 간섭을 받던 모스크바 공국이 해방된 1612년 11월 4일을 기념한 국경일로, 소련 시기 11월 7일 10월 혁명 기념일로 대체되며 폐지되었다가, 2005년 다시 공휴일로 부활하였다.

제 8회 루스키 미르 재단 총회(2019년 11월 1일 - 4일, 야로슬라블)

출처: Russkiy Mir https://russkiymir.ru/fund/assembly/

재단 위원 구성(2022년 1월 기준)

RUSSKIY MIR FOUNDATION

재단 이사회(Board of Trustees)
이사장: 드미트리 코자크(Dmitry Kozak) 부총리

- 세르게이 크라브초프(Sergey Kravtsov) 교육부 장관
- 세르게이 라브로프(Sergey Lavrov) 외무부 장관
- 올가 류비모바(Olga Lyubimova) 문화부 장관
- 발레리 팔코프(Valery Falkov) 과학고등교육부 장관

재단 집행위원단
단장: 뱌체슬라프 니코노프(Vycheslav Nikonov)
두마 외교위원회 제1부위원장

- 리나트 알랴웃디노프(Rinat Alyautdinov) 외무부 인도적지원 및 인권국장
- 세르게이 보그다노프(Sergey Bogdanov) 러시아어문학교사협회 집행위원
- 타티아나 코르타바(Tatyana Kortava) 모스크바국립대학교 부총장
- 미하일 오사드치(Mikhail Osadchiy) 모스크바 푸시킨언어대학교 부총장
- 파벨 셰브초프(Pavel Shevtsov) 국제협력청 부청장

재단 감독위원회(Supervisory Board)
위원장: 블라디미르 톨스토이(Vladimir Tolstoy) 대통령자문위원

- 알렉세이 바를라모프(Aleksey Varlamov) 고리키문학대학교 총장
- 올가 바실리예바(Olga Vasilyeva) 러시아 교육아카데미 원장
- 세르게이 베르시닌(Sergey Vershinin) 외무부 차관
- 일라리온(Ilarion) 러시아정교회 모스크바 교구 주교
- 니콜라이 크로파체프(Nikolay Kropachev) 상트페테르부르크대학교 총장
- 이고르 마스로프(Igor Maslov) 대통령행정실 지방관계 및 국제문화관계국장
- 나탈리아 나로치니츠카야(Natalia Narochnitskaya) 역사관점재단 이사장
- 이고르 네베로프(Igor Neverov) 대통령행정실 대외정책국장
- 뱌체슬라프 니코노프(Vyacheslav Nikonov) 두마 외교위원회 제1부위원장
- 미하일 피오트롭스키(Mikhail Piotrovsky) 에르미타주 박물관장
- 예브게니 프리마코프(Yevgeny Primakov Jr.) 국제협력청장
- 빅토르 사도브니치(Viktor Sadovnichiy) 모스크바국립대학교 총장
- 마르가리타 시모냔(Margarita Simonyan) 러시아 투데이 편집국장
- 아나톨리 토르쿠노프(Anatoly Torkunov) 모스크바국제관계대학교 총장
- 알렉세이 필라토프(Alexey Filatov) 대통령행정실 국경협력국장

3) 고르차코프 공공외교 지원재단(Фонд поддержки публичной дипломатии имени А. М. Горчакова)[14]

연방 국제협력청과 루스키 미르 재단이 구소련 지역 및 전 세계에서 러시아어 진흥과 러시아 문화 대중화를 목표로 삼고 있다면, 고르차코프 공공외교 재단(The Alexander Gorchakov Public Diplomacy Fund)은 국제 관계 분야에서 더 다양한 주제의 현안에 초점을 맞추고 있다. 2010년 2월 2일 창설된 재단의 명칭은 1878년 러-튀르크 전쟁 승리 후 발칸반도 국가들을 오스만 제국에서 독립시킨 산스테파노 조약(Treaty of San Stefano)을 이끈 알렉산드르 고르차코프(Alexander Gorchakov, 1798-1883) 외무상의 이름을 따왔다.[15] 재단 설립 취지는 공공외교 발전을 지원하고, 해외에서 러시아에 긍정적인 사회, 정치, 비즈니스 관계 환경을 촉진하는 것이다. 재단은 이를 위해, 1) 재단의 국제 관계 분야에서 사회, 문화, 교육, 학술 및 운영 프로그램 홍보 촉진, 2) 러시아 국내 및 해외에서 경제, 정치사회적 상황과 투자, 혁신 잠재력 분석, 현행 공공외교 과정에서 컨설팅과 모니터링 참여, 3) 재단 운영규칙에 부합하는 신규 사업 제안을 홍보하는 비정부 단체에 대한 재정, 조직구성 및 기술적 지원, 4) 학술회의, 포럼, 비즈니스 미팅, 강의행사 조직 및 수행, 5) 연구 및 교육과정 참여와 재단 정보센터 설립, 6) 국제협력 실현과 촉진, 7) 해외에서 러시아의 긍정적 이미지를 높이고, 러시아가 이룩해 온 문화, 학술 및 비즈니스 잠재력 홍보를 과제로

14 Фонд поддержки публичной дипломатии имени А. М. Горчакова. https://gorchakovfund.ru/ (검색일자: 2022. 1. 28)

15 Распоряжение Президента Российской Федерации от 02.02.2010 г. № 60-рп. (2010) https://gkrfkod.ru/zakonodatelstvo/rasporjazhenie-prezidenta-rf-ot-02022010-n-60-rp/ (검색일자: 2022. 1. 29)

삼고 있다.

고르차코프 재단의 특징은 바로 공공외교 인재 양성에 초점을 맞추고 있다는 것이다. 비정부 기구 지원 외에도 미래 공공외교 전문가를 꿈꾸는 대학(원)생 및 청년을 위한 학술회의, 포럼, 라운드 테이블 및 교육 연수 및 실습 프로그램들이 개설되어 있다. 재단은 2012년 이래로 <청년 전문가를 위한 외교 세미나(Дипломатический семинар молодых специа-листов>를 운영해오고 있으며, 30개국 400명 이상의 학생들이 행사에 참여해 왔다. 참가 자격은 18세 이상 30세 미만의 러시아어 구사가 가능한 내/외국인 대학(원)생, 청년단체 및 비정부기구 대표, 그리고 박사급 이상 외교 및 역사 분야 연구자들에게 주어진다. 또한 재단이 주최해온 러독 학자 간 교류행사의 대학(원)생 및 청년 회담인 <청년 포츠담 포럼(Молодеж-ный форум Потсдамской встречи)> 등도 2017년부터 운영되고 있다. 한편 재단 본부는 모스크바에 위치하며, 벨라루스 민스크와 조지아 트빌리시에 각각 분관을 두고 있다. 2022년 1월 현재 재단 상임이사는 주폴란드 특명전권대사(1996-1999)를 역임한 바 있는 레오니트 드라첸스키(Leonid Drachevsky, 1942년생)이며, 라브로프 외무장관이 이사장으로서 언론인 및 상원의원, 석유가스 기업 및 IT 사업가들이 참여하는 이사회를 이끌고 있다.

4) 러시아 국제문제 위원회(Российский совет по международным делам)[16]

싱크탱크 기관인 러시아 국제문제 위원회(Russian International Affairs Council)도 고르차코프 재단과 마찬가지로 2010년 2월 2일 메드베데프 대통

16 Российский совет по международным делам. https://russiancouncil.ru/en/ (검색일자: 2022. 1. 29)

령의 지시에 따라 창설되었다.[17] 국제문제 위원회는 비영리 합의체로서 러시아 외무부, 과학고등교육부(당시 교육과학부), 러시아 산업기업가연맹(Russian Union of Industrialists and Entrepreneurs), 인테르팍스(Interfax) 통신사가 공동으로 설립하였다. 위원회 설립 취지는 글로벌 세계로의 통합을 통한 러시아의 발전이며, 이를 위해 대외 문제 해결에 있어서 정부 기관, 시민단체, 전문가 집단 및 비즈니스 그룹을 연결하는 고리가 되는 것이다. 이에 따라 사업의 기본 방향은 평화, 국가와 민족 간 우호 및 합의 강화, 국제분쟁 예방과 위기 관리에 초점을 맞추고 있다.

주요 프로젝트의 경우 학술적 성격이 짙은 편이며, 러-미, 러-중, 러-인도, 러-EU, 한러 및 러-일 관계 등 양국 관계 및 지역 협력 연구, 기후 변화 등 글로벌 이슈를 다룬 연구 프로젝트를 진행하고 간행물을 발간하고 있다. 그리고 해외 유학생 및 협력 기관 유치, 그리고 국제 대학순위 향상을 위한 러시아 대학 홍보 사업 <러시아 대학의 전자 국제화(Электрон-ная интернационализация Российских университетов)>, 그리고 <근대 를 위한 또한 위원회는 향후 국제 관계 전문가 육성 및 영입에도 적극적인 활동을 전개하고 있는데, <젊은 국제 관계 언론인 콘테스트(Конкурс молодых журналистов-международников)> 대회를 개최하고 있으며, 대학원(생)들에게 인턴 연구원으로서의 기회를 제공하고 있다. 국제문제 위원회의 본부는 모스크바에 있으며, 현재 2021년 국제문제 위원장은 주스페인 대사(1991-1993), 외무부 차관 및 장관(1993-2004)을 역

17 Распоряжение Президента Российской Федерации от 02.02.2010 г. № 59-рп. (2010). https://gkrfkod.ru/zakonodatelstvo/rasporjazhenie-prezidenta-rf-ot-02022010-n-59-rp/ 검색일자: 2022. 1. 29)

임한 이고르 이바노프(Igor Ivanov, 1945년생)이며, 라브로프 외무장관과 헤르만 그레프(Herman Gref) 스베르방크(Sberbank) 은행장 등 정재계 및 학계 인사들이 이사회 임원으로 재직하고 있다.

고르차코프 재단 로고(좌), 러시아 국제문제위원회 로고(우)
고르차코프 재단, 국제협력청, 모스크바국제관계대학 공동 외국인 전문가 인턴십 프로그램 <InteRussia> 홍보 영상(아래)

출처: https://www.youtube.com/watch?v=bF7MKLese68&t=149s)

5) 러시아 투데이(RT, Россия Сегодня)[18]

전술했듯, 방송통신사 또한 러시아 공공외교에서 중요한 축을 담당하고 있다. 과거 냉전 시기부터 이어져 온 러시아에 관한 서방권의 선입견을 줄이고, 러시아가 가진 국제 관계에 대한 관점을 정제하여 세계에 알리고, 긍정적

18 RT, https://russian.rt.com/about (검색일자: 2022. 1. 31)

인 이미지를 구축하는 데 있어 방송의 역할이 중요해졌기 때문이다. 2022년 1월 기준 러시아 투데이(이하 RT)는 텔레비전 네트워크에는 9개의 뉴스 및 다큐멘터리 채널, 6개 언어(러시아어, 영어, 프랑스어, 독일어, 스페인어, 아랍어)로 된 온라인 정보 포털, 전 세계 TV 채널에 독점 콘텐츠를 제공하는 글로벌 멀티미디어 에이전시 RUPTLY를 보유하고 있다. RT 뉴스는 24시간 내내 모스크바의 스튜디오에서 러시아어, 영어, 아랍어, 스페인어, 독일어로 송출되며, RTD 다큐멘터리 채널은 러시아어와 영어로도 방송된다. RT는 해외에도 스튜디오를 보유하고 있는데, RT 아메리카(워싱턴 DC), RT UK(런던), RT 프랑스(파리)는 각 도시의 스튜디오에서 각각의 언어로 방송을 송출하고 있다. RT는 특히 유튜브 플랫폼에서 괄목할 만한 성장을 이루었는데, 2013년에 뉴스 채널 중 최초로 조회수 10억 뷰를 돌파하였고, 2020년 BBC, CNN, 알자지라, 유로뉴스, 폭스 뉴스에 앞서 세계 최초로 조회 수 100억 뷰를 넘어선 것이다. 통계 전문회사 시밀러웹(SimilarWeb)의 자료에 따르면 RT 아랍어는 아랍어 TV 뉴스사이트 방문 수 및 순 사용자 수에서 알자지라, 알아라비야, CNN 아랍어, 스카이뉴스 아라비아를 제치고 1위를 차지했으며, RT 스페인어는 BBC, 유로뉴스, 프랑스24의 스페인어 서비스, 남미의 텔레수르(teleSUR) 보다도 조회수 및 페이스북 팔로워 수에서 앞서있다.

RT는 단순히 러시아의 입장만 전하는 것이 아니라, 국제 방송에서도 적극적으로 참여하여 국제적인 언론으로서의 이미지를 높이고 있다. RT의 제작물들은 미국 에미상(Emmy Award)에 11번 노미네이트 된 바 있는데, 2021년에는 소련군의 아우슈비츠-비르케나우 해방 75주년을 기념한 VR 영화 "아우슈비츠의 교훈"(2021)이 뉴스 및 다큐멘터리 부문 최종 후보에 올랐고, 뉴스 부문에서는 아르메니아-아제르바이잔 전쟁에 관한 RT 르포가 지명되었다. 이전에도 모스크바 셰레메티예보 공항 항공기 추락 사고(2020)과 케메로보(Kemerovo)에서 발생한 쇼핑센터 화재사고(2019)에 관한 방송 등이 지명된 바 있다. 또 시리아에서 순직한 RT 아랍 특파원인 칼레드 알 카팁(Khaled Al Khatib)을 기리는 국제언론인상이 제정되었다. 이와 같은 일련의 행보는 러시아 또한 자국의 의도를 전달하면서도, 국제 이슈에서도 적극적으로 참여하고 긍정적인 영향을 끼치겠다는 의지로 해석될 수 있다.

6) 스푸트니크 뉴스 에이전시(Новостное агентство "Спутник")[19]

스푸트니크 뉴스 에이전시(Sputnik News Agency)는 뉴스피드, 웹사이트, 소셜 네트워크, 모바일 앱, 라디오 등 다양한 플랫폼에서 방송을 송출하고 멀티미디어 프레스 센터를 운영하는 통신사다. 2014년 러시아 투데이(Россия Сегодня)의 자회사로서 출범하였다. 본사는 모스크바에 있으며, 해외지부는 미국(워싱턴 DC), 중국(베이징), 프랑스(파리), 독일(베를린), 이집트(카이로), 키르기스스탄(비슈케크). 영국(에든버러), 우루과이(몬테비데오) 등지에 지사를 두고 있다. 또한 24시간 뉴스는 영어, 스페인어, 아랍어, 중국어 및 페르시아어로 제공되며, 주로 다루는 분야는 글로벌 정치 및 경제 등이다. 라디오 방송의 경우 웹사이트, 모바일 앱, FM 및 디지털오디오방송(DAB) 주파수를 통해 매일 800시간 이상 방송을 송출하고 있다.인터넷 뉴스로 작성되는 언어들은 영어, 스페인어, 프랑스어, 독일어, 아랍어, 중국어 등을 포함하여 30개 이상이다. 영어의

19 Sputnik News Agency, https://sputniknews.com/docs/index.html (검색일자: 2022. 1. 31)

경우 <스푸트니크 인터내셔널(Sputnik International)>, 스페인어의 경우 카리브 및 라틴아메리카권을 겨냥하여 <스푸트니크 문도(Sputnik Mundo)>라는 이름으로 서비스를 제공하고 있으며, 사용자 수가 많은 프랑스어와 아랍어판도 권역 단위로 넓은 범위의 지역을 아우르는 기사를 제공하고 있다.

RT와 마찬가지로 스푸트니크 또한 전 세계를 대상으로 한 러시아의 언론이지만, 옛 구소련 국가들에 지부를 개설했다는 점이 주목된다. 각 국가의 스푸트니크 사이트들은 각 국가의 언어 및 러시아어 기사를 동시에 제공하고 있다. 이를 러시아가 소프트 파워 측면에서 긍정적인 영향력을 유지하려는 노력을 엿볼 수 있는데, 러시아의 관점을 해당 국가의 언어로 전파하고, 그 국가 내에서 러시아에 대한 긍정적인 제안이나 분위기 등을 다시 러시아어로 전파할 수 있다. 이와 같은 여론의 교환을 통해 우호적이고 동등한 관계를 구축할 수 있다는 양국 국민들 사이에서 기대가 형성된다. 특히 조지아 전쟁 이후 러시아, 베네수엘라 등 몇몇 국가들만이 독립을 승인한 압하지야(압하스어)와 남오세티야(오세트어) 판을 조지아어 판과 별개로 구축했다는 것은 소수민족과의 소프트 파워 관계 강화를 통해 지정학적 우위를 확보하고 유지하려는 러시아의 의도를 반영하고 있다고 하겠다. 하지만 이는 동시에 러시아의 영향력 확대와 주권 침해에 대한 구소련 국가들의 우려를 심화시키기도 한다. 2018년 5월 포로셴코(Petro Poroshenko) 우크라이나 대통령은 스푸트니크를 비롯한 러시아 언론사의 자국 내 활동을 금지하는 대통령령을 발표한 바 있다.[20] 한편 에스토니아 사법부는 유럽안보협력기구(OSCE)의 우려에도 불구, 자국 내 스푸트니크 지사

20 "Ukraine extends ban on Russian news agencies, journalists". *CPJ.org*. 24 May 2018. https://cpj.org/2018/05/ukraine-extends-ban-on-russian-news-agencies-journ/(검색일자: 2022.1.31.)

에 대해 국가 안보 위협 혐의로 기소하겠다고 경고하였고, 지사는 언론 탄압에 저항한다는 취지로 2020년 1월 1일 본사 편집부와의 계약을 해지하였다.[21] 2022년 기준 현재 우크라이나어와 에스토니아어는 제공되지 않고 있다.

RT 로고(좌), 스푸트니크 로고(우)

4. 러시아 공공외교 주요 사례

2000년대 중반부터 발달하기 시작한 러시아의 공공외교는 국제 사회에서 러시아의 이미지를 쇄신하는 데 주력해 왔다. 스포츠 강국이라는 점을 내세워 세계인이 주목하는 주요 국제대회를 자국에 유치함으로서, 러시아 또한 서구 국가들처럼 건강하고 역동적인 국가로 건재하고 있음을 과시하는 것이다. 러시아는 2007년 과테말라에서 개최된 제119회 IOC 총회에서 2014년에 치러질 제22회 동계올림픽을 흑해 연안의 휴양도시 소치(Sochi)로 유치에 성공, 동계올림픽을 성공적으로 개최하였고, 2018년 월드컵 또한 러시아에서 개최하겠다고 국제축구연맹(FIFA)에 신청하고, 적극적 홍보의 결과 월드컵 경기

21 "Сотрудники Sputnik Эстония прекратят трудовые отношения с редакцией". *РИА новости*. 31 December 2019. https://ria.ru/20191231/1563044938.html (검색일자: 2022.1.31.)

를 성황리에 개최하였다. 이외에도, 러시아는 세계 각국과 상호 교차로 양국을 기념하는 해를 정하고, 방문과 축하행사를 진행하는 방식도 선호했다. 예를 들면, 2006년은 중국에서 '러시아의 해'(Year of Russia)를 진행하였고 2007년에는 러시아에서 '중국의 해'를 진행하면서 양국 국민 상호 간의 이해와 우의를 돈독하게 만들고 교류를 활성화하였다. 그리고 2008년은 인도에서 '러시아의 해'를, 2009년은 러시아에서 '인도의 해'를 기념하였다. 2010년에는 러시아와 프랑스가 동시에 자국에서 '프랑스의 해'와 '러시아의 해'를 각각 지정하며 상호 교류 협력을 강화하려는 의지를 보였었다.[22]

이와 같은 가시적인 이벤트 외에도, 앞서 소개된 주요 기관들은 러시아어 및 문화 컨텐츠를 해당국에 전파하고, 공동 학술회의, 학생 및 청년 간의 국제 교류 행사를 주도적으로 진행하고 있다. 국제협력청은 주도적으로 옛 냉전 시기 자유진영 국가와(2000년대 초반 유로존에 합류한 동구권 포함), 제 3세계 국가들에게는 러시아 교육행사, 기관 홍보 및 박람회, 그리고 역사적으로 공통분모가 있는 테마를 찾아 행사를 진행하고 있다. 예를 들어, 2022년 1월 27일 홀로코스트 희생자 추모일에 포르투갈 포르투(Porto)에서 2차 세계대전 시기 독일군의 소련 점령지역에서의 만행과 파시즘에 대항한 소련군의 전투를 담은 사진전인 <잊혀질 수 없는(Забвению не подлежит)>를 열었다. 비슷한 시기에 프랑스의 러시아 하우스는 혁명 직후인 1920년대 프랑스에 정착한 러시아인 공동묘지 구역 등의 정보를 담은 전자 지도 사이트를 열었다.[23] 루마니아

22 우준모 (2010). pp. 199.

23 "В ПАРИЖЕ ПРЕДСТАВИЛИ ИНТЕРАКТИВНУЮ КАРТУ РУССКОГО НЕКРОПОЛЯ В СЕНТ-ЖЕНЕВЬЕВ-ДЕ-БУА". *Россотрудничество*. 31 January 2022. https://rwp.agency/news/1004/ (검색일자: 2022.2.1.)

에서는 러시아 영화 페스티벌을, 터키에서는 도스토옙스키 탄생 200주년 기념식을, 체코에서는 교육박람회를 열었다.[24] 그리고 베들레헴(팔레스타인)에서는 러시아어 경시대회를 열고 성적우수자를 초청하기도 했다. 한편 국제협력청은 러시아 국내 기관 및 지자체와 해외 기관의 교류 협력을 중개하는 역할 또한 하고 있다. 현지 러시아 하우스의 중계로 러시아 정부 부속 재정대학교(Financial University under the Government of the Russian Federation)와 키프로스 니코시아 대학교가 협력 의정서를 체결했고, 한티-만시 자치구(Khanty-Mansi Autonomous Okrug)은 이집트 러시아 하우스에서 이집트 현지인을 대상으로 한 러시아 북부지역을 홍보하는 행사를 진행했으며, 멕시코 러시아 하우스는 멕시코 문화부와 협력 의정서를 체결하기도 하였다. 인도적 지원 사업 또한 지속되고 있으며, 쿠바, 시리아, 아프리카 베냉에 스푸트니크 백신을 포함한 구호 물품이 전달된 바 있다.[25]

이처럼 공공외교 주체 기관들은 전 세계를 대상으로 한 외교 사업을 발전시키고 있는 동시에, 전통적인 임무인 독립국가연합 국가들과의 우호 관계 유지 및 발전에도 소홀히 하지 않고 있다. 러시아의 구소련 국가를 대상으로 한 공공외교는 소련 시기 2차 세계대전의 고통과 승전을 함께 겪은 기억의 문화와, 각 국가에 산재한 디아스포라, 그리고 러시아어의 가치와 영향력을 간과할 수 없기 때문이다. 독립 이후 세대를 거쳐 가며 각국이 민족 언어 진흥 정책을 실시하면서, 극단적인 배제정책을 취하지 않아도 자연스럽게 젊은 세대들

24 "≪ЗАБВЕНИЮ НЕ ПОДЛЕЖИТ≫. ФОТОВЫСТАВКА ОТКРЫЛАСЬ В ПОРТУ". *Россотрудничество*. 28 January 2022. https://rwp.agency/news/993/ (검색일자: 2022.2.1.)

25 "РОССИЯ ДОСТАВИЛА ГУМАНИТАРНУЮ ПОМОЩЬ В БЕНИН". Россотрудничество. 26 January 2022. https://rwp.agency/news/978/ (검색일자: 2022.2.1.)

이 선호하는 외국어 순위에서 러시아어는 영어를 비롯한 서방권 언어와 중앙아 국가들의 경우 문법과 어휘가 유사한 터키어에 밀려날 수밖에 없었다.[26] 때문에 공공외교 주체 기관들은 구소련 국가들과의 외교에서 문화협력 및 청소년/청년 분야, 그리고 교육 협력에 중점을 두고 있다.[27]

청년을 주체로 한 부문에서 주도적인 역할을 하는 기관은 고르차코프 공공외교 재단이었다. 러-독 전문가 및 청년들의 정기적인 대담인 <포츠담 미팅(Потсдамские встречи)>, 발칸반도 및 슬로바키아 학자 등 서구권 전문가들과의 상호 교류 행사가 정기적으로 열리고 있다. 이외에도 구소련권 대학(원)생을 대상으로 한 프로그램 및 러시아(외국인 유학생 포함) 학생들의 구소련 지역 이해와 러시아-해당 지역간 교류 및 우호협력 증진를 위한 프로그램이 운영되고 있다. 대표적으로 <중앙아시아 학교(Школа по Центральной азии)>와 <코카서스 대화(Кавказский диалог)>를 들 수 있다. 중앙아시아 학교는 국가 간 사회경제적 문제와 정치, 문화적 발전을 논의하고 의견을 교환하는 것을 목표로 하고 있다. 2016년 이래 중앙아시아 학교는 한 국가를 지정하고 그 곳에서 행사를 진행하며, 참가자들의 숙식 및 체류를 관리한다. 2019년 중앙아시아 학교는 타지키스탄 두샨베(Dushanbe)에서 개최된 바 있다. 마찬가지로 코카서스 대화 또한 지역 국가인 조지아, 아르메니아, 아제르바이잔 출신 학생과 언론인과의 지역 정세 현안에 대한 논의 및 부수적인 문화 탐방 행사를 겸하고 있다.[28]

문화 및 교육 분야 협력에서는 국제협력청과 루스키 미르 재단의 역할이

---

26 윤희 (2021). pp. 188.

27 Боришполец, К.П. ПУБЛИЧНАЯ ДИПЛОМАТИЯ: ПРАГМАТИЧНЫЙ ВЗГЛЯД НА РАЗНООБ-РАЗИЕ РЕАЛЬНОГО ОПЫТА // международная аналитика. No. 1(23). 2018. с. 23.

28 МЕРОПРИЯТИЯ ФОНДА https://gorchakovfund.ru/events/ (검색일자: 2022.2.1.)

두드러진다. 유라시아경제연합의 가맹국인 아르메니아에서는 경찰 대상 러시아어 교육 및 아동 대상 무료 러시아어 강습이 개설되었고, 1910년대 말 오스만제국을 상대로 독립전쟁을 지휘했다가 소련의 아르메니아 병합 이후 소비에트에 참여하였던 장군의 일대기를 다룬 다큐를 상영하며, 러시아-아르메니아 관계의 우호적인 부분을 강조하는 행사가 열렸다. 역시 유라시아경제연합 참가국인 카자흐스탄에서는 2022년 2월부터 8월 31일까지 자국내 활동하는 최우수 내/외국인 러시아어 및 문학 교사를 선정하는 대회를 개최했는데, 국제협력청이 행사 운영을 지원하고 있다.[29] 또한 몰도바에서는 러시아어 교재 무료 지원, 타지키스탄에서는 러시아 정부 장학생 대학 쿼터를 750명으로 상향하기도 하는 등 공공외교에서 옛 구소련 지역에서 우호적인 조치들이 취해지고 있다.[30] 아울러 대외협력청과 재단은 2월 21일 터키 거주 러시아인 교민사회를 대상으로 한 <모국어로 읽읍시다(Читаем на родном языке)> 릴레이영상 행사를 기획하여, 해외에서 러시아의 문화적 연대감을 유지하는 노력을 하고 있다.[31]

5. 결론: 러시아 공공외교 기관과 활동의 한국적 함의

이처럼 러시아 공공외교 기관 활동의 기저에는 러시아의 언어 및 문화 컨텐츠 요소가 핵심으로 자리잡고 있다. 러시아의 공공외교 전략은 독립국가연

29 “В КАЗАХСТАНЕ СТАРТОВАЛ МЕЖДУНАРОДНЫЙ КОНКУРС ДЛЯ УЧИТЕЛЕЙ РУССКОГО ЯЗЫКА”. Россотрудничество. 2 February 2022. https://rwp.agency/news/1018/ (검색일자: 2022.2.2.)

30 “РОССИЯ УВЕЛИЧИЛА БЕСПЛАТНЫЕ КВОТЫ НА ОБРАЗОВАНИЕ ДЛЯ ТАДЖИКИСТАНА”. Россотрудничество, 2022.1.25January 2022. https://rwp.agency/news/973/ (검색일자: 2022.2.2.)

31 “Видеоэстафету ≪Читаем на родном языке≫ запустили в Турции”. Русский мир. 2022.2.11. .February 2022. https://russkiymir.ru/news/297445/?sphrase_id=1216301 (검색일자: 2022.2.2.)

합 국가의 국민들에게 소련 문화와 러시아어에 대한 익숙함, 그리고 가장 인접한 강대국으로서 협력이 주는 이점에 대한 기대를 강화시켰고, 옛 서구권 국가들에는 러시아의 이미지가 공산국가 이미지 해소, 그리고 제 3세계 국가들에게는 공여국으로서의 이미지 강조로 구분된다. 하지만 러시아의 소프트 파워 강화 전략은 러시아의 영향력을 강화시킨다는 점에서 의구심의 대상이 되는 것은 자연스러운 일이었다. 앞서 언급한 우크라이나와 에스토니아의 사례처럼 러시아의 영향력 확대는 신생 독립국의 언어 문화적 영향력을 약화시킬 수도 있는 것이기 때문에, 비록 친러를 지향하는 외교 정책을 설정한 국가에게도 항상 긍정적인 것만은 아니기 때문이다. 한편 2010년대 중반부터 발생한 우크라이나 위기 및 서방 세계와의 갈등으로 인해, 서구에서 러시아의 공공외교 전략은 잠재적 위협이 되었다. 2022년 2월 2일 독일 관계 당국은 RT의 독일어 송출을 금지하는 조치를 취했고, 크렘린은 이에 반발하는 성명을 낸 것이 그 예이다.[32] 러시아의 문화적 팽창은, 그것이 순수한 협력의 의도를 띄었던, 장기적으로 지역 내 친러적인 분위기 조성을 통해 군사안보 부문의 이점 확보를 도모하던, 물리적인 국경과 경제적 이해관계로 얽힌 구소련 지역과 서유럽 국가들에 있어서 복잡한 문제이다. 그렇다면 러시아 공공외교 기관들의 활동은 한국에 어떤 의미를 주는가? 대한민국의 경우 러시아에 대한 이미지는 남북대치라는 특수상황으로 인해 여전히 "러시아와 소련은 동의어이며, 북한을 지원하는 분단의 원흉, 북중러-한미일 냉전구도"로 이해하는 경직성이 있다.

32 "Germany bans German-language Russian state broadcaster RT", *AlJazeera*. 2 February 2022. https://www.aljazeera.com/news/2022/2/2/germany-bans-german-language-russian-state-broadcaster-rt (검색일자: 2022.2.3.)

그럼에도 동시에 투자 및 천연가스, 남북철도 연결의 장이라는 긍정적인 인식도 동시에 존재하고 있다. 때문에 러시아의 한국 공공외교는 러시아의 문화와 언어를 소개하는 경향 또한 있다. 2013년 이래 국제협력청은 시인 푸시킨(Alexander Pushkin)이 탄생한 6월 6일을 러시아어의 날로 기념하고, 한국에서 시낭송대회와 푸시킨 동상 제막식을 진행해왔다.[33] 즉, 한국인의 인식에서 공산주의와 보드카, 미녀 등 러시아에 대한 피상적인 인식 대신, "문화유산과 예술의 나라"로서 인식을 개선시키고, 자국을 알리는 것이 러시아의 대한(對韓) 공공외교의 기본방향인 것이다.

체제 전환기 옐친 정부는 한러 협력에 집중하였지만, 현재 푸틴 정부는 실용적인 남북 균형외교를 모토로 삼고 있다.[34] 그렇다고 유럽과 일부 구소련 국가들의 경우처럼 러시아의 공공외교에 대해 잠재적인 위협으로 경계해야 할 필요성은 높지 않아 보인다. 대한민국의 경우 러시아인 디아스포라 및 재정착 고려인의 규모가 국내 정책과 여론 형성에 유의미할 정도로 영향을 준다고 보기 어렵다. 또 남북 관계에서 중요한 행위자는 미국과 중국으로서, 러시아가 군사안보 분야에서 직접적인 영향력을 행사하는 것은 사실상 어려운 상황이다, 그리고 과거 이념전쟁처럼 북측을 일방적으로 옹호하리라는 것은 쉬운 선택지가 아니기 때문이다. 따라서 한국의 특수성을 고려하는 상황에서, 러시아 공공외교의 활동은 좀 더 객관적인 타자로서 외교의 장에 임하고자 하는 노력이라고 평가할 수 있을 것이다.

---

33 "롯데호텔서울 '알렉산드르 뿌쉬낀 기념 시 낭송회' 열어". 『뉴시스』. 2017년 6월 11일 https://www.newsis.com/view/?id=NISX20170611_0000008654 (검색일자: 2022.2.3.)

34 여인곤, 조한범, 김현택, 서동주. 2012. "러시아의 對한국 통일 공공외교 실태." 통일연구원 경제·인문사회연구회 협동연구총서 12-12-06. p. 63-66.

제5장.

Germany

독일의 공공외교 기관과 활동

1. 서론: 독일의 공공외교에 대한 이해

독일의 외교 정책 또는 국제적 활동에서 '공공외교'에 대한 학문적인 의미와 개념을 명확히 구분하기는 사실 쉽지 않다. 이는 독일의 외교 정책에서 일반적으로 이해하는 공공외교(public diplomacy)에 해당하는 개념이 명확하지 않기 때문이다. 독일어로 공공외교를 지칭하는 통일된 용어는 없으나, 공공외교를 의미하는 독일어 표현은 일반적으로 사용하는 '공공외교'(öffentliche Diplomatie) 또는 '외교적인 공공활동'(diplomatische Öffentichkeitsarbeit)이나 '대외정치적인 공공활동'(aussenpolitische Öffentlichkeitsarbeit), 그리고 '대외적인 문화정책'(auswärtige Kulturpolitik)이라는 용어로 공공외교를 표현하고 있다.[1]

이와 같이 독일어로 공공외교를 의미하는 표현이나 용어가 통일되어 있지 않고 독일에서 공공외교는 외교 정책의 한 분야 또는 정부의 공식적인 외교 정책으로 수립되어 추진되는 것은 아니지만, 독일의 공공외교는 일반적으로 독일이 추구하는 국가의 이념과 이상 그리고 제도와 문화 및 독일이 추구하는 국가의 목표와 현실정치에 대한 이해를 돕기 위해 외국의 대중과 소통하는 과정에 부합하는 전반적인 외교 활동을 공공외교라고 칭할 수 있을 것이다. 그리고 독일이 대외적인 활동을 위하여 공식적 그리고 비공식적으로 외국 및 외국의 국민들에게 독일이 추구하는 외교적 목표와 문화적 교류를 포괄하는 모든 대외적 활동을 지원하고 추진하는 광범위한 모든 활동을 독일의 공공외교라고 규정할 수 있을 것이다. 따라서 이와 같은 독일의 외교 활동은 독일이 공식적으로 공공외교라고 표현하고 있지 않지만, '대외적인 문화 외교'가 공공외

1 이은정, "디커플링: 독일 공공외교와 문화교류의 원칙 그리고 통일", 담론, 201, 17권 4호, 2014, p. 63-64 참조.

교의 주 내용을 이루고 있다고 할 수 있을 것이다.

또한 이러한 독일의 공공외교의 개념은 우리나라가 추구하는 공공외교의 개념인 "외국 국민들과의 직접적인 소통을 통해 우리나라의 역사, 전통, 문화, 예술, 가치, 정책, 비전 등에 대한 공감대를 확산하고 신뢰를 확보함으로써 외교 관계를 증진시키고, 우리의 국가 이미지와 국가 브랜드를 높여 국제 사회에서 우리나라의 영향력을 높이는 외교 활동"[2]과 부합하는 것으로, 내용적으로 보면 독일의 '대외적인 문화정책'(auswärtige Kulturpolitik)과 부합하는 것이라고 할 수 있다.[3] 독일의 공공외교, 즉 독일의 대외적인 문화정책은 원칙적으로 외국의 대중을 대상으로 하여 여론형성에 영향을 미치는 NGO, 대학, 언론 등을 포함하고 있으며, 문화정책에 대한 독일 국민의 이해와 협력 및 지지가 필요함에 따라서 자국민과 단체, 기관 등도 공공외교의 대상에 포함되고 있다. 따라서 독일의 대외적인 문화정책의 대상은 국내외의 다양한 수준의 행위자들이 상대국의 다양한 행위자들과 네트워크를 형성하고 유지하고 확대할 수 있도록 포괄적으로 확대되고 있다. 그리고 이를 통해 독일에 대한 이해와 국가목표에 대한 이해를 도모할 수 있는 다양한 방법을 개발하고 수행하고 있다.

2. 독일의 공공외교 기원과 역사

독일의 공공외교라고 할 수 있는 독일의 대외적인 문화정책은 이미 19세기 후반 비스마르크 시기에 시작되었다. 이 시기에 독일제국의 영토에 거주하

---

2 외교부 홈페이지, http://www.mofa.go.kr/www/wpge/m_22713/contents.do(검색일: 2020. 11. 11.)

3 이와 같은 의미에서 이글에서 독일의 공공외교는 독일의 문화정책 또는 문화 외교와 동일한 개념으로 기술하였다.

지 않는 독일인을 지원하기 위한 다양한 민간조직이 만들어졌다. 이미 1881년에 독일학교협회(Deutscher Schulverein)와 같은 조직이 결성되었고, 이 조직은 후에 해외독일인협회(Verein für das Deutschtum in Ausland) 그리고 해외독일문화관계협회(Verein für Deutsche Kulturbeziehungen im Ausland)로 개칭되었다. 또한 바이마르 공화국 시기에는 외무부에 문화국이 설치되어 외국에 거주하는 독일인(Auslandsdeutsche)과 관련된 민간단체를 지원하는 한편 대외홍보 업무는 수상실에서 관할하게 되었다. 이러한 업무 분할은 1945년 이후 서독에서도 지속되었다.[4]

1945년 이후 서독은 바이마르 공화국과 마찬가지로 제2차 세계대전 이후 패전국으로서의 독일에 대한 국가 이미지 개선 및 민주주의에 대한 수호와 과거청산을 위하여 국제적인 이해와 협력을 위하여 문화정책을 적극적으로 추진하였다. 특히 1918년 독일어를 가르치는 외국인 교사를 양성하기 위하여 민간단체로 창설된 독일아카데미를 '독일문화원'(Goethe Institut)로 개편하여 비스마르크 시기에 추진한 문화정책을 담당하게 하였으며, 특히 1950년대에는 전 세계에 설립되어 있는 독일문화원이 해외에서 문화정책을 관할하도록 그 활동영역을 확장하였다. 또한 기본적으로 독일의 문화정책은 정부차원에서 기본적인 정책을 수립하고, 다양한 민간 기관들이 사업을 수행하는 혼합형 구조를 가지고 독일어 보급 활성화 사업과 저개발국 해외교육 지원 사업 및 문화 및 예술 교류 등을 추진하고 있다.

그러나 1990년 독일 통일과 유럽통합, 전지구적인 세계화 등과 같은 21세

---

4 이은정, 앞의 논문, p.67에서 발췌.

기 국제환경의 변화는 독일 문화 외교의 새로운 전환을 요구하게 되었다. 이에 따라 독일은 '컨셉트 2000'(Konzeption 2000)이라는 새로운 문화 외교 정책을 새롭게 제시하였다.[5] 사실 독일의 공공외교라고 할 수 있는 문화 외교 정책의 대부분은 1970년대 독일 외무성에서 작성하여 필요할 경우 외무성이 현실을 반영하여 약간의 수정을 커쳐 추진해 온 것이었다. 그러나 1990년에 들어와 유럽의 통합, 러시아, 아시아지역의 국제 정세의 변화 등 국제환경이 변화되면서, 이에 부합하는 문회외교 정책의 필요성에 따라서 연방의회 차원에서 논의를 통해 외무성이 제출한 컨셉트을 통과시켜 현재 독일 문회외교 정책인 '문화 전략 2000'(Kulturstrategie 2000)을 수립하게 되었다.

이와 같이 2000년대에 들어와 독일이 새로운 문화 외교 정책을 추구하게 된 주요 원인은 다음과 같다. 첫째, 독일은 독일통일 이후 분단역사에 대한 인식을 청산하고, 국제 사회에서 독일의 위상과 이에 부합하는 역할이 외교 정책의 중요한 과제로 등장하게 되었으며, 둘째, 급속한 통신기술 발전에 의해 형성된 정보, 학습, 등 지식사회 생태계에서 소통이 핵심인 문화 외교의 적극적이고 새로운 역할 수행의 필요성 대두되었고, 셋째, 급속한 세계화와 기술 혁신에 따라서 문화 외교의 기본가치인 법치국가, 삼권분립, 인권존중, 개인의 권리 존중, 환경 보호 등이 지속 가능한 발전의 전제조건으로 인식되어 새로운 문화 외교의 방향성의 정립이 필요하였으며, 넷째, 새로운 기회를 제공하는 세계화의 긍정적 측면과는 반대로 세계화는 주변부 국가들의 소외와 지역문화

5 박병석, "소통과 공존의 공공외교: 독일 문화외교의 발전과 현황", 미국과 독일의 문화외교정책 현황 세미나 발표자료, 국회입법조사처, 2009. 11. 24. p. 3. (https://www.nars.go.kr/report/view.do?cmsCode=CM0008&brdSeq=280(검색일, 2022. 2. 4.) 이하 '컨셉트 2000'의 내용은 본 발제자료를 요약 발췌한 것임을 밝힌다.

의 소멸 등으로 인하여 종교, 문화적 갈등을 야기하고 있다는 점에서, 문화 외교를 통해 확산할 수 있는 민주화, 인권실현 등이 사회의 안정화와 협력을 도모할 수 있는 방안이 될 수 있다는 점을 인식하였고, 다섯째,.유럽연합(EU)이 중동 및 동남유럽으로 확대됨에 따라 새로운 문화 정체성 확립을 위해 새로운 적극적인 문화 외교가 필요하게 되었기 때문이다.

독일의 새로운 문회외교는 독일 외교 정책의 일반적인 목표인 평화유지와 갈등예방 그리고 인권의 실현과 국가간의 우호협력을 위해 노력하고 지원하고 있다. 따라서 독일이 추구하고 있는 문화 외교는 단순히 가치중립적인 것이 아니라 오히려 가치지향적으로 민주주의의 촉진, 인권실현, 경제성장과 유지, 과학 기술 발전을 위한 노력과 참여, 빈곤 퇴치, 환경보호 등과 같은 독일이 추구하고 있는 외교 정책의 목표에 대하여 분명한 입장을 표명하고 있다. 이를 위하여 독일 외무성에서는 문회외교 정책의 기본방향을 설정하고, 문화 외교의 주요 내용으로 교육·학술 분야에서의 교류와 지원, 국제적인 문화소통과 대화, 예술·문화·인사 교류, 미디어 등을 활용한 국제협력 및 발전, 독일문화를 이해하기 위한 독일어 교육 및 지원, 국외 독일학교의 건립 등과 같은 활동을 추진하고 있다.

아울러 이와 같은 새로운 문화외교 정책을 추진하기 위한 추진 전략으로 다음과 같은 추진 전략을 제시하고 있다.[6] 1) 정치, 문화적 경계를 넘어 대화와 소통으로 세계적 네트워크를 구축하여 세계 공통의 문제를 해결함에 있어서 독일의 이익에 기초하여 기여할 수 있도록 하며, 2) 가속화되는 세계화 과정

6 박병석, 앞의 논문, pp. 7-8.

은 인도적이면서도 독일에 유리한 방향으로 진행하도록 추진하며, 3) 문화 외교 정책은 정부와 민간의 연계망을 활용하여 지역과 민간 및 기업의 역할을 확산시키는 방향으로 전개하여 국제적 문화협력 활동을 염두에 두고 추진하며, 4) 국가의 보조로 진행되고 있는 재외 문화기구나 교육 기관 등도 현지의 민간이나 기업을 공공 파트너로 조직하고 운영하는 방안으로 확산하며, 5) 문화 외교의 기반조성과 프로그램 운영의 효율성을 제고(비용의 유료화 제고 등)하며, 6) 중동유럽 및 남동부 유럽국가와 기타 중진국 및 개도국을 포함하는 중점지역을 선정하여 활동을 강화하며, 7) 각 단체 또는 기구의 해외지부는 문화 외교의 현지 활동가와 민간 활동가를 적극 활용하고, 현지 상황을 감안하여 개별 국가 및 지역별 공동 컨셉트를 연계시켜 협력을 강화하며, 8) 문화 외교의 모든 프로그램은 양보다 질을 우선하여 지속적인 심화 프로그램을 우선적으로 실시하며, 9) 예산의 효율적 활용을 위하여 문화 활동가의 성과를 높이도록 노력하고, 10) 문화 외교의 주요 대상은 정치, 경제, 학술, 문화, 언론 분야에서 현재 활동하고 있는 지도층과 활동가 등 여론 주도층과 특히 미래 세대의 활동가를 대상으로 실시하며, 11) 국제 및 유럽의 국가 간 기구와 국내 기관의 유기적인 협력을 통해 문화 외교 활동에 방해가 되는 관료적인 문제와 법률적인 장애를 해결하도록 노력하며, 12) 통신 매체, 미래기술, 인터넷 등을 문화 외교 활동에 효과적으로 활용하여 비용절감 및 효율성을 극대화하는 것이다.

그리고 독일은 연방, 주, 지방자치단체 그리고 각종 민간단체의 문화정책이나 활동 역시 이 문화 외교 정책의 추진 전략을 기초로 전개하고 추진하도록 하여 정부 기관은 물론 민간단체와 시민들이 자발적이고 적극적인 활동과 협력을 추진하도록 지원하고 있다. 따라서 독일 문화 외교 정책은 정부와 민간의 협력을 통해 추진되고 있으며, 독일 외무성은 매년 문화 외교의 진척상황과 결과 등을 고려하여 개선사항과 추진방법 등을 수정·보완하고 있다.

3. 독일의 공공외교 주요 기관

독일의 공공정책인 문화 외교는 '평등'과 '참여'라는 활동원칙을 바탕으로 문화외교의 기본원칙을 추진하고 있다. 독일 문화외교의 기본원칙은, 첫째, 독일 외교 정책의 일반적 목적과 관심, 즉 평화유지와 갈등예방 그리고 인권실현과 우호협력 등을 실행하며 지원하고, 둘째, 문화 외교는 단순히 중립적인 것이 아니라, 민주주의의 촉진, 인권실현, 경제성장의 유지, 과학 기술 발전에의 참여, 빈곤 퇴치, 천연자원 보호 등 독일이 지향하는 외교 정책을 지원한다는 점에서 가치지향적이며, 셋째, 독일문화를 유럽문화의 일부로 전달하면서 독일과 국제공동체와 대화와 소통을 추구하며, 인간과 문화 간의 대화와 교환 및 협력을 추구한다는 것으로 요약할 수 있다. 그리고 문화 외교를 통해 국가간 그리고 인간 간의 상호이해 도모, 개방되고 동적인 세계를 위해 기여하고, 신뢰와 신용을 기반으로 정치, 경제적 협력을 위한 긴밀한 네트워크 구축하는 것을 목표로 하고 있다.

이와 같은 독일의 문화 외교는 다음 그림에서 보는 바와 같이, 독일 외무성에서 기본원칙과 방향을 정하고 다양한 민간 기관들이 사업을 수행하는 혼합형 구조를 나타내고 있으며, 이들 민간 또는 정부 지원의 기관, 독일 정당의 재단 등 독일의 공공(문화)외교를 수행하는 대표적인 기관은 다음과 같다.

독일 문화 외교의 구조

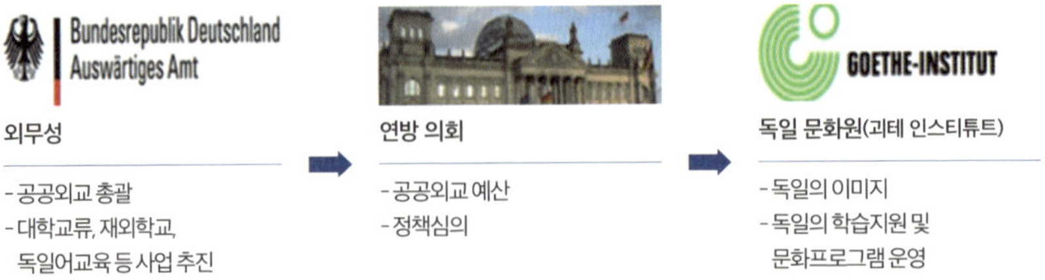

출처: 대한민국 외교부 http://www.mofa.go.kr/, 2020.11.11.

1) 독일문화원(Goethe Institut)[7]

전 세계를 무대로 활동하고 있는 독일문화원은 70년이 넘는 역사를 가지고 있으며, 1952년 아테네에 주아테네독일문화원을 개소한 후, 98개 국가에 해외 독일문화원을 개설하여, 해외에서 독일어 지식을 널리 전파하고 국제 문화협력 사업을 촉진하기 위해 포괄적인 독일상을 제시하고 독일의 문화, 사회, 정치적 상황에 관련된 정보들을 제공하고 있다. 독일문화원의 문화, 교육프로그램은 다문화 간의 대화를 촉진시키고 문화 공유를 가능하게 해 주고 있으며, 나아가 시민사회의 구조를 강화하고 전 세계적인 유동성을 촉진하는 역할을 수행하고 있다. 괴테 센터, 각종 문화사업단, 열람실, 시험 및 어학센터 등의 네트워크로 구성된 독일문화원은 70년이 넘는 기간 동안 독일을 찾는 수많은 이들이 가장 먼저 접촉하게 되는 제1창구 역할을 수행하고 있다. 또한 98개국 이상의 유명 기관 및 인사들과의 다년에 걸친 순조로운 협력을 통해 독일에 대한 지속적인 신뢰도 구축하였으며, 독일 및 독일 문화를 적극적으로 배우고자 하는 사람들을 위한 지원을 하고 있다.

7 https://www.goethe.de/ins/kr/ko/uun/auf.html (검색일: 2022. 2. 4.) 참조.

독일문화원 본부, 독일 뮌헨

출처: 독일문화원 https://www.goethe.de/de/wwt/zen.html, 2022. 2. 4.

2) 독일 고등교육진흥원(DAAD: Deutscher Akademischer Austauschdienst)[8]

독일 고등교육진흥원(DAAD)는 1925년 설립된 이후 국내·외 학자 약 2백만 명을 지원해 온 DAAD는 독일 대학 및 학생회의 참여로 운영되는 기관으로, 기관의 활동 영역은 비단 장학금 지급에만 국한되지 않고 독일 대학들의 국제화를 지원하고, 독문학과 독일어의 폭넓은 해외 진출을 강화하고 있으며, 개발 도상국에도 실력 있는 대학들이 구축될 수 있도록 뒷받침하고, 교육 정책, 해외 학문 정책, 개발 정책 분야의 결정권자들에게 자문을 제공하고 있다. 기관의 예산은 주로 연방정부 내 각 부처, 그중에서도 특히 외무성의 지원금으로 충당되며, EU, 기업, 각종 기구, 해외 정부 등의 지원금으로 편성되어 있다.

DAAD 본부는 본(Bonn)에 위치해 있으며, 독일의 수도인 베를린에도 사무소를 운영하고 있고, 널리 알려진 '베를린 예술가 프로그램'도 해당 사무소

8 https://www.daad.de/de/der-daad/wer-wir-sind/ (검색일: 2022. 2. 5.) 참조.

에서 담당하고 있다. DAAD는 전 세계 60개국에 설치된 15개의 지부 및 57개의 정보센터들로 이루어진 네트워크를 통해 전 세계에 있는 주요 파트너 국가들과 긴밀한 협력을 유지하기 위해 노력하고 있다. DAAD의 주요 사업으로 특히 DAAD는 각 대학들의 국제화 전략 실현에 이바지할 수 있도록 지원 프로그램을 만들어 추진하고 있으며, 이와 같은 프로그램을 통해 현재 독일이 해외 유학생들이 가장 많이 찾는 국가 중 하나로, 그 지위를 유지하기 위해서는 2020년 현재 약 35만 명의 유학생들을 확보하는 동시에 유학생들의 학업 성취도를 독일 대학생들의 학업 성취도와 동일한 수준으로 끌어올리려는 노력과 지원을 하고 있다. 또한 DAAD는 독일어가 학술 언어라는 인식을 확산시키기 위해 노력하는 동시에, 다중 언어의 중요성도 기회가 있을 때마다 강조하고 있으며, 이를 위해 '유럽 고등교육 및 연구 지역(Europäischer Hochschul- und Forschungsraum)' 구축에도 참가하고 있다.

DAAD 본부, 베를린

출처: DAAD, https://www.daad.de/de/der-daad/kontakt/, 2022. 2. 4.

3) 콘라드 아데나워 재단(KAS: Konrad Adenauer Stiftung)[9]

콘라드 아데나워 재단은 공익을 위해 노력하는 독일의 기독교민주당(CDU)의 재단으로 다양한 활동을 통해 유럽과 전 세계에서 평화, 자유, 번영의 보장과 확대에 기여하고 있다. 콘라드 아데나워 재단은 자기책임, 정의 그리고 연대를 추구하며, 또한 자유 및 대의 민주주의, 법치주의, 사회적 시장경제 그리고 유럽통합의 실현에 기여하는 것을 사명으로 설립되어 활동하고 있다. 아울러 콘라드 아데나워 재단은 기독민주주의 인간관을 토대로 콘라드 아데나워 총리의 정치적 유산을 계승하고 있다.

콘라드 아데나워 재단의 목표는 기독 민주주의 움직임의 강화와 발전을 촉진함에 있다. 또한 콘라드 아데나워 재단은 독일 기독민주당(CDU)과 밀접한 관계를 맺고 있지만, 독자적이고 독립적으로 활동하며, 독일과 유럽 그리고 전 세계에서 사회적 결속을 위해 노력하고 있다. 따라서 콘라드 아데나워 재단은 시민들과 정치 사이의 가교로서 활동하며, 다양한 사회적 집단들 및 국내외 간 연결고리 역할을 수행한다. 또한 콘라드 아데나워 재단은 유럽통합을 위해 노력하며 독일과 프랑스 간 협력의 중요성을 인지하고 있으며, 더 나아가 강력하고 행동력 있는 통합된 유럽연합 실현이 독일의 주요 관심사임을 확신하고 이를 위해 노력하고 있다. 이를 위해 콘라드 아데나워 재단은 대서양 국가들과의 관계와 특히 이스라엘과의 긴밀한 우호 관계의 유지와 강화에 노력하고 있

---

9 https://www.kas.de/ko/web/korea/5130db43-9219-4e1f-bbb5-2e9f397a6e9e (검색일: 2022. 2. 5.) 참조

으며, 콘라드 아데나워 재단은 모든 형태의 극단주의, 반유대주의, 인종주의에 단호하게 반대하며, 재단이 추구하는 인간상에 위배되는 개인 또는 집단의 존엄성과 참여할 권리를 침해하는 행위에 대해 반대하고 있다.

또한 콘라드 아데나워 재단은 적극적인 활동들을 통해 독일, 유럽 그리고 전 세계에서 민주주의와 법치주의를 강화하기 위해 노력하고 있으며, 재단은 정당들이 정당의 역할을 제대로 수행하는 것이 의회민주주의를 위한 전제조건임을 확신하고 이에 대한 지원과 노력을 강화하고 있다. 아울러 콘라드 아데나워 재단은 독일, 유럽 그리고 국제적 차원의 논의에서 사회적 시장경제의 원칙들 그리고 이를 바탕에 둔 경제 및 사회 질서의 미래를 알리는 일에 앞장서고 있다. 또한 재단은 다층적이고 글로벌한 변화과정 속에서 윤리적 책임, 지속 가능성, 창작물의 보존을 위한 노력을 추구하고 있다. 또한 자기 자신과 다른 이들 그리고 공동체에 대한 책임을 촉진하기 위한 노력을 경주하고 있으며, 아울러 재단은 민주주의의 발전을 위하여 젊은 세대에게 동기를 부여하며 교육하고 활성화하기 위한 노력을 가고 있다.

이를 위해 콘라드 아데나워 재단은 정치의 새로운 변화와 주제들을 파악하는 감지기 역할을 담당하고, 공동의 가치들을 토대로 분석, 평가, 판단과 결정을 하며, 전문가 토론을 추진하고 정치계와 시민들과의 소통 속에서 새로운 사유와 의제를 제시하기도 하고, 기본적인 방향을 제안하며 구체적인 대안들을 구상하는 노력을 경주하고 있다. 아울러 콘라드 아데나워 재단은 생생한 역사와 기억의 문화를 지지하며, 역사왜곡과 망각에 반대함을 천명하고 있다.

콘라드 아데나워 재단은 재단이 추구하는 가치와 목표를 달성하기 위하여 콘라드 아데나워 재단은 재단의 활동과정에 국내외 시민과 파트너를 중요하게 생각하여, 재단이 추구하는 가치를 공유하는 시민사회, 정치 및 학계의 파트너 등과의 장기적이고 지속적인 협력에 주력하고 있다. 콘라드 아데나워 재단은 독일과 유럽 차원의 네트워크와 글로벌 네트워크를 갖고 있으며, 100개 이상의 국가에 진출해 있는 콘라드 아데나워 재단은 광범위한 전문성을 보유하고 있다. 또한 재단은 다양한 정치 및 사회 분야 결정권자들과 교류를 강화하고 있다. 이를 위해 다양한 기관, 정부, 전문가 및 젊은 인재들과의 긴밀한 협력을 통해 변화에 대응하며 발전을 위해 노력하고 있다.

또한 콘라드 아데나워 재단은 상호 간 존중에 기초한 관계 형성과 공정하고 열린 토론문화를 추구하며, 이들과 상호 신뢰 속에서 혁신적으로 협력하고 있다. 콘라드 아데나워 재단은 재단본부와 독일 각 연방주에 소재하고 있는 재단의 교육포럼 그리고 해외 사무소들 간 포괄적으로 협력하며 교류하고 있으며, 재단은 기존의 틀에서 벗어난, 디지털 기반의 새로운 포맷과 접근방식을 통해 특히 젊은 세대와의 소통과 교류 및 협력을 추진하고 있다.

4) 프리드리히 에버트 재단((Friedrich Ebert Stiftung)[10]

법적으로 공익성 재단이며 독일에서 가장 오래된 정치재단인 프리드리히 에버트 재단은 독일의 사회민주당(SPD)의 정당재단으로 1925년에 창립되었다. 프리드리

10 https://korea.fes.de/ (검색일: 2022. 2. 5.) 참조. 이하 프리드리히 에버트 재단에 대한 소개 및 설명은, 박명준, "[독일의 정책브레인을 해부한다(8-1)] 프리드리히 에버트재단(FES)", 희망제작소, 2008.12.23., https://www.makehope.org/독일의-정책브레인을-해부한다8-1-프리드리히-에버트/ (검색일: 2022. 2. 5.)에서 요약·발췌한 것임을 밝힌다.

히 에버트 재단은 당시 독일의 바이마르 공화국의 초대 대통령을 지낸 노동운동가이자 사회민주주의 정치가인 에버트의 유언에 기초해 만들어졌다. 창립 당시 재단은 그의 유산을 대학교육을 받기 어려운 가정의 젊은이들의 학비를 위해 장학금으로 지원해 주는 사업을 하는 것이었다. 또한 창립 당시 공식적으로 표방한 재단의 목표는 민주주의와 다원주의의 이상에 기초하여 모든 사회적인 삶의 영역을 살아가는 사람들에게 정치적 및 사회적 교육을 촉진하고, 장학금을 통하여 재능있는 젊은이들이 대학교육을 받고 연구를 할 수 있도록 후원하며, 국제적인 상호이해와 협력에 기여한다는 것이었다. 그러나 1930년대 나치의 탄압을 받아 활동이 금지되었다가 2차대전 후 1946년에 다시 부활하여 오늘에까지 '공익지향성을 갖는 민간문화기구'로 자신을 자리매김하면서 왕성한 활동을 벌여 오고 있다.

프리드리히 에버트 재단은 사회민주주의의 기본가치를 강화하기 위한 정치교육, 그러한 가치를 추구하는 젊은 학자들에 대한 학술 지원, 그러한 가치를 향한 기반을 닦기 위한 다양한 형태의 정치적 대화의 장 마련, 세계정의를 목표로 하는 협력의 발전 추구, 그러한 가치의 기반을 연구하고 그것을 공유하기 위한 연구 및 정치적 조언 추진, 세계 민주주의의 발전을 위한 국제협력의 교량 마련 등의 수단을 통하여 사회민주주의의 발전에 기여하기 위해 경주한다고 하는 목표를 표방하고 있다.

프리드리히 에버트 재단이 추진하고 있는 사회정치적인 주제영역은 크게 네 가지로 요약할 수 있다. 첫째는 사회정의와 사회적 응집력이다. 여기에는 가족, 어린이, 인구변화, 사회보장, 사회국가개혁 등 독일의 사회·경제 체제 전반에 사회적 평등과 정의의 가치를 구현하는 제도의 구축과 관련된 내용들이다. 둘째는 혁신과 참여이다. 셋째는 민주적 문화의 창달이다. 이는 시민들의 사회참여와 사회민주주의의 기초가치를 되새기며 실현하려는 것이다. 넷째는 사회 연대적 방식에 기초한 세계화의 구축이다. 특히 마지막 주제는 프리드리히 에버트 재단이 가장 역점을 두고 있는 주제로, 프리드리히 에버트 재단이 관심을 기울이는 세계화의 주제는 그것이 인간적 세계화, 특히 사회친화적 세계화가 되도록 하는 것에 있다.

프리드리히 에버트 재단의 목표는 모든 시민이 출신, 성별, 종교와 무관하게 정치, 경제, 사회, 문화의 차원에서 동등한 참여의 기회를 누리며, 연대의 가치를 기반으로 하는 자유로운 사회를 만들어 가는 것이다. 또한-활력 있고 탄탄한 민주주의, 모두가 양질의 일자리를 가지는 지속 가능한 경제성장을 추구한다. 아울러 더 많은 교육과 수준 높은 의료 혜택을 제공하면서도 빈곤 퇴치를 위해 노력하고, 삶에서 생기는 어려움으로부터 시민들을 보호하는 복지국가를 구축하는 것이며, 동시에-유럽 및 전 세계의 평화와 사회 진보를 위해 책임을 다하는 국가를 만들어 가는 것에 있다.

5) 한스 자이델 재단(Hans Seidel Stiftung)[11]

한스 자이델 재단은 공익을 위한 재단으로 독일의 기독교사회연합당(CSU)의 정당 재단이다. 한스 자이델 재단은 1967년 독일 바이에른주 뮌헨시에서 설립되었으며, 재단의 명칭은 전 바이에른주 총리이자 기독교사회연합당 총재

11 https://korea.hss.de/ko/ (검색일: 2022. 2. 5.) 참조.

였던 한스 자이델 박사의 이름을 딴것이다. 한스 자이델 재단은 기독교사회연합당과 밀접한 관련을 가지며 독일 국민을 대상으로 한 정치교육(민주시민교육)의 수행을 최우선의 과제로 삼고 있다. 한스 자이델 재단이 수행하고 있는 정치교육의 목적은 독일의 전통 가치인 기독교를 바탕으로 한 민주주의에 관한 교육을 실시하고 정치에 대한 시민들의 관심을 제고하는 것이다. 한스 자이델 재단에서 실시하는 정치교육(민주시민교육) 과정에는 관심 있는 시민이라면 누구나 참여할 수 있다. 재단이 수행하는 해외 프로젝트들은 독일 국내에서와 마찬가지로 '민주주의, 평화 그리고 발전을 위한 봉사'라는 가치에 기반을 두고 진행된다. 나아가 재단의 구체적인 활동은 인간의 존엄성과 관용, 자유와 책임, 단결과 지속 가능성, 기회 균등과 세대 간 공정성을 원칙으로 삼고 있다.

한스 자이델 재단의 사명은 "민주주의, 평화 및 발전을 위한 헌신"이라는 모토를 바탕으로 프로젝트 및 과제를 수행해 오고 있으며, 이는 바이에른 주를 비롯한 독일 국내 뿐만 아니라 해외 프로젝트를 수행함에 있어서도 동일하게 적용하고 있다. 또한 "민주주의에 대한 이해는 세대별 재교육이 필요하다"는 모토하에 특히 젊은 세대들에게 정치 상황을 파악하기 위한 교육이 필요하다는 점을 강조하고 있다. 이를 통해 정치에 참여하고 동시에 책임을 지는 자세를 가질 수 있으며, 이를 위해 정치교육(민주시민교육)의 실시가 반드시 필요하다는 것을 재단의 사명으로 삼고 있다.

한스 자이델 재단의 사업 및 과제는 분야에 따라 4개의 재단 산하 담당 기구에서 수행한다. 그 중 정치 시사 아카데미는 최근 현안이 되고 있는 주제를 선정하여 이를 학술적으로 연구하고, 정치교육원에서는 다양한 분야의 주제로 세미나를 개최한다. 장학 사업국에서는 정치 및 사회 분야에 관심이 많은 성실하고 우수한 대학생들을 대상으로 장학 프로그램을 운영하고 있으며, 국제 협력원은 발전을 위한 협력 프로젝트를 수행한다. 이 사업의 핵심은 올바른 정치 패러다임 구축, 빈곤 퇴치 그리고 지속 가능한 발전이다. 이들 4개 담당기구는 재단에 속해있는 사업부서로서 유기적으로 협력한다. 반츠 연수원과 뮌헨 소재 재단 본부의 회의 센터는 만남과 대화의 장 역할을 한다. 재단이 다루는 주요 주제들은, 국민과 국가의 관계 정상화, 세계화와 지역화, 국제 분쟁과 이주로 인한 독일과 유럽의 새로운 역할, 증가하는 개인주의가 사회에 미치는 영향, 다음 세대에 대한 책임 문제 등 다양한 주제를 다루고 있다.

6) 프리드리히 나우만 재단(Friedrich Naumann Stiftung)[12]

프리드리히 나우만 재단은 공익을 추구하는 자유민주당(FDP)과 연관된 정당재단으로 독일 초대 대통령 테오도어 호이스가 1958년에 프리드리히 나우만의 이름을 따서 설립한 자유주의 정치 정책을 연구하는 비영리 재단이다. 프리드리히 나우만 재단은 국제협력과 시민교육을 통해, 개인의 자유와 책임의식을 고취하며 시장경제원칙, 법치주의 그리고 인권발전을 도모하고 있다. 프리드리히 나우만 재단은 오직 시장경제만이 모든 시민의 개인적 자유, 사회적인 평화와 안녕, 그리고 높은 복지를 보장할 수 있다는 경제원칙을 준수하며, 개방된 사회가 국가제도의 현재 모델이며 개방된 사회에서 자유와

12 https://www.freiheit.org/ (검색일: 2022. 2. 5.) 참조.

기회 그리고 자신의 삶을 영유할 수 있다는 개방된 사회를 지향한다. 아울러 교육 분야에 있어서 교육이 없는 자유는 오래 지속될 수 없으며, 자유가 없이는 좋은 교육을 보장할 수 없으며, 교육제도에 기초한 교육과 복지가 모든 인간의 능력를 발휘하게 한다는 원칙을 지향한다. 또한 프리드리히 나우만 재단은 온 힘을 다하여 자유세계를 위해 노력하며 모든 국가의 자유가 확립될 수 있도록 노력한다.

7) 하인리히 뵐 재단(Heinrich Böll Stiftung)[13]

HEINRICH BÖLL STIFTUNG
Die grüne politische Stiftung

하인리히 뵐 재단(이하 뵐 재단)은 녹색당(Grüne)의 씽크탱크라고 할 수 있는 재단이다. 녹색당은 독일의 녹색-인권-평화-성평등을 주요한 과제로 삼고 있는 정당이다. 녹색당은 1998년부터 2005년까지 소위 '적·녹연정'의 파트너 사민당(SPD)과 연합정부를 구성하여 집권당의 지위를 누리기도 하였으나, 여전히 '운동권 정당'의 이미지를 강하게 지니고 있다. 하인리히 뵐 재단은 운동정치와 제도정치의 중간에서 녹색당과 그 지지자들이 요구하는 정책의 정보와 깊이를 심화시키는 역할을 한다. 또한 하인리히 뵐 재단은 녹색-평화-평등-인권정치의 세계화 기지로 녹색당이 성장함에 있어서 중요한 내용적 자원을 제공해 오고 있다.

하인리히 뵐 재단의 기원은 1970년대 독일에서 급진화되었던 신사회운

13 이하 하인리히 뵐 재단에 관한 내용은, 박명준, "[독일의 정책브레인을 해부한다(10)] 하인리히 뵐 재단(Heinrich Böll Stiftung)", 희망제작소, 2009.01.13., https://www.makehope.org/독일의-정책브레인을-해부한다10-하인리히-뵐 재단/ (검색일: 2022. 2. 5.)에서 요약·발췌한 것임을 밝힌다.

동, 반핵환경운동의 태동, 발전 및 제도화 과정과 맞물려 있다. 그 조직적 기반은 1980년대 초에 녹색이념을 추종하는 세력들이 지역들에서 '주(州)재단들(Länderstiftungen)'을 설립한 것에 있다. 1983년에 녹색당이 창당을 하면서, 이들 지역조직들을 규합하여 전국수준의 정치재단으로 동시에 발전시키려고 하였으나, 이 시도는 바로 성공을 거두지 못하였다. 하인리히 뵐 재단의 기원은 1980년대 후반 무렵, 페미니스트들이 주도한 여성재단(Frauenstiftung, 함부르그에 기반), 주재단들의 연합체인 연방재단(Buntstift, 괴팅엔에 기반), 그리고 서부독일의 대도시 쾰른을 거점으로 한 하인리히 뵐 재단(Heinrich Böll Stiftung, 1987년 설립)이 비슷한 시기에 출범하여, '무지개(Regenbogen 레겐보겐)'라는 이름하에서 느슨한 연대의 틀을 구축한 것으로 출발하고 있다. 1988년에 녹색당은 이 '레겐보겐'을 자신과 연계된 정치재단으로 공식 인정하였고, 이를 통해 정부로부터 후원금을 지원받을 수 있게 되었다.

1996년에 녹색당은 그때까지도 여전히 분리된 채 존재하고 있던 세 재단의 통합을 추진하였다. 1997년 7월에 기존의 '하인리히 뵐 재단'의 이름을 그대로 따되 '레겐보겐' 내의 다른 두 재단을 합병한 형태의 새로운 '하인리히 뵐 재단'이 창립되었다. 당시 녹색당은 여성민주주의와 이민-다양성의 문제에 활동의 초점을 강화할 것을 결의하였고, 이는 당내 다수의 지지를 받아 공식화되면서 세 단체의 합병과 새로운 하인리히 뵐 재단의 출범이 보다 강하게 정당성을 지닐 수 있었다. 새로운 하인리히 뵐 재단은 쾰른에서 베를린으로 그 거점을 이동하여 오늘에 이른다.

공식적으로 하인리히 뵐 재단은 스스로를 크게 씽크탱크, 네트워크, 운동조직으로 요약하여 소개한다. 첫째, 하인리히 뵐 재단은 녹색이념을 구체화할 정책을 생산해 내는 아이디어 에이전시(Ideenagentur)이자 녹색 씽크탱크(Green Think Tank)이다. 재단은 민주적 개혁과 사회적 혁신을 위한 지적인 자극을 제공하고, 세계적인 기준에 부합하는 생태정치와 지속 가능한 발전을 위하여 참여하고 노력한다. 예술과 문화의 영역에 표현과 논쟁을 위한 공간을 창출하고, 열린 논쟁을 위한 장소로서, 정치, 경제, 학문 그리고 사회 간의 대화를 촉진코자 한다. 둘째, 하인리히 뵐 재단은 녹색환경운동을 추구하는 전 세계 생태주의자들과의 네트워크이다. 재단은 세계적인 녹색정치 세력의 네트워크의 일부로 존재하며, 전 세계 모든 대륙에서의 녹색환경정치운동의 발전을 후원하고자 한다. 그 가운데에서도 특별히 유럽내에서의 녹색환경운동의 확대와 심화에 노력을 경주하며, 이를 통해 유럽의 정치적 공론장의 발전에 적극적으로 참여한다. 나아가 시민사회의 정치 참여를 후원하며, 다국적 조직체들의 틀 안에서의 논의와 협상에 적극적으로 참가한다. 셋째, 하인리히 뵐 재단은 녹색환경운동을 민주주의와 인권의 가치와 결합시켜 확대시키고 심화시키기 위한 노력을 경주하는 운동조직이다. 이들에게 있어 생태(Ökologie)와 민주주의(Demokratie)는 불가분의 가치이다. 생태, 인권, 민주주의 및 자기결정을 향하여 노력하는 이들과 그들의 프로젝트들을 후원하고, 세계적으로 법치와 민주적 참여의 발전을 지원한다. 나아가 양성 간의 관계에 있어서 지배, 비자주적 결정 및 폭력의 극복을 위하여 노력한다. 민주적 정치문화의 핵심요인으로서 시민적 용기와 시민사회의 참여를 고취시키고, 성공적 자기조직화와 개입의 노우하우를 정치적 행위자들에게 전달하려 한다.

특히 싱크탱크로서 하인리히 뵐 재단은 그간 지속 가능한 발전과 세계화, 세계평화와 분쟁억제, 민주주의와 인권, 여성과 민주주의, 이민과 문화적 다양성의 주제 등 자신의 정체성과 관련한 굵직한 주제영역들에서 정치적 담론을 선도하는 역할을 해 왔다. 더불어 유럽정치, 지식사회와 지식정치, 노동-경제-사회정책, 현대사 및 예술과 문화 등의 여타 사회정치적, 문화적 주제들에 대해서도 관심을 기울여 왔다. 이러한 재단의 역할을 위해 재단은 크게 두 가지의 과제영역을 구분하고 있다. 하나는 소위 공동과제(Gemeinschaftsaufgaben: GA)의 영역이다. 여기에서는 양성평등 민주주의(Geschlechterdemokratie)와 다문화관리/다양성(Interkulturelles Management/Diversity) 등 두 가지 주제에 초점이 맞추어져 있다. 다른 하나는 소위 프로젝트 그룹(Projektgruppen)이다. 여기에는 세계화와 지속 가능성 연구, 민주주의 촉진과 취약한 국가성 연구, 그리고 외교 안보 정책 등 세 가지 주제들에 초점이 두어져 있다. 특히 내부에 상설연구소로 '페미니즘 연구소'를 별도로 설립, 운영하고 있다.

하인리히 뵐 재단은 주요 연구소들과의 협력, 다른 정치재단들과의 협력 그리고 대학과의 협력 등 국내외 다양한 채널들과 접점을 이루며 연구의 지평을 넓히고 그 내용을 심화해 왔다. 예를 들어, 기후정책과 관련해서는 아예 그 분야에서 저명한 '부퍼탈 기후연구소(WIUKE)'가 하인리히 뵐 재단이 있는 건물에 함께 사무실을 임대하여 입주해 있으며, 서로 긴밀한 협력 관계를 유지하고 있다. 또 유명한 생태관련 연구 기관인 생태연구소(Öko Institut)도 뵐재단과 생태정치의 의제들을 놓고 상시적인 협력과 동반 사업을 추구하고 있다. 대학들과의 협력도 긴밀하게 진행되는 편이어서 다양한 프로젝트들을 독일과 세계의 유수의 대학들의 연구진과 공동으로 진행하고 있다.

4. 독일의 공공외교 주요 사례

위 3장에서 독일의 공공정책을 수행하는 주요 기관을 소개하였다. 이와 관련하여 독일의 공공외교, 즉 문화 외교의 주요 사례를 소개한 기관을 중심으로 우리나라에서 활동하고 있는 각 기관의 주요 활동 사례를 소개하면 다음과 같다.[14]

1) 독일문화원(Goethe Institut)[15]

1968년 주한독일문화원(Goethe Institut Korea) 개관을 시작으로 대전(1988), 대구(2012), 광주(2014), 부산(2015)에 어학센터가 설립되었다. 주한독일문화원은 설립 이후 50년 동안 한국과 독일의 문화 교류를 위해 힘써왔으며, 독일과 독일어에 관심 있는 사람들을 위한 창구 역할을 해오고 있다. 또한 주한독일문화원은 다양한 문화행사를 개최하고 지원하고 있으며, 2004년부터 정치적 제반사정이 허용하는 내에서 북한에서도 프로젝트 기반 활동이 이루어지고 있다. 또한 교육 협력 사업의 일환으로 교육 관청과 언어 교육 기관의 자문에 응하여 도움을 주고 있으며, 한국 파트너와 협력해서 어학 수업을 주제로 한 워크숍, 세미나, 심포지엄을 수시로 개최하여 독일어 수업의 전문성을 높이는 데 기여하고 있다. 연간 5.000명 이상의 수강생이 독일문화원 어학 과정에서 독일어를 배우고 있으며, 독일문화원의 어학 시험은 국제적으로 인정되고 있다. 주한독일문화원 도서관은 독일의 문화, 사회, 정치상황에 관한 최

14 독일문화원, DAAD를 비롯한 각 정당 재단이 수행하고 있는 독일어 교육, 장학지원, 학술 교류 등의 내용은 포함시키지 않았음.

15 https://www.goethe.de/ins/kr/ko/uun/auf.html (검색일: 2022. 2. 4.) 참조.

신정보를 제공하며 신간도서 및 미디어 자료도 소장하고 있으며, 전자도서관과 홈페이지, 소셜 미디어 채널을 통해 장소에 구애받지 않고 정보를 제공하고 있다.

2) 독일 고등교육진흥원(DAAD: Deutscher Akademischer Austauschdienst)[16]

DAAD는 우리나라에도 주한독일고등교육진흥원을 설립하여 운영하고 있으며, 주한독일고등교육진흥원은 대학생, 대학원생, 학부모와 학자들에게 독일유학, 연구뿐 아니라 DAAD 장학 프로그램에 대한 정보를 제공하고 있다. 또한 주한독일고등교육진흥원은 한국에 있는 대학(교)을 방문하여 독일에서 수학할 기회에 대한 정보와 기회를 제공하며, 한국 전역의 교육 박람회에 참가하고 있다. 아울러 주한독일고등교육진흥원은 독일과 한국 파트너 기관 사이의 교량 역할 뿐만 아니라, 한국에 체류 중인 독일 유학생과 교수들을 지원하고, 독일 대학 및 기관에 한국 대학과 연구 동향에 관한 정보를 제공하고 있으며, 학술 및 인적 네트워크를 기반으로 활발한 학술 교류를 도모하며 학회를 비롯한 다양한 모임을 주최하고 있는 "DAAD 한국 동문회" 및 "한국독일동문네트워크(ADeKo)"와 협력을 강화하고 있다.

3) 콘라드 아데나워 재단(KAS: Konrad Adenauer Stiftung)[17]

콘라드 아데나워 재단은 한국에서 활동을 시작한 최초의 독일 정당재단

---

16 https://www.daad.de/de/der-daad/wer-wir-sind/ (검색일: 2022. 2. 5.) 참조.

17 https://www.kas.de/ko/web/korea/5130db43-9219-4e1f-bbb5-2e9f397a6e9e (검색일: 2022. 2. 5.) 참조

중 하나로 1978년 한국에 사무소를 개소하였으며, 재단은 끊임없는 변화 속에서, 한편으로는 한국의 이해와 필요와 발전, 그리고 다른 한편으로는 재단의 기본원칙과 시사적인 핵심주제들에 초점을 맞추어 활동하고 있다. 콘라드 아데나워 재단 한국사무소의 주요활동은 다음과 같다.

1) **KAS4Security (안보)** 분야에서 콘라드 아데나워 재단의 활동들은 인도-태평양 지역 및 전 세계 파트너들과의 국가 및 지역 차원의 대화 촉진을 목표로 하고 있다. 또한 미국과 중국의 관계, 특히 이 관계가 아시아와 유럽에서 각국의 이해와 입지에 미치는 영향에 주목하고 있으며, 안보 분야에서는 군의 역할이라는 주제에 관한 교류도 포함하고 있다. 2) **KAS4Innovation (혁신)** 분야에서는 모빌리티, 특히 자율 시스템의 미래에 초점을 두고 있다. 구체적으로는 이를 위해 요구되는 바람직한 제반요건 그리고 동시에 이러한 변화가 경제와 사회에 미치는 포괄적 영향에 관심을 갖고 활동하고 있다. 3) **KAS4Democracy (대표성과 참여)** 분야에서 콘라드 아데나워 재단은 한국의 정당제도 그리고 이를 통해 세대 간 이해의 균형 달성이라는 매우 중요한 과제가 어떻게 실현되는지에 주목하고 있다. 이 분야의 관심사는 한국의 국제적 역할 및 다양한 분야를 포괄하는 역할에 대한 세대를 초월한 인식과 기대를 다루는 것 등이 이에 포함된다. 또한 4) 콘라드 아데나워 재단은 **독일과 한국은 분단이라는 경험을 공유**하고, 이에 따라서 남북 관계는 재단 활동의 주요 주제 중 하나로 설정하고 있다. 아울러 콘라드 아데나워 재단은 무엇보다도 이 주제 관련한 정기적 행사와 대표단 방문 및 국제적 교류를 지원하고 있다.

4) 프리드리히 에버트 재단((Friedrich Ebert Stiftung)[18]

프리드리히 에버트 재단은 1960년 후반부터 한국과의 협력을 추구하였으며, 1989년 서울에 프리드리히 에버트 재단 한국사무소를 개설하였다. 프리드리히 에버트 재단 한국사무소에서는 재단이 지향하고 있는 목표를 실천하기 위한 활동을 전개하고 있으며, 특히 한국과의 관계에서 주요한 독일과 한국, 양국 간의 주요 관심사인 남북한 통일 문제, 한국을 둘러싸고 있는 국제 관계, 즉, 미국과 중국 관계와 같은 새로운 지정학적 국제환경에 대한 이해관계, 자동화, 디지털화 등에 따른 과학적 발전을 비롯한 사회 문제 등 미래지향적 관심사, 사회적 정의와 젠더 문제, 기후변화와 에너지 문제 등에 대하여 양국간의 협력을 추구하고 문제해결을 위한 각종 프로그램에 대한 지원을 하고 있다.

5) 한스 자이델 재단(Hans Seidel Stiftung)[19]

한스 자이델 재단 한국 사무소는 1987년부터 한반도의 화해와 관련한 주제로 활동해 오고 있다. 한국에서는 지역 발전, 특히 DMZ와 같은 접경지역에 초점을 맞춘 활동을 하며 북한에서는 환경 분야에서의 국제적 협력과 통합을 목표로 하는 활동들과 이를 통한 지역의 평화적 발전에 기여하고자 노력하고 있다. 이렇게 다양한 활동을 전개함으로써 한스 자이델 재단 한국 사무소는 한국과 북한에서 모두 신뢰할 수 있는 파트너로 자리매김하였다. 현재 한스 자이

---

18 https://korea.fes.de/ (검색일: 2022. 2. 5.) 참조. 이하 프리드리히 에버트 재단에 대한 소개 및 설명은, 박명준, "[독일의 정책브레인을 해부한다(8-1)] 프리드리히 에버트재단(FES)", 희망제작소, 2008.12.23., https://www.makehope.org/독일의-정책브레인을-해부한다8-1-프리드리히-에버트/ (검색일: 2022. 2. 5.)에서 요약·발췌한 것임을 밝힌다.

19 https://korea.hss.de/ko/ (검색일: 2022. 2. 5.) 참조.

델 재단 한국 사무소가 진행하고 있는 프로젝트는, 1) 평화 통일 촉진, 2) 독일의 분단 및 통일 경험 공유와 그 시사점 논의, 3) 국제 환경 네트워크에의 통합, 4) 한반도와 동북아 지역에서의 국제 협력 및 교류, 5) 접경지역에서의 지속 가능한 발전 등을 수행하고 있으며, 이를 위해 한스 자이델 재단 한국 사무소는 다양한 종류와 수의 파트너들과 함께 프로젝트를 진행하고 있다. 또한 한국 접경지역 지자체와 지역발전연구소 및 대학교 소속 연구소, 정부관료와 의회의원들, 시민단체, 그리고 북한의 환경 관련 정부 기관 및 준민간기구들이 이에 해당한다.

6) 프리드리히 나우만 재단(Friedrich Naumann Stiftung)[20]

프리드리히 나우만재단 한국사무소는 1987년에 설립되었으며, 평화를 위한 각종 프로젝트를 지원하며, 데이터 주도 미래 산업에 대한 한국과 독일 양국간의 협력, 전염병 극복을 위한 노력, 4차 산업혁명 대응 국제적 협력 등 시장경체의 지속적 발전과 평화의 정착을 위하여 다양한 활동을 하고 있으며, 대학, 민간, 공공 기관 등 한국내 다양한 파트너들과 협력하고 있다.

5. 결론: 독일 공공외교 기관과 활동의 한국적 함의

문화 외교로 특징되는 독일의 공공정책은 명확하게 방향성을 설정하여 추진되고 있다. 독일의 문화 외교는 우선 상대국과 동등한 지위에서 서로 소통하고 이해하는 것에 중점을 두고 있으며, 이질적인 문화로 구성된 국제 사회에서

20 https://www.freiheit.org/ (검색일: 2022. 2. 5.) 참조.

소통과 공존에 역점을 두고 있다. 이런 점에서 미국 중심의 공공외교가 자국의 위상과 이념, 이미지 및 주요 정책 등을 대외적으로 홍보하는 것에 중점을 두고 있는 것과 차별된다. 따라서 독일의 문화 외교는 단순히 국외에서 독일의 문화를 홍보하고 지원하는 것이 아니라, 문화가 독일의 외교 정책을 지원하는 수단으로 인식하고 있다. 이런 의미에서 독일의 문화 외교는 공공외교의 주요 내용으로 외교의 '제3의 축' 또는 '제3의 차원'으로 인식되고 있다.[21]

따라서 독일의 공공외교는 평화와 갈등의 해소를 위해 문화적으로 그리고 종교적, 지역적 갈등으로 인해 나타나고 있는 국제적 차원의 갈등과 분쟁을 문화적 이해와 소통을 통해 해결의 실마리를 찾는 중요한 외교적 수단과 방법으로 인식할 수 있다. 따라서 독일은 문화 외교로 대표되는 공공외교를 통해 .정치, 문화적 경계를 넘어 대화와 소통으로 세계적 네트워크를 구축하여 세계 공통의 문제를 해결함에 있어서 독일의 이익에 기초하여 기여 할 수 있도록 노력하고 있다. 이를 위해 독일은 정부와 민간의 연계망을 활용하여 지역과 민간 또는 기업의 역할을 확산시키는 방향으로 전개하여 국제적 문화협력 활동을 염두에 두고 추진하고 있으며, 국가보조로 진행되고 있는 재외 문화기구나 교육 기관 등도 현지의 민간이나 기업을 공공 파트너로 조직하고 운영하는 방안으로 공공외교를 확산시키고 있다. 따라서 공공외를 수행하고 있는 해외의 단체들은 문화 외교의 현지 활동가와 민간 활동가를 적극 활용하고, 현지 상황을 감안하여 개별 국가 및 지역별 공동 컨셉트를 연계시켜 협력을 강화하고 있으며, 특히 국제 및 유럽의 국가간 기구와 국내 기관의 유기적인 협력을 통해 문

21 박병석, 앞의 논문, p. 3. 참조.

화 외교 활동에 방해가 되는 관료적인 문제와 법률적인 장애를 해결하도록 노력하며, 통신 매체, 미래기술, 인터넷 등을 문화 외교 활동에 효과적으로 활용하고 있으며, 해외에서 활동하고 있는 단체들이 수행하는 과제나 프로젝트 등이 중복되지 않고 상호간 시너지를 발휘할 수 있도록 프로젝트의 선정과 수행에 있어서 수행 기관들이 상호 협의하고 조정하는 등 비용절감 및 효율성을 극대화하고 있다.

이와 같은 독일의 공공외교의 가치지향적인 방향성과 활동 내용, 역할, 그리고 공공외교의 수행 방법 등은 우리나라가 공공외교에 적지 않은 시사점을 주고 있다. 현재 우리나라의 공공외교는 외교부를 주축으로 세종학당, 문화원, 한국국제협력단(KOICA), 재외동포재단, 한국국제 교류재단 등 주로 공공기관을 통해 이루어지고 있다. 그러나 BTS로 대표되는 K-Pop, K-뷰티, K-푸드, K-컬처, K-드라마 및 영화 등 한국문화가 전 세계적인 관심과 호응으로 세계인이 열광하고 따라하기 등의 열풍이 일어나고 있는 현실에서 정부와 공공기관 그리고 민간이 협력할 수 있는 방향성을 설정하고 이를 지원하고 협력할 수 있는 제도와 네트워크를 형성할 필요가 있다. 그리고 이러한 우리의 공공정책은 독일이 지향하고 있는 공공외교의 정책방향과 같이 가치지향적이며, 자유로운 형식에서 소통과 이해 및 공존할 수 있도록 민간차원에서 주도적으로 공공외교의 수행이 가능하도록 제도화하는 노력이 필요하다고 할 것이다. 이런 의미에서 공공외교는 단순히 정부차원에서 통상적인 외교만을 의미하는 것이 아니라, 정부와 민간, 그리고 국민 개개인이 공공외교의 주체라는 점을 잊지 말아야 할 것이다.

제6장.

France

프랑스의 공공외교 기관과 활동

I. 서론: 프랑스의 공공외교에 대한 이해

오늘날 프랑스는 유럽에서 러시아 다음의 군사력을 갖추고 있으며, 경제적으로는 독일 다음의 국력을 갖고 있다. 주변국에 미칠 수 있는 영향까지 고려한 종합적인 국력은 러시아와 독일을 뛰어넘는다. 프랑스는 독자적인 핵 억제력을 갖추고 아프리카와 중동 지역에 군사기지를 운영 중이며, 해외령 유지에 필요한 대양 해군력 또한 보유하고 있다. 외교 분야에서 프랑스는 UN안전보장이사회의 상임이사국이며, 유럽연합(EU)의 창설 회원국이자, 프랑스어권 국제기구의 중심 국가이다. 독자적인 영향력을 기반으로 프랑스는 강대국으로서 영향과 발언권을 갖고 있다.

서유럽 한 가운데 위치한 프랑스는 서유럽 국가 중에서는 제일 국토가 넓으며, 비옥한 토양과 온화한 기후로 일찍부터 많은 인구를 갖출 수 있었다. 다른 국가에 비해 훨씬 일찍 중앙집권화를 이룰 수 있었고, 중상주의 정책에 입각한 대외확장 정책의 결과 17~20세기 초에는 전 세계 영토의 8%를 통치한 바 있다. 반면에 오늘날의 프랑스의 국력이 과거에 비해 약해졌다는 점은 부인할 수 없는 사실이다. 제2차 세계대전 이후 프랑스는 급변하는 국제 정세 속에서 첫째, 안전 보장, 둘째, 경제 번영, 셋째, 국가적 위신의 회복 또는 위대성을 확보하는 것을 외교 정책의 기본적인 목표로 추구해 왔다.[1] 반면에 이 세 가지 목표들을 동시에 달성하는 것은 현실적으로 어려운 과제였고, 이에 프랑스는 대내외적 상황 변화에 따라 탄력적으로 우선순위를 변경하거나, 다른 외교적 기제를 활용하여 여러 목표들을 동시에 달성하고자 꾀해 왔다.

---

1 김규륜·양현모·전동진·최용환·한인택, 『공공외교의 이론적 조명과 주변 4국의 한반도통일 공공외교 분석틀』, 경제·인문사회연구회 협동연구총서 12-12-02 (통일연구원, 2012), p. 95.

공공외교란 어떤 국가가, 소프트 파워(혹은 연성권력)로 지칭되는 일종의 국가적 매력을 대외적으로 발산시키고자 하는 정책이다.[2] 공공외교 자체가 안보 차원의 외교적 역량을 직접 보완해 줄 수는 없다. 반면에 미국이 겪은 9·11 테러 사태가 미국 공공외교에 있어 전환점이 된 점에서 알 수 있듯이 단순히 군사적 힘과 경제적 역량이 국가적 안전을 전적으로 보장해 줄 수는 없는 것이다. 따라서 공공외교는 경성권력에 기반을 둔 전통 외교가 확보할 수 없는 새로운 영역을 채워주는 것이며, 오늘날 스마트 외교의 중요한 축이 된다. 한편 공공외교는 그 대상을 상대국 정부에서 공공 기관, 기업, 교육 기관, NGO, 일반 사회로 확대시켰다는 데 큰 의미가 있으며, 서로 다른 국가와 시민사회, 문화 간에 소통의 통로로 작용할 수 있다. 따라서 국가 간 이해관계의 대립이나 오해로 인해 불거질 수 있는 외교적 마찰을 사전에 방지해 주는 역할을 한다.

프랑스는 국제무대에서 강대국으로서 필요한 정치·군사·경제력을 보유하기 위해 노력해왔고, 이를 기반으로 강대국으로서의 공공외교를 전개하여 왔다. 프랑스의 공공외교가 갖는 큰 특징은 문화 외교에 중점을 둔다는 데에 있다. 강대국인 미국의 공공외교는 주로 상대국 정치 엘리트와의 정치적 소통에 주력하면서 국제 질서의 유지와 안보적 측면을 강조하는 모습은 띤다.[3] 프랑스는 과거에 광범위한 식민지를 운영했고, 이로 인해 경성권력을 활용한 외교의 흔적이 여전히 깊게 남아있다. 반면에 프랑스어와 문화의 우수성을 세계에 과시하고, 상대국과의 문화 교류를 통해 외교적 관계를 증진시키려는 노력

2 도종윤, "공공외교로서 프랑스의 문화외교: 한불 관계를 중심으로," 『한국지방정치학회보』 제7권 2호 (2017), p. 48.

3 도종윤 (2017), p. 56.

은 프랑스의 공공외교가 갖고 있는 독특한 특징이다. 문화를 통한 국격의 상승은 하나의 종합적인 이미지를 형성하는 데 기여하고, 그 포괄성은 공공외교의 가장 견고한 기반으로 작용할 수 있다.[4] 프랑스의 공공외교는 '강대국이란 단지 강력한 군사력과 넓은 영토를 가진 국가가 아니라, 사람들의 마음과 영혼을 얻을 수 있어야 할 것'이라는 생각에 기반을 두고 있다.[5] 이러한 사고에 근거하여 프랑스는 자국의 영향력과 국제적 위상을 효율적으로 제고하기 위해 문화외교를 공공외교의 선봉에 위치시키고, 다양한 문화 외교의 수단을 개혁해 왔다. 특히 프랑스어를 중심으로 문화 확산은 물론, 국제적 동질감을 형성함으로써 소프트 파워를 구축하는 것은 전통외교와 공공외교를 넘나드는 프랑스만의 특징이다.

2. 프랑스의 공공외교 기원과 역사

프랑스의 공공외교 개념은 문화정책의 영향을 깊이 받았으며, 다른 국가들에 비해 그 역사가 길며, 그 범위가 광범위하다. 또한 문화 외교는 프랑스의 외교에 있어 다른 나라에 비해 훨씬 핵심적인 역할을 수행하는 개념이다.[6] 역사적으로 프랑스의 문화형성의 축은 국가와 왕실, 그리고 교회였다. 국가와 교회는 자신의 위엄을 높이기 위해 문화를 후원했고, 절대왕정에 기반을 둔 중앙집권화 과정에서 국가의 역할은 더욱 강화되었고, 왕실은 고급문화 형성의 생

4 조홍식, "프랑스의 매력적 권력: 행위소의 개념을 중심으로," 『국제지역연구』 제22권 1호 (2013), p. 194.

5 전동진, "프랑스 공공문화외교의 구조와 독일통일 과정에서 나타난 프랑스 공공문화외교의 방향," 『사회과학연구』 제28권 4호 (2012), p. 461.

6 François Roche and Bernard Pigniau, *Histoires de diplomatie culturelle des origines à 1995* (Paris: La Docummentation Française, 1995); 전동진 (2012), p. 99.

산자이자 후원자 역할을 하였다.

부르봉 왕가의 루이 13세(1601~1643년) 기간 중 리슐리에(Richelieu)는 18년간 재상으로 재직하며 국가로서 프랑스의 기틀을 확립하는 데 크게 기여한 것으로 평가를 받는다. 리슐리에는 국가이성(raison d'Etat)를 주장하면서 국왕의 절대적 권위가 모든 것에 우선한다는 신조에 입각하여 문화활동을 후원했다. 1635년에는 루이 13세의 이름으로 리슐리에는 프랑스 학술원(Academie française)의 창립을 주도했다. 또한 리슐리에는 1627년 신프랑스회사(Compagnie de la Nouvelle France)를 설립하여 북아메리카 진출 등 대외확장 정책을 시작했고, 이와 더불어 프랑스 문화를 해외에 보급하고자 노력했다.

유럽에서 프랑스의 국력이 크게 확대된 때는 루이14세(1638~1715) 통치 기간으로 재무총감이었던 장-바티스트 콜베르(Jean-Baptiste Colbert)의 역할이 매우 컸다. 콜베르는 보호무역주의와 국가주도형 제조업 육성이라는 독특한 방식의 중상주의 정책을 통해 프랑스를 유럽의 무역중심지로 끌어올렸다. 대외적으로도 이 무렵부터 식민지 확장에 관심을 기울였다. 17세기 이전의 식민정책이 북아메리카 대륙에 국한되는 것이었다면, 루이14세 이후에는 아프리카와 아시아에 걸쳐 영국과의 식민지 확보를 위한 경쟁이 계속되었다. 루이 14세 시기는 왕실문화에 기반을 둔 프랑스 문화가 정착, 유럽 전역으로 확산되기 시작한 때이다. 루이 14세는 왕실의 후원으로 개최되는 축제, 연회, 연극, 무도회에 많은 귀족들을 초청하였고, 새로운 복장이나 예절, 화법 등 화려한 문화적 표준, 에티켓(étiquette)을 만들어냈다.[7] 이렇게 확산된 프랑스 왕실문화는

7 김규륜 외 (2012), p. 103.

고급문화의 표준으로 자리를 잡았는데, 프랑스 왕실은 이 문화를 유럽 전역으로 확산시키고자 하였다. 1694년 프랑스 학술원(Academie française)은 왕실의 후원으로 프랑스어 사전을 출판했는데, 이 시기에는 프랑스어가 라틴어를 대신해서 공식적인 외교 언어로 자리 잡기 시작했고, 외국 왕실의 공용어가 되기도 하였다. 루이 14세 시기에 프랑스는 베르사유 궁전의 건축을 계기로 건축, 연극, 무용, 의복 등 다양한 예술 분야에서 유럽의 중심으로 부상했다.[8] 18세기부터는 본격적인 근대 시기로 접어들었는데, 같은 기간 미국, 독일 등이 근대 국가로서의 국가 이미지 구성이 진행되고 있었던 데 반해, 프랑스는 수세기 전에 만들어진 문화와 예술의 중심지라는 이미지를 갖출 수 있었다.

이후 1700년대 말에는 나폴레옹의 이집트 원정 또한 프랑스 문화 외교가 확대되는 계기가 되었다. 당시 나폴레옹은 영국의 팽창을 견제하기 위해서는 이슬람 세계에 대한 문화적 접근이 필요하다고 보았고, 1798년 학자와 예술가로 구성된 예술 및 과학위원회(Commission des sciences et des arts)를 구성하고, 이를 원정대에 편입시켰다. 이 위원회는 이집트 원정기간 중 각종 탐험과 조사, 연구를 진행하였고, 나폴레옹은 이들을 중심으로 이집트 연구소(Institut d'Égypte)를 창설하여 싱크탱크로 활용하였다. 원정에서 복귀한 후, 위원회는 이집트 원정기(Description de l'Égypte)를 발표했고, 위원회의 구성원들은 이후 각자의 분야에서 명저를 남겼다. 이렇듯 프랑스는 일찍부터 문화정책을 자국의 위상을 알리는 외교기제의 일부로 사용했고, 이를 통해 자국의 영향력을 유럽과 식민지 세계에 확대하고자 하였다. 또한 외국의 문화를 정책적으로 연구

8 Timothy Charles William Blanning, *The Culture of Power and the Power of Culture: Old Regime Europe 1660-1789* (New York: Oxford University Press, 2002); 조홍식 (2013), p. 106.

함으로써 대외 팽창 정책을 뒷받침할 수 있는 자료로 활용하고자 하였다. 물론 이러한 시도는 식민지 개척을 위한 도구적 차원이었다는 데에서 한계가 있지만, 오늘날 해외지역연구의 시발점이 여러 제국들의 대외 팽창 정책에서 시작되었다는 점에 유념할 필요가 있을 것이다. 이러한 프랑스만의 독특한 역사적 경험은 프랑스의 외교 정책에 있어 문화 외교가 독특한 의미를 갖게 되는 배경이 되었다.

프랑스의 공공외교는 영토 확장과 같은 제국주의적 전통과 깊은 관련이 있다. 그러나 20세기 들어 프랑스 영토의 공간적 확장은 사실상 불가능해졌고, 프랑스의 국력은 수차례의 쇠퇴를 경험했다. 제1차 세계대전 직후 프랑스의 교육부장관이었던 앙드레 오노라(André Honnorat)는 프랑스가 인구적 측면에서나, 경제적 측면에서나 더 이상 강대국이 되기 어렵다고 생각했고, 프랑스가 강대국으로 남을 수 있는 방법은 문화의 전파(rayonnement de culture)를 통해서라고 판단했다. 이러한 사고의 연장선에서 오늘날 청년문화 교류의 명소로 발전한 파리국제대학도시(La Cité internationale universitaire de Paris)가 설립되었다.[9] 제국적 위상이 약화된 프랑스의 현실이 대외적으로 문화 외교를 강화하려는 의지를 만들어 낸 것이다.

프랑스의 공공외교가 문화 외교를 중심으로 체계화된 것은 제2차 세계대전 이후이다. 프랑스는 제2차 세계대전 이후 인도차이나와 아프리카의 해외 영토를 대부분 상실하였다. 과거의 영향력이 약화되는 상황에서 프랑스는 자국 문화의 보호와 유지를 위한 문화정책을 적극적으로 실시했고, 문화 외교

9 Frank Séréni, "La Cité internationale universitaire de Paris, 1925~1950," *Relations Internationales* 72 (1992); 김규륜 외 (2012), p. 105.

를 통해 영향력 약화를 보완하고자 하였다. 가령 1948년 프랑스 외교부는 부처 내에 대외적 문화 외교를 담당할 문화총국(Direction générale des relations culturelle)을 설치했다. 이 조치는 프랑스어권 국가에 대한 프랑스의 영향력을 유지하고, 문화 예술 협력을 통해 프랑스의 문화를 전파시키기 위한 것이었다.[10] 이후 드골 대통령은 1959년 7월 법령을 통해 '문화부(Ministère des Affaires culturelles)'를 창설하게 되는데, 이 시점은 프랑스의 공간적 확장을 담당했던 '식민지부(Ministère des Colonies)'가 그 역할이 대폭 축소된 해외영토부로 변경된 시점과 일치한다.[11] 식민부 소속관료 중 상당수는 문화부로 충원되었는데, 이러한 인적 충원 방식은 과거의 제국주의적 전통이 문화정책으로 전이되는 통로가 되었다.[12] 드골 대통령 당시 문화부 장관을 지낸 앙드레 말로(André Malraux)는 프랑스 문화의 우월성이 세계에서 인정받을 수 있도록 활발한 문화 외교를 전개하였는데, 프랑스의 대외적 이미지에 문화적 색채가 각인되기 시작한 것은 이 시점부터이다. 이러한 정책은 여러 정부를 거쳐 1980년대 초까지 계속되었다.

1980년대부터 프랑스는 좌파와 우파가 번갈아가면서 집권하였고, 프랑스 정치 체계의 특징에 기인하는 동거정부를 거치게 되었다. 이 과정에서 프

---

10 전동진 (2012), p. 464.

11 식민지부(Ministère des Colonies)는 1959년 '사하라 및 해외영토부(Ministère du Sahara et des Départements et Territoires d'Outre-mer)'로 변경되었다. 그러나 아프리카의 식민지가 연이어 독립하자 프랑스의 해외령을 담당하는 해외영토부(Ministère des Départements et Territoires d'outre-mer)로 더욱 축소되었고, 1960년에는 다른 부처에 통합되었다. 이 부처의 기능은 이후 총리실 직속 또는 특임장관, 내무부 소관 등으로 변화하는데, 2012년 올랑드(François Hollande) 정부에서 독립부처인 해외영토부(Ministère des Outre-mer)로 재편되었다.

12 Marc Fumaroli, *L'Etat culturel: Essai sur une religion moderne* (Paris: Fallois, 1992), pp. 392-394; 전동진 2012, 464)

랑스의 공공외교는 좌파정부가 집권했던 미테랑 대통령 시기와 이후 우파정부의 집권 시기로 구분해서 살펴볼 수 있다.[13] 미테랑 대통령이 집권하기 전 프랑스의 문화 외교는 상당부분 과거 제국주의 전통을 계승하고 있었다. 그러나 1979년 프랑스 문화부의 차관이었던 자끄 리고(Jacques Rigaud)는 외교부 장관에게 제출한 보고서를 통해 문화패권주의를 비판하였다. 프랑스의 문화정책이 과거의 영광에 고착된 프랑스의 이미지를 전 세계에 전파하는 것이 아니라, 스스로의 자폐성을 극복하고 국제적인 문화적 교차로로서의 사명을 담당하는 것이어야 한다는 것이다.[14] 미테랑 대통령 시기 프랑스 공공 문화 외교의 특징은 우선 기본틀에 있어 기존의 제국적 문화 외교에서 국제적 문화 외교로 중심 이동을 꾀했다는 것이며, 민간의 참여를 확대했다는 점이다. 또한 프랑스어의 보호와 해외보급 확대를 통해 민간외교 확대를 도모하였다. 1995년 시라크-사르코지로 이어지는 우파 대통령 시기에는 제도적 개혁이 이루어졌다.

시라크 대통령의 임기 말이었던 2006년 5월 '퀼튀르프랑스(Cultures France)'가 창설되어 외교부로부터 대부분의 문화 외교 관련 업무를 이전받았다. 연이어 집권한 우파정부의 사르코지(Nicolas Sarkozy) 대통령 시기에는 실용주의적 기조에 입각한 다양한 개혁정책이 추진되었다. 사르코지 대통령은 좌파인 미테랑 정부에서 보건부 장관을 역임했던 쿠쉬네(Bernard Kouchner)를 외교부 장관에 임명했고, 외교부를 세계화부로 변화시키고 유럽

13 미테랑(François Mitterrand) 대통령(1981~1994)과 시락(Jacques Chirac) 대통령(1994~2007)의 기간은 각각 좌파와 우파가 집권하는 시기로 볼 수 있으나, 세 차례의 동거정부가 존재한다.

14 Jacques Rigaud, *Les Relations culturelles extéieures, Rapport au Ministère des Affaires érangères* (Paris: La Documentation franÇise, 1979), pp, 1-10; 전동진 (2012), p. 464.

에 있어 프랑스의 위치를 공고히 할 것을 주문했다.[15] 특히 공공외교와 관련해서는 프랑스의 문화적 영향력을 확대할 것을 주문했고, 특히 그 중심에 프랑스어의 확산과 방송 등 시청각 분야의 역량 재구성에 두었다. 이에 기존의 외교부는 외교유럽부(Ministère des Affaires étrangères et européennes)'로 개칭되었다. 이후 2008년에 발표된 프랑스의 외교백서는 2008~2020년의 기간 중 프랑스가 추지할 외교 정책의 5대 핵심 목표를 밝혔다.[16] 이 목표는 첫째, 프랑스와 프랑스 국민의 안전을 보장하고, 이익을 증진할 것, 둘째, 다른 유럽 국가들과 강력하고, 민주적이며, 효율적인 유럽을 건설할 것, 셋째, 평화와 안전, 인권을 위해 세계 속에서 행동할 것, 넷째, 전 세계의 지속 가능하고, 균등한 발전을 보장하는 세계화 기구 형성에 기여할 것, 다섯째, 문화적 다양성에 기여하면서, 프랑스의 사유와 언어, 문화를 전파할 것이다. 이 중 주목할 점은 국익 보호, 유럽 통합, 세계 평화 등과 함께 프랑스 문화의 전파가 외교 정책의 핵심 목표로 명시되었다는 점이다. 또한 외교백서는 프랑스의 외교 역량을 증진하기 위해 12개의 정책을 제안하고 있는데, 이 중 3개의 제안이 프랑스어, 문화 및 교육에 관한 것일 정도로 문화 외교에 큰 비중을 두었다. 이러한 일련의 변화를 통해 2000년대 중반 이후 프랑스의 공공외교 정책은 다음과 같이 요약될 수 있다. 첫째, 전 세계 수준에서 평화와 안전, 인권과 지속 가능 발전과 같은 보편적 가치를 강조한다. 둘째, 동시에 프랑스 문화의 독특함과 우수성을 설파하는 강

---

15 Nicolas Sarkozy, *Lettre de mission de M. Nicolas Sarkozy, Président de la République, adressée à M. Bernard Kouchner, ministre des affaires étrangères, sur les priorités de la politique étrangère et européenne de la France*, le 27 août 2007.

16 Alain Juppé and Louis Schweitzer, *La France et l'Europe dans le monde - Livre blanc sur la politique étrangère et européenne de la France 2008-2020* (2008).

대국 정책의 흔적이 여전히 강하게 남아있다. 셋째, 2000년대 중반을 넘어가면서 프랑스 국내외 상황의 변화에 따라 공공외교의 방향에도 미묘한 변화를 감지할 수 있는데, 과거의 문화 외교가 프랑스의 문화를 외국에 전파하는 데 초점을 두었다면, 문화적 다양성을 존중하고, 상대국과의 교류를 강조함으로써, 그 가운데 프랑스 문화의 의미를 확인한다.

3. 프랑스의 공공외교 주요 기관

1) 정부 부처

프랑스의 공공외교의 주무 부처는 외교부와 문화부이다. 프랑스 대내외의 상황 변화와 정부 조직 개편에 따라 부처의 명칭은 수차례 변화하였는데, 현재의 공식 명칭은 '유럽외교부(Ministère de l'europe et des affaires étrangères)'와 '문화부(Ministère de la Culture)'이다.[17]

프랑스의 외교부는 전통적으로 부처 내에 문화 관련 총국을 두고 해외문화 협력과 관련된 업무를 관장해 왔다. 프랑스 외교부는 1948년 부처 내에 문화총국(Direction générale des relations culturelles)을 개설하여 처음으로 '문화(culturel)'라는 수식어가 붙은 부서를 만들었다.[18] 이후 부서의 명칭은 조직 개편에 따라 변화했는데, 2007년 사르코지 대통령 임기 중에는 '국제협력과 발

17 프랑스의 유럽외교부는 시기에 따라 대외관계부, 외교부, 외교유럽부, 외교국제개발부 등 명칭이 수차례 변화했다. 프랑스 외교의 특징 상 대유럽 정책, 프랑코폰 국가들과의 관계가 중요하기 때문이다. 현재의 명칭은 2017년 마크롱(Emmanuel Macron) 대통령 취임 이후 변경된 것이다. 문화부는 1959년 문화업무부(Ministère des Affaires culturelles)의 명칭으로 창설되었고, 1997~2017년의 기간 중에는 문화소통부(Ministère de la Culture et de la Communication)로, 그 이후에는 현재의 명칭을 사용하고 있다.

18 David Looseley, *The Politics of Fun: Cultural Policy and Debate in Contemporary France* (Oxford: Berg Publishers, 1995); Jacques Perret, et Guy Saez, Institutions et vie culturelles (Paris: La Documentation française, 1996), p. 13; 전동진 (2012), p. 464.

전총국(Direction générale de la coopération internationale et du développement)으로 변경되었고, 이후 2009년 7월에는 '세계화, 개발 및 파트너십총국(Direction générale de la mondialisation du développement et des partenariats) 등으로 바뀌었다. 부서명에서 '문화'라는 단어가 사라진 데에서 알 수 있듯이 이 기간 중 외교부는 문화관련 업무를 퀼뛰르프랑스(CultureFrance)와 2010년 이후에는 엥스띠뛰프랑세(Institut français)에 일임하면서 자체적인 문화담당 인력은 축소했다.[19] 반면에 현재의 프랑스 외교부는 다시 공공외교를 포함한 문화 외교를 강화하고 있는 모습인데, 이는 외교부의 조직 구성을 통해 확인할 수 있다. 우선 외교부에는 외교부 장관 외에 ① 대외무역·투자, ② 관광 및 재외국민, 프랑코포니, ③ 對유럽업무를 담당하는 3명의 특임장관을 두고 있다. 이 중 두 번째 특임장관은 프랑스어권인 프랑코포니를 담당한다는 점에서 전통외교와 공공외교를 동시에 담당할 수밖에 없는 직책임을 알 수 있다. 또한 6개의 총국 중 '세계화, 문화, 교육 및 국제개발 총국(Direction générale de la mondialisation, de la culture, de l'enseignement et du développement international)'은 해외에서의 문화보급과 교육활동을 담당한다.

프랑스는 1959년 처음으로 문화부를 창설하였고, 작가 출신인 앙드레 말로(André Malraux)가 초대 장관을 맡았다. 문화부는 주로 국내의 문화진흥활동에 주력해 왔다. 반면에 미테랑 대통령 시기에 문화부 장관을 맡았던 자끄 랑(Jacques Lang)은 프랑스 내에서 개최되는 국제적인 문화행사를 적극 지원했고, 민간역량을 문화 외교의 주체로 끌어올렸다. 대표적인 예는 1982년 이후

---

19 전동진 (2012), p. 467.

매년 시작된 '음악축제(Fête de la musique)'이다. 또한 이 시기에는 문화부 내에 국제소통국(Direction générale de la communication)을 설치되어, 외교부와는 다른 독자적인 대외 소통 체계를 수립하였다.[20] 문화 외교와 관련하여 문화부는 축제와 문화행사를 통한 해외문화 유치, 해외문화전문가 발굴 및 양성, 외교부와 협력 하에 해외문화 축제 등을 지원해왔다.

2) 알리앙스 프랑세즈(Alliance française)

알리앙스 프랑세즈(Alliance française)는 1883년 프랑스어의 교육과 보급을 위해 창설된 어학전문 교육 기관이다. 설립 당시에는 학원의 형식으로 시작했고, 오랜 기간 협회의 법적 지위를 갖고 있었으나, 프랑스의 대외 문화정책의 한 축을 이루었다고 보아도 과언이 아니다.

1870년 프로이센과의 보불전쟁에서 패한 프랑스는 국제적 위상이 하락하는 충격에 빠졌고, 극복 방안의 일환으로 자국의 문화적 위상을 식민지를 비롯한 외국에 확대하는 방안을 모색하였다. 그 방안 중 하나는 프랑스어와 프랑스의 계몽주의 사상을 해외에 전파할 수 있는 전문 기관을 설립하는 것이었다. 알리앙스 프랑세즈의 설립은 당시 프랑스 외교관이었던 폴 깡봉(Paul Cambon)이 주도했다.[21] 이러한 배경을 감안한다면, 알리앙스 프랑세즈는 단순한 어학교육 기관이 아닌, 당시 프랑스 공공외교의 기제로서 설립되었음을 알

20 전동진 (2012), p. 468.

21 폴 깡봉(Paul Cambon)은 당시 각료회의 의장(Président du Conseil des ministres, 국무총리에 해당)이었던 쥘 페리(Jules Ferry)의 최측근 중 한 명이었다. 이러한 배경을 감안하면, 단순히 프랑스어의 해외보급을 위해 알리앙스 프랑세즈를 설립한 것으로 볼 수는 없으며, 초기에는 제국주의 문화 외교의 잔재가 일정 부분 남아있었음을 유추할 수 있다.

수 있다. 1884년에는 스페인 바르셀로나에 첫번째 해외 알리앙스 프랑세즈가 설립되었고, 이후 세네갈, 모리셔스, 멕시코, 인도, 호주, 미국 등으로 확대되었다. 1904년에는 이미 프랑스에 150개, 해외지역에 450개의 관련 위원회가 설립되었다. 알리앙스 프랑세즈는 이후 나치의 파리 점령 기간 중 폐쇄되기도 하였으나, 1944년에 다시 활동을 재개하였다. 1979년에는 파리에서만 3만 2천 명의 학생이 교육에 참가할 정도로 활동 폭을 넓혔다.

알리앙스 프랑세즈가 공식적인 문화 외교의 일부로 편입된 시점은 프랑스 외교부와 10년 단위의 협약이 체결되기 시작한 1981년부터이다. 2006년부터는 단지 프랑스어 보급뿐만 아니라, 문화기획으로까지 활동 영역을 넓혔고, 80%에 해당하는 예산을 독립적으로 확보하고 있다. 2019년 알리앙스 프랑세즈는 1,005만 유로의 수입과 936만 유로의 지출을 기록해 자체적인 흑자를 기록했다. 다만, 이와 같은 수치는 프랑스에 위치한 본부 재정이며, 해외에 있는 알리앙스 프랑세즈의 실적을 포함하지는 않는다. 2020년 프랑스 외교부는 해외활동을 포함한 알리앙스 프랑세즈의 활동에 대해 총 3,620만 유로(약 500억 원)를 지원하였다. 이 중 가장 많은 비중을 차지하는 항목은 프랑스어 교육을 위해 해외에 파견한 인력에 대한 인건비(2,670만 유로)와 해외 대사관을 통한 지원금(837만 유로)이다. 2019년 기준 131개국에서 832개의 알리랑스 프랑세즈가 운영되고 있으며, 고용인원은 14,100명, 교육을 수강한 학생 수는 49만 명에 이르렀고, 25,000개의 문화행사를 주관하였다.[22]

---

22 Fondation des Alliances Française (FAF), *Rapport d'Actvité 2019* (2020); Fondation des Alliances Française (FAF), *Rapport d'Actvité 2020* (2021). 2020년에는 코로나 19로 인해 2019년 대비 교육 수강 학생 수가 24% 감소했고, 수업과 문화행사의 감소로 인해 재정 상에 큰 변화가 나타났다. 반면에 코로나19 상황이 완화될 경우, 예전 수준을 회복할 것으로 예상된다.

알리앙스 프랑세즈 전경

자료: Alliance française, 101 boulevard Raspail, Paris 6e (© Celette)

알리앙스 프랑세즈는 협회(association)의 법적 지위를 갖고 있었으나, 2007년부터는 '공익성이 인정된 비영리재단(fondation reconnue d'utilité publique)'으로 전환됨으로써 알리앙스 프랑세즈 재단(FAF: Fondation Alliance française)으로 재편되었다. 이로 인해 보다 체계적인 조직구조와 갖게 되었는데, 프랑스 외교부와 연례 협약 체결함으로써 프랑스 정부의 해외 프랑스어 및 문화 보급 정책을 담당하는 공적 역할을 갖게 되었다. 또한 외교부, 앵스뛰띠프랑스(Institut français)와의 3자 협약을 통해 공공외교에 있어서 각 기관의 역할을 정하며, 협력 관계를 구축하고 있다. 프랑스 내에는 파리-일드프랑스(Île-de-France)와 남부의 몽펠리에(Montpellier)에 알리앙스 프랑세즈가 있는데, 특히 파리의 알리앙스 프랑세즈는 1894년부터 프랑스어 교육을 시작하는 등 가장 오랜 역사를 갖고 있다. 본래 파리 지역의 프랑스어 보급을 담당하지만, FAF와 재정, 장소제공, 교육 분야의 협약을 체결하고 있으며, FAF가 위치해 있다는 점에서 실질적으로는 본부에 준하는 역할을 하고 있다.

3) 퀼튀르프랑스(CulturesFrance)

퀼튀르프랑스는 전 세계를 대상으로 프랑스 문화 홍보를 담당하는 기관으로 2006년에 설립되었다. 이 기관은 프랑스 외교부와 문화통신부의 감독을 받으며, 2010년 엥스띠뛰프랑세(Institut français)로 대체되었기 때문에 현재에는 존재하는 기관이 아니다. 퀼튀르프랑스의 기원과 발전과정은 외교와 문화가 결합되어 공공외교로 발전하는 과정을 잘 보여주기 때문에 살펴볼 필요가 있다.

이 기관의 기원은 1922년에 설립된 프랑스 예술 확대 교류 협회(AFEEA: Association française d'expansion et d'échanges artistiques)로 거슬러 올라간다. AFEEA는 본래 프랑스 공공교육부 예술국 소속의 대외예술 업무와 외교부의 대외문화 사업을 통합, 담당할 수 있는 조직을 구상하는 과정에서, 소위 '1901년 결사에 관한 법률'에 의거하여 비영리 공익단체의 형식으로 설립되었다.[23] AFEEA는 1934년 프랑스예술진흥협회(AFAA: Association française d'actions artistiques)로 이름을 변경하고, 해외에서 프랑스 예술의 진흥과 보급에 주도적인 역할을 담당하였다. 이와 별도로 외교부는 해외에서 프랑스 문학과 사상의 보급을 위해 1945년에 프랑스사상보급협회(ADPF: Association pour la diffusion de la pensée française)의 설립을 후원하였다.

이후의 관련 조직들은 프랑스 부처의 신설과 통합, 문화 외교 체제의 변화에 따라 개편되는 모습을 보였다. 가령 1959년에는 과거 식민지였던 국가들과의 대외협력을 담당할 '협력부(Ministère de la coopération)'가 신설되어 1999년 외교부에 통합되기까지 별도의 부처로 운영되었다. 이 과정에서 협력부는

23 1901년의 '결사에 관한 법률(Loi relative au contrat d'association du 1er Juillet 1901)'은 프랑스에서 결사의 자유를 견고히 보장했다는 데에서 큰 의미를 지니며, 협회 등 비영리 단체 등록에 있어 법적 근거가 된다.

1990년 아프리카창작지원협회(Association Afrique en créations)를 설립하였는데, 2000년 협력부가 외교부로 통합되자, 아프리카창작지원협회는 AFAA에 통합되었다. AFAA는 민간단체로서 독립채산제를 갖고 있었으나, 실질적으로는 프랑스 외교부의 후원을 받는 외곽단체였으며, 문화통신부와도 밀접한 업무 관계를 유지했다. 가령 1999년 AFAA의 예산규모는 1억 6,000만 프랑(한화 약 260억 원)으로 총수입에서 정부보조금이 차지하는 비중이 85%(외교부 약 80%, 문화통신부 5%)였다.[24] AFAA와 프랑스사상보급협회(ADPF)는 2006년 조직 개편에 따라 통합되어 퀼튀르프랑스(CultureFrance)로 개명되었다.

퀼튀르프랑스는 외교무와 문화정보부의 위임 운영 기관으로 지원정책은 세 개의 축을 중심으로 이루어졌다. 첫 번째는 국경을 넘어선 프랑스예술문화 창작활동을 지원하는 것이며, 두 번째는 세계 문화화의 소통, 세 번째는 전문성과 네트워크의 개발이다. 퀼튀르프랑스는 매년 160개국 이상의 5,000여 명의 전문가, 작가, 예술가의 활동과 2,000개의 프로젝트를 지원하며, 매년 2천만 명 이상의 인원이 퀼튀르프랑스가 지원하는 프로그램에 참여했다(김동률 외 2013, 117-118). 퀼튀르프랑스는 2010년 앵스띠뀌프랑세(Institut français)로 확대 개편되었다.

4) 앵스띠뛰프랑세(Institut français, 프랑스 문화원)[25]

프랑스 외교유럽부와 문화통신부가 공동 출자한 퀼튀르프랑스는

24 김동률·김성해·김헌식, "미디어를 활용한 공공외교 활성화 방안 연구," 외교부 연구용역과제 보고서(2013), p. 117.

25 앵스띠뛰프랑세(Institut français)는 일반적으로 '프랑스 문화원'으로 불리는 경우가 많다. 반면에 동 기관은 2010년에 설립되었기 때문에, 그 이전에 존재하던 프랑스 해외 대사관의 일부였던 프랑스 문화원과는 구분해야 할 필요가 있다. 이에 본고에서는 프랑스어 발음 그대로인 '앵스띠뛰프랑세'를 명칭으로 사용했다.

2007~2009년의 기간 동안 운영되었다. 반면에 3년의 운영계약 기간이 끝나갈 때에 대안적 개혁의 필요성이 제시되었다. 당시 제기되었던 비판은 연계성이 부족하고, 전문성이 부재하며, 중앙부서나 다양한 조직의 상호활동이 중복된다는 것이었다.[26] 이러한 비판에 대해 당시 꾸슈네 외교유럽부 장관은 이 문제들을 해결하기 위해 유럽문화부의 지휘와 조정을 받으나, 중앙부서의 활동들을 하나로 조정할 수 있는 전문 기관의 설립을 제안하였다. 이러한 제안은 2010년 앵스띠뛰프랑세(Institut français)의 설립을 통해 실현되었다. 앵스띠뛰프랑세(Institut français)는 당시 퀼튀르프랑스의 활동영역(알리앙스 프랑세즈, 프랑스 문화원 및 해외 프랑스학교) 뿐만 아니라, 문화 예술과 시청각 산업 등 다른 부서 또는 산하 기관이 담당해 온 광범위한 문화 지원 업무를 관할하게 되었다. 이는 단순한 조직 개편을 넘어서 문화 외교를 통합, 강화하겠다는 의미를 갖는데, 이에 맞게 예산또한 대폭 증액되었다.

설립 초기 앵스띠뛰프랑세(Institut français)의 역할은 다음과 같다. 첫째, 문화적 영역에서는 프랑스의 문학과 사유들을 전파하고, 프랑스어의 국제적 진흥을 도모함으로써 기존의 문화 외교의 핵심을 이어받고 있다. 둘째, 예술가, 창작자, 작가 등 프랑스 문화 관련자들이 창작물에 대한 해외보급과 해외활동을 할 수 있는 통로역할을 하는 것이다. 셋째, 해외 파트너들의 문화 교류 요구를 수렴하고, 이에 대한 대안을 제시하는 것이다. 넷째, 프랑스 정부와 민간 파트너들 간의 협력의 구심 역할을 수행하는 것이며, 다섯째, 문화산업에 필요한 전문가 집단을 갖추는 것이다. 그리고 문화 외교 네트워크에 해당하는 구성원

26 전동진 (2012), p. 470.

을 교육하는 역할을 담당한다.[27]

최근 앵스띠뛰프랑세의 역할을 살펴보면 설립 초기와 유사한 역할을 갖고 있으나, 두 가지 방향의 변화를 감지할 수 있다. 첫 번째는, 프랑스 문화와 프랑스어를 보급함에 있어 해외문화와의 소통을 강조하는 경향을 보이고 있다. 기관의 홈페이지에 명시된 활동에는 과거에 비해 대화(dialogue), 교류(échange), 시민사회들(sociétés civiles), 문화적 다양성(diversité culturelle) 등에 관한 용어가 눈길을 끈다.[28] 즉 20세기 초반에 보였던 다소 일방향적인 문화 외교에서, 상대국과의 문화 교류를 확대하는 가운데, 프랑스 문화와 프랑스어를 진흥하는 형태로 변모하고 있다는 것을 감지할 수 있다. 두 번째는 디지털 창작과 문화 산업에 대한 고려이다. 문화산업은 디지털 기술에 의해 창작물의 매개와 보급 수단이 급속도로 바뀌고 있다. 따라서 프랑스의 전통 문화 보급에 주력하는 것은 시대에 뒤떨어진 관점이 될 수 있는 바, 프랑스의 문화혁신과 디지털 창작에 큰 비중을 두고 있다. 또한 국제적 문화 활동에 있어 기업의 역할을 인지하고, 이를 문화 외교의 한 축으로 삼으려는 모습을 보인다.

현재 앵스띠뛰프랑세(Institut français)는 프랑스 정부로부터 문화 예술 분야의 해외협력을 위임받아 130여 개국에서 활동 중이며, 일반에는 '프랑스 문화원'으로 알려져 있다. 외교부를 비롯한 관련부처와 앵스띠뛰프랑세 사이에는 3년 단위의 업무 협약이 체결되고, 이 협약을 통해 활동과 예산이 정해진다. 2020년 예산은 4,214만 유로(원화 574억 원)이며, 이 중 정부 및 공공기금, 지자체 등으로 부터의 보조금 예산이 전체의 87%를 차지하고, 약 12%의 예산은

27 전동진 (2012), pp. 470-471.
28 앵스뛰띠프랑세 홈페이지 https://www.if.institutfrancais.com/fr/nos-actions (검색일: 2022.01.10.).

후원금을 통해 충당한다. 자체 수입은 연도별 증감은 있으나, 2020년 600만 유로(약 82억 원)를 기록했다. 지출의 경우, 전체 지출의 절반 이상이 기관의 고유 업무활동에 지출되고 있다.[29]

<표 1> 앵스띠뛰프랑세의 연간 예산(2020년 기준)

수입			지출		
수입 항목	금액	비중	지출 항목	금액	비중
국가보조금	30,411,905	72%	임금	12,003,344	34%
기타 공공기금	5,638,034	13%	구조적 운영 지출	4,034,338	11%
지방자치단체	5,210,909	12%	기타 지출	133,894	0%
후원금	728,771	2%	활동 지출	19,106,297	54%
기타	151,908	0%		35,277,874	
전체	42,141,527		전체		

자료: Institut Français. 2021. Rapport d'Actvité 2020.

연도별 활동에 대한 예산을 살펴보면 가장 많은 35%의 예산이 해외 기관과의 문화협력 파트너십 분야에 지출되었고, 예술협력이 27%로 두 번째로 많은 지출 항목이다. 영화의 비중도 전체 지출의 14~15%로 유지되고 있다.

<표 2> 분야별 지출

	2017년	2018년	2019년	2020년	
				금액	비중
영화	9%	15%	14%	2,579,466	14%
홍보 및 후원	1%	1%	1%	210,571	1%

29 2020년 예산의 경우 수입에 비해 지출이 현저히 적었던 것이 특징인데, 코로나19에 따라 문화활동이 제약됨에 따라 발생한 것으로 생각된다.

네트워크 조율	3%	5%	5%	548,586	3%
개발 및 파트너십	35%	31%	34%	6,680,215	35%
개발 및 예술 협력	20%	24%	24%	5,146,212	27%
프랑스어 및 지식	16%	19%	18%	3,252,765	17%
디지털	4%	4%	3%	688,452	4%
프랑크푸르트 대표부	12%	1%			
				19,106,267	

자료: 연도별 연간활동보고서(Rapport d'Actvité).

앵스띠뛰프랑세(Institut français)의 조직도

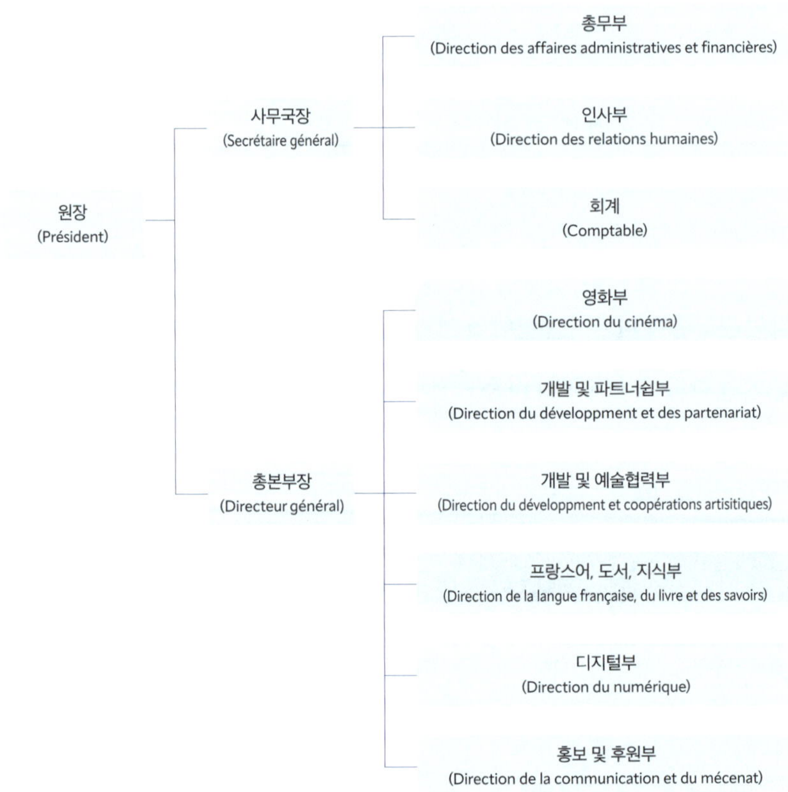

자료: https://www.if.institutfrancais.com/fr, 2022. 01. 10.

앵스띠뛰프랑세는 프랑스 법제상 상공업 성격의 공공 기관(Établissement public à caractère industriel et commercial)으로 분류가 되는데, 공공외교 기제로서의 위치는 이사회 구성을 통해 확인할 수 있다. 이사회는 2019년 기준 앵스띠뛰프랑스의 원장을 포함한 총 31명으로 구성이 되어 있는데, 이사회 구성원 중에는 현직 국회의원 4인, 외교부 소속 6인, 문화부 소속 4인, 교육부 소속 3인, 예산처 소속 1인 등 의회와 중앙부처의 관료들이 포함되어 있다. 또한 지방자치단체 소속의 3인도 포함된다. 이러한 구성은 앵스띠뛰프랑세가 운영상의 자율성을 지니지만, 그 운영 방향과 역할에 있어 공공외교에 포함되어 있음을 의미한다.

앵스띠뛰프랑세는 2019년 1월에 홈페이지를 개편하여 인터넷을 통한 홍보를 강화하였다. 2019년 홈페이지 이용자 수는 전 세계 217개 국가에서 백만 명 이상이며, 이 중 20%는 홈페이지의 영어 버전을 이용하였다. 영어를 통해 프랑스 문화를 홍보한다는 것은 과거에는 생각하기 어려운 발상이다. 또한 이용자 중 30%는 스마트폰, 테블렛 등 이동통신기기를 통해 접속한 것으로 나타났다. 그 결과 인터넷 홈페이지를 통한 이용자 수는 2018~2019년 사이에 3배 증가하였다. 또한 소셜 네트워크(SNS)를 통해서도 활발한 아웃리치 활동을 벌였는데, 2021년 1월 기준 앵스띠뛰프랑세의 페이스북(facebook) 구독자 수는 587,330명이며, 트위터 팔로워 수는 32,630명, 인스타그램은 17,750명, 링크드인(LinkedIn) 구독자는 56,870명으로 전년 대비 3%~89%의 증가율을 보였다.[30]

30 Institut Français, *Rapport d'Actvité 2019* (2020).

소셜 네트워크를 통한 활동

자료: https://www.if.institutfrancais.com/fr

5) 국제방송

프랑스의 공공외교에서 새롭게 언급할 필요성이 있는 분야는 프랑스의 국제방송이다. 영국의 BBC World, 독일의 Deutsche Welle(독일의 소리)와 마찬가지로 프랑스도 정부가 후원하는 국제방송을 통해 프랑스어와 영어로 해외에 방송을 송출하고 있다. 이러한 국제방송은 해외거주 시청자/청취자를 대상으로 한다는 점에서 국내 방송과는 차이가 있으며, 공공외교의 중요한 기제이다.

프랑스의 해외방송은 오래전으로 거슬러 올라간다. 프랑스는 오늘날 국제프랑스라디오(RFI: Radio France International)의 전신인 '식민지 우편(Le Poste colonial)'을 통해 1931년부터 라디오 방송을 시작하였다. 프랑스의 라디오 채널은 교육적, 정보적, 문화적 성격을 갖추고 프랑스 본국과 아프리카의 프랑스 식민지 국가들의 가교 역할을 수행했다[31] 1972년에는 중동지역 국가들을

31 이진로, 『국제방송의 역사와 유형』 (서울: 커뮤니케이션북스, 2014); 최지선, "공공외교의 틀에서 본 국제방송 정책," 『방송과 커뮤니케이션』 제21권 1호 (2020), p. 64.

대상으로 전문 라디오 방송국(RMC Moyen-Orient)이 설립되었고, 1984년에는 캐나다, 벨기에, 스위스 등 프랑스어 사용국가들과 연합으로 TV5 Monde를 창설했다. 특히 TV5는 프랑스어 및 문화 진흥 등 문화 보급에 초점을 둔 방송이라는 점에 주목할 필요가 있다. 프랑스 정부는 외교부의 커뮤니케이션국(Direction de la communication)을 통해 TV5 Monde 재원의 60%를 지원하여 오랜 기간 프랑스 문화 외교의 수단으로 활용했다.[32]

1990년대에는 문화적 홍보를 위해서는 국제방송이 가장 효과적이라는 시각이 확산되었고, 특히 걸프전 등 국제적 분쟁을 거치면서 국제방송은 지정학적 논쟁으로 떠올랐다. 반면에 국제방송계는 CNN, BBC World News와 같은 앵글로 색슨 매체들이 우위를 점하고 있었고, 중동 지역에 등장한 Al Jazeera 방송도 1990년대 후반부터 빠르게 성장했다. 이러한 상황에서 프랑스도 국제방송의 개편과 강화를 통해 프랑스의 목소리를 해외에 전할 수 있고, 궁극적으로 전통적 외교 정책을 보완할 수 있는 일관성 있는 국제방송 체제가 필요했다.

2006년에 설립된 프랑스24(France 24)는 이러한 맥락에서 설립되었다. 글로벌 뉴스 채널로서 프랑스24는 이 채널은 국제 사회의 정치적 현안에 대해 프랑스의 목소리를 내는 것을 목표로 하였기 때문에 오늘날의 공공외교 개념에 가장 잘 부합하는 채널이다. 프랑스 내에서는 기존의 TV5 Monde의 뉴스 부문을 확대, 보강함으로써 범프랑스적인 여론과 시각을 확산시켜야 한다는 주장이 있었다. 그러나 911 테러 이후 국제 관계에 있어 프랑스의 관점과 목소

32 최지선 (2020), p. 65.

리를 낼 수 있는 국제 뉴스 채널이 있어야 한다는 주장이 힘을 얻었고, 특히 자끄 시락 대통령은 적극적인 지원자로 나섰다. 이에 2006년 프랑스의 민영방송사인 TF1과 공영방송사가 공동으로 출자하고, 프랑스 정부가 재정 지원을 하는 방식으로 프랑스24가 출범하였다. 그 결과 프랑스에서는 라디오 국제방송인 RFI, 중동지역을 위한 방송인 몽트 카를로 두알리아(MCD, RMC Moyen-Orient이 이름을 변경), 프랑코폰 채널인 TV5, 그리고 프랑스24까지 두 개의 라디오 방송과 두 개의 텔레비전 채널 등 총 4개의 국제방송이 동시에 운영되었다.

이후 프랑스 정부는 2008년 국제방송을 주관하는 공공 기관으로 프랑스 미디어 몽드(France Médias Monde)를 설립하였다. 설립당시 프랑스 미디어 몽드는 RFI와 프랑스24를 자회사 형식으로 통합하였고, 100% 프랑스 정부가 지분을 가지게 되었고, 2010년 이후에는 프랑스 문화부 산하에 있게 되었다. 오늘날 프랑스 미디어 몽드는 RFI, 프랑스24, MCD 등 세 개 채널을 소유180개국에 방송을 송출한다. 또한 TV5에 대해서도 12.64%의 지분을 갖고 있다.[33] RFI, 프랑스24, MCD의 3개 방송국은 모두 파리 근교의 이시-레-물리노(Issy-les-Moulineaux)에 위치한 같은 건물에 입주해 있다. RFI는 뉴스 위주의 프로그램을 다국어(프랑스어+15개 외국어)로 송출하며, MCD는 아랍어 방송을 주로 한다. France24는 국제방송을 지향하여, 프랑스어, 영어, 아랍어 3개 언어로 하루 24시간을 송출하며, 스페인어로 하루 6시간 방송을 실시한다. 프랑스 미디어 몽드는 프랑스 문화부의 감독을 받으나, 산하의 방송국이 프랑스어가 아닌 영어, 아랍어, 스페인어 등으로 방송을 하는 것은 방송매체가 갖는 파급

33 최지선 (2020), pp. 66-67.

력과 공공외교의 수단으로서 갖는 독특한 의미를 나타낸다고 볼 수 있다. 즉 단순한 문화 외교를 넘어 프랑스의 시각과 목소리를 해외에 전하는 데 목표를 두고 있음을 의미하는 것이다.

프랑스 미디어 몽드(France Médias Monde)의 본부

출처: ©Skililipappa

프랑스 미디어 몽드 소속의 3대 방송사는 매주 2억 5,110만 명이 이용하며(2020년 평균 접속자 기준), 페이스북, 트위터, 인스타그램을 통해 8,330만 명의 팔로워를 갖고 있다. 또한 인터넷을 통해 방송 동영상 또는 오디오 파일을 시청/청취한 횟수는 2020년 25억 회에 달했다.[34]

34 France Médias Monde, https://www.francemediasmonde.com/ (검색일: 2022.02.03).

프랑스 미디어 몽드의 홈페이지

자료: https://www.francemediasmonde.com/fr/

프랑스 미디어 몽드를 통한 국제방송의 제도적 개편은 성공적이었다는 평가를 받는다. 방송미디어라는 특수성을 고려하여 프랑스 문화부 중심으로 채널의 소유와 재원을 일원화할 수 있었고, 이 과정에서 공공외교를 수행하는 국제방송으로서 제도적 위상과 역할이 확립되었다는 것이다.[35]

프랑스 국제방송의 이용자 수(단위: 백만 명)

	RFI		MCD		France24		TV5Monde	
	청취자(주)	온라인 방문자(월)	청취자(주)	온라인 방문자(월)	시청자(주)	온라인 방문자(월)	시청자(주)	온라인 방문자(월)
2005	44	2	-	-	-	-	74	-
2006	44.3	2.8	-	-	-	-	73	-
2007	46.1	2.7	-	-	-	-	75	-
2008	35.6	-	5.8	-	-	5	54	-
2010	38.6	4	-	-	-	5.8	-	7.6
2011	39	-	7.6	-	43.5	9.9	-	6.4
2012	34.4	6.8	6.7	-	41.7	10.8	36.2	5.9

35 최진선 (2012), p. 67.

2013	34.7	8.4	7	-	41.4	13.8	33.8	4.9
2014	37.3	9.6	7.5	0.7	45.9	13.2	36	3.9
2015	40	11.9	7.3	1.3	50.9	16.3	41.6	3.5
2016	41.3	13.7	7.3	1.7	55	16.5	41.9	3.8
2017	40.7	14.6	5.4	1.9	61.2	16.5	-	3.7

자료: Le ministère de l'Action et des Comptes publics; 최진선(2012). p. 79

4. 프랑스의 공공외교 주요 사례

1) 한국 알리앙스 프랑세즈

한국의 알리앙스 프랑세즈는 1964년 설립되어 서울의 회현(본원)과 강남에 위치해 있다. 그 외의 도시에서는 1980년 부산, 1983년 광주에 알리앙스가 세워졌고, 1985년에 대전, 2000년에 전주가 그 뒤를 이었다. 이후 2003년에는 인천, 대구까지 총 8개의 센터가 운영되고 있다. 한국의 현지 법인으로 운영되고 있으나, 파리 알리앙스 프랑세즈 그리고 외무부와 협정을 맺고 있고, 프랑스 교육부 소관의 국제 인증 시험인 외국인을 위한 프랑스어 시험 및 능력 테스트(DELF, DALF), 프랑스어 능력 테스트(TCF)를 프랑스 대사관의 후원 하에 실시하고 있다.[36] 서울 알리앙스의 경우 연간 5,000명의 수강생이 있는데, 언어 교육 기관으로서뿐만 아니라, 불어권 문화의 보급과 교류, 만남의 장으로서 활용되며 모든 수준의 프랑스어 강의를 제공한다. 또한 기업 및 관공서를 위한 위탁교육을 제공한다.

초급 단계의 강의는 한국인 강사가 강의를 진행하는 경우가 많지만, 단계가 올라갈수록 프랑스 원어민 강사의 비중이 높아지며, 일정 단계 수업부터는

36 윤영주, "주한 외국문화원의 언어교육과 세종학당 비교 연구," 『교육문화연구』 제22권 4호 (2016), pp. 119-220.

한국인과 프랑스인 선생님을 선택할 수 있다. 고급 단계에서는 원어민 강사와 프랑스어로만 수업을 진행하게 된다. 교육과정을 담당하는 인력은 외국인을 위한 프랑스어 교육학(FLE) 전공자인 경우가 많다. 원칙적으로는 자격증 소지자를 원칙으로 하지만, 현장에서 직접 언어를 가르치는 교사의 경우는 현지에서 경험을 가진 프랑스인이거나 프랑스에서 학위를 취득한 한국인들을 고용하기도 한다.[37]

2) 프랑스24(France24)

2006년 12월에 개국한 프랑스24는 프랑스어, 영어, 아랍어로 송출하는 방송으로 영어/아랍어 송출에서 볼 수 있듯이 해외 시청자를 겨냥한 국제뉴스 채널이다. 이 채널의 설립은 프랑스 총리실 산하의 미디어 개발국(Direction du développement des médias)이 주도했는데, 채널의 설립 목적을 '세계적인 미디어 경쟁에서 프랑스의 입지를 구축하고, 다원주의 시각을 전하며, 국제적인 사안에 대해 프랑스만의 시각을 지닌 뉴스를 전달할 것', 그리고 이를 통해 '세계 속에서 프랑스의 지속 가능한 영향력 전략에 기여할 것'으로 밝히고 있다. 이러한 목표를 감안하면, 프랑스24는 프랑스의 공공외교가 프랑스어 및 문화의 진흥과 같은 문화 외교 중심에서 국제적 여론 형성에 기여하는 보다 공격적인 성격으로 변화한 것이다.

국제뉴스 전달에 있어 프랑스24는 CNN International, BBC World, Al Jazeera와 유사한 측면이 있다. 반면에 뉴스 전달을 넘어 국제적 사건에 대한

37 최정순, "주요 국가의 외국인 대상 자국어 교육을 위한 교사 자격 제도 운영에 관하여," 『국립국어원』 제21권 3호 (2011), p. 70; 윤영주 (2016), p. 221.

다양한 의견과 토론을 지향하며, 프랑스의 시각과 가치를 전 세계에 전달하고자 한다는 점에서 차이가 있다. 뉴스의 주요 내용에 있어서는 프랑스 국내 소식이 차지하는 비중은 낮으며, 보도하더라도 국제적인 여파가 있는 사건에 대해서만 국제적 시각을 통해서 보도한다. 즉 보도 내용에 있어 국제적 사건에 초점을 두는 것이다.

프랑스24는 365일 24시간 방영하며 30분마다 실시간 뉴스를 편성하며, 모든 프로그램은 프랑스어, 영어, 아랍어로 송출된다. 2017년 9월부터는 하루에 6시간씩 스페인어 방송도 실시하고 있다. 이러한 4개의 채널은 각각 고유의 편집 방향은 있으나, 동일한 정보에 기반을 둔다. 다국어 방송이 가능한 이유는 35개 국적의 430명의 기자가 근무하고 있으며, 전 세계에 걸쳐 160개 사무소를 운영하기 때문이다. 프랑스24는 북아프리카 마그렙 지역과 프랑스어권 아프리카에서는 CNN과 BBC를 제치고 1위의 국제뉴스 채널로 자리를 잡았다. 주간 단위의 집계에서는 위성을 통해 31개국 5,100만 명이 TV를 통해 시청하는 것으로 나타났다. 매월 프랑스24의 디지털 플랫폼에는 1,650만 방문수를 기록하며, 영상은 4,560만회 시청, 페이스북과 트위터는 3,820만 명의 팔로워를 기록한다.[38]

프랑스24가 개국 후 단 기간에 국제방송으로 급성장할 수 있었던 비결은 우선 프랑스의 해외방송 송출이 그 역사가 길고, 해외의 수많은 역사적, 문화적 네트워크가 많기 때문이다. 반면에 방송 자체로서의 전략을 볼 경우, 가장 큰 성공요인은 프랑스 미디어 몽드를 통한 경영상의 일원화 외에도 다국어 전

38 France24, https://www.france24.com/en/about-us (검색일: 2022.02.03).

략이 주효했던 것으로 볼 수 있다. 즉 TV5Monde의 경우와 달리 초기부터 다국어 방송 전략을 세운 점이다. 특히 각 언어와 문화의 성격에 맞게끔 편집 방향은 조정하더라도 프랑스어, 영어, 아랍어로 동일한 컨텐츠를 송출함으로써 국제적 공감대를 도출해 내는 데 성공했다는 평가이다. 또한 위성채널과 케이블 외에 인터넷, 모바일 기기의 확산에 따라 장소와 시간에 구애받지 않고 채널에 접속이 가능하며, 전통적인 TV 외에 유튜브 채널을 활용한 점도 빠른 확산의 배경으로 꼽을 수 있다.

프랑스24의 방송 화면

자료: France24 Press Kit.

5. 결론: 프랑스 공공외교 기관과 활동의 한국적 함의

오늘날 소프트 파워란 상대국 정부와 상대국 국민의 마음을 얻어 내 편으로 끌어들이는 것을 의미하며, 공공외교는 소프트 파워를 실현하는 정책적 도구를 의미한다. 그런데 자국의 이해관계를 반영한 정치적 선전만으로는 진정한 소프트 파워를 구축할 수 없으며, 보편적 가치에 입각해 상호 이익, 더 나아가 전 세계의 평화와 번영에 기여할 수 있는 의지와 구체적인 내용이 필요하다. 또한 공공외교는 외교부, 문화부와 같은 특정 국가 기관의 전략과 역량에 의해 좌우되는 것이 아니라, 정부와 공공 기관, 민간, 기업 등을 망라하는 종합적인 접근이 필요하다. 본고에서 살펴본 프랑스의 공공외교 사례는 공공외교의 사례로서 학문적, 정책적 연구의 가치가 높다.

문화 외교를 주축으로 한 프랑스의 공공외교는 과거에는 제국주의적 잔재가 남아있었지만, 2000년대 들어서는 지구적 차원의 문화융성과 세계 네트워크 발전에 기여하는 데 초점을 두는 방향으로 탈바꿈하는 데 성공했다. 영미권의 문화 외교가 의사소통(communication)에 축을 두고 있다면, 프랑스의 문화교는 자국의 문화를 전파하고, 타국이 가진 문화적 수용성을 수용하며, 저개발국가의 예술, 문화 인사들과의 역량 구축에 초점을 맞추고 있다는 점에서 차이를 보인다.[39] 물론 여러 연구들이 지적하는 바와 같이 이러한 변화가 국제 사회에서의 영향력이 과거에 비해 감소한 데서 나온 반작용의 결과일 수도 있다. 그러나 이러한 추측은 1980년대 이후 프랑스 내에서 진행된 세계화와 지속 가능 발전에 대한 치열한 논쟁을 간과하는 것이다.

2000년대에 접어들어 프랑스는 자국 문화 중심의 보급 외교에서 탈피하여 문화를 교류와 존중의 측면에서 상호공유하려는 노력을 하고 있다. 물론 프랑스어권 국가들과의 유대 관계를 강화하고, 중심 국가로서의 입지를 공고히 하려는 노력을 하고 있으나, 이러한 시도는 제2차 세계대전 직후 탈제국주의 과정에서 나타난 현상과는 매우 다른 것이다. 적어도 2000년대 이후에는 자국 중심의 문화를 넘어 외국의 가치 있는 문화를 소개, 전파하여 세계적 문화유산에 기여하고자 하는 노력도 병행하는 것이다. 공공외교의 본질이 기본적

39 도종윤(2017), pp. 64-65.

가치와 윤리적 정당성에 의해 상대국 시민의 마음을 사로잡는 것이라면, 프랑스의 공공외교는 그 기본을 충족시키고 있다. 또한 프랑스 문화와 사회, 프랑스의 시각을 프랑스어가 아닌 영어로 전달하고자 하는 노력도 과거에서는 상상할 수 없었던 변화이다.

이러한 프랑스의 공공외교는 역사적 경험과 지정학적 환경이 상이한 한국에 있어서도 함의를 갖는다. 공공외교는 정부 대 정부간에 이루어지던 전통외교와는 달리 ① 비(非)정부 행위자의 역할 증대, ② 쌍방향성, ③ 행위자 간의 협력, ④ 개방적, 장기적, 상시적, ⑤ 소프트웨어의 중요성 등과 같은 특징이 있다. 프랑스의 공공외교는 식민주의 시절로 거슬러 올라가기 때문에 과거에는 정부의 역할이 컸고, 일방적(프랑스→해외) 성격이 강했다. 반면에 1980년대 이후 격렬한 논쟁과 내부 검토를 거쳐 정부의 역할 중 상당부분이 공적 독립 기구로 이관되었고, 보급 중심의 문화 외교에서 상호 교류 중심으로 전환되었다. 또한 수많은 프로젝트를 통해 다양한 민간 행위자를 참여시켰고, 문화활동 지원과 방송국 설립을 통해 끊임없이 새로운 콘텐츠를 생산, 문화 중심지의 위치를 유지할 수 있었다.

한국의 공공외교는 상대적으로 뒤늦게 시작되었고, 주로 한국어 및 한국 문화를 해외에 소개, 보급하는 활동이 주를 이루고 있다. 우선 한국적 가치(value)는 무엇인가, 이 가치가 세계인이 공유할 보편적 가치와 일치하는가에 대한 검토가 필요하다. 다른 이의 마음을 얻기 위해서는 보편적 기준에서 정당성을 확보할 수 있어야 하기 때문이다. 이러한 가치를 기반으로 한국적인 콘텐츠를 개발하여, 세계와 공유한다는 시각이 필요할 것이다. 또한 여전히 공공외교에 있어 정부의 역할이 큰 상황이다. 따라서 정부주도의 공공외교에서 탈피하여 각 분야별 교류에 전문가, 예술가, NGO 등 다양한 민간행위자를 포함시키려는 노력이 필요하다.

제7장.

United Kingdom

영국의 공공외교 기관과 활동

I. 서론: 영국의 공공외교에 대한 이해

영국은 연성 권력으로 불리는 소프트 파워(Soft Power)에서 강력한 영향력을 확보하고 있다. 국가별 소프트 파워 지수에서 영국은 2016년과 2017년에는 2위, 2018년에는 1위를 차지하였고 2019년에는 2위에 올랐다[1]. 즉, 군사적 개입이나 강압적 방식의 외교 정책, 경제 및 군사 제재 조치 등의 물리적 도구를 사용하지 않고 상대 국가의 마음을 살 수 있는 능력이 있다는 것이다. 이러한 소프트 파워는 문화, 예술, 원조, 언어, 미디어 등의 다양한 기제를 활용하여 다른 국가의 대중에게 직접 다가가는 공공외교와 밀접하게 연관되어 있기 때문에, 영국의 공공외교 사례에 대한 실질적 고찰이 필요하다.

20세기 초 영국에서 공공외교에 대한 관심이 시작되었을 당시에는 이러한 대외 정책이 영국의 국가 브랜드에 기여하는 혁신적인 접근법이라는 의견과 타국과의 전략적 의사소통 방식의 전환이라는 의견이 크게 대립하였다[2]. 하지만 대영 제국의 영향력이 쇠퇴하고, 유럽 내 파시즘이 대두되면서 영국의 지위가 약화되는 상황에서 공공외교는 영국을 홍보하고 선전하는 수단으로 활용되었다. 영국의 공공외교 정책이 국가뿐 아니라 영국의 문화, 예술 등을 선전하는 도구로 이해된 것은 1990년대 말까지 이어졌다. 실제 사례로 보면, 1998년 영국의 외무성은 정부와 민간 영역에서 위원들을 선발하여 '패널 2000(Panel 2000)' 이라는 태스크포스를 구성하여 영국 공공외교 정책 전반을

---

1 Portland Communication, "A Global Ranking of Soft Power 2019," https://softpower30.com/wp-content/uploads/2019/10/The-Soft-Power-30-Report-2019-1.pdf (검색일: 2022년 2월 6일)

2 James Pamment, "What Became of the New Public Diplomacy? Recent Developments in British, Us and Swedish Public Diplomacy Policy and Evaluation Methods," *The Hague Journal of Diplomacy* 7(2012), p. 316.

검토하게 하고 이에 대한 검토 의견을 구하였다. 이 과정에서 패널 2000은 영국의 공공외교가 영국의 이미지나 가치, 그리고 정책을 해외에 투영하고 홍보하는 것으로 규정하였다. 즉, 영국의 공공외교 정책이 대상국가나 대상국 시민들에 대하여 일 방향적인 특성을 가지고 있는 것으로 설명되었다.

이러한 패널 2000의 검토 의견은 영국 사회 내에서 강력한 비판을 불러일으켰으며, 이후 영국 내에서 공공외교의 개념에 대한 논의가 확산되었다. 2002년 외무성의 싱크탱크인 윌튼 파크(Wilton Park)는 영국의 공공외교 정책이 단순히 투사나 전파의 차원을 넘어선다고 강조하였다. 다양한 정책을 통하여 다른 국가 내에서 영국의 영향력을 확대하고, 이렇게 확대된 영향력이 다시 영국에 긍정적인 결과를 가져오는 선 순환적 구조를 유지하고 있다는 것이다. 이에 따라 외무성 내에 공공외교전략위원회(Public Diplomacy Strategy Board: 이하 PDSB)가 설립되었고, 이들은 영국의 공공외교를 '영국 정부의 대외 정책 목표를 지원하기 위해 타국과의 관계 및 파트너십을 구축하고 해외에 있는 개인이나 기관의 인식에 긍정적인 영향을 미치게 하는 정책'으로 정의하였다.

이후 2005년 영국 정부는 외교업무위원회의 '카터 보고서(Carter's Review of Public Diplomacy)'에서 제안된 공공외교의 목표를 받아들였는데, 이 보고서에는 공공외교 전략이 정부 차원의 대외 정책 우선순위와 일치할 수 있도록 집행 기관과의 조율이 필요하다고 강조되어 있었다. 이후 영국의 공공외교는 '정부의 중장기 목표에 부합하는 방식으로 외국의 시민과 기관에게 다양한 정보를 제공하고 영국에 대한 이해와 영향력을 향상시키는 것을 목표로 하는 정책'으로 재정의 되었고 이는 현재까지 유용하게 사용되는 개념이다. 여기서 '기관'이라는 단어는 국제 사회 내 공식적인 정부 조직을 의미할 수 있지만, 영국 정부는 여기에 정부 조직이라는 제한을 두지 않고 있다. 즉, 외교 대상 국가 내에서 사회적 연결망을 형성하고 있는 모든 조직을 포괄적으로 의미할 수 있으며, 이러한 조직뿐 아니라 조직에 속하지 않은 개인에게 직접적으로 영향력을 행사하여 영국에 대한 이해를 증진시키고자 한다고 볼 수 있다.

공공외교는 대외 정책의 일환이기 때문에 영국의 공공외교 정책 역시 외무·영연방 및 개발사무소(Foreign, Commonwealth & Development Office)에서 주관하고 있으나, 영국 내에서 공공외교를 수행하는 집행 기관들은 형식상 정부와는 독립된 기관으로 유지된다는 특징이 있다. 영국의 외무성 내 PDSB는 2006년 설립된 공공외교위원회(Public Diplomacy Board)가 업무를 담당하게 하였고, 공공외교 정책 집행기구들을 관리하도록 하였다. 영국의 공공외교 집행 기관으로는 윌튼 파크(Wilton Park), 영국 문화원(British Council), 그리고 BBC 가 있다. 물론 각각의 집행 기관들이 외무·영연방 및 개발사무소와 긴밀한 협력 관계를 유지하고 있으나, 법적으로 독립성을 유지함으로써 공공외교 정책 기획과 수행 과정에서 자율성과 재량권을 보유한다.

2. 영국의 공공외교 기원과 역사

1930년대 러시아에서는 공산주의가, 유럽 내 독일·이탈리아·스페인에서는 파시즘이 확산되면서 영국 정부의 근간이 되는 의회 민주주의(Parliamentary democracy)가 위협을 받기 시작하였다. 이에 영국 정부는 문화적 선전(cultural propaganda)의 필요성을 체감하면서 영국과 자국의 언어에 대한 더 넓은 이해를 촉진하고 다른 국가와 더욱 긴밀한 문화적, 상업적 관계를 맺을 수 있는 메커니즘에 대한 고민을 시작하였다. 이에 1934년 외무성(Foreign & Commonwealth Office)의 주도로 '국가 간 관계를 위한 영국 위원회(the British Committee for Relations with Other Countries)'를 설립하였다[3]. 이듬해 이 위원회는 '국가 간 관계를 위한 영국 문화원(the British Council for Relations with Other Countries)'으로 이름을 변경하였으며, 1936년 최종적으로 '영국 문화원(the British Council)'이라는 명칭으로 확립되었다. 이것이 현재까지 영국 문화원으로 이어지고 있으며 영국 공공외교의 기원이 된다고 볼 수 있다.

영국 정부는 타국의 국민들에게 영국에 대한 긍정적인 이미지를 투사함으로써 우호적인 관계를 형성하고, 영국 정부의 대외 정책을 지지하도록 만들고자 하였다. 이러한 맥락에서 당시 영국 문화원의 설립 목표는 국제 사회에서 영국에 대한 이해의 기반이 될 수 있는 철학, 생활방식, 사고방식 등을 공유하고 이에 대한 우호적인 지식을 확산시킴으로써 영국의 외교 정책에 대한 공감대를 확산하고자 하는 것이었다. 이후 1940년 영국 문화원은 '영국과 영어에 대한 더 넓은 지식을 해외에 홍보하고, 영국과 다른 국가 간의 더 긴밀한 문화적 관계를 발전시키기 위한 기관'으로 영국 왕실 칙허(Royal Charter)를 부여받았다. 영국 왕실 칙허는 도시나 대학, 학회와 같은 중요한 조직을 설립하면서 왕실이 단체에 특별한 권리 또는 권한을 부여하는 것을 인증하는 공식 문서이다. 즉, 영국 문화원이 영국의 공공 외교를 담당하는 기관으로 승인받았다는 것이다.

3 The National Archives, "Records of the British Council," https://discovery.nationalarchives.gov.uk/details/r/C40 (검색일: 2022년 2월 4일).

제2차 세계대전이 진행되는 과정에서 영국 문화원을 영국 정부의 마케팅을 담당하는 중앙공보원(Central office of Information)에 편입시키자는 주장이 제기되기도 하였다. 하지만 당시 영국 문화원의 의장을 맡고 있었던 로이드 경(The Lord Lloyd)의 강력한 주장에 따라 영국 문화원은 독립 기관으로서 문화와 교육업무를 담당하게 되었다.[4] 2차 세계대전 이후 해외에 자체 대표단을 파견하여 영국과 관련한 연구의 진흥, 영어 교육 및 해외에서의 영국 도서관 및 문화 센터의 운영을 담당하기 시작하였다. 2차 세계 대전 이후 영국은 영국 연방 뿐 아니라 영어를 사용하는 미국, 그리고 유럽 연합을 아우르는 교차점이 되는 것을 대외 정책의 새로운 목표로 삼고 있었다. 이에 영국 외무성은 정부의 중장기적 대외 정책 목표와 일치하는 방향으로 영국과 영어에 대한 이해를 증진하기 위하여 해외의 민간인 및 기관을 대상으로 정보를 전달하고 이들과의 교류를 확장하는 것을 공공외교 정책의 목표로 삼았다. 따라서 영국 정부는 영국 문화원의 문화 예술 정책을 통하여 영국의 국제적 위상을 향상하고 평화적인 협력 관계를 증진하고자 하였다.

여기서 주목해야 할 점은 영국 정부의 문화 예술 정책 전략이다. 영국 정부는 문화 예술 정책에 있어서 '팔 길이 원칙(arms' length principal)'으로 불리는 불간섭주의 원칙을 존중하고 있다. 이는 문화 예술 분야를 담당하는 집행 기관에 대한 재정 지원은 정부가 담당하지만 정부의 지원금이 어떠한 방식으로 누구에게 분배되는가에 대해서는 정부가 간섭하지 않고 집행 기관에 위임하는 원칙이다. 이러한 영국 정부의 원칙은 공공외교 분야에서도 적용되었다. 이에

4 이충희, "영국의 대 아프리카 전략: 식민지 외교에서 공공외교로의 전환," 『아프리카 주요이슈 브리핑』 제2권 제2호 (2019), p.101.

따라 정부는 예산을 지원함에도 불구하고 실질적인 문화 예술 정책은 영국 문화원이 주도적으로 기획하고 수행한다. 즉, 영국 문화원은 외무성과 밀접한 협력 관계를 유지하며 재정 지원을 받고 있으나 운영 차원에서는 독립성과 자율성을 유지하고 있으며, 중앙 정부는 공공 외교 정책을 영국 문화원에 위임하고 이들 기관을 감독하는 역할을 수행하는 것이다. 따라서 영국의 공공 외교 정책은 기본적으로 외무성이 주관하고 있으나, 영국 문화원의 비중이 더 크다고 볼 수 있다.

영국 외무성은 해외 시민 단체 및 청소년들과의 다양한 교류 사업을 진행할 뿐 아니라 런던 올림픽이나 상하이 엑스포 등과 같은 사업에서 공공 외교 정책을 수행하고 있다. 또한 영국 대학에서 1년의 석사 과정 학비와 생활비, 왕복 항공료를 지원해 주는 쉐브닝(Chevening) 장학금을 운용한다. 장학금 프로그램은 전 세계 뛰어난 인재들에게 영국 문화를 경험할 수 있는 기회를 제공함으로써 영국에 대한 긍정적인 이미지 확립에 기여하고 있다. 하지만 이 외의 많은 영역에서 공공 외교 정책의 집행과 수행은 대부분 영국문화원, 윌튼 파크(Wilton Park), BBC 등과 연계하거나 혹은 이들 기관에 위임하는 방식으로 이루어지고 있다.

영국 공공 외교 정책 수행에서 또 다른 큰 축을 담당하는 윌튼 파크는 1946년 1월 설립된 정책 연구 기관이다. 1944년 윈스턴 처칠(Winston Churchill)총리가 제 2차 세계대전 이후 독일에 민주주의 이념 확립이 필요하다고 강력하게 주장한 이후 이를 구체적으로 실현하기 위한 방안으로 설립되었다. 이에 1946년 1월부터 1948년까지 독일 정치인들과 지식인들을 대상으로 하는 민주주의 재교육이 수행되었는데, 이 교육 프로그램 운영 장소가 2차 세계대전 중 전쟁포로 수용소로 사용되었던 윌튼 파크 부지(Wilton Park Estate)에서 이루어졌기 때문에 기관의 명칭을 윌튼 파크로 명명하였다.[5]

윌튼 파크는 1948년 6월 독일 정치인들과 지식인들을 대상으로 하는 교육 프로그램을 마지막으로 진행하고, 민간인들을 대상으로 한 프로그램을 도입하기 시작하였다. 이 과정에서 영국 정부는 윌튼 파크가 정부 자금으로 운영되어야 하지만, 기관이 훨씬 더 자율적이고 광범위한 권한을 가져야 한다고 주장하며 관련 정책을 위임하였다. 이에 따라 윌튼 파크는 조직상 영국 외무성으로부터 독립된 비영리 책임 운영 기관(non-profit-making Executive Agency)으로 운영되고 있다. 1957년 윌튼 파크는 경제협력개발기구(Organization for Economic Cooperation and Development)의 모든 회원국을 대상으로 민주주의 교육 프로그램을 확대하고, 유럽과 아시아 뿐 아니라 아프리카 지역에 대한 의제도 포함하기 시작하였다.

그럼에도 불구하고 1960년대~70년대에는 북미 지역과 유럽 지역을 중심으로 윌튼 파크의 프로그램 및 회의가 진행되었으나, 1980년대 들어 아프리카 대륙 내 국가 대표들이 참여하였고, 소련도 참가 의사를 밝히는 등 영향력이 확대되었다. 이에 1991년 윌튼 파크는 외무성(현재 외무성 및 개발사무소)의 집행 기관이 되었다. 윌튼 파크의 설립 목적은 안보, 번영, 정의와 관련한 세계적인 현안을 해결하는 것이고, 이와 관련하여 전 세계로부터 다양한 석학들과 전문가들을 초청하여 주제별 토론이 이루어질 수 있도록 하는 것이다. 각종 학술회의 및 연구 프로그램을 운영함으로써 영국의 외교 현안 뿐 아니라 전 세계

5 Wilton Park, "History of Wilton Park," https://www.wiltonpark.org.uk/about-us/history-of-wilton-park/ (검색일:2022년 2월 4일)

가 직면하고 있는 문제들에 대한 탄력성 있는 접근을 가능하게 하고, 다각적인 차원에서 해결책을 도모하고자 한다.

이는 영국의 외교 정책 담당자들로 하여금 각국 전문가들의 다양한 의견을 파악하게 하고, 이에 의거하여 영국 외교 정책의 수정과 조정을 가능하게 한다. 즉, 윌튼 파크는 궁극적으로 영국이 국제정치 담론의 주도권을 확보하는 데 기여하고 있으며, 학술 교류나 외교 안보 포럼 개최 등으로 공공 외교의 다양한 요소들을 적극적으로 수행하고 있다. 실제로 50개 이상의 국제 포럼을 개최하고 있으며 정치, 경영, 학계, 외교, 시민사회, 미디어 분야에서의 주도적인 영향력을 미치는 인물들을 모아 현안에 대한 집중적인 논의가 가능하도록 조율한다는 특징이 있다.

영국 공공외교의 마지막 축을 담당하고 있는 BBC는 영국 문화원, 윌튼 파크와 함께 공공외교의 핵심 수행 기관으로 간주되고 있다. 세계 최초의 공영방송국인 BBC는 공공 서비스인 BBC 월드 서비스(BBC World Service)와 상업 서비스인 BBC 월드 뉴스(BBC World News)를 통하여 공공 외교를 수행하고 있다. BBC 역시 영국 문화원과 마찬가지로 1927년 설립 당시 영국 왕실 칙허를 부여받았고, 설립 목적 중 하나는 영국과 영국의 문화, 그리고 영국의 가치를 전 세계에 투영할 수 있어야 한다는 것이었다. 이후 BBC는 1932년 대영제국 내 영어권 사용자들을 대상으로 한 라디오 뉴스를 제공하면서 BBC 제국 서비스(BBC Empire Service)라는 명칭을 사용하였고, 공공외교 정책을 수행하기 시작하였다.

다만 초기 BBC 제국 서비스는 영어를 사용하는 국가의 시민들을 대상으로 한다는 한계가 있었다. 하지만 유럽 내 파시즘의 확산이 급속하게 빨라지면서 영국 정부와 정책입안자들은 독일과 이탈리아의 국제 방송 선전에 맞설 필요성을 느끼고 외국어 프로그램의 개설을 촉구하였다.[6] 이후 영국과 중동 지역의 원활한 연계를 위하여 1938년 1월 3일 최초로 아랍어를 통한 뉴스 서비스를 시작하였고, 1938년 9월 27일 독일어, 이탈리아어, 프랑스어 뉴스를 제공하면서 주요 유럽 언어를 사용한 글로벌 뉴스 서비스가 확대되었다.

BBC 제국 서비스는 2차 세계대전이 시작된 1939년 BBC 해외 서비스(BBC Overseas Service)로 명칭을 변경하고, 영국의 선전 방송을 담당하였다. 2차 세계대전이 끝난 후 방송 언어의 수를 지속적으로 확장하였고 1965년 5월 1일, BBC 월드 서비스(BBC World Service)로 명칭을 다시 변경하여 지금까지 유지되고 있다. 공공 서비스인 BBC 월드 서비스는 BBC 이사회와 외무성에 의해 운영되며, 외무성으로부터 보조금을 받아 운영하였다. 이 과정에서 외무성은 영국의 국익에 미치는 지역의 전략적 중요성을 명분으로 하여 뉴스 편성 언어와 방송 대상 지역을 결정하는 과정에 참여해왔다. 즉, BBC 월드 서비스가 새로운 언어 서비스나 전략을 결정하는 과정에서는 반드시 외무성 장관과의 합의가 필요한 것이다. 이는 BBC가 독립적인 편성권을 가진 기관임에도 불구하고 공공외교의 목표를 위해 정부가 개입할 수 있는 여지를 둔 것이라고 이해할 수 있다.

이와 같이 영국은 급변하는 국제 정세에 신속하게 대응하면서 국제 사회 내 영국의 영향력을 유지하기 위하여 필요한 정책 집행 기관을 설립하였고, 이

6 Houcine Msaddek, "The BBC and the making of British Public Diplomacy: The case of the Corporation's Arabic Service," *Mémoire(s), identité(s), marginalité(s) dans le monde occidental contemporain*, 27 (2022) https://journals.openedition.org/mimmoc/10245 (검색일: 2022년 2월 6일)

들로 하여금 공공외교 정책을 담당하게 하였다. 하지만 냉전 종식 이후 영국의 문화와 역사, 예술과 교육을 홍보하거나 선전하는 수단으로서의 공공외교가 비판을 받기 시작하면서 영국 정부는 각 집행 기관이 보유하고 있는 고유한 특성을 바탕으로 독자적인 공공외교 정책을 수행하도록 지원하였다. 즉, 독립적인 집행 기관이 공공외교 정책을 기획하고 수행함에 있어 정부가 직접적으로 개입하지 않고 자율적인 공공외교 정책이 수행되도록 하고 있다.

3. 영국의 공공외교 주요 기관

영국의 공공외교 정책은 외무성 산하에 공공외교위원회(Public Diplomacy Board) 내 비정부 공공 기관(Non-Departmental Public Body)을 중심으로 수행된다. 외무성은 전반적인 공공 외교 정책의 방향성을 제시하고 각 비정부 공공

영국 공공외교 기관

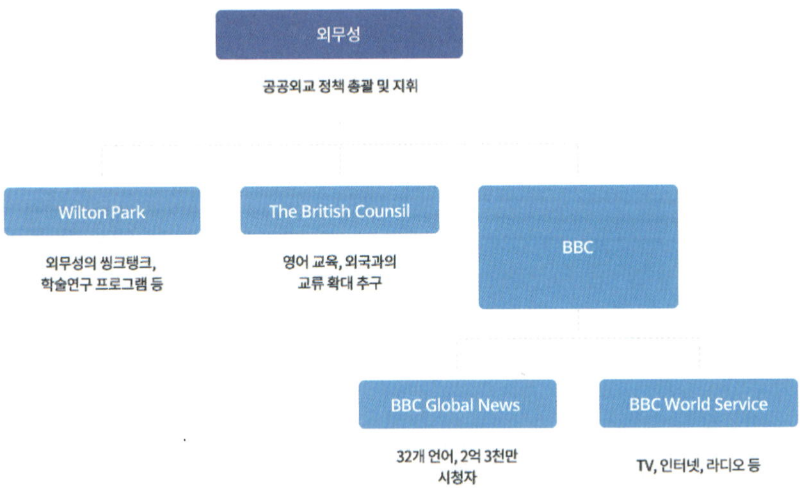

자료: 외교부, "주요국의 공공외교," https://www.mofa.go.kr/www/wpge/m_22714/contents.do (검색일: 2022년 2월 3일)

기관들은 정부가 제시한 대외 정책의 목표를 달성할 수 있도록 자율적이고 독립적으로 정책을 기획하고 수행한다. 공공외교위원회 내 비정부 공공 기관으로는 윌튼 파크, 영국 문화원, 그리고 BBC가 있다. 각 기관은 다음과 같이 연결되어 있다.

1) 윌튼 파크(Wilton Park)

윌튼 파크는 외무성의 정책 연구를 담당하는 싱크탱크로 1946년 설립 이후 공공과 민간, 그리고 제 3의 부문들을 연결하는 글로벌 네트워크를 구축해왔다. 윌튼 파크는 다양한 전문가들의 의사소통을 통하여 글로벌 문제에 대한 실질적인 해결 방안을 모색하는 것을 목적으로 한다. 이를 위하여 일 년에 70개 이상의 행사를 개최하여 파트너십의 확대를 꾀하고 있다. 1970년대까지 동맹국들을 대상으로 세미나나 컨퍼런스를 기획하였다면, 1980년대 이후 대상국 확대에 나섰다. 1991년 윌튼 파크가 외무성의 공식 집행 기관이 된 이후, 갈등 예방 및 해결, 국가 건설, 안보 및 방어, 글로벌 경제 및 보건, 인권과 굿 거버넌스 및 신념, 지속 가능한 발전 및 환경 문제를 정책 우선순위로 설정하였다. 윌튼 파크는 자신의 조직이 영국 정부의 공공외교 정책 최전방에 있는 기관이라고 간주하고, 외무성의 대외 정책 우선순위를 지원하기 위한 다양한 지원 방안을 마련하고자 한다.

윌튼 파크의 공공외교 프로그램을 실행하기 위한 운영 비용의 재원은 외무성의 공적개발원조(Official Development Assistance)자금, 다른 행정 부처의 지원금, 기타 영국의 해외 파트너 후원금, 이벤트 참가 비용 및 추가 수익 창출 활동을 통한 재원이 종합적으로 활용되고 있다. 1990년대에는 최초의 핵 비확산 회의를 개최하고, 이슬람 지역과 유럽의 연계에 대한 논의를 제시하며 아젠다의 범주를 확장하였고, 2000년대 이후 부터는 국제 사회 내에서 주요 정책 과제에 대한 최고의 싱크탱크로 인정받고 있다.

West Sussex에 위치한 윌튼 파크의 전경

출처: Wilton Park https://www.wiltonpark.org.uk/

2020년 기준으로 윌튼 파크는 15개 국가에서 76개의 이벤트를 개최하였고, 이 중 코로나 상황으로 인하여 온라인 화상회의 방식으로 진행된 경우도 있었다. 윌튼 파크가 다양한 학술 행사 및 정책 대화를 기획하면서 가장 중요하게 생각하는 점은 참여자들이 주도적으로 정책 관련 아이디어나 해결 방안을 제시하도록 한다는 것이며, 또한 유사한 주제에 대한 행사가 일회성에 그치지 않고 연계될 수 있도록 지속성을 확보하고자 한다. 이를 통해 국제 사회가 직면한 가장 도전적인 문제에 대하여 안정적이고 건설적인 대안을 모색하고자 하는 것이다.

코로나 19 이후 온라인 채널이나 사회 관계망 서비스를 활용하여 윌튼 파크의 행사에 참석하는 참여자들의 비중이 증대함에 따라, 윌튼 파크도 새로운 방향을 모색하고 있다. 특히 기존에는 윌튼 파크가 주최하는 모든 행사가 영어로 진행되었으나, 외국어로 된 콘텐츠를 개발하기 시작하였다. 일례로 '영국과 독일 포럼'을 기획하면서 독일어뿐 아니라 기타 외국어로 작성된 관련 보고서를 게시하였다. '개발 협력의 효과성 증진을 위한 영국과 브라질, 그리고 아프리카 협력자들 간 컨퍼런스'에서는 공동 주최자인 브라질 협력청의 협조를 얻어 영어뿐 아니라 브라질의 포르투갈어로 회의를 준비하였다. 이는 윌튼 파크

윌튼 파크의 주요 공공외교 프로그램 목록 (2020년)

프로그램 명	개최 장소	정책 주제 분류
에너지 미래: 그린 그리드, 전 지구적 에너지 전환	아랍에미리트 아부다비	지속 가능한 발전과 환경
우주에서의 정책 운용: 현재 다자간 정책 이슈 및 도전과제	싱가포르	안보와 방위
회복탄력성: 아프리카 지역 내 기후변화에의 대응	에티오피아 아디스아바바	다자기구 및 핵심 지역 이슈
인권, 평화 그리고 안보: 연계의 강화	영국 윌튼 파크	인권과 굿거버넌스
국제 지도자 프로그램	영국 런던	다자기구 및 핵심 지역 이슈
COP 26의 성공적 개최 준비	영국 윌튼 파크	지속 가능한 발전과 환경
깨끗하고 안전하고 모두가 사용가능한 에너지: 에너지 전환의 파트너십	영국 윌튼 파크	지속 가능한 발전과 환경
SDGs 달성을 위한 지구적 개입	영국 윌튼 파크	글로벌 경제
해외 원조의 미래: 지구적 공공 투자의 방향성	영국 윌튼 파크	지속 가능한 발전과 환경
핵확산금지조약(NPT) 컨퍼런스	영국 윌튼 파크	안보와 방위
건강한 사회와 건강한 개인	온라인 화상회의	글로벌 보건
영국과 독일 포럼: 공동의 위협, 공동의 목표, 독일과 영국의 관계를 어떻게 구성해야 하는가?	영국 윌튼 파크	갈등 예방 및 해결

자료: Wilton Park, "An Executive Agency of the Foreign and Commonwealth Office Annual Report and Accounts 2019/20," https://assets.publishing.service.gov.uk/government/uploads/system/uploads/attachment_data/file/917803/Wilton_Park_Annual_Report_and_Accounts_2019-2020.pdf (검색일: 2022년 2월 2일)

의 프로그램에 영어를 사용하지 않는 국가의 청중들도 쉽게 참여할 수 있도록 하기 위한 새로운 정책 수행 방식이다. 또한 기존의 비디오 콘텐츠 외에도 짧은 동영상이나 미디어 게시물을 만들어 새로운 청중의 관심을 이끌어내고자 노력하고 있다.

이와 같이 윌튼 파크는 국제 사회 내 다양한 정책 주제에 대하여 논의의 장을 제공하고, 더 많은 사람들이 모여 해결 방안을 모색할 수 있도록 한다. 이 과정에서 윌튼 파크는 공공 부문과 민간 부분, 그리고 제3의 부문이 신뢰성 있는 글로벌 네트워크를 구축할 수 있도록 매개체로서의 역할을 담당하고 있다.

2) 영국 문화원(British Council)

영국의 영향력을 강화하기 위한 목적 하에 설립된 영국 문화원은 영국에 대한 국제 사회의 이해를 증진하기 위해서는 영국의 언어와 예술, 과학, 의회 기구, 기술적 성과 그리고 삶의 방식을 공유해야 한다고 생각하였으며, 이를 위한 교육 프로그램이 필요하다는 입장이었다. 이러한 사상적 기반을 바탕으로 영국 문화원은 영국에 대한 이해와 영어에 대한 지식 확대, 영국과 다른 국가들의 문화·과학·기술·교육 등 분야에서의 협력 강화, 그리고 교육의 확대 등 네 가지를 주요 목적으로 하고 있다. 설립 당시 영국 문화원은 기존의 외무성에서 대외적 문화 선전을 위해 사용했던 기금을 인수하였지만, 이후 대부분의 자금은 민간 기부금으로 구성되고 있다.[7]

1934년 설립 이후 영국 문화원은 영국협회(the British Institute) 등 영국 기

7 British Council, "Our History," https://www.britishcouncil.org/about-us/history (검색일: 2022년 2월 1일)

관들과 해외에 있는 영국인 학교 및 영어 교사를 지원하는 일에 초점을 맞추었다. 이와 동시에 순회 강연, 음악회 및 예술 공연 등을 개최하면서 문화 외교 활동을 중심으로 하였다. 1938년 이집트 카이로에 최초로 영국 문화원 해외 사무소를 설립하기까지 영국 문화원은 해외에 주재하는 영국 대사관을 통해서 활동하였다. 이후, 포르투갈, 폴란드 루마니아 등에도 영국 문화원을 설립하여 현지의 대중들과 직접적인 교류를 시작하였다. 2차 세계대전이 끝나고 영국 문화원에 대한 중앙 정부의 예산이 삭감되면서 활동이 잠깐 위축되기도 하였으나, 이후 영국 문화원의 독자적인 역할에 대한 고민이 시작되면서 활동 영역은 더욱 확대되었다.

특히 1961년 3월 영국 정부는 기술협력부(the Department of Technical Cooperation)를 설립하고 개발 도상국에 대한 기술 지원 제공 업무를 본격적으로 확대하였는데, 이후 영국 문화원의 역할 확대가 급속하게 이루어졌다. 대상국 현지에서의 영어 교육 프로그램 확대, 대상국 정부의 교육·문화 프로젝트

영국 문화원 연간 이용자 수와 누적 이용자 수

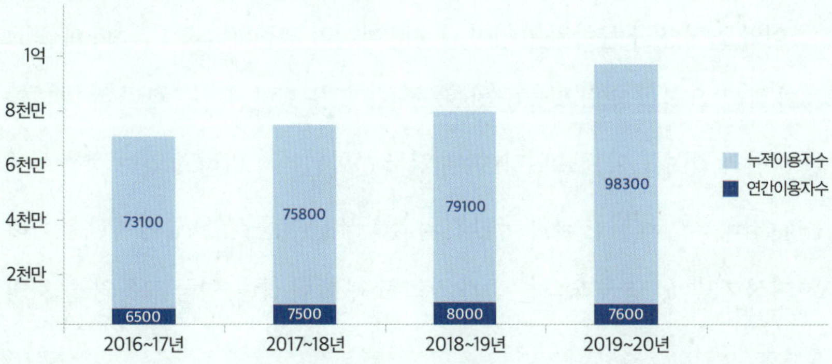

자료: British Council, "British Council Annual Report and Accounts 2019-20," https://www.britishcouncil.org/sites/default/files/annual_report_2019-20.pdf (검색일: 2022년 2월 1일)

사업 수주 등으로 활동 범위를 넓혀나갔다. 2001년 9·11 사태가 발생한 이후 국제 사회 내 공공외교의 물결이 더욱 확산됨에 따라 영국 정부 역시 적극적인 공공외교를 펼쳤다. 이에 따라 영국 문화원은 중동, 아시아, 아프리카 등에서 활발한 활동을 펼치고 있다.

영국 문화원의 활동은 크게 영어 교육, 문화 예술 분야, 교육 기술 분야로 나누어지는데 2020년을 기준으로 영어 교육 분야에서 60개 이상의 정부 기구들이 영국 문화원과 연계 프로그램을 운영하고 있으며, 13만 명 이상의 영어 교사들이 영국 문화원의 트레이닝 코스에 참여하였다. 코로나 상황으로 인하여 9천 6백만 명 이상의 영어 교사와 학습자들이 영국 문화원의 온라인 채널을 활용하여 프로그램에 참여하기도 하였다. 문화 예술 분야에서는 100여 개국 5만 7천 명의 예술가들이 영국 문화원과 협력하고 있으며, 2백만 명 이상이 영국 문화원의 사회 관계망 서비스를 이용하였다. 교육 기술 분야에서도 3만 5천 명 이상의 새로운 참여자들이 도시 예술 프로그램에 참여하였으며, 2만 8천 명의 연구자들이 교육과 연구 분야에서 학술 연구프로그램에 참여하고 있다.[8]

이와 같이 영국 문화원은 영어 교육뿐 아니라 영문학의 확산, 문화 예술 교류의 확대, 온라인 채널을 통한 참여자 확대 등을 꾀하면서 국제 사회 내 다양한 시민의 참여를 이끌고 있다. 현재 영국 문화원에서 밝히고 있는 정책 목표는 (a) 영국 국민과 다른 국가 국민 간의 문화적 관계 증진, (b) 영어에 대한 폭넓은 지식 개발, (c) 영국과 다른 국가 간의 교육 협력 장려, 영국 교육의 발전 및

8 British Council. "Annual Report and Accounts 2019-20" https://www.britishcouncil.org/sites/default/files/annual_report_2019-20.pdf (검색일: 2022년 2월 1일)

국제 사회 내 교육 표준화의 선도이다. 특히 영국 문화원은 개방성과 전문성, 그리고 창의성을 강조하며 다양한 교육, 문화, 예술 프로그램을 시도한다. 이러한 영국 문화원의 노력은 영어를 국제 공통어(international lingua franca)로 만드는 데 기여하였다고 볼 수 있다.

앞에서도 설명하였지만 영국의 공공외교 정책은 영국 정부의 장기적 대외 정책과 노선을 같이하고자 한다. 이에 영국 문화원 역시 영국 정부의 장기적 대외 정책과 방향성을 같이 하는 것을 목표로 하며, 이것이 영국에 새로운 가치를 창출할 수 있도록 한다. 영국 정부 및 주요 정부 부처 장관 및 담당 관료와의 정기적인 회의를 통하여 지속적으로 정책에 대한 의견을 공유하며, 영국의 외무 및 개발사무소는 이사회 구성원 지명권을 가지고 있다. 또한 영국 문화원은 의회와도 긴밀하게 협력하고 있는데, 의회 내 영국 문화원 전담 의회 그룹을 결성하여 영국 문화원의 업무와 국제 문화 교류와 관련하여 관심이 있는 의원들과의 정기적인 회의를 진행하고 있다. 특정 지역구 내에서 일어나는 영국 문화원의 활동은 지역구 소속 의원에게 공유되며, 언어나 예술, 교육 및 사회적 정책 이슈와 관련하여 국회의원이 해외를 방문할 경우 자금을 지원하기도 한다.

영국 문화원은 특히 영어 교류 및 외국과의 교류 확대를 위한 민간 분야에서의 협력과 상호 연계 방안을 추구하고 있다. 영국 문화원은 정부에 의한 재정 지원을 받고 있음에도 불구하고 정부에 속한 기관은 아닌 비정부 공공 기관의 지위를 가지고 있기 때문에, 정부의 정책 방향성과 민간의 요구 사항들을 정책 전반에 함께 포함하기 위하여 노력하고 있다. 즉, 시민사회와 공공 부문이 상호 이익을 낼 수 있도록 함으로써 공공외교 분야에서 중요한 역할을 담당하는 것이다. 영국 정부가 공공외교를 민간 차원에 일임하기 보다는 정부의 목소리도 담으려고 하는 노력이 엿보이는 부분이며, 공적 영역과 민간 영역의 균형성 확보를 위하여 영국 문화원을 최대한 활용하고 있다.

3) BBC

영국의 공영 방송국인 BBC는 영국 문화원, 윌튼 파크와 함께 영국 공공외교의 핵심 집행 기관이다. 대중 매체와 미디어를 활용한 공공외교는 투입되는 비용과 시간, 인력 대비 가장 큰 성과를 거두게 하는 효율성 있는 분야이다. 대중 매체와 미디어가 언론의 독립성과 신뢰성을 확보하게 되는 경우, 이는 대중 매체가 소속된 국가 이미지에 긍정적으로 기여하게 된다.[9] 이는 최종적으로 특정 국가가 외교 정책의 대상국 국민들의 공감을 얻는 데 강력한 효과를 발휘할 수 있도록 만든다. 이에 영국은 전통적인 공공 외교 형태와 더불어 BBC 라는 매체를 활용한 공공외교도 중요하게 간주하고 있다.[10] 1932년 BBC 제국 서비스로 시작된 영국의 국제 방송은 현재 공공 서비스인 BBC 월드 서비스와 상업서비스로 운영 중인 BBC 월드 뉴스, BBC Worldwide가 있다. BBC의 왕실 칙허에 따르면 BBC의 월드 서비스 제공은 의무화 되어 있다. BBC가 '영국을 세계로' 라는 구호 하에서 영국의 대외 정책을 홍보하고 있으나, 다른 국가의 공영 방송에 비하여 객관적이고 중도적인 입장을 지닌다는 특성이 있다.

---

9 Tasiu Abubakar, "British public diplomacy: A case study of the BBC Hausa Service," in Mirchandani, R. and Abubakar, A. (eds.), *Britain's International Broadcasting: CPD Perspectives on Public Diplomacy.* California, (USA: Figueroa Press, 2014), pp. 31-49.

10 김동률 외. 2013. 미디어를 활용한 공공외교 활성화 방안 연구. 외교부 연구용역 과제 보고서.

BBC에 대한 영국 왕실 칙허에 명시된 공공외교 목표

> 영국, 영국의 문화 및 가치를 세계에 반영:
> BBC는 정확성, 공평성 및 공정성에 대한 영국의 가치를 확고한 기반으로 하여 전 세계 시청자들에게 고품질의 뉴스 보도를 제공해야 합니다. BBC의 국제 서비스는 영국을 세계적인 맥락에서 고려하여, 영국 전체 그리고 영국 국민과 영국 지역에 대한 이해 증진에 기여해야 합니다. 또한 영국과 전 세계 사람들이 즐길 수 있는 방송과 서비스를 생산하도록 해야 합니다.

또한 BBC 월드 서비스가 제공하는 뉴스는 검열 대상이 아니기 때문에 정보 통제가 심각한 저개발국이나 개발 도상국 내 국민들에게 인기를 얻고 있다. 하지만 1999년까지 44개의 외국어 서비스를 제공하던 BBC 월드 서비스는 정부의 재정 감축으로 인하여 2016년에는 29개의 외국어 서비스 제공으로 축소되었다. 외무부의 예산 지원을 줄이고, TV 수신료 중 일부를 재원으로 할당받게 되었기 때문이다. 하지만 2016년 2억 9천 1백만 파운드에 달하는 외무성의 추가 재원이 지원됨에 따라 2018년 한국어 방송을 포함한 12개의 신규 외국어 서비스를 추가하였다.

BBC 월드 서비스는 2022년 현재 약 2억 7,900만 명에 이르는 국내외 시청자들을 대상으로 라디오, TV 및 온라인 채널을 통해 40개 이상의 외국어 서비스 및 지역 서비스를 제공하며 영국에 대한 이해 증진에 기여하고 있다. 따라서 BBC 월드 서비스는 영국 내 가장 중요한 문화 수출품 중 하나로 간주되고 있다. 또한 BBC 월드 서비스는 위성 라디오, 어플리케이션을 통한 방송, 사회관계망 서비스 등 새로운 미디어에 대한 투자와 서비스를 확대하고 있는 반면 단파 라디오 등은 제공 외국어 서비스를 축소하였다. 즉 현재 BBC 월드 서비스는 뉴미디어 플랫폼으로 전환하기 위해 노력하고 있다.[11]

---

11 문상현. "공공외교와 국제방송: 한반도 평화협력시대에서 KBS 월드의 역할과 과제," 『방송문화연구』 제30집 제2호 (2018), p. 53.

4. 영국의 공공외교 주요 사례

1) 주변국을 대상으로 한 공공외교 정책

영국의 공공외교 정책 대상 국가들은 전 세계에 분포되어 있으나 그 중에서도 유럽 국가들은 매우 중요한 위치를 차지하였는데, 유럽 연합에서 탈퇴한 후 유럽 지역 국가들에 대한 공공외교 정책은 더욱 확대되는 추세를 보이고 있다. 유럽연합을 탈퇴했음에도 불구하고 유럽 지역 국가들과의 관계 유지는 영국 대외 정책 노선에서 우선순위를 차지한다고 볼 수 있다. 이러한 상황에서 영국 문화원은 영국과 유럽 지역 내 국가들의 청년들이 함께 모일 수 있는 기회를 제공하기 위해 다양한 차원의 프로그램을 운영하고 있다. 이 과정에서 영국은 자국이 보유한 강점인 영어 교육과 고등 교육과 관련한 공공외교 정책을 다양하게 추진하고 있다.

영국 문화원은 스페인 정부와 이중 언어 교육 확대 파트너십을 체결하여 유지하고 있는데, 2020년은 이 파트너십이 24년째가 되는 해였다. 이 프로그램은 스페인 내 공립학교에서 강의하는 커리큘럼을 영어와 스페인어 기반으로 동시에 제공하는 것으로, 2020년 현재 스페인 내 10개 지역에서 88개의 초등학교와 56개의 중학교가 참여하고 있다. 1,200명의 교사와 4만 여명 이상의 학생들이 참여하는 이 프로그램은 참가자들의 만족도가 높아 앞으로도 지속적으로 유지될 것으로 예상된다. 또한 독일의 작센-안할트, 베를린과 브란덴부르크 등 3개 연방 주에서는 영어 강의를 담당하고 있는 현직 교사들을 위한 훈련 프로그램을 제공하고 있다. 독일의 3개 연방주는 영국 문화원과 공동으로 현직 영어 교사들을 위한 맞춤형 교육 프로그램을 개발하였고, 이는 1,200여개 이상의 학교에 제공되고 있다. 또한 이 프로그램은 독일 영어 교사들이 영국 내 영국 문화원 인증 학교에 방문하여 연구를 진행할 수 있도록 지원하고 있으며, 코로나 상황으로 인하여 대면 교육에 어려움이 있는 경우 온라인을 통한 튜터링을 진행하고 있다.

또한 2018년 3월부터 영국 문화원은 유럽 연합 집행위원회가 자금을 지원하고 있는 크로아티아의 교육 개혁 프로그램에서 자문을 담당하고 있다. 크로아티아 과학 교육부에서는 교육 체계 및 학교 운영 방식을 개선하기 위하여 개혁 프로그램을 진행하고 있는데, 영국 문화원은 수석 자문 역할을 담당하여 영국식 교육 방법에 대한 멘토링을 진행하였다. 크로아티아 현지 교사들을 대상으로 교수법을 전파하였고, 학생들을 대상으로 하는 상담 및 멘토링'프로그램도 진행하였다. 이 프로그램은 2019년 11월 종료되었는데, 사후 평가에서 참가자들은 새로운 교육 방식과 접근법을 배울 수 있어 긍정적이었다고 평가하였다.

유럽 연합을 탈퇴한 이후 영국은 유럽 국가들과의 다자간 협력 프레임워크에 지속적으로 참여함으로써 유럽연합과의 협력을 유지하고자 하고 있다. 하지만 이것은 영국에게 불확실성의 위기를 가져다 줄 수 있기 때문에, 이와 동시에 유럽 지역 내 개별 국가와의 양자 협력 관계를 구축하고자 하는 움직임이 다양한 분야에서 포착되고 있다. 이 과정에서 영국은 영어 교육 기회 제공 및 훈련 프로그램 지원, 고등 교육 분야에서의 경험을 토대로 한 국제 회의 개최 등 자국이 보유한 강점들을 기반으로 유럽 국가와의 협력 메커니즘을 재구성하고 있다.

2) 공공외교 정책의 범주 확대: 사회적 기업

영국은 교육과 언어, 문화를 매개로 한 공공외교 정책을 성공적으로 수행하면서 문화 강국으로서의 위상을 정립하였다. 이 후 영국 정부는 공공외교를 적용할 새로운 분야를 탐색하였고, 사회적 기업을 활용한 공공외교 전략을 추진하였다. 2000년대 들어서면서 문화 산물을 매개로 한 공공외교와는 별개의 영역으로 사회적 기업을 활용한 공공외교를 시작하였다. 당시 사회적 기업이나 사회적 경제와 같은 분야는 국제 사회에서 확실하게 개념 정의가 이루어지지 않았기에 영국은 이 분야에서 선도적인 역할을 담당할 수 있었다.

영국은 사회적 기업을 여러 형태의 기업을 포괄적으로 명명하는 데 사용하는데, 사회적 기업은 소유주나 주주를 위한 이윤 창출 및 극대화 보다는 사회적, 환경적 문제를 해결하고자 하는 것을 주요 목적으로 하는 기업이다. 따라서 기업이 영업 활동으로 획득한 이윤을 조직의 명확한 사회적 목적을 위하여 재투자한다는 특징을 갖는다. 민간이 지닌 기업가적 정신과 공공 서비스의 가치가 결합된 개념을 기반으로 한다. 따라서 사회적 기업은 업무 수행 방식과 달성한 성과를 통해 사회에 긍정적인 영향력을 행사하고자 한다. 영국 정부는 사회적 기업 분야의 발전을 도모하기 위하여 다양한 노력을 기울였다. 사회적 기업이 처한 문제점을 파악하여 해결책을 모색하고, 사회적 기업의 성공 및 유지를 위하여 법적, 제도적 환경을 구축하고자 하였다. 또한 영국은 성공적인 사회적 기업을 위한 시민사회의 중요성을 강조하고 있다.

영국 문화원은 영국의 경험을 기반으로 하여 국제 사회 내 30개 이상의 국가의 파트너십을 구축하여 전 지구적 문제 및 지역 사회 내 문제를 해결하고자 하고 있다. 2022년 현재까지 2만 7천 개 이상의 사회적 기업가 훈련 프로그램을 진행하였으며, 고등 교육 기관 내에서 사회적 기업에 참여하는 학생들의 수는 4만 2천 명을 넘어섰다. 영국 문화원의 글로벌 사회적 기업 프로그램(Global Social Enterprise programme)은 사회적 기업가에게 교육 기회 및 멘토링 프로그램 참여 기회를 제공하고, 자금 조달할 수 있는 방안을 함께 모색한다. 대학을 비롯한 고등 교육 기관에서 사회적 기업과 관련한 교육 프로그램을 마련할 수 있도록 지원하며, 사회적 기업에 우호적인 환경 조성에 대한 모범 사례를 공유하기 위하여 지속적인 국제 포럼을 개최하고 관련 연구를 수행하고 있다. 마지막으로 사회적 기업을 기반으로 하는 국제개발협력 활동을 전개한다.

사회적 기업들은 경제적 이윤 극대화를 최종 목표로 하는 것이 아니라 협력과 윤리, 민주주의의 원리 등 가치를 중시하기 때문에 사회 불평등이나 양극화 문제, 환경 파괴 등에 대한 대안으로 제시되는 경우가 많았다. 이에 영국은 사회적 기업과 지속 가능 발전 목표(Sustainable Development Goals: 이하 SDGs)를 연계하고자 하고 있다. 특히 국제 사회 내에서 SDGs 달성을 위한 파트너십의 확대를 꾀하며 시민 사회와 융합한 사회적 기업에 대한 관심이 높아지는 상황에서 영국은 자국이 보유한 사회적 기업의 특수성을 바탕으로 선도적 역할을 자처하고 있다.

영국 문화원은 2014년부터 사회적 기업에 우호적인 환경을 조성한 영국의 정책 경험을 공유하는 포럼을 지속적으로 개최하고 있다. 2019년 10월에는 에티오피아 아디스아바바에서 사회적 기업 세계 포럼(the Social Enterprise World Forum 2019)를 개최하여 아프리카 뿐 아니라 국제 사회 내 사회적 기업의 성장과 발전을 지원하고자 하였다. 3일간 개최된 포럼에서는 총 52개의 세션이 구성되었고, 71개 국가에서 총 1,312명의 사회적 기업가, 정책 입안자, 개발 파트너, 시민사회 대표, 학계 및 실무자 들이 참석하였다. 이 포럼은 2014년 사회적 기업 세계 포럼 역사상 최초로 개발 도상국에서 진행되었다는 의의를 가지며, 이를 통해 아프리카 지역과 국제 사회의 연결통로를 확대했다는 평가를 받았다. 또한 온라인 미디어 채널을 통한 참가자 수가 1억 명 이상으로 기록되기도 하였다.

영국 문화원의 글로벌 사회적 기업 프로그램 성공사례

<table>
<tr><td rowspan="3">실무교육 및 멘토링</td><td>카자흐스탄 Chevron과 파트너십 체결
- 사회적 기업가들과의 기술 및 지식 공유 네트워크 구축
- 지역 사회 내 문제에 대한 지속 가능한 해결방안 모색</td></tr>
<tr><td>인도의 Diageo
- 4천명 이상의 여성 사회적 기업가에 대한 교육 수행
- 지역 내 성평등에 대한 인식 교육 및 역량 강화</td></tr>
<tr><td>인도네시아
- 생태 관광에 중점을 둔 지역 사회 내 사회적 기업의 발전 지원</td></tr>
<tr><td rowspan="3">고등 교육 기관과의 연계</td><td>멕시코
- 지역 내 20개 대학에서 300명 이상의 학생을 대상으로 사회적 기업에 대한 수업을 영어로 제공</td></tr>
<tr><td>그리스, 자메이카, 카자흐스탄
- 학생들이 사회적 기업의 실무를 경험할 수 있도록 기회를 제공, 총 42,200명의 학생이 참여
- 21세기 사회적 기업에 필요한 기술 개발을 위한 연수</td></tr>
<tr><td>인도네시아, 말레이시아, 필리핀, 한국, 베트남 등 사회적 기업에 우호적 환경을 조성하는 정책에 관심이 있는 국가들에 대한 심층 연구를 진행하고 보고서 발간</td></tr>
<tr><td rowspan="3">정부 정책 지원</td><td>UN ESCAP와 함께 아시아 14개국의 고위 정책 관리들을 대상으로 사회적 기업과 사회적 경제에 관한 아시아 정책 대화를 공동 주최</td></tr>
<tr><td>베트남
- 사회적 기업에 대한 정의를 제시하고, 이와 관련한 법률안 마련을 위하여 정책 입안자들과의 세미나 개최</td></tr>
<tr><td>가나
- 가나 정부 최초의 사회적 기업 전략을 수립하기 위하여 통상산업부와 업무 협력 진행, 사회적 기업 투자 기금 공동 개발</td></tr>
</table>

정부 정책 지원	그리스 - 그리스 정부가 국가 사회 및 연대 경제 전략을 기획하고 실현할 수 있도록 정책 자문
연구 및 출판	전 세계 국가의 사회적 기업 규모 및 업무 범위에 대한 설문조사 시행(2022년 현재까지 20개 이상의 사회적 기업 조사 수행)
	코로나 19 상황이 사회적 기업에 미치는 영향에 대한 최초의 글로벌 설문조사 수행
	불평등이 아닌 평등한 발전을 이끌어내는 사회적 기업의 역할에 대한 연구를 세계은행과 공동으로 진행
인식 제고	사회적 기업 세계 포럼 주최
	사회 관계망 서비스(twitter, Instagram)를 통하여 사회적 기업과 임팩트 경제에 대한 아젠다 확산
	베트남 Hanoi TV와 공동으로 사회적 기업에 관한 52부작 시리즈를 기획하고 방영

자료: British Council, "Social Enterprise," https://www.britishcouncil.org/society/social-enterprise (검색일: 2022년 2월 5일)

영국 문화원은 사회적 기업을 기반으로 한 공공외교 정책이 지속 가능한 미래를 육성하는 데 기여할 수 있다고 보고 영국이 다른 국가와의 협력을 증진하는 데 주요한 수단으로 활용될 수 있다고 판단하고 있다. 이에 영국의 긍정적 영향력을 확대할 수 있도록 체계적으로 설계한 글로벌 사회적 기업 프로그램을 운영하며 영국에 대한 신뢰를 향상시키고 있다.

5. 결론: 영국의 공공외교 기관과 활동의 한국적 함의

영국의 공공외교는 자국의 대외 정책 목표를 달성하기 위하여 다른 국가의 시민과 기관들의 영국에 대한 이해를 증진시키는 것을 목적으로 한다. 즉, 영국의 중앙 정부가 중심이 되어 공공외교 대전략 및 세부 목표 등을 기획한다는 것이다. 하지만 영국은 공공외교의 실질적인 정책 방향성을 설정하는 과정에서 정부 정책과의 균형과 조화를 강조하는 동시에 집행 기관의 독립성과 자율성을 보장하고 있다. 자국의 대외 정책 방향성과 공공외교 정책의 전략이 부합할 수 있도록 정책 노선을 설정한 후 민간 부문의 참여와 교류를 확대하기 위하여 집행 기관들에게 재량권을 제공하는 것이다. 공공외교의 전반적인 전략을 수립하는 외무·영연방 및 개발사무소는 정책의 일관성과 실현가능성을 담보하는 역할을 맡고, 영국 문화원, 윌튼 파크, BBC 등 집행 기관은 자신의 조직의 강점을 살려 다양하고 새로운 정책의 수행을 가능하게 하는 것이다.

영국의 공공외교 정책 집행 기관들은 외무·영연방 및 개발사무소의 자금을 지원받음에도 불구하고, 정책 수행 과정에서 권한을 위임받았기 때문에 각 기관들이 매우 적극적이고 능동적인 자세로 공공외교 정책을 수행한다는 특징이 있다. 또한 정부 차원에서 각 기관들의 정책이 중복되거나 편중되지 않도록 효율적으로 조정업무를 담당하기 때문에 영국의 공공외교 정책이 성공적이라고 평가받고 있다고 볼 수 있다.

또한 영국의 공공외교 정책 성공 사례들은 영국이 강점과 비교우위를 가지고 있는 교육과 문화적 산물들을 기반으로 하는 것이 주류를 이루고 있다. 이러한 정책 흐름은 2000년대 이후 사회적 경제 분야로 확장되어 영국 정부가 대안적 체제로 인식한 사회적 기업을 공공외교 전략으로 삼았다. 불평등의 심화와 환경 파괴에 대한 대응이 시급하게 요구되는 상황에서 영국의 사회적 기업은 전 지구적 공동의 문제를 해결할 수 있는 대안으로 떠오르며, 국제 사회에서 관심을 받고 있다. 이에 영국 문화원은 사회적 기업이 성공적으로 설립되고 유지될 수 있도록 우호적 환경을 구축하는 것을 공공외교의 새로운 축으로 삼고, 이에 대한 정책 경험 공유 및 기술 이전을 추진하고 있다.

이러한 영국의 공공외교는 한국에 많은 정책적 함의를 제공한다. 첫 번째 공공외교를 전담하는 정부 부처와 집행 기관 간의 관계이다. 공공외교는 문화, 예술, 교육, 사회적 경제, 스포츠 등 다양한 분야를 아우르기 때문에 많은 수의 집행 기관이 참여할 가능성이 높다. 이 과정에서 중앙 정부 부처가 막강한 권한을 가지고 집행 기관을 통제하거나, 아니면 집행 기관의 재량권 확대를 명분으로 방임하게 된다면 공공외교 정책의 효율성이 저해될 수 있다. 따라서 관련 기관 간 구체적 역할 분담이 필요하고, 각 기관의 정책 기능이 가시적으로 구분될 수 있도록 하는 것이 중요하다.

두 번째 공공외교 정책 사례를 통한 교훈이다. 영국은 유럽 연합을 탈퇴한 이후 주변 지역인 유럽 국가들을 대상으로 적극적인 공공외교 정책을 펼친다. 독일과 프랑스뿐 아니라 이탈리아, 크로아티아, 그리스 등 다양한 유럽 국가들과 문화적, 학술적 교류를 통하여 양자 관계를 돈독히 하고 있다. 이는 영국이 지리적으로 근접해있는 주변 국가들과의 외교 관계가 얼마나 중요한지를 인식하고 있다는 것을 의미한다. 한국도 지리적 근접성을 기반으로 하여 주변 국을 대상으로 하는 공공외교 정책 전략을 수립할 필요가 있다. 또한 영국이 사회적 경제 분야에서 두각을 나타내며 사회적 기업을 중심으로 공공외교 전략을 수립한 것과 같이, 한국도 공공외교 정책을 수립 함에 있어 다른 국가의 성공 사례를 무조건적으로 모방하기 보다는 우리나라가 강점과 비교우위를 고려하여 정책의 범주를 확장할 필요가 있다.

제8장.

Australia

호주의 공공외교 기관과 활동

1. 서론: 호주의 공공외교에 대한 이해

호주 외교의 3대 기조는 (1) 미국과의 동맹 강화, (2) 아시아에 대한 관여, (3) 국제기구 중시이다.[1] 첫째, 호주는 인도·태평양(이하, 인·태) 지역의 세력균형이 호주의 안보 및 무역 이익 수호에 매우 중요하다고 판단하고 있으며, 이를 위해서 미국이 인·태 지역에서 지도력을 유지하는 것이 필요하다고 판단한다. 미국과 호주의 동맹(이하, 미·호 동맹)은 미국이 역내에서 세력을 유지하는 데 있어 중요한 기제이다. 둘째, 호주는 인·태 지역에 대한 관여를 중시하고 있다. 호주가 중시하는 지역은 남태평양만이 아니다. 중국, 일본, 한국 및 아세안이 호주의 최대 교역 상대국들이라는 점에서, 동북아와 동남아 지역 질서를 안정되게 유지하는 것도 호주의 핵심 전략 목표 중 하나이다. 호주는 동남아시아에 있는 미국의 어느 동맹국이나 안보 우호국보다 우월한 군사력을 유지하고 있는바, 미국은 동남아 안보 이슈에 있어 호주의 관여를 중시하고 있다. 셋째, 호주는 유엔(UN) 및 지역 기구에 대한 적극적인 참여를 원칙으로 견지하고 있다. 즉, 다자주의를 중시하고 있는 것인데, 식량안보, 기후 변화 등 글로벌 차원의 도전에 대응하기 위한 UN과 국제기구의 역할 강화를 지지하고 있다.

위와 같은 호주의 외교 목표하에 호주 공공외교의 주안점은 아래와 같다.[2] 무엇보다 호주는 공공외교를 통해 호주의 역내 국가 정체성을 확산시키고자 한다. 호주 인구분포는 유럽계(89.2%), 아시아계(4.1%), 원주민(1.6%) 등으로, 호

---

1 박재적, “딜레마에 빠진 ‘중간국’ 호주의 외교전략,” 김홍규 역 『신국제질서와 한국외교전략』 (서울: 명인출판사, 2021, pp. 358-350.

2 호주 정부가 공식적으로 표명하고 있는 공공외교의 목적은 Australian Government - Department of Foreign Affairs and Trade, “Public Diplomacy Strategy,” https://www.dfat.gov.au/people-to-people/public-diplomacy/public-diplomacy-strategy (검색일: 2022.02.05.) 참조

주는 인·태 지역에 있지만, 유럽계가 주류인 국가이다. 따라서, 호주는 역내 국가로서의 정체성을 확립해 나가는 데 공공외교를 적극적으로 활용하고자 한다.

둘째, 호주는 역내에서 호주가 미국의 '부 보완관(Deputy Sheriff)'이라는 인식을 희석하는 데 공공외교를 활용하고 있다. 호주는 몇몇 예외를 제외하고는 미국이 2차 대전 이후 참전한 주요 전쟁에 참전하여 미국을 도왔다. 한국전, 베트남전, 걸프전, 아프가니스탄 테러와의 전쟁, 시리아 및 이라크 전쟁에 미국을 도우려 참전한 호주는 미·호 동맹을 굳건히 하였지만, 반대급부로 위협이나 무력 사용을 자제하는 중견국으로서의 이미지는 손상했다.[3] 특히, 2001년 9/11 사태 이후 미국이 테러와의 전쟁을 개시하자 호주가 동맹조약을 발동하여 아프가니스탄 전쟁에 참전하였고, 미국이 UN의 승인 없이 개시한 이라크와의 2003년 전쟁에도 호주가 미국을 개전 초기부터 적극적으로 지원하자, 일부에서 호주가 미국과의 동맹을 지나치게 중시하는 것을 빗대 호주를 미국의 '부 보안관'이라고 비난하였다.[4] 호주는 호주가 지나치게 일방적으로 미국의 대변인 역할을 자행하지 않는다면 미·호 동맹이 호주의 안보 위상을 높인다고 평가하지만, '부 보안관(deputy sheriff)' 이미지는 호주가 역내에서 중견국 외교를 펼치는 데 부정적으로 작용한다고 우려하고 있다.

셋째, 호주 공공외교의 목표 중 하나는 호주를 역동적인 혁신국가로 각인

---

3 Alison Broinowski, "Australia diplomacy: how to lose friends and influence no one," Nov 26, 2021, https://johnmenadue.com/australia-diplomacy-how-to-lose-friends-and-influence-no-one/ (검색일: 2022.02.05).

4 William Tow, "Deputy Sheriff or independent ally? Evolving Australian-American Ties in an Ambiguous World Order." *The Pacific Review* 17-2 (June 2004), pp. 271-290.

시키는 것이다. 호주는 자궁경부암 백신, 블랙박스 비행기록 장치, 구글 맵, 독감 백신 프로그램 Relenza, 와이-파이(Wi-Fi) 등 혁신 물품을 만들어 냈고, 평화상과 문학상을 제외한 과학 분야에서 13명의 노벨상 수상자를 배출한 혁신국가이다. 그러나, 호주는 캥거루, 시드니 오페라 하우스 등의 이미지로 인해 농업 국가 또는 관광 국가로 부각되는 경향이 크다. 관광업이 호주 수출의 10%를 차지할 정도로 중요한 산업이나, 호주는 현대적이고 혁신적인 기술 강국으로 국가 브랜드를 새롭게 하고자 한다.

넷째, 호주는 공공외교를 통해 중견국으로서 호주의 위상을 확립하고자 한다. 1인당 명목 GDP 및 실질 GDP 기준으로 호주는 세계 10~15위권의 중견국이다. 호주는 캐나다와 함께 중견국 외교를 펼치고 있는 대표적인 국가이다. 호주의 중견국 외교는 이른바 '틈세 외교(niche diplomacy)'로 강대국 간의 지정학적 경합에서 상대적으로 자유로운 비전통안보 영역에서 새로운 의제, 가치, 규범을 개발하고 확산시켜나가는 것이다. 호주의 공공외교는 호주의 중견국 이미지를 확산시켜 준다.

다섯째, 공공외교를 통해 '백호주의(White Australia)'를 청산하고, 인권, 환경 등에 앞장서는 선도국가로 호주를 홍보하려고 한다. 호주는 원주민을 탄압한 과거를 반성하고 원주민을 우대하고, 원주민 유산을 존중하는 정책을 펼치고 있는데, 이는 호주가 호주의 대표적 공공외교 ㅍ로그램 중 하나인 '대 태평양 정책(Pacific Step-Up)'을 펼쳐나가는 데 있어 기반을 제공한다.[5]

5 Frances Adamson, "The Contribution of Indigenous Australia to our Diplomacy," Speech by Secretary of the Department of Foreign Affairs and Trade at Charles Darwin University, Northern Territory (20 May 2021), https://www.dfat.gov.au/news/speech/contribution-indigenous-australia-our-diplomacy (검색일: 2022.02.05).

여섯째, 정책공공외교를 통해 미국과 중국 간 전략적 경쟁 속 호주의 안보·경제적 이익과 정책을 역내 국가에 설명/설득하고, 지지를 확보하려고 한다. 특히 최근에 호주 내에서 중국 위협론이 증가함에 따라, 호주 주류층은 미국의 강력한 안보 개입이 없다면 역내 권력은 더 빠르게 중국 쪽으로 이동할 것이고, 그렇게 되면 호주가 추구하는 안정된 역내 경제 및 안보 질서가 위협받게 된다고 인식하고 있다.[6] 현재 자유당 연립정권 하 호주 정책공공외교는 이러한 호주의 입장을 역내 국가에 설명/설득하고 지지를 얻는 데 주력하고 있다.

2. 호주의 공공외교 기원과 역사

호주 주요 정당인 자유당과 노동당은 앞서 언급한 호주 외교의 3대 기조, 즉 (1) 미국과의 동맹 강화, (2) 아시아에 대한 관여, (3) 국제기구 중시를 초당적으로 지지하고 있다. 하지만 3대 기조와 관련된 세부사항에서는 양 정당 간 차이가 있다. 양당 모두 미·호 동맹을 호주안보의 가장 중요한 자산으로 간주하지만, 자유당은 미국과의 안보 관계를 상대적으로 더욱 중시하고 노동당은 아시아(중국)와의 관계를 상대적으로 더 중시한다. 또한, 전통적으로 노동당은 다자주의를, 자유당은 양자주의를 선호한다.

앞서 언급한 데로 호주는 인·태 지역에 있지만 부유한 '서구 국가'로 인식되는 이중 정체성을 가지고 있는데, 이는 호주가 아시아와 서구 사이에서 일관성 있는 공공외교 정책을 펼치는 데 장애가 되었었다. 호주 (공공)외교 대상의 우선순위에 대한 혼란이 있었던 것이다. 제2차 세계대전 후 자유당 멘지스

6 고직순, "남중국해 당사국 아닌 호주는 개입하지 말라," 『한호일보』, 2017년 11월 24일, http://www.hanhodaily.com/news/articleView.html?idxno=54351 (검색일: 2022.02.05).

(Robert Gordon Menzies) 정부는 호주의 '아시아화'에 대한 우려와 불안감 속에서도 국제기구인 '콜롬보 플랜(The Colombo Plan for Cooperative Economic and Social Development in Asia and the Pacific)'에 가입하였다. '콜롬보 플랜'은 1951년에 호주를 포함한 영연방 7개국이 발족시켰는데, 전쟁 후 회복과 공산주의의 문턱 안에서 가난에 시달리는 탈 식민지 아시아 국가들에 경제적, 기술적 지원을 제공하는 것을 목표로 했다.[7] 이후 '콜롬보 플랜'에 따른 원조 및 국제교육은 호주가 아시아 정체성을 확립하기 위해 펼치는 대표적인 공공외교로 자리 잡았다. 호주는 1950년~1980년 사이에 약 4만 명의 유학생이 호주에서 수학할 수 있도록 지원하였는데, 이는 '백호주의' 정책을 채택했던 호주에 대한 부정적 인식을 완화시키는 효과를 가져왔다.

아시아에 대한 호주의 관여는 이후 노동당 정권하에서 더욱 활발하게 전개되었다. 1983년부터 1996년까지 노동당이 집권하였을 때, 호주는 아시아 지역에 대한 다자주의적 관여를 추구하면서 호주의 지리적 특수성에 기인한 대외 정체성을 강조하였다. 이 시기에 호주는 지나친 일차 산업 의존으로 경제 침체에 빠져들고 있었다. 호주의 무역 경쟁력은 약화하였고, 심각한 경상수지 적자 및 실질소득 감소가 지속되고 있었다. 이에 반해 동아시아 국가들은 경제력이 급격하게 성장했다. 이러한 맥락에서 키팅(Paul John Keating) 정부는 '아시아의 미래에 호주가 자리 잡고 있다'는 구호로 호주를 아시아에 본격적으로 배치하였다.[8] 이 시기 호주는 호주의 중견국 외교를 강대국과 아시아를 연결하

7 Jan Melissen and Yul Sohn, *Understanding Public Diplomacy in East Asia: Middle Powers in a Troubled Region* (New York: Palgrave Macmillan, 2015), p. 185.

8 문경희·이희진, "호주 노동당 정부의 중견국 외교에 대한 고찰," 『21세기정치학회보』 제22집 2호 (2012).

는 존재로서 인식하였다. '아시아' 정체성이 반영된 구체적인 성과로는 캄보디아 평화협정 설계에 호주가 적극적으로 관여하였던 것과 호주가 '아시아·태평양 경제협력체(APEC)' 창설에 중추적인 역할을 한 것을 꼽을 수 있다. 노동당 정부는 당시 아시아에 대해 이질감을 가지고 있었던 호주 국민을 계몽하기 위해 학계, 교육계, 정치권 내부를 대상으로 인식 개선 정책을 펼치면서, 한국, 중국, 일본, 인도네시아 4개국의 언어와 문화 연구 기관에 재정 지원을 하는 공공외교를 전개하였다.

2007년부터 2013년까지 노동당이 집권하였을 때에도 노동당 정부는 전통적인 '아시아 중시' 정책을 강화하였다. 러드(Kevin Rudd) 수상이 2008년에 '아시아·태평양공동체(Asia-Pacific Community)'를 창설하자고 역설한 것이 대표적인 예이다. 동 구상은 동아시아 역외국가인 호주가 공동체 형성에 주도권을 갖는 것을 우려한 중국과 일본의 무관심으로 성과를 내지 못했다. 길라드(Julia Gillard) 정부 또한 노동당의 정체성에 부합하게 2012년 10월 호주가 아시아를 중심으로 정책을 전환하겠다는 것을 골자로 한 외교백서인 '아시아 시대의 호주(Australia in the Asian Century)' 백서를 발간하였다. 호주의 무역과 안보에서 한국, 중국, 인도, 인도네시아, 일본 등 아시아 5개국과 미국을 가장 중요한 6대 전략 파트너 국가로 명시하였는데, 국가 전략의 중심을 미국과 영국 등 구미에서 아시아로 이동하겠다는 발상의 전환이었다.

호주는 현재 자유당/국민당 연립정권이 2014년부터 집권하고 있다. 이전 노동당 정부가 아시아 국가에 대한 다자주의적 관여를 추구하며 호주의 지리적 특수성에 기인한 중견국으로서의 대외적 정체성을 강조했던 반면, 자유당/국민당 연합정부는 노동당이 호주의 역사적 특성을 무시한 정책을 추진했다고 비난하면서, 아시아 국가에 대한 선별적 관여를 지향하고 있다. 자유당이 강조하는 역사적 특성은 서구의 유산, 자유 민주주의적 정치제도, 미국과의 전략적 동맹 관계이다. 그럼에도 불구하고, 자유당/국민당 연합정부는 2014년부터 '새로운 콜롬보 플랜(New Coloombo Plan)'을 적극적으로 펼치고 있다. 기존의 '콜롬보 플랜'에 기반한 호주의 공공외교가 역내 국가 유학생을 호주에 유치하는 것에 중점을 두었다면, '새로운 콜롬보 플랜'은 호주 유학생을 역내 국가에 파견하는 정책이다.

자유당 집권 하에서도 호주가 아시아에 대한 공공외교를 강화하고 있는 것은 최근 호주 경제의 각 분야에서 중국을 포함한 아시아가 차지하는 비중이 급증하고 있는 것과 무관하지 않다. 호주 전체 수출의 약 1/3이 중국 시장으로 향하고 있으며, 중국, 일본, 한국 및 아세안이 미국, 뉴질랜드와 함께 호주의 최대 교역국이다. 코로나19 확산과 호주·중국과의 무역분쟁 전인 2018년에 호주를 찾은 중국인 관광객은 뉴질랜드인 다음으로 많은 138만 명이고, 호주 내 중국 유학생은 15만 7천 명이었다.[9] 한편 중국에 대한 경제적 의존도를 줄인다는 관점에서도, 호주는 동북아뿐만 아니라 동남아도 중시하고 있다. 동남아시아에서 전자상거래 시장이 확장되고 있는바, 호주가 호주-아세안 간 디지털 무역 성장세가 클 것으로 전망하고 시장 공략을 준비 중이다. 이러한 상황에서 호주의 경제적 이익을 증진하기 위해서도 효율적인 공공외교가 필요하다.[10]

9 "반중으로 돌아선 호주, 미국과 '반(反)일대일로' 연합전선," 『한국경제』, 2018년 2월 25일.
10 Australian Goverment - Department of Foreign Affairs and Trade, Ibid.

3. 호주의 공공외교 주요 기관

호주의 공공외교를 위한 제도 정비는 2000년대 중반에 본격화되었다.[11] 2003년에 호주 외교통상부(Department of Foreign Affairs and Trade, 이하 DFAT)가 공공외교를 정무 외교와 결합하려는 조치들을 취하고 담당 인력을 증원하였다.[12] 호주 정부가 2007년에 발간한 '호주 공공외교: 호주의 인식 제고(Australia's public diplomacy: building our image)' 보고서는 정부 기관이 공공외교 정책 및 활동을 강화할 책무를 강조하였다.[13] 이러한 과정을 통해 DFAT이 호주 공공외교의 핵심 기관으로 전면에 나서게 되었다. DFAT에서 공공외교 담당 부서는 Chief Operating Officer Group의 Communications Division(CMD) 소속인데, 공공외교의 특성상 DFAT 내의 지역 담당 부서 및 개발 협력 등 기능 영역 담당 부서와의 연계되어 있다.

주목할 것은 호주 DFAT이 디지털 공공외교를 강조하고 있다는 점이다. 이는 호주의 국내·외 디지털 무역 시장이 급성장하고 있는 것과 무관하지 않다. 특히, 동남아시아에서 라자다, 알라바마, 아세안 크레딧 카드를 중심으로 전자상거래 시장이 급증하는바, 호주는 동남아시아와의 전자상거래 중시하고 있다. 아세안은 향후 10년간 연 5.4% 이상의 경제성장을 할 것으로 전망되면, 인구도 6억에 이르는 잠재력이 큰 시장으로 호주-아세안 간 디지털 무역

11 유현석, "한국공공외교 추진체계연구 및 전략 수립 『중견국 공공외교의 추진체계: 호주사례를 중심으로』," 한국국제교류재단, 2011년 12월 22일, https://webcache.googleusercontent.com/search?q=cache:vq-NllQOg4kJ:https://overseas.mofa.go.kr/www/brd/m_22717/down.do%3Fbrd_id%3D20562%26seq%3D95%26data_tp%3DA%26file_seq%3D1+&cd=1&hl=ko&ct=clnk&gl=kr (검색일: 2022.02.05).

12 Ibid.

13 Commonwealth of Australia, *Australia's public diplomacy: building our image* (Canberra, 2007).

성장세는 커질 전망이다. 이러한 측면에서 미래 디지털 무역 활성화를 위해 2018년 '호주-아세안 디지털 무역 공동 이니셔티브(Australia-ASEAN Digital Trade Standards Cooperation Initiative)'가 추진되었다.

호주 DFAT이 사이버 공간에서 적극적인 국제협력을 추진 중인데, 2017년 10월에는 '호주 국제 사이버 관여 전략(Australia's International Cyber Engagement Strategy)' 보고서를 발간하기도 하였다. 사이버 관련 업무는 DFAT에서 FTA Investment, Digital Trade and other Issues Branch가 업무를 담당하고 있다. 디지털 시대에 발맞추어 호주 DFAT은 디지털 외교를 활용하여 수요가 적은 곳의 공관 수를 줄여나가고, 프랑스나 덴마크처럼 실리콘밸리, 중국 첨단 산업 단지 등에 담당 대사를 파견하는 것도 검토하고 있다.

실제로 호주는 사이버 공간에서의 공공외교를 강화하고 있다. 타국 국민의 의견을 수렴하고 소통하기 위해 인터넷 플랫폼을 활용한다. 크리스마스 메시지를 통해 친근하고 매력적인 호주의 이미지를 끌어내기 위해 모리슨 총리가 틱톡 플랫폼을 사용한 것이 대표적인 예이다.[14] 중국으로의 정보유출 우려로 호주에서도 틱톡 금지 여부가 논쟁적인데, 모리슨 총리는 틱톡을 금지할 필요는 없다고 하면서도 "사람들은 (틱톡의) 연장선이 곧장 중국으로 연결된다는 사실을 알아야 하고 이에 동참할 것인지를 스스로 판단해야 한다"고 경고하였던 바,[15] 틱톡을 통한 메시지 전달은 의외의 행동이었다. 호주 DFAT은

---

14 Andrew Greene, "PM_Scomo' joins TikTok despite previous criticism of controversial Chinese-owned platform," 26 Dec 2021, https://www.abc.net.au/news/2021-12-26/scott-morrison-tiktok-pm-chinese-social-media/100725804 (검색일: 2022.02.05).

15 "호주 총리, "틱톡 금지할 필요 없다," 『연합뉴스』, 2020년 8월 5일, https://www.yna.co.kr/view/AKR20200805132400093 (검색일: 2022.02.05).

Security, Legal and Consular Group 하에 '사이버와 민감 기술 담당 대사(Ambassador for Cyber Affairs and Critical Technology)'를 임명하고 있고, 대사 아래에 Cyber Affairs and Critical Technology Branch (CYB)가 있다.

호주 외교통상부

호주 공공외교에서 개발, 원조를 담당하고 있는 주요 기관은 DFAT 산하 '호주국제개발처(Australian Agency for International Development, 이하 AusAid)'이다. AusAid의 전신은 1974년에 설립된 Australian Development Assistance Agency(ADAA)인데, 1976년에 Australian Development Assistance Agency(ADAA)으로 명칭이 변경되었고, 1987년에 Australian International Development Assistance Bureau(AIDAB)로 다시 변경되었다가 1995년에 AusAid가 되었다. 이후 2014년에 AusAid가 외교부 산하조직이 되었다. 한편 호주 DFAT은 호주의 원조 프로그램 등에서 민간의 참여를 통한 혁신적 개발 협력을 중시하기 위해 혁신센터(InnovationXchange)를 설립하여 운영하고 있다.

호주 외교통상부 홈페이지 국제 개발 프로그램 소개

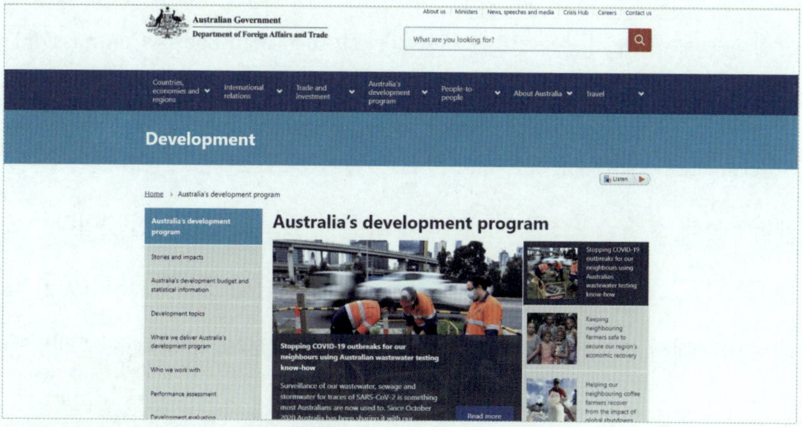

출처: 호주 외교통상부 https://www.dfat.gov.au

문화 외교를 담당하는 기관으로는 1968년에 설립된 '호주 예술 위원회(Australia Council for the Arts)'가 있다. 예술 활동에 필요한 자금을 지원하는 기관이다. 1998년에 설립된 '호주 국제 문화 위원회(Australia International Cultural Council)'도 문화 외교에 기여하고 있는데, 해외에서 문화를 통해 호주를 알리기 사업을 전개한다. 호주 DFAT는 '호주 문화 외교 교부금 프로그램(Australian Cultural Diplomacy Grants Program, ACDGP)'을 운용하면서 문화 외교를 공공외교의 관점에서 접근하고 있다. ACDGP는 문화를 통해 긍정적이고 현대적인 호주의 이미지를 창출하고, 인적 교류를 확장하고, 인·태 지역에 대한 관여를 강화하고, 무역을 늘리며 국제적으로 창의적인 수출 기회를 개발할 수 있는 프로젝트에 10,000~60,000 호주 달러를 지원한다.[16]

---

16 Australian Government - Department of Foreign Affairs and Trade, "Australian Cultural Diplomacy Grants Program," https://www.dfat.gov.au/people-to-people/public-diplomacy/acdgp/australian-cultural-diplomacy-grants-program (검색일: 2022.02.05).

스포츠 외교도 호주 공공외교의 중요한 부분이다. 호주에서 스포츠를 관장하는 주요한 기관은 '호주 체육위원회(Australian Sports Commission)'이다. 호주는 스포츠가 생활화되어 있는 국가이다. 호주 보건부(Australian Government Department of Health)는 2019년에 '스포츠 외교 2030 전략'을 발표하였는데, 호주 스포츠를 전 세계와 공유할 수 있도록 하기 위한 것이다.[17] 호주 DFAT도 스포츠가 공공외교의 수단이 될 수 있음을 명확히 하고 있다. 일례로 아래에서 소개될 '태평양 스텝 업(Pacific Step-Up)'의 일환으로, 남태평양 국가의 스포츠 시설 및 경기 능력 향상을 위해 재정적 지원을 하고 있다.[18]

한편, 호주의 미디어 소프트 파워도 호주의 공공외교에 기여한다.[19] 호주 미디어가 BBC World Service, 일본 NHK, 프랑스 CGNT, 미국 공영 국제 방송사 등을 따라잡기는 아직 역부족이나, 호주 ABC나 SBS 국제방송은 인·태 지역에서 광범위한 시청지역과 미디어 영향력을 가지고 있다. 호주와 중국이 2020년 내내 경제 제재, 언론인, 학자에 대한 조사, 출국 금지, 비자 취소 및 발급 거부 등으로 대립각을 세우고 있을 때, 11월 23일에 중국 글로벌 타임즈가 고대 중국 왕후가 곤충을 요리해 먹는 장면이 담긴 호주 공영 방송 ABC의 어린이 프로그램을 인종 차별적이라고 강하게 비난한 것은 호주 공영 방송이 역내에 끼치는 영향이 크다는 것을 방증한다.

17 Australian Government - Department of Health, *Sports Diplomacy 2030* (Canberra, 2019).

18 Sarah Leary, "stepping up sports diplomacy in the pacific: an Australian perspective," Aug 11, 2021, https://uscpublicdiplomacy.org/blog/stepping-sports-diplomacy-pacific-australian-perspective (검색일: 2022.02.05).

19 Annmaree O'Keeffe, "ABC: Australia's waning soft-power star," *The Interpreter*, Lowy Institute, 24 Oct 2019, https://www.lowyinstitute.org/the-interpreter/abc-australia-s-waning-soft-power-star (검색일: 2022.02.05).

정책 공공외교의 측면에서 주목할 기관은 호주가 개별국가 또는 지역 단체와 전개하고 있는 협회(Institute), 재단(Foundation), 위원회(Committee)이다. 현재 호주-인도네시아 협회, 호주-말레이시아 협회, 호주-태국 협회, 호주-일본 재단, 호주-한국 재단, 호주-중국 위원회, 호주-인도 위원회, 호주-아랍 위원회, 호주-남아메리카 위원회가 구성되어 있다.[20] 이들 단체는 개별 국가 또는 지역을 상대로 고위급 포럼, 연구 지원 사업, 투자 촉진, 학자 및 정책 연구자 교류 등을 펼치고 있다.

호주의 외교·안보 정책 연구원들도 정책 공공외교의 전면에 활발히 나서고 있다. 대표적인 연구원으로는 시드니 소재 Lowy 연구원, 캔버라 소재 '호주 전략정책 연구소(Australian Strategic Policy Institute, ASPI)', 브리즈번 소재 '호주 국제문제 연구소(Australian Institute of International Affairs, AIIA)' 등이 있다. 학계에서는 호주국립대(Australian National University)의 국제관계학과, 전략연구센타, 크로포드 정책대학원, 시드니 대학교의 '국제안보연구센터(Centre for International Security Studies, CISS)', 그리피스 대학교 '아시아 연구소(Asia Institute)', 멜번대학교 '아시아링크(Asialink)' 등이 고위급 포럼 및 정책 연구 등을 수행하고 있다. 지식 공공외교와 결합하여, 호주 대학의 지역학 연구소와 프로그램도 호주의 공공외교에 기여하고 있다. 일례로, 호주국립대학교 한국학과는 매년 안보, 경제, 사회, 문화 등의 분야 전문가를 초청하여 국제회의(Korea Update)를 개최한다.

주목할 것은 호주 외교·안보 정책 연구원들과 대학 연구소들이 정책 블로그를 적극적으로 운영하고 있고 이에 정책 엘리트 및 여론 주도층의 기고가 활발

20 Right to Know, "Public authorities," https://www.righttoknow.org.au/body/list/foreign_affairs_and_trade (검색일: 2022.02.05).

하다는 것이다. AIIA가 운영하는 'Australian Outlook', Lowy 연구소가 운영하는 'The Interpreter', 호주국립대 크로포드 대학원이 운영하는 'East Asia Forum'이 대표적이다. 호주 내·외 학자 및 정책 연구자들이 현안과 관련된 의견을 활발히 개진하고 있는데, 동 공간을 통해 자연스럽게 호주의 외교·안보 정책이 설명/설득되고, 호주의 정책에 대한 국내·외적 환류(feedbck)이 이루어진다.

Australian Outlook - '호주 국제문제 연구소(AIIA)' 블로그

출처: ©Copyright 2022 Australian Institute of International Affairs. https://www.internationalaffairs.org.au/australian-outlook

4. 호주의 공공외교 주요 사례

1) '새로운 콜롬보 플랜'

호주의 대표적인 공공외교 사례 중 하나가 '새로운 콜롬보 플랜'에 의한 국제교육이다.[21] 1951년 호주가 '콜롬보 플랜'에 가입한 이래, 수십 년에 걸쳐 국제교육이 호주 공공외교의 주요 수단으로 자리 잡았다. '콜롬보 플랜'의 주요

21 Bradley McConachie. "The New Colombo Plan: addressing the barriers to scholarship recipients' contributing to Australia's public diplomacy goals in China, *Place Brand Public Dipl* (2021), https://doi.org/10.1057/s41254-021-00209-3 (검색일: 2022.02.05).

사업 중 하나가 인·태 지역 학생들을 호주로 유치하여 그들이 유용한 기술과 지식을 학습하게 지원하는 것이었다. 반면에 2014년부터 착수된 '새로운 콜롬보 플랜'은 호주 학생들이 중국, 인도네시아, 일본, 말레이시아, 베트남 등 인·태 지역 내에서 수학하고 파견국가에서 유대 관계를 맺는 것에 중점을 둔다. 수신국들의 입장에서도 자국에서 수학하는 호주 국민을 자국 친화적으로 만들 기회가 주어지는 것이기 때문에 호주의 '새로운 콜롬보 플랜'을 환영하고 있다.[22]

출처: 중소벤처기업부 블로그 https://blog.naver.com/bizinfo1357

'새로운 콜롬보 플랜'은 (1) 양자 및 다자 유대 강화, (2) 학생 대 학생, 대학 대 대학 및 산업 기관 간 파트너십 육성, (3) 지역사회 참여 강화, (4) 수여 기관의 역량, 인적 자원 및 가치에 대한 인식을 강화하는 것을 목표로 한다.[23] 2014년에 인도네시아, 싱가포르, 일본, 홍콩에 40명의 학자와 1,300명의 학생을 파견한 것을 시작으로 현재는 인·태 지역의 약 40여 국가에 매년 10,000명의 학생을 파견하고 있다.

한편, '새로운 콜롬보 플랜'과 병행하여 역내 국가의 젊은 층을 대상으로

---

22 Ly Thi Tran, Huyen Bui & Minh Nguyet Nguyen 2021, Youth agency in public diplomacy: Australian youth participation in outbound mobility and connection building between Australia and the Indo-Pacific region, *International Studies in Sociology of Education* (2021), DOI: 10.1080/09620214.2021.2017784.

23 Ibid.

하는 다양한 형태의 공공외교 사업이 추진되고 있다. 일례로 호주는 '호주-중국 협의회(Australia-China Council, ACC)'를 통해 중국에서 유학하는 호주 학생들의 다양한 활동을 지원하고 있다.

2) 남태평양 지역 공공외교

호주의 남태평양에 대한 공공외교는 원조와 난민 정책에 초점을 맞추고 있다. 전자의 경우, 호주는 지난 20여 년간 남태평양 지역에서 '호주의 태평양 순찰선 프로그램(Australia's Pacific Patrol Boat Program)'을 성공적으로 수행했다. 남태평양 국가를 대상으로 한 원조 프로그램을 통해 호주가 리더십을 발휘해 온 것이다. 이와 같은 맥락에서 모리슨(Scott John Morrison) 총리는 2018년 11월 태평양 도서 국가에 20억 호주 달러 규모의 인프라 조성 기금과 10억 호주 달러 규모의 저리 차관을 지원하는 방안을 포함한 '태평양 스텝 업(Pacific Step-Up)' 구상을 내놓았다. 공공외교 차원에서 호주는 '태평양 스텝 업' 구상

호주 외교통상부 홈페이지 '태평양 스텝 업(Pacific Step-Up)' 소개

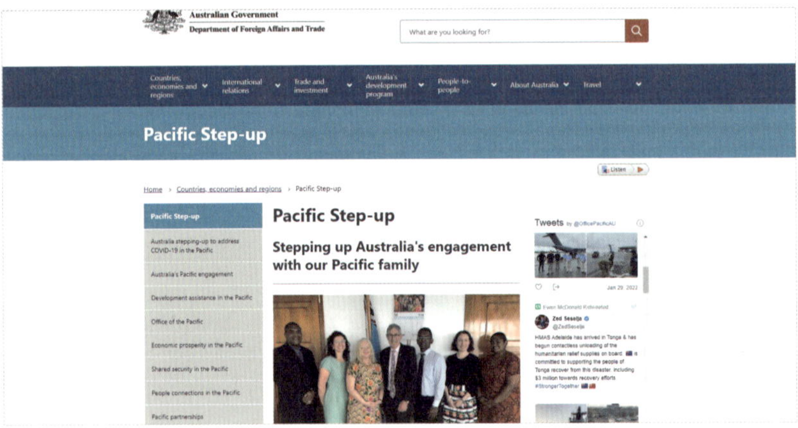

출처: https://www.dfat.gov.au/geo/pacific

하에 남태평양 국가에 대한 원조를 지속해서 강화하고 있다.[24]

호주는 인도적 지원 및 재난 구호를 중점으로 태평양 국가에 적합한 협력 사업을 추진하고 있다. 이러한 노력의 이면에는 남태평양에서 인프라 투자와 군사기지 확보를 통해 영향력을 확대해가는 중국이 있다. 호주는 그러한 중국에 대응하기 위해 공공외교를 통해 '규칙 기반 질서'와 '양질의 인프라 투자'를 강조하는 분위기를 조성하고 있다.

다른 한편으로 호주는 남태평양을 대상으로 다문화 (이주) 공공외교를 펼치고 있다. 주목할 것은 호주의 호주 내 원주민 보호 정책이 호주의 남태평양 국가 대상 공공외교에 활로를 열어주었다는 점이다. 호주는 1900년부터 1972년까지 약 70여 년간 원주민 개화 정책의 하나로 원주민의 자녀를 부모로부터 강제로 분리해 백인 가정으로 입양시켰다. 이들이 최소 10만 명 이상으로 추정되는 '도둑맞은 세대(Stolen Generation)' 또는 '도둑맞은 아이들(Stolen Children)'이다. 2007년 9월 1일 호주 역사상 최초로 호주 정부가 보상해야 한다는 법원 판결이 있었고, 러드 총리가 2008년 2월 13일 국회 연설을 통해 범정부 차원의 첫 번째 공식 사과문을 발표하였다. 호주 원주민은 전체 인구의 약 2%인 50여만 명에 불과한데, 이들 중 약 4분의 1이 '도둑맞은 세대'와 관련된다. 호주 정부는 이들에 대한 배려를 지속하면서 높은 문맹률, 빈곤율, 범죄율 및 자살률을 낮추기 위해 노력하고 있다. 이러한 호주의 노력은 남태평양 지역에서 호주의 국가 이미지 제고에 긍정적인 영향을 끼치고 있다.

호주의 다문화주의는 호주가 남태평양에서 공공외교를 펼치는데 유리한

24 Sarah Leary (2021).

환경을 조성해 준다. 그런데, 호주의 이민 정책이 남태평양에서 호주의 공공외교 효과에 찬물을 쏟기도 한다.[25] 호주는 2013년부터 '무기한 역외 거주 정책'을 펴서 해상을 통해 호주로 망명하려는 희망자들을 파푸아뉴기니와 나우루 공화국의 수용 시설에 보내고 있는데, 실질적인 억류와 열악한 환경으로 인권 유린 문제가 불거졌다. 2021년 말에 파푸아뉴기니의 난민 수용 시설을 폐쇄하기로 호주와 파푸아뉴기니 정부가 결정하였으나, 호주의 난민 정책으로 인해 호주가 아직 과거 '백호주의'의 역사로부터 얻은 반성과 교훈을 잘 받아들이지 못하고 있다는 비난이 잦아들지 않고 있다.

3) 외교·안보 분야 연구원의 정책 공공외교

미·중 기술패권경쟁이 사이버 안보에서 출발하여, 화웨이 사태를 거치면서 첨단기술 경쟁으로 진화되고 있는 가운데. 미국·일본·호주·인도 4자 안보협의체인 쿼드(Quad)와 쿼드를 확장하는 '쿼드 플러스(Quad-Plus)'가 미국 주도 사이버 연대의 주요한 플랫폼으로 주목받고 있다. 쿼드 국가 중에는 호주가 미국과의 연대에 매우 적극적이다. 호주는 2018년 8월 23일 외국 정부의 지시를 받을 가능성이 있는 통신장비업체의 5G 제품 공급 차단을 선언하였다. 사실상 중국 통신장비업체인 화웨이와 ZTE를 5세대(5G) 통신망 사업에서 배제하기로 한 결정이었다. 호주의 결정은 미국 트럼프 대통령이 2018년 8월 13일에 공공 기관이 화웨이와 ZTE 장비를 사용하는 것을 금지하는 내용이 포함된 국방수권법에 서명한 뒤 10일 만에 나온 것으로, 미국의 주요 동맹국 중 정부

25 John Minns, Kieran Bradley & Fabricio H. Chagas-Bastos 2018, "Australia's Refugee Policy: Not a Model for the World," *International Studies* 55(1) (2019).

차원에서 가장 발 빠른 실질적 조치였다. 호주의 화웨이 배제 결정과 지속적인 실행에 중국 정부와 화웨이는 강력히 반발하고 있다. 2020년 이후 호주와 중국의 양자 관계가 1972년 수교 이래 최악으로 치닫고 있는데, 2020년 11월 17일 호주 주재 중국대사관 관계자가 호주 언론에 전달한 호주 정부의 대표적 반중 정책 14개 중 하나가 화웨이·ZTE 배제이었다. 이처럼 호주는 첨단기술과 관련하여 쿼드 국가와의 연대를 강화하고 있는데, 호주는 정책 공공외교를 통해 호주의 입장을 국제 사회에 설명/설득하고 있다.

중국의 사이버 위협을 분석하는 보고서를 꾸준히 출간해서 중국 정부의 공개적인 비난 대상이 되기도 한 '호주 전략정책 연구소(ASPI)'가 호주 정부로부터 재정 지원을 받아 2021년 11월에 첨단 기술과 사이버 문제를 논의한 'The 2021 ASPI Sydney Dialouge'를 화상으로 개최하였다.[26] 인도·태평양 지

호주 전략정책 연구소(ASPI) 주최 Sydney Dialogue

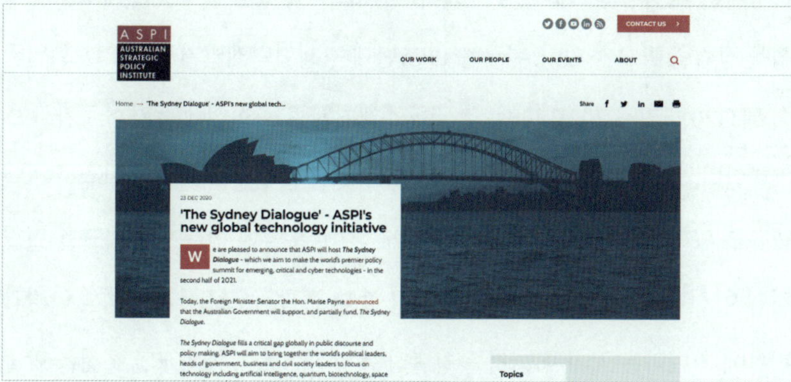

출처: ©Australian Strategic Policy Institute https://www.aspi.org.au

---

26 Huong Le Thu, "Australia should bet on digital engagement with Southeast Asia," *The Strategist*, APSI, June 20 2021, https://www.aspistrategist.org.au/australia-should-bet-on-digital-engagement-with-southeast-asia/ (검색일: 2022.02.05).

역 정치지도자, 학계 인사, 산업계 전문가, 시민사회 인사 등이 참여하였다. 또한, 호주국립대 국가안보대학원은 호주 외교부 지원으로 '쿼드 기술 네트워크(Quad Tech Network)'를 출범시켰다. '쿼드 기술 네트워크'는 트랙 2 차원의 연구를 촉진하고, 사이버와 민감 기술에 관한 공공 대화를 촉진하고 있다. 인도의 옵저버연구재단(Observer Research Foundation), 일본의 정책연구대학원대학(National Graduate Institute for Policy Studies), 미국의 신미국안보센터(Center for New American Security)가 참여하고 있다.

5. 결론: 호주 공공외교 기관과 활동의 한국적 함의

호주 공공외교 기관과 활동으로부터 한국이 얻을 수 있는 함의는 국가의 정체성이 공공외교의 목표와 방향에 영향을 미친다는 것이다. 호주는 인·태 지역에 있는 서구 국가라는 정체성의 혼재 속에 호주의 인·태 지역 정체성을 확립하는 데 공공외교를 활용해 왔다. 한국도 국력 신장에 걸맞은 새로운 정체성을 정립할 필요가 있다. 한국은 1996년에 경제협력개발기구(OECD) 회원국이 된 G20 국가로 2021년에는 영국에서 개최된 G7+ 회의에 플러스 국가로 초청받았다. 그동안 한국의 공공외교는 북핵 및 통일 정무 외교를 뒷받침하는 역할을 해왔다. 이제는 한국의 공공외교도 북핵, 통일에 맞춘 공공외교를 펼칠 것인지, 선진 중견국의 정체성을 가지고 좀 더 포괄적으로 국제 사회의 안정과 평화에 기여하는 국가 이미지를 창출하는 방향으로 공공외교의 초점을 맞출 것인지 고민해야 할 시점이다.

호주의 공공외교에서 얻을 수 있는 또 다른 시사점은 한국이 원조외교에 좀 더 적극적이어야 한다는 점이다. 호주는 원조를 공공외교의 수단으로 잘 활용하고 있다. 한국도 그렇게 하기 위해서는 먼저 원조의 규모를 늘려야 한다. 한정된 재원을 고려할 때, '한국국제협력단((Korea International Cooperation Agency, KOICA)' 무상자금과 수출입은행의 대외경제협력기금(EDCF)을 통한 양허성차관(Concessional loan)의 단절 현상을 극복하고, 양쪽의 연계를 강화할 필요가 있어 보인다. 아울러 인·태 지역 국가들이 대체로 '민·관 합작 투자(Public Private Partnership, PPP)'를 선호하는바, 그들의 PPP 제도를 면밀하게 분석하고 대기업과의 연계 진출을 도모할 필요가 있다. 이때 한국 기업이 정부자금을 진출 동력으로 사용할 수 있는 제도적 장치를 갖춰주어야 한다. 한편, 한국의 원조 예산이 미·일·중·러 등 주요 국가와 비교하면 매우 적으므로, 좀 더 비용 대비 효과가 큰 사업을 발굴하여야 할 것이다.

원조가 아닌 경제적 이익을 위한 인프라 투자도 공공외교의 수단이 될 수 있다. '한국 해외인프라 도시개발지원공사(KIND)'가 해외건설촉진법에 따라 설립되어 2018년 6월 공식 출범하였는데, KIND는 프로젝트 기획과 타당성 조사 지원, 양질의 프로젝트 정보 제공, 금융 조달 능력 제고 등 우리 기업 투자 개발 사업의 전 단계를 효율적으로 지원해야 하고, 인·태 지역 내 유사 기관과의 협력을 추진해야 한다.[27] 2022년에 국민연금의 기금 자산이 1천조 원에 다다를 것으로 예상되는데, 국민연금 기금을 해외 인프라 투자에 활용하는 방안을 긍정적으로 검토할 필요가 있다. 호주 등 세계 각국의 주요 연기금이 인프라 건설에 투자하는 것을 참조하여, 한국과 역내 국가의 대통령, 외교부 장관 등 고위급 회담에 연기금 관계자를 동원하여 우리의 인프라 투자 참여에 대한

27 문기환, "인터뷰] 한국해외인프라도시개발지원공사 임한규 사업개발 본부장," 『매일건설신문』, 2020년 3월 24일, http://m.mcnews.kr/68989 (검색일: 2022.02.05).

의지를 확인시켜줄 필요가 있다. 즉, 인프라 투자가 우리의 경제적 이익을 확보한다는 측면에 더해 호주의 예처럼 공공외교적인 성과도 가져올 수 있는바, KIND나 국민연금공단도 공공외교의 주체가 될 수 있다.

셋째, 한국은 호주의 주요 외교·안보 정책 연구원이 홈페이지에 원외 인사의 짧은 현안 분석 글을 게시할 수 있는 공간을 제공하거나, 정책 블로그를 개설하여 호주의 정책 공공외교에 기여하고 있는 점을 주목할 필요가 있다. 한국의 주요 외교·안보 정책 연구원은 원내 인사의 현안분석 글을 게시하고 있으나 이에 대한 환류를 청취할 수 있는 통로는 부재하다. 또한, 한국 주요 정책 연구원의 홈페이지에 섭외받지 않은 원외 인사가 현안분석 글을 기고할 수 있는 통로가 대체로 부재하다. 일부 연구원에서 발행하는 학술지에 기고할 수 있으나, 비교적 긴 논문 형식의 글을 요구하고 정책 서클 및 일반 대중의 접근성이 상대적으로 저조하다. 한국 주요 정책 연구원은 '동아시아 연구원(EAI)'의 'Global NK' 등 매우 소수의 예외를 제외하고는 호주처럼 활발히 정책 블로그를 운영하고 있지도 않다. 미국 워싱턴 소재 '한국경제연구소(KEI)'가 운영하는 블로그인 'The Peninsula' 등 소수의 예외를 제외하고, 한국 정부나 기업으로부터 재정적 지원을 받는 해외 정책 연구원도 정책 서클 인사가 비교적 자유롭게 한반도 정책 관련 짧은 현안 분석 글을 게재할 수 있는 공간이나 정책 블로그를 운영하고 있지 않다. 따라서, 정부의 지원을 받는 한국 내·외 외교·안보 분야 연구원이 정책 블로그를 활발히 운영하도록 정부가 유도해야 할 것이다.

Ⅲ부.

한국의
공공외교 기관과 활동

1. 외교부

외교부(Ministry of Foreign Affairs; MFA)[1]는 한국 공공외교 활동의 중심을 잡아 주는 중요한 역할을 하는 조직(control tower)이다. 외교부는 2017년 8월 개최된 공공외교위원회 제1차 회의에서 제1차 공공외교 기본계획을 심의·의결을 통해 최초 수립했다. 제1차 공공외교 기본계획은 '국민과 함께, 세계와 소통하는 매력 한국'이라는 비전 아래 4개 목표, 6개 전략 부문, 15개 추진 전략, 50개 중점 추진 과제로 구성되어 있다. 2018년에 일부 사항을 수정한 후, 2019년에 서면심의를 통해 이를 2022년 12월까지 시행하기로 했다.

제1차 공공외교 기본계획의 비전은 '국민과 함께, 세계와 소통하는 매력 한국'이며, 그 목표는 풍부한 문화자산을 활용한 국격 제고 및 국가 이미지 강화, 한국에 대한 올바른 인식과 이해 확산, 우리 정책에 대한 우호적 전략 환경 조성, 공공외교 주체의 역량 강화와 상호 협업 체계 정착 등이다. 그 추진 전략은 문화 공공외교(선진 문화국가로서의 매력 확산/풍부한 문화자산을 활용한 호감도 증진/쌍방향 문화 교류를 통한 소통 강화), 지식 공공외교(한국의 역사, 전통, 발전상 등에 대한 이해 제고/한국학 진흥 및 한국어 보급 확대), 정책 공공외교(주요국 대상 우리 정책에 대한 이해도 제고 및 지지 확보/정책 공공외교 외연 확대/국내 외국인 대상 정책 공공외교 활동 강화) 부문별로 수행된다.

이 외에 국민과 함께하는 공공외교 부문은 국민 참여형 공공외교 체계화, 민관 협업을 통한 국민 공공외교 강화 등을 추진하고, 공공외교 인프라 부문은 중앙부처-지자체-민간 간 협업 및 조율 체계 확립, 공공외교 국제 네트워크

---

1 외교부 홈페이지(https://www.mofa.go.kr/)

강화, 선순환적 공공외교 성과평가 체계 확립, 정보공유와 소통을 위한 온라인 시스템 구축, 공공외교 정책 수립을 위한 기초조사 실시를 내용으로 한다.

외교부의 2022년도 공공외교 추진 전략은 팬데믹 장기화로 인한 불확실성 지속, 미·중 간 글로벌 전략·기술 경쟁 심화, 한국문화에 대한 세계적 관심 고조, 메타버스 등 비대면·디지털 기술 혁신 가속화, 외교 현안에 대한 디지털 공공외교 활용 확대 추세 등 대외환경을 잘 반영하고 있다. 첫 번째 추진 전략은 소프트 파워 자산을 활용한 융복합 공공외교의 전략적 추진이다. 관계부처, 지자체, 민간 전문가 등과의 긴밀한 협의를 통해 '제2차 공공외교 기본계획(2023-2027)'을 수립하고, 주요 외교 계기(한미 수교 140주년, 한중 수교 30주년 등) 50개국과 융복합형 공공외교를 강화하며, 우리 대중문화에 대한 국제적 관심을 활용한 공공외교를 강화하고자 한다. 또한 우리 문화 주 수요층인 국내외 외국인 대상 차세대 친한인사 네트워크을 확대하고자 한다.

두 번째 추진 전략은 '위드 코로나' 시대 통합적 디지털 공공외교 강화 및 대면 공공외교 점진적 재개이다. 재외공관 및 관계 기관과의 디지털 공공외교 협업 체계를 강화하고, 언어별 맞춤형 디지털 공공외교를 심화하며, '위드 코로나 시대' 대면 공공외교를 점진적으로 재개하고자 한다. 아울러 이를 혼합한 공공외교를 강화하고자 한다.

세 번째 추진 전략은 한반도 평화와 글로벌 가치에 기여하는 정책 공공외교 강화이다. 그 주요 내용은 한반도 평화 프로세스를 포함한 우리 정책에 대한 이해와 지지를 제고하고, 협력적 · 포용적 국제 질서 회복과 국가 간 연대에 기여하는 공공외교를 수행하는 것이다. 예를 들어, 우호 증진 및 연대를 위해 한일 축제한마당 등 국민 간 우호증진 사업을 수행하고, 국내 외국이민자 대상 사회통합프로그램을 강화하며, 외국인 근로자에 대한 보건의료 등 각종 지원 활동을 한다.

네 번째 추진 전략은 국민과 함께하는 공공외교 강화이다. 이는 민간 및 지자체와 함께하는 공공외교 협업 체계 확대, 재외 동포·차세대 등 공공외교 협력 대상 확대, 공공외교 사업에 대한 국민참여 확대(KF 공공외교주간, KF 국민공공외교 프로젝트 등), 대국민 공공외교 역량 강화(KF 공공외교 아카데미, 재외공관 공공외교 현장실습원, KF 우리 청년 해외 인턴십 파견 등)를 주요 내용으로 한다.

외교부가 정의하는 공공외교(public diplomacy)란 외국 국민과의 직접적인 소통을 통해 우리나라의 역사, 전통, 문화, 예술, 가치, 정책, 비전 등에 대한 공감대를 확산하고 신뢰를 확보함으로써 외교 관계를 증진하고, 우리의 국가 이미지와 국가 브랜드를 개선하여 국제 사회에서 우리나라의 영향력을 제고하는 외교 활동을 말한다. 이는 정부 간 소통과 협상 과정을 일컫는 전통적 의미의 외교와 대비되는 개념으로, 문화·예술, 원조, 지식, 언어, 미디어, 홍보 등 다양한 기제를 활용하여 외국 대중에게 직접 다가가 그들의 마음을 사고, 감동을 주어 긍정적인 이미지를 만들어나간다는 것이다. 이러한 공공외교는 정부 주도하에 외국 국민의 이해와 신뢰를 증진하는 외교 활동이다. 하지만 공공외교를 성공적으로 수행하기 위해서는 다양한 주체들의 자발적 참여가 필요하다. 국민 개개인, NGO, 기업, 지방자치단체, 각급 정부 기관 등 다양한 수준의 행위자들이 상대 국가의 행위자와 네트워크를 형성하고 유지하는 가운데 서로에 대한 이해를 증진하고, 이를 통해 상호 교류와 협력을 돈독히 할 때 비로소 공공외교의 효과가 발휘될 수 있는 것이다.

외교부는 공공외교 자산을 활용하여 외국 대중에게 한국에 대한 좋은 이미지를 심어 그들의 신뢰와 호감을 얻고, 우리 외교 정책에 대한 이해와 지지를 높여 국제 사회에서 '선한' 영향력을 확대하고자 178개 재외공관이 공공외교의 전초기지가 되어 현지의 관습·문화·외교 관계 등을 고려한 맞춤형 공공외교 사업, 우리 문화의 일방향적 전파가 아닌 쌍방향적 공공외교 사업 등을 다양하게 전개하고 있다. 우리의 공공외교 자산은 경제성장과 민주화를 동시에 달성한 개도국 성장 모델로 개발 경험을 전수함으로써 선·개도국 간의 교량 역할을 할 수 있다는 점이다. 아울러 침략의 역사가 없는 평화 애호국으로서 근면한 이미지를 국가 브랜드로 한류에서 촉발한 문화적 우수성을 종합적인 한국 알기로 진화시킬 수 있다.

외교부가 수행하는 공공외교 사업을 몇 가지 소개하면, 우선 정책 공공외교의 일환으로 추진하는 공공외교포럼을 들 수 있다. 공공외교포럼은 다른 국가 국민 간 상호 이해와 협력 기반을 제고하기 위한 1.5트랙 협의체로, 공공외교포럼에는 정부인사, 학계, 비즈니스, 언론, 예술계 전문가들이 참여한다. 특히, 한중 공공외교포럼은 2013년 6월 한중 정상회담 시 양국 정상의 합의에 따라 출범하여 2013년부터 매년 개최해 오며, 양국 간 공공외교 대화채널로서 역할을 하고 있다. 또한 전 세계 재외공관에서 연중 실시하는 다양한 형태의 아웃리치 프로그램으로 외국 국민과의 소통과 교류를 강화하기 위해 우리 정책을 소개하는 세미나, 토크쇼, 간담회, 디지털 콘텐츠 응모전 등을 진행하고 있다.

한중 공공외교포럼

출처: 대한민국 외교부 https://www.mofa.go.kr

한편 문화공공외교는 다양한 내용으로 추진되는데, 재외공관 문화전시장화 사업은 외교부 소장 미술품, 국립현대미술관 미술은행 임차 미술품, 우리 문화재 등을 전시하여 관람객에게 한국의 예술과 문화를 이해할 기회를 제공함으로써 국가 이미지를 제고하는 사업이다. 전략적 문화 교류 증진 사업은 공연, 전시, 도서 및 영화 등 예술을 매개로 문화 교류가 상대적으로 적은 국가(지역) 및 양국 관계 증진이 필요한 국가(지역)의 문화를 우리 국민에게 소개하고, 문화·인적 교류를 확대하기 위한 다양한 행사를 개최하는 것이다. 주요 외교계기 기념 사업은 우리나라와 수교 기념 매 10주년 혹은 25주년을 맞이하는 국가 또는 특별한 의미를 갖는 외교계기를 기념하는 국가들과 함께 정무·경제·문화 등 다양한 분야에서 양국 관계 발전 경험을 돌아보고 관계 발전의 전기를 마련하는 종합 공공외교행사이다. 또한 외교부는 외국 국민에게 한국을 올바로 알리고 선진 국가 이미지 제고를 위해 정무, 경제, 문화가 융·복합된 종합 한국홍보행사인 '한국주간행사'를 개최해오고 있다. 아울러 태권도 등 스포츠를 통한 국가 간 우호 증진과 국가 브랜드 제고에 노력하고 있다. 특히 경제적 파급력과 국가 브랜드 제고에 효과가 큰 국제스포츠대회 유치 지원에 스포츠 외교의 중점을 두고 있다. 이 외에도 '민간외교단체 커뮤니티(http://www.p2pdc.or.kr)'는 국내 민간외교 단체 간 정보공유와 소통을 위해 외교부가 한국국제교류재단과 협력하여 만든 웹사이트로서 2013년 개설했다. K-POP 월드 페스티벌도 외교부가 2011년부터 문화체육관광부, KBS와 함께 세계 최대의 한류 축제인 케이팝 월드페스티벌을 개최해 오고 있다. 그리고 문화협정은 통상 2개 국가 간 문화 관계 전반에 대한 교류와 협력의 증진에 관련된 일반적인 사항을 규정한다. 문화협정이 체결, 발효된 이후 문화협정상의 규정이나 양국 간의 별도합의에 따라 정부 간 문화공동위원회를 설치한다.

나아가 문화공공외교는 유엔교육과학문화기구(UNESCO)를 통해 수행된다. 유네스코는 교육, 과학, 문화 등 분야에서 국제협력을 촉진함으로써 세계평화와 인류 발전을 도모하기 위해 1945년 11월 설립된 유엔전문기구로서 설립 이래 교육, 과학, 문화 분야에서의 국제규범의 제정자, 지식과 정보의 보급자, 국제협력의 조정자로서 역할을 수행해왔다. 현재 193개 회원국, 11개 준회원이 활동하고 있다. 한국은 1950년 가입이래 1954년 유네스코한국위원회를 설립했고, 1963년 '유네스코 활동에 관한 법률'을 제정·공포한 바 있다. 우리 정부는 세계유산 15건, 인류무형문화유산 21건, 기록유산 16건 등을 등재했다.[2]

---

2 세계유산(15건)은 석굴암·불국사(1995), 해인사 장경판전(1995), 종묘(1995), 창덕궁(1997), 수원 화성(1997), 경주역사지구(2000), 고창·화순·강화 고인돌 유적(2000), 제주도 화산섬 및 용암동굴(2007), 조선왕릉(2009), 하회/양동마을(2010), 남한산성(2014), 백제역사유적지구(2015), 산사: 한국의 산지승원(2018), 한국의 서원(2019), 한국의 갯벌(2021)임; 인류무형문화유산(21건)은 종묘 제례악(2001), 판소리

지식공공외교의 예로는 '퀴즈 온 코리아'를 들 수 있다. 퀴즈 온 코리아는 외국인들의 한국에 대한 관심을 높이고, 한국의 국제적 이미지를 제고하기 위해 개최하는 한국 관련 퀴즈 경연대회이다. 전 세계의 대한민국 재외공관에서 외국인을 대상으로 예선전을 개최한 후, 국가별 우승자를 방한 초청하여 한국문화체험 기회를 제공하고 최종 결승전을 개최하는 것이다. 결승전은 KBS 1TV와 KBS World 채널을 통해 전 세계 100여 개 국가로 방영되어 한국에 대한 올바른 지식을 전파하고, 대한민국의 다양한 모습을 더욱 널리 알리는 데 기여하고 있다. 또한 외교부는 교육부 및 교육 유관 기관의 협력을 통해 외국 정부와의 교육 분야 국제 교류를 지원하고 있다. 아울러 교육부(한국학중앙연구원) 등 관계부처와 함께 외국 교과서 내 한국 관련 오류를 바로잡고 재외공관을 통해 한국의 발전상 등 올바른 정보를 제공함으로써 한국에 대한 긍정적인 이미지를 형성하도록 노력하고 있다. 나아가 그동안 해외 주요 박물관, 미술관 등 주요 관광지에 한국어 음성 안내가 지원되지 않아 불편을 겪은 우리 국민의 편익 증진을 위해 한국어 오디오 가이드 지원 사업을 추진하고 있다.

2. 한국국제교류재단

한국국제교류재단(Korea Foundation; KF)[3]은 한국 공공외교 활동의 총괄본

(2003), 강릉 단오제(2005), 강강술래, 남사당놀이, 영산재, 제주칠머리당영등굿, 처용무(2009), 가곡, 대목장, 매사냥(2010), 태껸, 줄타기, 한산모시짜기(2011), 아리랑(2012), 김장문화(2013), 농악(2014), 줄다리기(2015), 제주해녀문화(2016), 씨름(남북 공동, 2018), 연등회(2020)임; 기록유산(16건)은 훈민정음(1997), 조선왕조실록(1997), 직지심체요절(2001), 승정원일기(2001), 조선왕조의궤(2007),해인사 대장경판 및 제경판(2007), 동의보감(2009), 일성록(2011), 5.18 민주화운동기록물(2011), 난중일기(2013), 새마을운동기록물(2013), KBS특별생방송 '이산가족을 찾습니다'(2015), 한국의 유교책판(2015), 조선왕조어보 및 어책(2017), 조선통신사 기록물(2017), 국채보상운동 기록물(2017)임.

3 한국국제교류재단 홈페이지(https://www.kf.or.kr/kf/main.do)

부라고 할 수 있다. 그 임무는 대한민국의 대표 공공외교 기관으로서 외국과의 교류 사업을 통해 한국에 대한 이해를 제고하고 국제적 우호친선을 증진하는 것이다. 비전은 국민과 함께 세계 속에서 대한민국의 가치를 공유하는 공공외교 플랫폼을 구축하는 것이다. 그 주요 내용은 미래공공외교 선도 기반 구축, 지한 네트워크 구축 및 국제 지지 기반 확보, 글로벌 한국학 보급 확대, 문화 교류를 통한 우호적 한국 인식 확산 등이다.

한국국제교류재단은 우리나라가 국제연합(UN)에 가입한 당해연도 말에 제정된 한국국제교류재단법(법률 제4414호)에 근거하여 설립되었고, 2021년에 설립 30주년을 맞이했다. 그 설립목적은 대한민국과 외국 간의 각종 교류 사업을 통해 국제 사회에서 한국에 대한 올바른 인식과 이해를 도모하고 국제적 우호친선을 증진하는 데 있다. 이에 해당하는 목적 사업은 국제 교류를 목적으로 하는 각종 행사의 주관·지원 및 참가, 국제 교류를 목적으로 하는 인사의 파견 및 초청, 국외에서의 한국연구의 지원 및 연구 결과 보급, 국제 사회에서의 한국에 대한 올바른 인식과 이해를 도모하기 위한 제반 활동, 외국의 주요 국제 교류 기관과의 교류·협력을 통한 국제적 우호친선의 증진, 기타 재단 설립 목적을 달성하기 위하여 필요한 사업 등을 들 수 있다.

재단의 이사회는 재단의 운영과 사업 전반에 걸친 중요 사항을 심의, 의결하는 최고 의사결정기구로서, 이사장, 상근 및 비상근 이사를 포함한 9인 이내로 구성된다. 현재 재단의 이사진은 이사장, 상근 이사 2인(기획 협력 이사, 교류 협력 이사), 비상근 이사 5인을 포함 총 8인으로 구성되어 있다. 자문위원회는 재단 각 사업마다 국내외 해당 분야 전문가들로 구성된 개별 사업자문위원회가 운영되어, 전문적인 조언과 자문을 제공한다. 대부분 사업은 1992년과

1993년 및 1994년에 시작하여 확대·개선되어 왔는데, 1992년에 시작한 사업은 한국예술 해외 순회공연 지원 사업, 해외 박물관 한국실 설치 지원 사업, 펠로십 사업, 해외 인사초청 사업, 재단 소식지 Korea Foundation Newsletter 창간, 한국 연구 자료 지원 사업 등이고, 1993년에 시작한 사업은 포럼 사업, 한국학 교수직 설치 등 한국 연구 지원 사업, 해외 공공정책 연구소 및 교류 단체 지원 사업, Korea Focus 창간 등이며, 1994년에 시작한 사업은 차세대 지도자 포럼 사업, 해외 한국학 관련 도서관 지원 사업, 한국학 전공 대학원생 장학제도 등이다. 이후 2017년에 아세안문화원이 개원되고 한-중앙아협력포럼 사무국이 출범하였으며 한국국제교류재단이 공공외교 추진 기관으로 지정되었다. 2018년에는 제1회 공공 외교 주간이 개최되고 공공외교아카데미가 신설되었으며 재단 본부가 제주도로 이전하는 변화를 겪었다. 한편 재단의 조직 구성을 사업별로 보면, 전략기획부, 대외협력부, 경영관리부, 정보화기획부, 한

한국국제교류재단 연혁

출처: 2021 KF 홍보브로슈어

한국국제교류재단 현황

출처: 2021 KF 홍보브로슈어

국학사업부, 글로벌네크워크사업부, 문화예술사업부, 글로벌센터사업부, 인적교류사업부, 한-중앙아협력포럼사무국, 아세안문화원 문화·학술교육사업부, 아세안문화원 기획협력부 등으로 나눌 수 있다. 해외사무소는 워싱턴DC, LA, 베이징, 모스크바, 베를린, 하노이, 도쿄, 자카르타 등에 개설되어 활발한 활동을 하고 있다.

주요 사업을 소개하면, 한국학 지원 사업은 한국학 강좌 운영, 한국 전문가 육성, 워크숍/특강 운영, KF 글로벌 e-스쿨, 한국연구자료 지원 등을 그 주요 내용으로 하며 이들 중 KF 글로벌 e-school 사업은 지속적으로 증가하는 해외 한국학 교육 수요와 학계·교육계 전반의 ICT 기반 e러닝 확대 트렌드에 부응하고자 국내-해외 대학 연계 또는 해외 대학 간 컨소시엄을 통해 실시간 또는 VOD형 온라인 한국어/학 강의와 오프라인 프로그램을 제공하는 사업이다. 글로벌네트워킹 사업의 내용은 해외 유력 인사 초청, 차세대 지도자 교류,

청년 교류, 포럼 및 세미나, 해외 정책 연구 지원 등이며, 이들 중 청년 교류 사업은 미래 공공외교의 주역이 될 청년 간의 국제 교류를 통해 상호 간의 이해의 폭을 넓히고 미래지향적 관계 구축을 위한 기반을 조성하고자 한다. 우리나라에 초청된 청년들은 방한 기간동안 한국에 대한 브리핑, 전문가 강의, 한국 청년과의 토론, 주요 문화 유적지 및 산업시찰 등 다양한 한국의 모습을 경험하게 된다. 반대로 상대국으로 파견하는 한국 청년 역시 강의, 문화유적지 방문, 현지 청년과의 교류활동을 통해 방문국에 대한 이해를 높이게 된다.

문화 교류 지원 사업은 해외박물관 협력 사업, 한국미술 큐레이터직, 해외 한국문화행사 지원, 한국미술 전문가 육성, 재외공관-KF 협력 사업, 재외공관 한국영화 상영 지원 등으로 구성되고, 이들 중 해외 한국문화행사 지원 사업은 해외 문화 예술 단체가 시행하는 공연, 전시, 프로그램 등 다양한 한국 관련 문화 예술 행사를 지원하는 것으로, 현지 관객들의 수요를 고려한 행사를 통해 한국문화에 대한 이해를 제고하고자 한다. 이 외에도 KF 글로벌센터는 주한 외국대사관 및 국내외 유관 기관, 지자체 등과의 협력하에 우리 국민과 세계 각 국민이 서로를 보다 잘 이해할 수 있도록 전시, 공연, 영화, 학술 등 세계 문화 교류를 추진하고 있다.

한국국제교류재단의 문화 예술 관련 사업은 한국과 외국 간의 교류 및 협력 기반을 조성하고 국제 사회의 비중 있는 교류 파트너로서의 국가 이미지 정립 및 문화 영향력 제고를 목적으로 한다. 이를 위해 재단은 수교 기념, 문화 주간 등 국가 간 대규모 계기성 문화 행사를 개최 또는 지원하고 있다. 또한 공공 및 민간 차원에서 개최되는 국제 문화 예술 행사를 개최 또는 지원하고 있다. 아울러 해외에서 한국문화를 소개하는 상설 공간을 확보하고자 해외 유수

박물관 내 한국실 설치 및 한국실 운영 인력 양성, 각종 한국 관련 프로그램 지원 사업을 벌이고 있다. 그리고 2005년에 한국국제교류재단 문화센터(Korea Foundation Cultural Center)를 설립하여 다양한 국제문화 교류 활동을 개최 또는 지원하고 있다.[4]

3. 한국국제협력단

한국국제협력단(Korea International Cooperation Agency; KOICA)[5]의 설립 목적은 개발 도상국의 빈곤 감소 및 삶의 질 향상, 여성·아동·장애인·청소년의 인권 향상, 성평등 실현, 지속 가능한 발전 및 인도주의를 실현하고, 협력 대상국과의 경제 협력 및 우호협력 관계 증진, 국제 사회의 평화와 번영에 기여하는 것이다. 그 미션은 누구도 소외되지 않는 포용과 상생의 개발 협력으로 인류 공동번영과 세계평화 증진 기여이고, 비전은 글로벌 가치를 실현하고 상생의 국익을 창출하는 선도적 글로벌 개발 협력 기관이 되는 것이다. 핵심 가치는 사람(People), 평화(Peace), 번영(Prosperity), 환경(Planet), 파트너십(Partnership)이다.

글로벌 공공재로서 개발 협력의 전략적 가치는 점차 증대되고 있다. KOICA는 국내외 정부부처, 공공 기관, 시민사회, 기업, 학계 등과 함께 다각화된 파트너십을 구축하여 보다 효과적인 개발 협력 사업을 수행함으로써 지속 가능 개발목표(SDGs) 달성에 기여하고 있다. 또한, 글로벌 사회적 가치를

4 우병국·김명숙. 2005. "한국국제교류재단의 문화예술교류 지원정책과 방향." 『미술세계』, 2005-12: 109-110.

5 한국해외협력단 홈페이지(https://koica.go.kr/sites/koica_kr/index.do)

실천하는 대한민국 개발 협력 대표 기관으로서 사람 중심의 평화와 번영을 위한 상생 협력의 ODA를 추진해 나가고 있다.

KOICA는 1991년 설립된 후 1995년에 비정부기구(NGO) 지원 사업을 시작했고 2002년·2003년에 평화 구축 지원 사업(아프가니스탄, 이라크 등)을 시행한 바 있다. 2004년에는 남아시아 쓰나미 피해 복구를 지원했으며, 2007년에는 해외긴급구호에 관한 법률 제정 및 국제 빈곤퇴치 기여금 제도를 시행했다. 특히 2009년에는 해외봉사단 단일브랜드 WFK(World Friends Korea)를 출범시켰고, 2020년에는 코로나19 긴급대응 프로그램(ABC 프로그램) 추진했다.

한국국제협력단은 성격상 해외사무소 중심으로 활동이 이뤄지는데, 2021년 기준 44개국, 44개 사무소와 1개 분사무소를 두고 있다. 지역 사업 I본부는 동남아시아 1실, 동남아시아 2실, 서남아태평양실, 유라시아실 등을 중심으로 활동이 이뤄지고, 지역 사업 II본부는 동아프리카실, 서아프리카실, 중동북아프리카실, 중남미실 등을 중심으로 활동이 수행된다. 글로벌 인재 사업 본부는 글로벌 인재 총괄실, 해외 봉사 사업실, 해외 봉사 모집팀, 해외 봉사 활동 관리팀 등으로 구성되어 업무가 수행되고, 이외에 개발 협력 인재 사업실과 글로벌 인재 교육원 등도 공공외교 활동과 관련된 업무를 수행 중이다.

KOICA의 인재상은 개도국의 사회·경제 발전 기여를 통해 세계 빈곤 감소와 평화구축에 이바지하고자 하는 비전을 가진 인재를 구하고, 차이·다양성을 존중하는 KOICA인(Respect for diversity), 높은 도덕성·책임성을 실천하는 KOICA인(Integrity), 글로벌 수준의 전문성을 보유한 KOICA인(Global leadership), 적극적으로 소통하는 KOICA인(Communication) 등을 지향한다. 한편 목적 가치로 사람(people), 평화(peace), 번영(prosperity), 환경(planet), 파트너십(partnership) 등을, 수단 가치는 전문성(knowledge), 개방성(openness), 혁신(innovation), 소통·협업(communication& collaboration), 책임성(accountability) 등을 표방하고 있다. 공공외교 활동과 관련하여 개발 도상국 지속 가능 개발 목표(SDGs) 달성에 기여하는 개발 협력 전문가를 양성하는 것을 강조한다.

한국 국제 협력단의 활동 개요

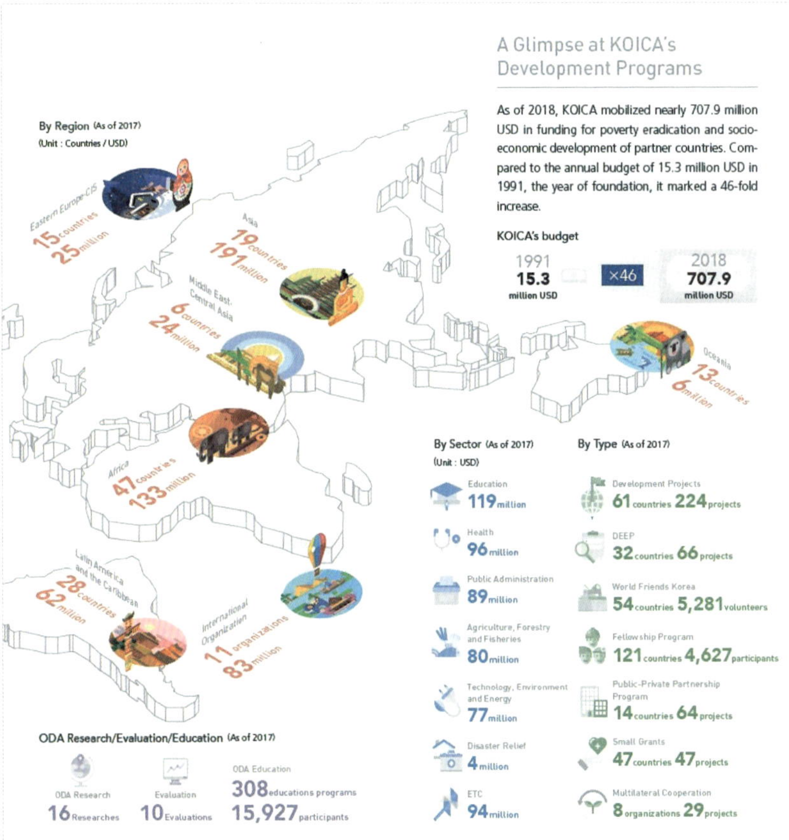

출처: KOICA 리플렛-영문

KOICA의 전략 과제를 소개하면, 첫째, 지속 가능 발전 목표(SDGs) 달성을 촉진하는 것이다. 이를 위해 협력국 빈곤 감소 및 삶의 질 향상을 모색하고, 협력국의 지속 가능한 경제발전을 도모하며, 협력국의 그린·디지털 기반을 확대하고자 한다. 둘째, 개발 협력 파트너십을 선도하는 것이다. 시민사회 파트너십 강화, 민간·공공 분야 파트너십 활성화, 국제기구와의 주제형 파트너십 강화 등이 이에 해당된다. 셋째, 개발 협력 생태계를 활성화하는 것이다. 이에 해당하는 활동은 경쟁력 있는 해외봉사단 및 개발 협력 인재 양성, 협력국과의 지식 공유 활성화, 개발 협력 교육강화 및 대국민 인식 제고 등이다. 넷째, ESG 중심 경영이다. 이를 위해 탄소중립·안전경영 추진, 사회적 가치경영 고도화, 윤리·준법/혁신·소통경영 구현 등에 매진하고 있다.

개발 협력과 공공외교와의 관계에 대해서는 각기 다른 시각이 존재하며, 다음과 같이 말할 수 있다.[6] 첫째, 개발 협력을 공공외교의 일부로 보는 시각이다. 이는 원조를 제공하는 활동 자체가 공공외교의 한 형태라고 보고, 다수의 선진공여국들이 ODA를 외교부 전담주도형으로 추진하는 체계로 운영하고 있으며 외교 정책 및 공공외교의 일부분으로 접근하고 있다. 둘째, 공공외교의 수단으로서 ODA의 활동에 대해 거부감을 갖는 시각이다. ODA의 궁극적인 목적은 결국 협력대상국의 발전으로 볼 수 있는데, 대상국 국민의 호감을 얻기 위한 공공외교의 목적이 높은 우선순위가 되면 안된다는 것이다. 셋째, ODA에 공공외교라는 문제의식을 적용하는 것에 대해 문제의식을 갖는 시각이다. 공공외교와 ODA는 그 발생 배경이 다르다는 입장이다. 공공외교는 냉

6 송수전. 2019. "공공외교(Public Diplomacy) 촉진 관점에서의 KOICA ODA 활동방안 고찰." 『개발과 이슈』 제55호(2019-12): 4-19.

전 시대의 정책을 배경으로 탄생했고 도구주의적 속성를 드러내고 있는 반면, ODA는 국가의 간섭과 외교 정책적 도구화로부터 벗어나는 형태로 시작되었다는 것이다. 마지막으로, ODA 활동 내 공공외교의 속성을 고려하는 것이다. KOICA의 경우는 기관 핵심업무인 ODA 사업을 추진하며 자연스럽게 KOICA를 알리고 한국을 알리게 됨으로써 공공외교 증진에의 기여로 연계되는 형태이다. 이들 시각차에도 불구하고, 공공외교 개념이 개발 협력의 목적과 역할 차원에서 부합되는 요소가 상대적으로 많아서 두 영역 간의 교차점이 다수 존재한다고 할 수 있다.

ODA 활동은 신공공외교의 주요 속성인 소프트 파워와 밀접한 연계성을 가지는데, 공여국에 대한 감사와 존경 등의 긍정적인 태도를 유발하고 공여국 및 공여국 정부가 지향하는 가치에 대한 정보를 전달하며, 공여국에 대한 관심을 제고한다. 이러한 활동이 특정 국가에서 공공외교로서 공식적으로 수행되고 있지 않더라도 공여국의 소프트 파워를 향상시키고 공공외교를 지원하는데 유리한 역할을 할 수 있다. 미국의 USAID, 영국의 UKAID 등이 KOICA와 유사한 역할을 하고 있다.

KOICA 사업과 공공외교와의 관계를 언급하면, KOICA가 수행하는 대부분의 활동은 상대적으로 다른 기관에 비해 공공외교 증진에 부합하는 부분이 많고, 활동 대상 측면에서 주요한 수혜 대상은 협력대상국에 거주하는 외국국민이며, 방식 측면에서 일반 국민을 포함한 정부부처, 학계, 시민사회 등 다양한 주체가 참여하고, 나아가 내용 측면에서는 문화, 지식, 정책과 모두 연관성이 높다. 현재 우리나라 공공외교법 제2조 정의에 따르면 '공공외교 사업'에 해당하는 사업에는 ODA 및 해외 투자 유치·경제 협력 사업 등이 제외되고 있다. 하지만 실질적으로 보면 그와 같은 역할을 하고 있다고 볼 수 있다. 예를 들어, KOICA 봉사단, 자문단, 영프로페셔널 프로그램 등 인재 양성 사업은 "우리나라와 개발 도상국들의 우호 협력 관계 및 상호 교류 증진, 이들 국가의 경제 사회 발전 지원을 통해 국제 협력 증진에 기여"를 그 목적으로 하고 있으며, 우리나라와 상대국 국민 간의 교류를 통해 대 개도국 우호 협력 관계 및 양국 국민의 상호 이해를 증진한다는 측면에서 국민과 함께 하는 공공외교의 대표적 사례이다. 공공외교와 개발 협력 간 공통적인 속성을 고려할 때, 실질적으로 ODA 수행을 통해 직·간접적으로 공공외교를 증진하면 궁극적으로 국익에도 기여할 수 있는 것이다.

4. 재외동포재단

재외동포재단(Overseas Koreans Foundation; OKF)[7]은 1997년 3월 '재외동포재단법(법률 제5313호 공포)'에 근거하여 설립되었다. 설립목적(재외동포재단법 제1조)은 재외 동포들이 민족적 유대감을 유지하면서 거주국 안에서 그 사회의 모범적인 구성원으로 정착할 수 있도록 지원하는 것이며, 사업대상(재외동포재단법 제2조)은 대한민국 국민으로서 외국에 장기체류하거나 영주권을 취득한 자와 국적을 불문하고 한민족의 혈통을 지닌 자로서 외국에 거주·생활하는 자이다. 법령상 사업내역(재외동포재단법 제7조)으로는 재외 동포 교류 사업, 재외 동포 사회에 관한 조사·연구 사업, 재외 동포를 대상으로 하는 교육·문화 및 홍보 사업, 정부가 재단에 위탁하는 사업 등이 있다.

---

7 재외동포재단 홈페이지(https://www.okf.or.kr/homepage/index.do)

재외동포재단의 미션은 750만 재외 동포들이 민족적 유대감을 유지하고 거주국에서 모범적 구성원이 되도록 지원하는 것이고, 비전은 '국민과 함께 한민족 공동체를 구현하는 글로벌 플랫폼 기관'이 되어야 한다는 것이다. 재단의 주요한 사업 추진원칙을 언급하면, 차세대의 한민족 정체성 및 자긍심 함양, 한글학교 역량 강화, 차세대 초청연수 확대 및 내실화, 중국·CIS지역 등 특수지 민족교육 활성화, 거주국에서의 재외 동포 위상 제고, 소외동포 지원 강화, 차세대 인재육성 프로그램 확대 및 내실화, 재외 동포 사회 권익 신장 및 공공외교 활동 지원 강화, 모국과 재외 동포 사회와의 교류 협력 증진, 재외 동포에 대한 이해 심화 및 국민적 공감대 제고, 모국과 동포 사회 간 교류 협력 증진 등이 있다. 대부분의 재단 사업이 공공외교 활동과 직·간접적으로 연관되어 있음을 알 수 있다.

재외동포재단은 국내 청년의 해외진출 지원을 확대하고 민간 일자리 창출에 기여하며 소외동포의 인권 보호 및 복지 지원을 위한 사업을 확대하고 있다. 상대적으로 복지와 인권에 취약한 베트남 한-베 다문화가정자녀, 미국·유럽 등 해외 입양동포에 대한 맞춤형 사업을 추진 중이다. 또한 차세대 간 교류협력을 지원하기 위해 차세대 입양동포 모국 방문 시행, 차세대 입양동포 단체활동 및 네트워크 구축 지원 등의 사업을 수행하고 있다. 이러한 사업이 향후 한국 공공외교의 주요한 자산이 되는 것이다.

재외 동포 정책의 부재 시기를 지나 1960년대부터 추진된 산업화의 맥락 속에서 재외 동포 정책은 태동되었고, 재외 동포의 교육과 모국 방문 지원으로 구체화되었다. 1990년대의 세계화와 탈냉전은 재외 동포 사회의 성장을 가져왔고, 재외 동포 정책 수립의 기반이 되었다. 문민정부는 포괄적인 재외 동포 정책을 수립했으며, 국민의 정부와 참여정부 시기에는 재외 동포 사회의 요구를 토대로 재외 동포 정책을 구체화함으로써 재외 동포 정책의 질적 발전을 이루었다. 구체적으로 문민정부는 '신교포 정책'을 수립하고, 재외 동포 지원 기구로 재외동포재단을 설립했다. 국민의 정부는 재외 동포정책의 법제화의 결과인 <재외동포법>을 제정하고 시행했다. 참여정부에서는 한민족 네트워크 구축, 소외 지역 재외 동포 지원 사업, 취업 기회 확대 등을 적극적으로 추진했다. 이후 재외 동포의 모국 정치 참여를 제도화한 재외국민선거제도가 도입되었다. 이들 재외 동포 정책들은 정책 수립 이후 부분적 변화 속에서도 지속성을 가지고 유지되어 오고 있다. 이러한 재외 동포 정책의 발전을 위한 과제를 제기하면, 우선 재외 동포 사회의 요구에 기초해 재외 동포 정책의 결정과 시행 관련 조직과 효율성에 대한 재검토가 필요하다. 둘째, 재외 동포 사회는 2세대와 3세대의 성장이 두드러지게 나타나고 있다. 따라서 재외 동포 차세대에 대한 정책이 구체화되고 발전되어야 한다. 셋째, 재외 동포 공동체 간 교류를 증진할 수 있는 재외 동포 중심의 초국가적 네트워크 강화가 필요하다. 넷째, 재외국민선거제도는 재외국민의 참여 증진을 위해 지속적으로 개선되어야 한다. 다섯째, 중장기적 관점에서 재외 동포 정책이 수립되어야 하며, 정책에 대한 평가와 환류 체계도 구축되어야 한다.[8]

재외한인 차세대 및 단체는 우리의 중요한 인적 자원이다. 그러나 이들에 대한 현황 및 실태 파악은 현재까지 아주 미흡한 실정이다. 연구 결과에 의하

8 김용찬. 2018. "재외동포정책의 역사적 평가와 과제." 『민족연구』, 72: 4-28.

면, 81개 차세대 단체의 국가별 분포는 미국이 22개로 가장 많았다. 7개의 유형 중 학생단체가 37개, 봉사단체 8개 순으로 나타났다. 네트워크의 특징은 첫째, 지역적 편중 및 네트워크의 협소성; 둘째, 비용 문제로 인한 단체 운영의 애로점 발생; 셋째, 청년 및 경제 단체의 연대 활성화; 넷째, 강한 연대보다는 약한 연대가 주류이며 이 또한 일회성 교류에 그침; 다섯째, 활동이 유사한 단체 간 네트워크의 집중; 여섯째, 온라인과 오프라인 단체 간 회원 수의 차이; 일곱째, 재외한인이라는 구심점이 차세대 단체의 지역 네트워크에 있어 강한 연대를 구성하는 핵심 요인이었다는 점을 들 수 있다. 따라서, 재외한인 차세대 단체의 글로벌 네트워크는 다음을 착안 사항으로 해야 한다. 첫째, 차세대 단체에 대한 발굴 및 조사를 토대로 국가별, 지역별, 유형별 DB의 구축; 둘째, 외연의 확장을 위해 중개자 혹은 연결고리의 역할을 한인회나 재외동포재단이 수행; 셋째, 유형별 네트워크가 형성되면, 이를 점차적으로 지역별, 국가별 네트워크로 확대하여 모국 및 재외한인 차세대 단체의 통합 형태 모색; 넷째, 초기의 오프라인 방식이 정착되면, 온라인 형태로 발전시켜 나감; 다섯째, 네트워크의 지속성을 위한 재정적 지원과 후원 그리고 사후관리 등이다.[9]

한편 중국의 사례(교무외교)를 토대로 향후 한국의 공공외교 추진에서 재외 동포 자산을 어떻게 활용할 것인가라는 문제의식에 대한 답을 구할 수 있다. 중국의 '교무공공외교' 전략은 '문화강국 전략'과 '네트워크 전략'으로 분류된다. 화인·화교는 중국의 '교무공공외교'의 수용자인 동시에 추진자이고, 화인·화교의 '교무공공외교'의 참여는 문화적 참여 및 사회적 참여로 분류할

9 지충남 외. 2012. "재외한인 차세대 단체 네트워크 구조와 특성에 관한 연구." 『디아스포라연구』, 6(1): 179-211.

수 있다. 요컨대, '문화중국 전략'은 중국의 급부상으로 야기된 '중국위협론'의 불식과 중국에 대한 이해도 향상에 착안점을 둔다면, '네트워크 구축 전략'은 재외 동포의 응집력 강화로 거주국에서의 영향력을 제고하고, 모국과의 연대 강화를 통한 공공외교의 효율성을 향상 시키는 데 목적을 두고 있다. 중국의 이러한 경험은 한국의 재외 동포 공공외교에 시사점을 제시해 주고 있다. 한국 정부는 체계적인 재외 동포 공공외교 정책 구축에 주력할 필요가 있으며, 재외 동포 사회의 발전 및 모국과의 연대를 강화하기 위하여 한글학교와 한국학교에 대한 지속적인 지원책을 강구할 필요가 있다.[10]

5. 해외문화홍보원

해외문화홍보원(Korean Culture and Information Service; KOCIS)[11]의 이니셜인 KOCIS는 한국(Korea)의 문화(Culture)와 정보(Information)를 모으고 서비스(Service)한다는 의미이며, 이는 문화체육관광부 산하의 기관이다. 해외문화홍보원은 한국의 아름다운 문화를 세계에 알리고 국가 간 문화 교류를 확대하기 위한 다양한 노력을 하고 있다. 해외문화홍보원은 세계 28국에 33개 문화원을 만들어 운영하고 있고, 한국이라는 국가 브랜드 이미지를 제고하기 위해 문화원을 거점으로 다양한 한국문화를 확산하고자 한다. 또한 온라인 서비스 '코리아넷'을 운영하며 한국의 소식을 소상하게 알리고 한국의 주요 이슈를 전달하는 한편, 다양한 정보를 온라인은 물론 모바일 등을 통해서도 만날 수 있도록 접근성을 더

---

10 리단·정소영. 2015. "한국의 공공외교와 재외동포: 중국 교무공공외교의 시사점을 중심으로." 『디아스포라연구』, 9(2): 303-322.

11 해외문화홍보원 홈페이지(https://www.kocis.go.kr/)

욱 다양하게 마련하고 있다. 아울러 한국을 소개하는 간행물을 제작, 배포할 뿐만 아니라 해외 홍보영상물을 제작하고 있다. 나아가 한국에 대해 잘못 알려진 시선을 바로잡고자 노력하고 있다. 해외 언론매체 등의 한국 관련 오류 신고를 접수하고 처리하는 온라인 서비스를 제공할 뿐만 아니라, 각종 민간단체와 개별 활동가의 활동을 지원하여 한국을 바로 알리기 위해 노력하고 있다.

해외문화홍보원의 비전은 세계 속 한국문화 확산 및 정책소통을 통한 대한민국 국가 이미지 제고이다. 그 미션은 대한민국 국가 이미지 제고, 정책소

해외문화홍보원의 비전 및 미션

출처: 해외문화홍보원 홈페이지(https://www.kocis.go.kr/visionAndMission.do)

통 확대 및 외신 협력 활동 강화, 해외 홍보 전문가 역량 강화 등이다. 세 가지 전략은 한류 아웃바운드 활성화(K-콘텐츠 아웃바운드 플랫폼 역할 강화, 재외문화원의 한류 확산 역량 강화), 정책소통 플랫폼 구축(글로벌 정책 소통 및 정책 발신 기능 강화, 한국 관련 중점 이슈의 전략적 확산), 창의적 홍보콘텐츠 발굴(해외 홍보 콘텐츠 다변화 및 전략적 홍보) 등이다.

해외문화홍보원 연혁

해외문화홍보원 연혁

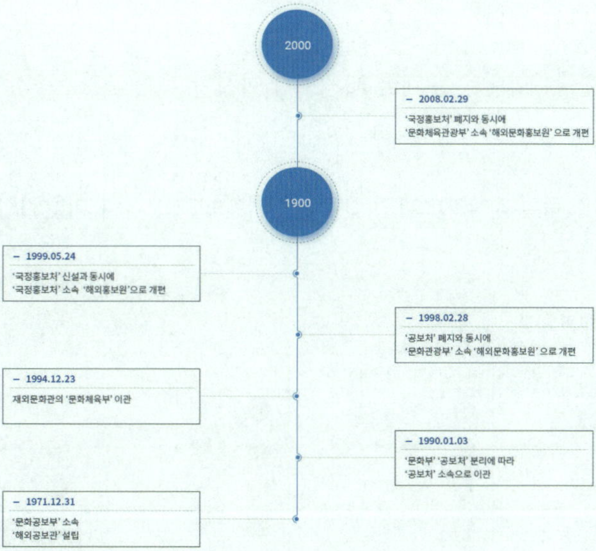

재외한국문화원 설치 현황 (총33개소)

년도	개원 수
2021	1개소(남아프리카공화국)
2018	1개소(홍콩)
2016	3개소(아랍에미리트·캐나다·이탈리아)
2011 ~ 2015	12개소(호주·스페인·필리핀·인도네시아 등)
2001 ~ 2010	8개소(베트남·아르헨티나·상해·영국 등)
1991 ~ 2000	4개소(북경·독일·러시아·오사카)
1979 ~ 1980	4개소(동경·뉴욕·LA·프랑스)

출처: 해외문화홍보원 홈페이지(https://www.kocis.go.kr/history.do)

해외문화홍보원은 1971년 12월에 문화공보부 소속 해외공보관으로 설치된 이래 1990년 1월에 공보처 소속으로 변경되었다. 1998년 2월 문화관광부 소속 해외문화홍보원으로 개편된 후 1999년 5월 국정홍보처 소속 해외 홍보원으로 개편되었고 2008년 2월에 이르러 문화체육관광부 소속 해외문화홍보원으로 최종 개편되었다. 2010년 7월에 일부 업무를 본부 국제문화과로 이관했고, 2012년 2월에 국제 교류업무에 관한 업무를 본부로 이관했다. 2015년 1월에 재외문화원 관련 업무를 해외문화홍보원으로 일원화한 바 있다.

재외 한국문화원은 28개국 33개소가 아시아/태평양(일본 동경/오사카, 중국 북경/상해/홍콩, 태국, 인도, 베트남, 인도네시아, 카자흐스탄, 필리핀, 호주), 유럽(영국, 프랑스, 독일, 러시아, 스페인, 폴란드, 벨기에(EU), 헝가리, 이탈리아), 미주(미

재외 한국문화원 현황

아시아/태평양	미주	유럽	중동/아프리카
베트남	미국 - LA	독일	나이지리아
인도	미국 - 뉴욕	러시아	남아프리카공화국
인도네시아	미국 - 워싱턴	벨기에	아랍에미리트
일본 - 동경	멕시코	스페인	이집트
일본 - 오사카	브라질	이탈리아	터키
중국 - 북경	아르헨티나	영국	
중국 - 상해	캐나다	폴란드	
중국 - 홍콩		프랑스	
태국		헝가리	
필리핀			
카자흐스탄			
호주			

출처: 해외문화홍보원 홈페이지(https://www.kocis.go.kr/koccIntro.do)

국 워싱턴/뉴욕/LA, 아르헨티나, 멕시코, 브라질, 캐나다), 중동/아프리카(나이지리아, 이집트, 터키, 아랍에미리트, 남아프리카공화국) 지역 등에 위치해 있다. 문화홍보관은 8개국 9개소가 아시아/태평양(일본 동경, 중국 북경, 싱가포르), 유럽(영국, 스웨덴, 오스트리아), 미주(미국 워싱턴/뉴욕), 중동/아프리카(이란) 지역에 위치한다.

한편 코시스센터는 해외문화홍보 업무를 총괄하는 해외문화홍보원이 운영하는 정부 기관으로, 외신기자들이 보다 정확하고 깊이 있는 보도활동을 할 수 있도록 정부 소식을 제공하고 취재를 지원하는 기관이다. 센터에서는 정부 기관의 정책토론회, 브리핑을 개최하고 주요 인사와의 인터뷰 주선, 프레스 투어 등 다양한 언론행사를 주최하고 이와 관련한 서비스와 시설 이용을 제공한다. 이들 활동 중 정책토론회는 한국 정부 각 부처의 고위급 관계자(장·차관급)가 발표자로 참여하여 주요 정책을 설명하고 질의응답을 통해 다양한 의견을 나누는 행사이며, 월 1회 개최한다. 주요 현안에 대해 신속하고 정확한 정보를 제공하기 위해 정부부처 대변인 또는 정부 관계자가 브리핑을 주재하며, 정부 관계자와 전문가, 특정 인물 중심의 취재 시, 인터뷰를 주선한다. 그리고 정부 각 부처의 주요 정책과 행사, 메시지 등에 대한 참고를 위해 국문 및 외국어 보도자료를 배포한다.

중국문화원의 운영 사례를 참고하면, 중국문화원은 중국 문화부에 소속되어 있으며 문화원의 사업계획 수립부터 집행까지 문화부의 직접적인 관리와 감독을 받도록 되어 있으므로 사업의 지속성을 확보하는 데 유리한 구조로 되어 있다. 인력 구성을 보더라도, 문화원장 이하 문화원 주요업무 담당자들이 모두 중국문화부에서 파견된 공무원일 뿐 아니라, 파견 공무원의 선발기준이 주재국의 문화에 대한 이해와 해당 국가의 언어구사 능력으로 되어 있어 문화 분야의 전문성이 강화된다는 강점이 있다. 동시에 중국문화원이 주재국에서 문화 외교를 담당하면서 현지 중국대사관과 긴밀히 협조할 수 있도록 하기 위해서 문화원장 이하 문화부 소속 공무원들은 동시에 대사관에서 문화 분야 업무를 담당하는 외교관으로서의 신분을 부여받고 현지 대사관에 배속된다. 중국문화원의 사례처럼 특정 부처의 소속 기관으로 법률상 설치 및 운영에 대한 근거가 명시될 경우, 현재 문화원의 운영(문화부)과 소관(외교부)의 법적 근거가 이원화되어 있는 단점을 개선하고 문화원의 정체성을 보다 명확하게 할 수 있다.[12]

6. 세종학당

세종학당재단(King Sejong Institute Foundation; KSIF)[13]은 외국어 또는 제2언어로서의 한국어 보급을 효율적으로 수행함을 목적으로 하는 공공 기관이다. 세종학당은 외국어 또는 제2언어로서 한국어를 배우고자 하는 자를 대상으로 한국어와 한국문화를 알리고 교육하는 기관이다. 문화 상호주의에 입각한 문화 교류 활성화, 외국어 또는 제2언어로서 한국어를 배우고자 하는 자를 대상으로 하는 실용 한국어 교육, 한국어 교육 대표 브랜드 육성 및 확산을 목적으로 한다.

그 주요한 사업은 외국어 또는 제2언어로서의 한국어와 한국문화를 교육

12 김휘정. 2013. "국제문화교류 진흥을 위한 한국문화원의 법적 위상 재정립 방안." 『문화산업연구』, 13(1): 43-52.

13 세종학당재단 홈페이지(https://www.ksif.or.kr/)

하는 기관이나 강좌를 대상으로 세종학당 지정 및 지원, 온라인으로 외국어 또는 제2언어로서의 한국어와 한국문화를 교육하는 누리집(누리세종학당) 개발·운영, 세종학당의 한국어 표준 교육과정·교재 개발 및 보급, 세종학당의 한국어 교원 양성·교육 및 파견 지원, 세종학당을 통한 문화교육 및 홍보 사업, 그리고 외국어 또는 제2언어로서의 한국어보급을 위하여 필요한 사업 등이다. 그 연혁을 보면, 2008년에 국무회의 시 '한글의 국제 경쟁력 제고 방안'을 대통령이 지시한 이래, 2009년에 7개 부처 합동 '한국어 보급 확대 및 세계화 방안'을 국가경쟁력강화 위원회와 국가 브랜드 위원회에 보고한 후 2010년에 세종학당 관련 국어기본법 개정안에 관한 부처 협의가 이뤄졌다. 2011년에 세종학당재단 설립 등 추진을 위한 국어기본법 개정안이 수립되고 2012년에 국어기본법이 개정·공포되고 법인설립등기와 함께 세종학당재단이 출범했다. 이는 2014년에 전문예술법인으로 지정되었다.

세종학당의 미션은 한국어·한국문화 보급을 통한 상호 문화 교류 확대로 전 세계 공존공영과 국민 행복에 기여하는 것이고, 그 비전은 한국어·한국문화로 세계와 소통하는 대한민국 대표 국제 문화 교류 기관이다. 세종학당은 전 세계 82개국 234개소에 위치한다. 세종학당 운영 유형에는 일반형과 협업형(지방자치단체, 재외공관, '공공 기관의 운영에 관한 법률'에 따른 공공 기관, 기업, '공익법인의 설립·운영에 관한 법률'에 따른 공익법인이 지원금을 교부받지 않고 운영하는 세종학당)이 있고 일반형은 독립형(세종학당을 운영하려는 국외 현지 운영 기관이 세종학당재단으로부터 직접 지원금을 교부받아 직접 운영 및 정산)과 연계형(국내 기관 또는 대한민국 재외공관이 국외 현지 운영 기관과 세종학당 운영 관련 업무 협약 후 지정 신청/국

전 세계 세종학당

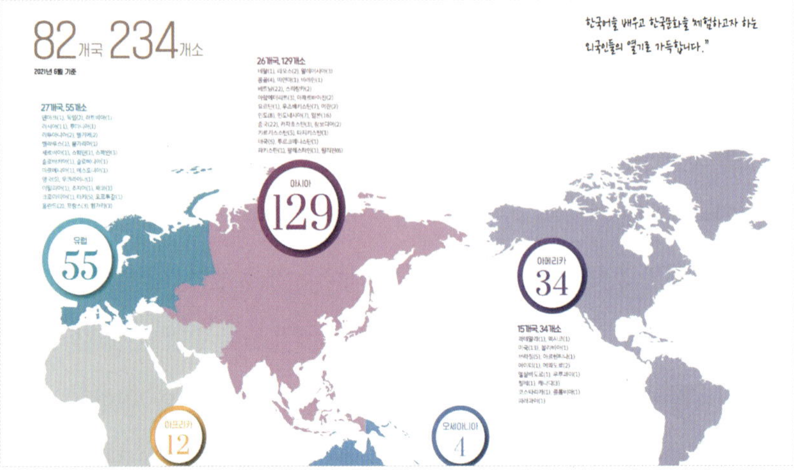

출처: 2021 세종학당 안내지

이 현지 운영 기관과 국내 운영 기관이 협력하여 공동으로 세종학당을 운영하되 국내운영 기관이 세종학당재단으로부터 지원금을 교부받아 관리 및 정산)으로 나뉜다.

한국어의 해외 보급은 대상국 현지에서 한국과 관련된 부가적인 활동으로 연결할 수 있는 매개체를 공급한다는 점에서 공공외교적으로 의미가 매우 깊은 활동이며, 세종학당이 최초로 설립된 2007년 이래 양적으로 급격히 성장해 온 영역이다. 공공외교의 쌍방향성이 점차 강조되고 있는 현 시점에서 대상국 현지의 언어·문화적 수요를 적극적으로 반영하려는 양상이 포착되고 있는 점은 매우 고무적인 현상이나, 문화적 수요 못지않게 산업적 수요 및 정치적 관계와도 조응할 수 있는 보다 종합적인 전략 도입이 필요하다. 또한 점차 늘어나고 있는 지역적 균형에 대한 요구에도 귀를 기울여 지역적 편중 경향이 심화되는 것을 경계하고, 세종학당의 설립이 미비한 지역으로의 진출을 보다

세종학당이 하는일

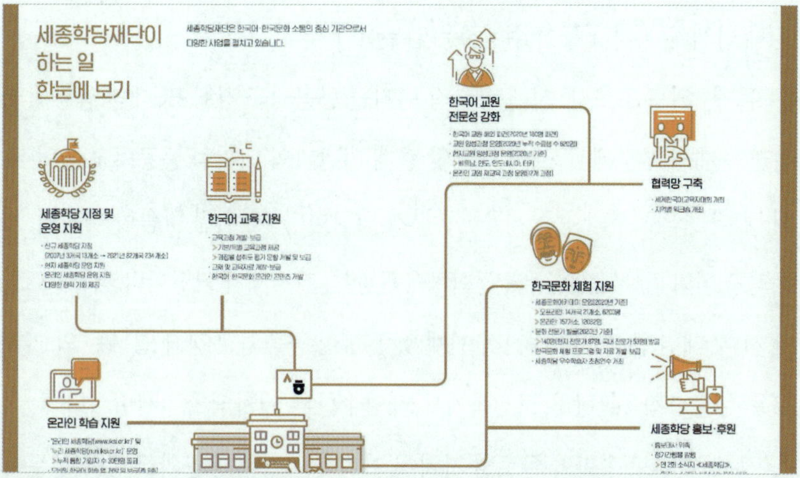

출처: 2021 세종학당 안내지

고려하는 방향 역시 고려될 필요가 있다.[14]

7. 기타 기관

공공외교를 수행하는 정부 기관은 다양하다. 사업 성격에 따른 소관 기관은 다음과 같다. 첫째, 소프트 자산을 활용한 융복합 공공외교의 전략적 추진 부문에서 '제2차 공공외교 기본계획 수립을 통한 비전 및 전략 제시'는 전 부처 및 지자체가 담당하고, '주요외교계기 50개국과 융복합형 공공외교 강화'는 외교부, 문화체육관광부, 지자체가 담당한다. '우리 대중문화에 대한 국제적 관심을 활용한 공공외교 강화'는 외교부, 교육부, 국방부, 문화체육관광부, 지자체 소관 업무이다. '우리 문화 주 수요층인 국내외 외국인 대상 차세대 친

14 변지영·정헌주. 2018. "한국의 공공외교와 세종학당: 2007-2015년 국가별 지정 요인에 관한 실증분석." 『한국정치학회보』, 52(2): 173-201.

한인사 네트워크 확대'는 외교부, 교육부, 과학기술부, 법무부, 국방부, 국가보훈처, 법제처, 지자체 등이 수행하는 업무이다.

둘째, '위드 코로나' 시대 통합적 디지털 공공외교 강화 및 대면 공공외교 점진적 재개 부문에서 '재외공관 및 관계 기관과의 디지털 공공외교 협업 체계 강화'는 외교부와 문화체육관광부가 담당한다. '언어별 맞춤형 디지털 공공외교 심화' 업무는 외교부, 문화체육관광부, 지자체가 담당한다. '위드 코로나 시대' 대면 공공외교 점진적 재개 및 혼합형 공공외교 강화 업무는 외교부, 교육부, 문화체육관광부, 보건복지부, 해양수산부, 지자체 소관사항이다.

셋째, 한반도 평화와 글로벌 가치에 기여하는 정책 공공외교 강화 부문에서 '한반도 평화프로세스를 포함한 우리 정책에 대한 이해와 지지 제고'는 외교부, 통일부, 국방부, 국가보훈처, 지자체 소관업무이다. '협력적 · 포용적 국제 질서 회복과 국가 간 연대에 기여' 업무는 외교부, 과학기술부, 법무부, 문화체육관광부, 보건복지부, 환경부, 고용노동부, 여성가족부, 국토교통부, 중소벤처기업부, 법제처, 지자체 등이 담당한다.

넷째, 국민과 함께하는 공공외교 강화 부문에서 '민간 및 지자체와 함께하는 공공외교 협업 체계 확대' 업무는 외교부, 행정안전부, 지자체 담당이다. '재외 동포, 차세대 등 공공외교 협력 대상 확대'는 외교부, 통일부, 농림축산식품부, 보건복지부, 여성가족부, 지자체의 소관 업무이다. '공공외교 사업에 대한 국민참여 확대' 업무는 외교부, 농림축산식품부가 담당한다. '대 국민 공공외교 역량 강화' 활동은 외교부, 교육부가 담당한다.

위에 언급한 기관 외에도 KBS월드라디오는 국제 친선과 문화 교류라는 전통적 국제방송 역할을 충실히 수행해왔고, KBS월드TV 역시 한민족 네트워크 구축과 한류 확산을 통해 국가 이미지 제고와 브랜드 강화에 기여해 왔다. 남북 관계와 한반도를 둘러싼 국제 정세가 급변하면서 KBS월드가 공공외교의 핵심기구로서 보다 확대된 역할을 수행할 필요가 있는 것이다. 이러한 KBS월드의 활동은 지속적으로 개선될 필요가 있다. 첫째, 남북 협력 시대에 요구되는 공공외교 기능을 수행하기 위해서 국제방송으로서 KBS월드의 정체성을 강화해야 한다. 둘째, 공공외교를 수행하는 국제방송에 걸맞도록 KBS월드TV의 서비스 지역을 확대하고 콘텐츠 구성을 다양화해야 한다. 셋째, 새로운 미디어기술과 플랫폼을 적극 활용하여 해외 공중의 프로그램 접근성을 확대하고 원활한 상호 소통의 기회를 제공해야 한다.[15]

한편 특정 국가를 다른 국가들과 구별시켜 주는 개념인 국가 브랜드는 공중의 인식에 내재한 국가의 명성이나 이미지 등을 창출하고 관리함으로써 국가의 소프트 파워를 향상시켜 준다. 이러한 중요성을 지닌 국가 브랜드는 효율적인 홍보에 의해 그 가치가 더욱 제고될 수 있다. 국가 브랜드의 홍보 수단이 되는 것 중 하나가 인터넷 홈페이지이다. 인터넷 이용자의 능동적인 성격에 의해 홍보 효과가 극대화됨은 물론, 비용 측면에서 경제적이며, 쌍방향 커뮤니케이션으로 인해 빠른 피드백이 가능하다는 장점을 지닌 인터넷은 매력적인 홍보 수단이 아닐 수 없다. 하지만 인터넷 홈페이지가 국가 브랜드를 홍보하는 수단으로서 제대로 기능하기 위해서는 홈페이지의 접근성이 높아야 하고 국내 홍보도 충분히 고려해야겠지만 해외 공중을 대상으로 하는 해외 홍보에 보다 집중해야 한다.[16]

---

15 문상현. 2011. "공공외교와 국제방송: 한반도 평화협력시대에서 KBS월드의 역할과 과제." 『방송문화연구』, 30(2): 39-71.

16 김형국·박로사. 2011. "한국의 국가브랜드 인터넷 홍보전략 정부 및 유관기관 홈페이지 현황 분석." 『국제정치논총』, 51(2): 7-33.

Ⅳ부.

한국의 공공외교 개선을 위한 제언

1. 서론: 현존 국제정치질서와 한국의 공공외교 현안 의제

최근 새로운 냉전의 도래를 우려하는 목소리가 커지고 있다. 제2차 세계대전 후 냉전의 양상은 유럽에서의 동·서독 분단과 동아시아에서의 남·북한 분단이 이를 잘 대변해준다. 이는 결국 이념대결로 자본주의 대 공산주의, 민주주의 대 전체주의, 그리고 제1세계(북대서양조약기구, 브레튼우즈 체제) 대 제2세계(바르샤바조약기구, 코메콘 체제)로 대별된다. 가치와 이익을 공유하는 진영 내 협력과 가치와 이익을 달리하는 진영 간 갈등이 과거 냉전의 모습이었다. 그 대결 구도에서 살아남는 길은 진영 속에서 힘을 키우는 것밖에 없었다.

그렇다면 최근 논의되고 있는 신냉전은 무엇을 일컫는가. 신냉전은 탈냉전기 패권경쟁의 산물이고 중국의 급부상과 이에 따른 새로운 가치 충돌의 결과라고 할 수 있다. 탈냉전기 도래 이후 세계는 중국의 급부상을 목격해왔고 중국 위협론과 기회론이라는 상반된 시각에서 이를 전망하게 되었다. 미국을 중심으로 한 서구세력은 급속한 경제발전을 해나가는 중국 내에서 정치적 민주화의 불길이 일어나기를 기대했다. 하지만 이는 잘못된 기대가 되었다. 홍콩 민주화운동 사태에 직면한 중국 당국의 태도는 서구 국가들을 실망시키기에 충분했다. 이는 경제발전이 정치적 민주화를 초래한다는 명제가 중국에서는 적용되지 않음을 보여주는 것이다.

여기서 미국을 중심으로 한 냉전기 제1세계의 고민은 깊어진다. 중국의 급부상을 기회론이라는 낙관적 사고로 전망했던 사람들도 이제는 위협론이라는 비관적 사고로 전환하고 있다. 이러한 우려를 낳기에 충분한 행동을 중국 정부가 했다고 해도 과언이 아니다. 2018년 중국이 집단 지배 체제를 일인 지배 체제로 바꿨을 때 미국을 중심으로 한 서구 세력은 중국 정치의 퇴행에 실망했다. 중국을 견제해야 한다는 주장이 미국 사회에서 더욱 설득력을 갖게 된 것이다. 사고 체계가 다른 힘 있는 중국의 출현은 서구 세력의 입장에서 보면 최악의 상황이다. 유럽의 영국에서 북미의 미국으로의 평화로운 세력 전이가 가능했던 것은 바로 양국 간 '가치의 공유(shared values)'가 그 배경이었다.

만약 미국과 중국 간 가치의 공유가 미약하다면 평화로운 세력 전이가 가능할 것인가. 그 답은 '아니오'일 것이다. 오늘날 국제 질서는 가치를 우선하는 국가군과 이익을 우선하는 국가군 간의 대결 구도로 재편되는 조짐이 일고 있다. 하지만 오늘날의 상황은 구 냉전과는 사뭇 다르다. 그 당시는 미·소 간 그리고 제 1세계와 제 2세계 간 '이익의 공유(shared interests)'가 미미했다. 지금은 강대국 간 즉 경쟁 국가 간 이익의 공유가 적지 않다. 경제적 상호의존이라는 구조적 제약이 극단적인 선택을 억지하는 상황이다. 가치 공유 우선 국가들이 중국의 반인권적·비민주적 행태를 비판하며 사고와 행태의 변화를 요구하고 있음에도 불구하고, 그들은 이익 훼손을 걱정하며 역학 구도의 변화에 주목하기도 한다.

가치 공유 우선과 이익 공유 우선이라는 선택의 기로에서 각국은 어떤 길을 가야 할 것인가. 짧게 말하자면, 둘 다 중요하다. 가치 공유를 우선하면서 중국을 사고가 다른 위협 세력으로 보고 이를 견제하려는 서구 강대국들과, 일단 먹고 살기 위해 중국의 가치 추구가 어떻든 이익을 극대화하기 위해 중국에 편승하는 아시아와 아프리카의 약소국들 간 대결 구도로 국제 사회는 이합집산하는 양상이다. 한마디로 말하여, 구 냉전이 가치·이익 공유국가(군)과 이(異)국가(군) 간의 갈등이었다면, 신냉전은 가치 우선 국가군과 이익 우선 국가군 간 갈등 구조를 형성하고 있다. 국가 간 이해관계가 복잡하다 보니 가치 공유에 따른 결속력이 일부 강대국을 제외하면 한계가 있다고 할 수 있다.

새로운 냉전 시대에 걸맞은 이념 대결은 어떠한 구도인가. 경제적인 맥락에서 보면, 미국을 중심으로 한 시장중심 자본주의(시장자율성 우선) 대 중국을 중심으로 한 국가 중심 자본주의(국가 개입 우선)가 그것이다. 정치적인 맥락에서 보면, 미국을 축으로 한 민주주의(다당제, 법치주의) 대 중국을 축으로 한 권위주의(일당지배, 인치주의)가 그 핵심이다. 경제적인 측면에서는 과거 냉전과 다른 양상이나 정치적인 측면에서는 그 성격이 유사하다. 서구 국가들이 딜레마에 빠지는 이유는 AI, 빅데이터 시대에 중국의 기술 혁명이 반인권적·반윤리적 문제가 있음에도 불구하고 국가 경쟁력을 갖게 된 것 때문이다.

오늘날의 국제 질서를 G20 속의 G2 시대 혹은 다극 속의 양극 체제라고 규정한다. 국제 사회는 1990년 냉전 종식과 더불어 탈냉전 시대를 맞이하였다. 지난 30년간 우리는 세계화와 정보화의 시대를 경험해왔고, 2020년 코로나19는 탈세계화와 디지털화라는 새로운 생활상을 강제하고 있다. 이런 가운데 우리나라는 미국과 중국 사이에서 선택을 강요받고 있다. 아직은 미국과 중국 간 불균형적인 양극 체제를 형성하고 있으나 2050년에는 보다 균형적인 양극 체제로 전환될 수 있다. 만약 이러한 흐름이 사실이라면 우리는 미래를 위해 보다 사려깊은 대비가 필요하다. 미·중 간 균형적인 양극 체제가 현실화된다면 우리는 어느 한쪽에 편향된 외교적 스탠스를 가질 수 없다. 하지만 우방을 판단하는 기준은 이익의 공유보다는 가치의 공유가 우선해야 한다. 중국의 정치적 민주화가 진전이 없다면 우리는 지리적으로 멀리 위치한 우방인 미국을 통해 중국을 견제하는 지혜를 구현해야 할 것이다.

2020년, 세계질서와 동아시아 지역 질서의 축이 흔들리고 있다. 과연 21세기 이 시점을 무엇이라 명명해야 할까. 지난 수년간의 상황을 보며 새로운 이념 갈등의 시기 즉 신냉전 시기로 접어든 것이 아닌가 하는 우려를 하게 된다. 21세기 새로운 냉전기는 미국식 시장 자본주의 대 중국식 국가 자본주의 혹은 열린 사회 대 닫힌 사회 간의 대결로 볼 수 있다. 자본주의 내 경제발전을 위한 추동체(推動體)로 주로 시장이 기능해야 하느냐 아니면 국가가 역할을 해야 하느냐가 그 핵심 쟁점이다. 21세기 중국의 급부상은 중국식 국가 자본주의의 위상을 높여왔고, 미국을 비롯한 서구 국가들은 중국식 국가 자본주의의 한계를 비판하면서도 아이러니하게 국가 개입주의적인 경제정책을 확대해왔다. 최근 미국을 포함한 서구 국가들의 일부 민중주의 양상은 이를 잘 보여준다. 이런 가운데 민주주의 가치 논쟁이 이에 더해지면서 결국 중국이 그러한 가치를 공유할 수 있는 국가냐 하는 의구심이 증폭되는 것이다. 여기에 우리의 전략적 딜레마가 존재하는 것이다.

금세기 들어 공공외교가 외교의 새로운 실천 분야로 급부상하면서 빠른 진화 양상을 보이고 있다. 최근 10여 년간 특히 '주창형 공공외교'와 '가치 외교'의 부상이라는 트렌드가 두드러진다. 미국, 일본, 중국 및 러시아 등 강대국들의 가치 외교는 국제 사회에서 오늘날 발현되고 있는 정체성의 정치의 맥락에서 자유주의 대 대항 자유주의라는 형태로 '가치의 충돌' 또는 '가치의 진영화' 현상을 초래하고 있다. 오늘날 형성되고 있는 가치의 진영화는 민족, 국가는 물론, 인종, 지역, 문명, 종교, 종파에 근거한 배타적인 집단 정체성의 정치가 자유주의와 이에 대항하는 가치의 대립으로 표출되고 있으며, 따라서 과거 냉전기와 같은 공고화된 두 진영 간 대립이라기보다는, 상이한 정체성에 따라서 대립과 갈등이 여러 전선에서 복합적으로 표출되고 있는 '분산된 대립(scattered confrontations)'의 양상을 보인다. 특히 이들 국가의 가치 외교가 지정학적 경쟁과 결합되어 국제 질서의 변화를 추동하고 있다. 가치의 진영화라는 국제적 맥락에서는 어느 일방의 가치를 배타적으로 주장하기보다는 정체성과 가치의 상대성을 인정하고 상대방과의 차이를 포용적으로 수용하는 노력이 무엇보다도 중요하다. 따라서 한국 공공외교의 가치·아이디어는 중립적·포용적 정체성에 기반을 둔 '평화'와 '공존'과 같이 집단적 정체성을 구성할 수 있는 핵심 요소들이 동심원을 그리는 형태를 취하는 것이 바람직하다.[1]

현재 세계 각국은 현실주의, 자유주의, 구성주의 과학 기술 외교를 자국의 상황에 맞도록 혼합하여 복합적인 과학 기술 외교를 수행하고 있다. 최근 과학 기술 외교에서 두드러지는 점은 공공외교와의 결합이다. 정체성과 규범의 중요성을 강조하는 구성주의 과학 기술관과 소통, 설득, 공유에 기반한 소프트 파워 강화를 추구하는 공공외교가 만나면서 공공외교의 한 형태로서 과학 기술 외교가 활성화되고 있다. 공공외교와 구성주의 과학 기술 외교가 만나 소프트 파워 강화와 정체성과 가치 중시라는 목적이 결합되고 과학 기술이 수단으로 활용되면서 소프트 파워 강화라는 국익의 추구가 공동의 정체성과 가치형성 과정과 만나고 이를 통해 세계 당면 문제 해결을 위한 기반을 넓혀가는 공공외교로서의 과학 기술 외교가 본격적으로 출현하고 있다. 최근 한국에서도 공공외교 강화 논의가 이루어지고 있지만 이러한 공공외교를 활발히 전개하고 있는 선진국들에 비해서는 아직 목표와 전략 및 구체적 내용이 부족한 형

1 김태환. 2019. "가치외교의 부상과 가치의 "진영화": 강대국 사례와 한국 공공외교의 방향성." 『문화와 정치』, 6(1): 5-32.

편이다. 특히 소프트 파워를 증대시키는 공공외교에서 구체적인 성과를 낼 수 있는 과학 기술 외교가 현재까지 잘 활용되지 못하고 있다. 한국은 국가 과학 기술력 강화를 위해 다양한 국가들과 경쟁 및 협력을 확대해 나가야 한다. 이를 위해 과학 기술 외교를 공공외교의 관점과 결부시켜 새로운 과학 기술 외교 의제들을 발굴하고 활성화해야 한다.[2]

예를 들어, 호주와 한국은 과학 기술 ODA를 통해 각각 역내 이니셔티브 선점과 전문성 강화라는 목적을 달성하고자 노력하고 있는데, 이는 호주와 한국의 긍정적인 초기 원조 경험이 과학 기술 ODA의 제도적 특성과 실질적 행태에 투영되고 있음을 의미한다. 과학 기술 ODA는 원조의 현실주의적 대안이자 공동발전이라는 자유주의적 속성을 확보함으로써 개발 협력의 규범과 목적에 부합한다. 호주나 한국처럼 역사적 토대를 기반으로 과학 기술의 국제 정치적 활용을 선도하는 중견국의 역할이 기대되는 시점이다.[3]

우리나라는 1960년대와 70년대, 80년대를 거치면서 미국과 유엔 개발 계획 (UNDP)을 중심으로 한 과학 기술 국제 협력을 원조 형태로 받았으며, 주로 공업 개발·농어촌 개발 사업·보건 사업·교육 사업 분야에서 연구소 설립, 전문가 파견, 기자재 지원 등 기술 협력의 형태로 시행되어 왔다. 다만, 초기에 ODA를 원조를 받거나 개발 도상국에 원조를 제공할 때에는 과학 기술 원조의 목표가 명확하였으나, 한국의 경제성장 및 과학 기술 발전에 따라 선진국들이 한국을 경쟁국으로 인식하면서 선진국들과의 기술 협력이 둔화하고 과학

2 배영자. 2011. "공공외교로서 과학기술외교: 이론적 이해와 현황." 『국가전략』, 17(1): 127-154.

3 장보원. 2021. "과학기술 ODA 결정요인 연구: 호주와 한국 사례를 중심으로." 『국제관계연구』, 26(1): 113-143.

기술 협력의 목표 및 실질적 이익이 무엇인지 불분명해졌다. 우리나라에서도 2000년대 후반 이후 과학 기술 외교에 관한 논의가 활발하게 진행되고 있지만 이제까지 우리나라의 과학 기술 외교는 주로 혁신역량 강화를 위한 수단으로만 이해되었다. 우리나라 과학 기술 외교의 전반적 평가는 과학 기술 외교의 중요성에 대한 인식에도 불구하고, 통합적 전략과 거버넌스 부재로 인한 실효성 있는 정책 추진이 미흡하고 과학 기술 외교에 대한 전략과 로드맵이 부재하여 외교자원으로서 과학 기술의 효과적 활용이 미흡한 현실이다. 따라서 과학 기술을 통한 외교 정책의 효과적 구현, 글로벌 이슈 해결 기여를 통한 글로벌 리더쉽 제고, 민간 과학 기술 외교 강화, 과학 기술 외교 추진 체계 정비 등이 요구된다.[4]

코로나19 위기의 와중에 모범 방역 국가 사례로서 한국에 대한 외국의 이목과 관심이 고조되었으며, 이러한 관심 집중을 외교적 기회로 공공외교 차원에서 한국의 방역 대응을 모범 사례로 소개하고 홍보한 바 있다. 이런 기회를 단기적인 홍보 차원의 이미지 제고를 넘어서 코로나19 위기 및 포스트 팬데믹 국제 사회에서 한국의 보다 일관되고 지속적인 공공외교 접근을 구상하고 착수하기 위한 전환점으로 삼을 필요가 있다.[5]

한국이 국제적으로 신뢰받는 국가가 되기 위해서는 우선 신뢰를 구축하기 위해 선행적으로 확보해야 할 가치와 이미지 형성이 중요하다. 한국의 국가 이미지 형성과 국가브랜딩은 그간의 노력에도 불구하고 현실적이지 못하고 너무나 추상적인 수준에 머물러 있다. 한국이라는 단어와 함께 해외 대중들이 빨

4 유준구. 2018. "과학기술외교의 부상과 우리의 대응." 『주요국제문제분석』, 2018-48: 1-18.
5 김태환. 2020. "COVID-19 위기상황에서 한국 공공외교의 역할." 『주요국제문제분석』, 2020-17: 1-26.

리 머리에 떠오를 수 있는 국가브랜딩이 반드시 필요하다. 지금 당장은 국가브랜딩이 '국제적 신뢰'가 아니더라도, 장기적으로 한국이 신뢰국가로 자리매김할 수 있는 방향으로 설정되어야 한다. 둘째, 공공외교를 담당하고 있는 주체는 크게 정부 부처와 산하 기관, 민간 부문으로 나눌 수 있다. 한국의 각 정부부처 모두가 국제 관계 및 국제시장까지 고려하고 있기때문에 사실상 모든 정부 부처가 공공외교와 관련되어 있다고 봐도 과언이 아니다. 외교부는 공공외교의 주 부처로서 산하 기관인 한국국제교류재단, 한국국제협력단, 재외동포재단을 총괄하고 있다. 또한, 문화체육관광부와 그 산하 기관인 해외문화홍보원 역시 공공외교의 핵심 주체라고 할 수 있다. 한국의 공공외교는 정부가 주도적인 역할을 담당하고 있지만, 최근 민간부문 또한 주요한 행위자로 부상하고 있다. 셋째, 보다 장기적으로 미래지향적인 계획을 수립함과 동시에 효율적인 운영의 틀을 갖추어야 한다. 한국 공공외교의 현실은 체계적인 전략으로 수행되기보다는 여러 기관에서 다양한 계기로 분산 추진되어 비효율적으로 공공외교의 활동을 전개함으로써 개선의 여지가 많다. 마지막으로 수단의 측면에서 최근 한국의 문화를 기제로 한 공공외교의 특징은 양자적 원조 강화와 문화 외교의 강화로 볼 수 있다. 문화 외교의 측면에서는 특히 해외 한국학 진흥 사업과 한식·태권도·국악 등의 전통문화를 세계에 보급하고자 노력해왔다. 최근에는 국가 브랜드 제고 사업으로 해외봉사단 통합 브랜드인 'World Friends Korea'와 한국어 통합 기관인 '세종학당' 등을 구축하였다. 그러나 한국이 세계의 지지와 공감을 얻기 위해서는 국제 사회에 대한 기여 확대가 필수적이지만 아직 그 효과에 대해서는 평가할 수 있는 수준은 아니다. 무엇보다도 외국 대중들에게 한국을 알기 위한 기초적이고 필수적인 정보를 제공해 줌

으로써 역사와 전통부터 이해하면서 점차 관심을 높여가도록 하는 단계적인 전략적 접근이 필요하다.[6]

위에서 한국 공공외교의 현안 의제로 가치 외교, 과학 기술 외교, 보건 외교, 그리고 신뢰 외교(국가 이미지 형성·국가브랜딩) 등을 제시하였다. 현존 국제정치질서 하에서 공공외교 수행 시 이들 외교적 선택을 전략적으로 구사해야 한다. 신냉전 질서에 부합하는 가치 외교, 가치공유에 기반한 과학 기술 외교, K-방역과 백신·치료제 기술협력을 발전시킨 보건 외교, 그리고 이들을 토대로 신뢰 외교 구축을 통한 국가 이미지 형성과 국가브랜딩 등이 우리나라가 이 시점에서 추구해야 할 공공외교의 세부과제라고 할 수 있다.

21세기 대한민국은 최근 날로 강화되고 있는 소프트 파워를 최대한 활용하여 성공적인 공공외교를 추진할 수 있어야 한다. 대한민국의 공공외교를 성공적으로 수행하기 위한 가장 효과적인 방안 중 하나가 바로 중견국 리더십을 발휘하는 것이다. 일반 대중 역시 각자 국민 외교관의 역할을 잘 수행할 수 있을 때 지구촌에서 많은 지한파, 친한파를 양성하는 계기를 마련할 수 있을 것이다.[7] 21세기 공공외교 정책의 전략적 수단으로서 부상한 소셜 미디어가 이러한 외교 활동에 있어 영향력을 가질 수 있다. 이에 소셜 미디어 특성과 공공외교 문화 콘텐츠의 호감도, 국가 이미지, 국가 브랜드 태도 및 로열티 간의 영향관계를 파악함으로써, 공공외교의 효과적인 소통 수단과 매체의 중요성을 확

6 주미영. 2015. "글로벌 신뢰국가 이미지 형성을 위한 한국의 공공외교 연구." 『정치정보연구』, 18(2): 31-58.

7 김우상. 2013. "대한민국의 중견국 공공외교." 『정치정보연구』, 16(1): 331-350.

인할 수 있는데, 전 세계적으로 소셜 미디어를 이용하는 연령층이 20대에 집중되어 있고 해외 소식을 접하는 경로에 있어 외국 국민은 인터넷과 SNS를 1, 2위로 선택하며 소셜 미디어를 통해 접해본 한국 문화 콘텐츠로는 음식, 음악, 패션이 높은 비율로 나타났다. 이를 고려한 공공외교를 수행해야 한다.[8]

하지만 실제로 지난 수 년간 소셜 미디어를 활용하는 방향으로 추진된 미국의 공공외교 전략은 성과와 한계를 동시에 보여주었다. 소셜 미디어를 활용함으로써 미국의 공공외교는 상대국의 대중 속으로 깊게 침투할 수 있는 기발한 도구를 얻었다. 이러한 과정에서 중요한 것은 기술의 적용 그 자체가 아니라 이를 계기로 하여 벌어진 외교 분야의 혁신이다. 전통적인 외교조직의 속성과 새로이 도입된 소셜 미디어의 성격 간에는 모순적인 관계가 존재한다. 다시 말해, 트위터, 페이스북, 유튜브와 같은 소셜 미디어는 정부 행위자보다는 민간 행위자에게 좀 더 유리한 환경을 제공하는 것이 사실이다. 최근 한국에서도 공공외교에 대한 관심이 크게 늘어났고, 이러한 관심을 반영하듯이, 국가 브랜드 위원회나 한국 공공외교 포럼과 같은 기구와 제도가 발족되었다. 또한 외교통상부도 '총력·복합외교'라는 구호하에 소셜 미디어를 활용해 주요국 정부나 국민과 소통을 강화하려는 행보를 보인다. 앞서가는 소셜 미디어를 상대적으로 부진한 공공외교 분야에 어떻게 하면 성공적으로 도입할 수 있을지를 고민해야 한다.[9]

한편 '보훈외교'는 군사적 동맹 관계를 유지하는 '안보적 개념'의 외교 정

8 최용석·김효미. 2013. "소셜 미디어를 이용한 공공외교가 국가이미지와 국가 브랜드에 미치는 영향에 관한 연구." 『한국콘텐츠학회논문집』, 16(3): 426-438.

9 김상배. 2012. "소셜미디어와 공공외교: 행위자-네트워크 이론으로 보는 미국의 전략." 『국제정치논총』, 52(5): 117-142.

책을 유지하면서도, 다변화되고 있는 외교주체에 발맞추어 UN참전국 용사들과의 교류를 통해서 21세기 신공공외교 시대에 한국의 '소프트 파워'를 확대시켜 나가는 계기로 활용할 수 있다. 다시 말하자면, 한반도와 같이 남북이 대치하고 있는 상황 하에서 '하드 파워'인 군사적 안보시스템 강화구축과 함께, '소프트 파워'를 이용한 다각적 외교노력이 필요한 시점이다. 우리는 한국전쟁이라는 뼈아픈 경험이 있지만, UN참전국들과의 우호 관계를 통해서 우리의 혈맹적 외교 관계를 이용할 수 있는 외교적 기제를 던져 주었다. 기존의 국가적 외교 관계의 틀에서 벗어나 참전 상이군인 및 보상을 통해서 UN참전국가에게 '평화의 가치'를 브랜딩하여 국가 이미지를 높이고 민간차원의 친밀한 우호 관계를 형성할 수 있는 좋은 기회인 것이다. 무엇보다도 UN군 참전군인들의 연령이 고령화되고 있다는 것을 생각한다면, 보훈외교의 활용도를 높이기 위한 보다 적극적인 정책 개발이 필요한 시기이기도 하다. 앞으로 '보훈외교'를 확대할 수 있는 다각적인 교류방안을 실천해야 한다. 보훈외교 확대를 위해서는 공공외교적 차원에서 행위자 확대 논의가 요구된다.[10]

한국의 공공외교는 이와 같은 한국의 중도국 정체성과 가치·규범, 그리고 역할의 플랫폼으로서 기능해야 한다. 평화공공외교는 적극적 평화라는 가치와 규범을 담론과 내러티브의 형태로 내외 국민과 소통하고, 이를 공공외교 프로그램에 반영하는 데에 초점을 맞추는 것이다. 평화공공외교가 국제 사회에서 공감(empathy)을 얻고, 국가 연대를 통해서 국제 규범질서 형성에 영향력을 미칠 수 있을 때, 한국의 중견국 공공외교는 '힘의 정치'에 대한 대항력으로 역

---

10 신미애. 2021. "외교적 차원에서 한국 보훈외교의 함의: 해외 보훈정책 사례 비교." 『한국동북아논총』, 26(2): 27-44.

할할 수 있을 것이다. PKO(Peacekeeping Operation)는 많은 국가에서 주요 외교 정책으로 부상한 공공외교(public diplomacy) 관점에서도 중요하다. 왜냐하면 군의 활동이 자국 안보 수호를 넘어 해외 파병을 통해 세계 평화 증진에 공동의 책임을 갖고 기여하는 방향으로 확대되는 추이인데, PKO 기여를 통해 대상국 국민의 마음을 사고 상호 소통하는 과정으로서의 '안보 공공외교'에 대한 인식이 높아졌기 때문이다. 여기서 안보 공공외교란 국가 간 군사적 유대와 안보 협력을 통한 자국의 외교 안보 역량 제고 및 글로벌 평화 구축 달성을 위해 타국의 대중 및 외교 안보 정책을 수행하는 개인과 집단의 신뢰와 공감대를 확보하는 외교 활동을 일컫는다.[11]

국제 개발 협력 정책과 사업은 외교 정책 프레임 속에서 수립되고 추진되어야 한다. 국제 개발 협력이 보편적 국제 규범과의 정합성뿐만 아니라 지역별 또는 국가별 특성을 고려한 세심한 정책이 될 수 있다는 점에서 한국의 지역 외교 전략뿐만 아니라 국가별 외교 전략도 함께 감안되어 추진되어야 한다. 국제 개발 협력 정책과 사업 계획은 공공외교와의 연관 속에서 추진될 때 그 시너지 효과를 더욱 높일 수 있다. 우리가 처해 있는 중진국의 현실에 기초하고, 우리가 영향을 미치고자 하는 대상 지역과 국가의 특성과 상황을 고려하면서, 강대국이나 경쟁국 공공외교와 차별화된 포지셔닝 하에, 국익을 염두에 두면서 지속 가능한 전략의 수립 및 추진이 바람직하다. 이러한 접근이 한국형 ODA나 한국형 공공외교로 가는 기본방향이 될 것이고, 이러한 두 가지가 국가의 외교 전략의 틀 속에서 상호 연계 또는 통합되어 추진될 수 있을 때

11 김태환. 2020. "중견국 외교에 대한 지위 정체성 접근: 호주, 터키, 인도네시아 공공외교 사례와 한국에 대한 함의." 『주요국제문제분석』, 2020-10: 1-35.

한국형 국제 개발 협력 정책공공외교가 될 수 있을 것이다.[12] 국제 개발 협력에서 활용되는 협력 모델을 통해 신남방정책, 그리고 신남방 ODA 정책의 발전 방향을 두 가지로 요약하면 다음과 같다. 첫째, 동남아시아 국가 중 싱가포르와 브루나이는 ODA를 받지 않기 때문에 이들과의 기술협력을 통해 라오스, 미얀마, 캄보디아 등에 적합한 ODA 섹터를 개발할 수 있다. 이는 현실적이며 가장 유용한 협력 모델이다. 둘째, 개발 도상국의 개발수요가 다름에 주목해야 한다. 또한 국제 사회의 규범인 지속 가능 발전 목표(Sustainable Development Goals, 이하 SDGs)를 이행하면서 동시에 신남방정책과의 시너지를 창출하기 위해서는 아세안의 전략과 비전에 대한 연구가 선행되어야 한다. 아세안은 아세안의 발전과 회원국 간 개발격차를 완화하기 위해 '아세안 연계성 마스터플랜 2025(Master Plan on ASEAN Connectivity 2025)'을 전략문서로 채택하고 이에 따른 세부계획을 수립하였다. 무엇보다 신남방정책 이행에 따른 개발 도상국의 일자리 창출, 환경보존 등과 연결할 수 있는 중요한 이슈들이 접목되어야 한다. 특히 공공외교, 신공공외교의 특징에서 알 수 있듯이 외교를 수행하는 대상의 외연이 확대된 만큼 이를 활용할 수 있는 다양한 플랫폼들이 적극적으로 보완되어야 한다.[13]

공공외교는 중국의 부상과 미국 및 일본의 대응으로 급격히 지정학적 변화를 겪고 있는 한국과 같은 중견국에게 국제정치의 또 다른 협력과 경쟁의 장이 되었다. 공공외교는 '정책공공외교' 전략으로 당면 이슈별 국가 이익을

12 고경민. 2020. "한국의 국제개발협력 정책공공외교 추진 방향: 목표와 대상별 전략." 『한국동북아논총』, 25(3): 31-51.

13 이진영. 2020. "한국 정부의 공공외교와 공적개발원조(ODA)의 정합성: 신남방정책(New Southern Policy)을 중심으로." 『대한정치학회보』, 28(2): 171-195.

추구하고 동시에 '문화공공외교' 전략을 통하여 국가 이미지 및 브랜드 강화와 국제적 공공재 창출을 통하여 국가 이익을 극대화하는 외교 전략으로 발전하고 있다.[14]

대미 정책공공외교를 효과적으로 전개하기 위해서는 무엇보다도 충분한 재정이 확보되어야 한다. 중국이나 일본보다 한국의 공공외교의 재원이 매우 부족한 실정이다. 일본은 국제 교류 기금에 기반을 둔 일본재단(JF)의 예산에 더해, 사사카와재단(Nippon Foundation)과 같은 민간 기관의 재원이 시너지 효과를 창출하고 있다. 한국국제교류재단의 예산은 일본 국제 교류 기금의 1/5 수준이다. 정부의 공공외교 예산 확충과 더불어 민간 기업의 재정 지원도 확대되어야 한다. 또한, 대미 정책공공외교를 효과적으로 전개하기 위해, 통일부, 민주평통, 국회 등 유관 기관 간 공식적 협의체를 만들어 정책공공외교 담당 부서 간 협업 체계를 구축해야 한다. 현재 정부 부처 간 협의체인 공공외교위원회가 가동 중인데, 이에 더해 워싱턴 싱크탱크를 대상으로 정책공공외교를 펼치고 있는 정부와 다양한 정책연구원이 업무를 협의할 수 있는 체계가 구축되어야 한다. 외교부가 미국 대상 정책공공외교의 관제탑 역할을 하려면 연초에 정책공공외교와 관련된 민·관 기관이 참석하는 협의회를 개최하여, 각 기관의 해당 연도 일정을 조율해야 한다. 특히, 국립외교원, 통일연구원, 국방연구원, 국가안보전략연구원 4개 국책연구 기관이 워싱턴에서 수행하는 정책공공외교가 상호 조율되는 것이 매우 중요한데, 현재 가동 중인 '4대 국책연구소 협의회의'에 조정 역할을 부여할 수 있다. 한편 산발적인 정책공공외교 결과

14 백우열. 2017. "한국 공공외교 전략 및 정책 연구: 기초적 유형의 개념화." 『국가전략』, 23(3): 5-31.

를 공유하고 이를 정책에 반영시키는 것도 중요하다. 이를 위해서 외교부가 정책공공외교 결과물을 취합·정리하고 정책협의에 참여하는 민·관 기관과 공유해야 한다.[15]

아프리카는 탈식민지 이후 정상적인 국가로 정착하는 데 매우 어려움을 겪으며, '암흑의 대륙'으로 불리며 내전, 기아, 잦은 군사 쿠데타 등으로 인해 버려진 땅으로 인식되어왔다. 최근까지도 수단, 말리, 중앙아프리카, 나이지리아 등에서의 연이은 내전과 군사 쿠데타 및 테러로 인한 정치적 불안정이 지속되고 있다. 그럼에도 불구하고 지난 세기와 비교하여 전반적인 내전의 수와 불안정성의 정도는 줄어드는 추세이고, 1990년 이후 민주주의 규범이 점차 확산되고 있다. 이를 바탕으로 세계은행, 아프리카개발은행, UN 등은 아프리카의 미래성장과 발전에 대한 긍정적인 청사진을 제시하는 상황이라고 할 수 있다. 특히, 세계 각국 및 기업들이 막대한 지하자원과 신흥시장으로서의 아프리카의 경제적 가치와 잠재력에 주목하면서 아프리카는 21세기의 기회의 땅으로 인식되고 있다. 아프리카의 잠재적 성장 가능성과 에너지 자원에 대한 세계적 요구가 높아진 현재, 새로운 시장 확보와 자원 확보에 대한 각국의 경쟁은 아프리카 대륙에서 본격화되고 있다. 특히 2000년 이후 중국이 아프리카의 최대 교역국으로 부상하면서 중국을 필두로 인도, 일본, 미국, 그리고 구 열강 국가의 치열한 경쟁이 진행되고 있다. 반면 아프리카의 최대 파트너인 중국의 적극적인 양적 외교공세에도 불구하고 아프리카 내부에서 점차 신(新)식민지주의라는 비판이 일고 있고, 아프리카의 발전에 실질적 도움이 되는지에 대

15 박재적·이신화. 2019. "한국의 대미(對美) 정책공공외교: 목표, 주체, 대상 및 추진 방향." 『한국동북아논총』, 24(2): 5-29.

한 의문이 제기되고 있다. 한편, 한국은 현재 이미 아프리카에 진출하여 각축을 벌이는 강대국들과 비교하여 경제적 규모, 역사적 경험, 정치·외교적 영향력 면에서 경쟁력이 매우 떨어지는 상황이다. 또한 한국과 아프리카의 교류 관계는 이제 발걸음을 시작한 초보 단계이기 때문에, 여러 장단점을 가진 강력한 경쟁국들 사이에서 효율적이고 한국만의 비교우위를 가질 수 있는 장점을 살려 중장기 전략을 마련하고, 이를 바탕으로 체계적인 아프리카 외교를 수행해야 할 필요가 있다.[16]

2010년 한국정부가 공식적으로 소프트 파워 위주의 공공외교를 하드 파워 위주의 정무외교, 경제외교와 더불어 3대 외교 분야로 설정한 후, 대 중국 공공외교는 양국 간 교류의 합의와 발전을 '인문 교류'라는 틀로 설정하였다. 인문 교류는 한중 정부가 공동으로 국민 간의 유대감과 우호감을 증진시키는 쌍방향적 교류 사업을 전략적으로 선택, 추진하여 양국의 미래지향적 발전 토대를 공고히 하고 국가 이익을 최대화한다는 개념으로, 학계와 정책계에서 일반적으로 받아들이는 공공외교의 범주에서 크게 벗어나지 않는다. 한국의 대 중국 공공외교는 당면한 경제적, 정치적, 문화적 국가 이익을 고려해야 할 뿐만 아니라, 중장기적으로는 한반도 통일 과정과 같은 시기에 전통적인 하드 파워의 타협과 충돌 속에서 한국과 통일한반도의 긍정적인 국가 이미지·브랜드와 대차대조표를 인식한 중국이 최소한 부정적인 역할을 하지 않도록 설득 또는 유도하는 역할을 해야 한다.[17]

16 변웅. 2014. "한국의 대 아프리카 외교 추진 전략: 공공외교적 접근을 중심으로." 『정책연구과제』, 2014-16: 2-28.

17 송문석·황기식. 2020. "한국체류 외국인 유학생의 공공외교 강화전략 연구." 『한국과 국제정치』, 75: 108-141.

유학생은 공공외교적 관점에서 중요한 전략적 자산임에도 불구하고 한국은 제대로 활용하지 못하고 있다. 한국에 유학을 올 때는 한류와 IT 기술, 높은 학문 수준과 선진문화 등에 기대를 걸고 왔지만 공부를 마칠 때에는 한국과 한국인에 대해 실망과 불만이 쌓인 상태에서 귀국하는 경우가 허다하다. 유학생을 유치해 친한 인사를 양성하는 것이 아니라 반한 인사를 배출하는 역효과를 내고 있다는 비판도 제기되고 있다. 유학생은 체류국에 거주하는 이주민이나 결혼 이주여성(남성), 경제적 목적을 위해 특정한 기간 체류한 뒤 귀국하는 이주 노동자와는 여러모로 다르고 특수하다. 유학생은 문화 자본인 학위 취득 이후에는 정치 경제 사회 문화적으로 사회적 신분이 상승될 개연성이 높다. 이는 오피니언 리더로 성장할 가능성이 이주 노동자와 비교할 때 상대적으로 높다는 것을 의미하며, 공공외교적 관점에서 볼 때 양국 간 정치 경제 사회 문화 등 다방면에 있어서 다양한 측면에서 영향력을 행사할 가능성이 많다. 이 같은 유학생의 공공외교적 가치에도 불구하고 이들의 한국에 대한 호감도는 낮다. 유학생 정책의 경우에도 'Study Korea Project'를 수립 해 20만 명 유학생 유치활동을 벌이고 있으나 양적 성장에만 매진할 뿐 질적 관리에는 소홀한 편이다. 이 때문에 오히려 유학생들이 체류 중 반한감정을 갖게 되고 공공외교적 관점에서 볼 때 역효과도 나타나고 있다. 우선, 한국 유학을 희망하는 외국인 유학생을 위한 종합적인 One-Stop 서비스를 위한 홈페이지를 구축해 한국 유학의 A부터 Z까지 상세하게 가이드라인을 제시해줘야 한다. 정부 차원에서 유학 홈페이지를 구축해 일원화함으로써 한국 유학을 희망하는 유학생들에게 신뢰감을 주어야 한다. 여기에 각 대학 홈페이지를 링크함으로써 유학을 희망하는 대학의 개별적인 상세 소개를 접할 수 있도록 배려해야 한다. 유학생들은 소수자인 데다 교수와의 관계에 있어서 을의 위치에 있어 표면적으로는 쉽사리 감정을 드러내지 않으나 감정 밑바닥에 분노와 좌절, 반감을 쌓아가고 있는 경우가 많다. 외국인 유학생과 한국 학생간의 문화적 접촉은 단순히 유학생의 문화적응에 도움이 되는 것만은 아니다. 대인커뮤니케이션을 통해 외국인 유학생은 한국과 한국인에 대한 호감도를 높이고 장래에는 친한파 인재를 육성하는 효과를 거두게 되며, 한국 학생은 국제화와 세계적인 인적 네트워크를 형성하는 이득을 거두게 된다. 이러한 노력들은 선순환 구조를 이루게 되며 외국인 유학생 유치에도 긍정적인 영향을 미친다. 외국인 유학생에 대한 공공외교적 측면의 중요성은 날로 커질 수밖에 없으며, 유학생의 체류국에 대한 호감도는 관계 당사국은 물론 양국 국민들 모두에게 이득이 된다는 점에서 결코 무시해서는 안 되는 중요한 과제다.[18]

위에서 한국 공공외교의 주요한 현안 의제로 가치 외교, 과학 기술 외교, 보건 외교, 그리고 신뢰 외교(국가 이미지 형성·국가브랜딩) 등을 제시하였다. 또한 공공외교 활동 수단으로서 소셜 미디어라는 매체의 중요성을 강조하고, 주요 현안 의제와 더불어 보훈외교, 평화공공외교에 대한 인식도 새로이 해야 하며, 기존의 ODA외교, 정책공공외교, 문화공공외교 등도 더욱 심화시켜야 한다. 그 대상을 고려하면 대 아프리카공공외교가 중요하고 그동안 등한히 했던 한국 내 유학생공공외교도 관심을 가져야 한다.

18 백우열. 2015. "한국의 대 중국 공공외교 전략과 실행 분석." 『한국과 국제정치』, 31(3): 115-142.

2. 주요국 공공외교의 한국적 함의

본 단행본에서 다루어지는 공공외교의 주요 대상국은 미국, 중국, 일본, 러시아, 독일, 프랑스, 영국, 호주 등이다.

첫째는 미국 공공외교의 한국적 함의이다.[19]

90년대 초 냉전 체제가 붕괴되고 소련이라는 강력한 경쟁국이 사라진 후 미국은 초강대국의 위치를 점하며 미국 주도의 국제적 평화 시기, 즉 '팍스 아메리카나(Pax-Americana)' 시대를 열었다. 하지만 강력한 군사력과 경제력을 보유하고 있던 미국은 시간이 지날수록 국제 사회와 여론의 지지를 얻지 못하는 상황과 마주하였고, 여러 대외 정책을 추진하는 과정에서도 국제 사회의 지원을 받지 못해 어려움에 봉착한 경험을 하게 된다. 이후 하드 파워만으로는 국제 사회에서 자국의 영향력을 유지하기 어렵다고 판단한 미국은 다시 한번 소프트 파워 강화를 위한 재정비에 나서게 된다. 오늘날 미국은 국제 사회에서 자국의 긍정적 이미지를 형성하고 호감도를 높이며, 미국에 대한 이해를 돕기 위해 적극적인 공공외교 정책을 추진하고 있다. 그리고 이러한 미국의 공공외교는 오늘날 국무부가 중심이 되어 추진되고 있으며, 이외에도 국방부나 국제개발처, 국제방송처 역시 저마다의 조직과 자원을 통해 특색 있는 공공외교를 추진 중이다.

이들 여러 기관을 통해 공공외교 활동을 전개하고 있는 미국의 사례는 한

---

19 권재범 교수(전북대 정외과) 담당

국이 공공외교 정책을 추진함에 몇 가지 함의를 준다. 첫째, 미국 공공외교를 주도하는 국무부의 경우 다섯 곳의 하부 부서들이 설치되어 있고, 이들 부서는 저마다의 임무를 수행함으로써 효율성을 높이고 있다. 특히 해외 대중과의 교육·문화적 교류를 전담하는 교육문화국, 미국에 대한 허위 사실 확산을 방지하는 한편 자국에 대한 올바른 정보를 해외 대중들에 전달하는 국제관여센터, 해외 엑스포 참가와 관련한 업무를 전담하는 엑스포 팀, 그리고 자국민들에게 공공외교의 중요성과 미국 대외 정책을 소개하는 글로벌 공보국의 존재는 각 부서들이 특화된 임무를 담당함으로써 미국의 공공외교가 체계적으로 추진되고 있음을 보여준다. 아시아 지역의 대표적 중진국 중 하나인 한국에게 있어 향후 공공외교가 가지는 중요성 역시 높아질 것으로 예상된다. 문제는 이러한 상황 속에서 한국이나 한국이 추진하는 정책에 대한 잘못된 정보들이 해외 대중들에 확산할 가능성도 있고, 한국민들이 공공외교에 대한 자원 투입을 부정적으로 바라볼 가능성도 배제할 수 없다는 점이다. 이러한 상황에 대응하기 위해 한국 역시 미국 국무부의 경우처럼 각각의 임무를 전담하는 하부 부서들을 체계적으로 구성하여 공공외교 정책을 추진할 필요가 있어 보인다.

둘째, 미국의 국제방송처의 역할 역시 주목할 만하다. 물론 현재 한국에서도 '아리랑 TV'나 'KBS 월드' 등과 같은 글로벌 방송 네트워크가 활동하고 있지만, 미국의 경우처럼 국가 차원에서 독립적으로 활동하는 국제미디어 조직은 아직까지 존재하지 않고 있다. 또한 미국의 국제방송처는 각 지역별로 특화된 하부 미디어 네트워크를 보유하고 있으며, 해당 지역 대중들에 대한 맞춤형 방송 프로그램을 해당 지역 언어로 송출하고 있다. 전 세계 각 지역 사람들의 미국에 대한 관심 분야와 우호도 등은 차이가 날 수밖에 없는 상황에서 미국은 방송의 효과를 높이기 위해 해외 특정 지역 청중들을 대상으로 한 방송 네트워크를 설립하여 해당 지역 청중들에 대한 접근성을 강화하고 있다. 이는 한국에게도 중요한 함의를 준다. 해외 각 지역별로 한국의 정책이나 문화 등에 대한 관심도와 이해관계, 지식 등이 다를 수밖에 없다. 따라서 해외 각 지역 청중들에게 한국에 대한 관심과 이해도를 높이기 위해서는 미국과 마찬가지로 각 지역에 특화된 글로벌 방송네트워크를 구축할 필요가 있어 보인다.

물론 국제 사회에서 미국과 한국의 대외 정책 목표와 비전, 우선순위 등에서는 차이가 날 수밖에 없으며, 따라서 공공외교의 추진 전략과 방향 역시 차이가 날 수밖에 없다. 또한 재정이나 인적 자원 측면에서도 한국이 미국의 공공외교 전략을 그대로 벤치마킹 하는 데에는 어려움이 있을 수 있다. 하지만, 한국 역시 앞으로 국가 이익을 극대화하기 위해서는 공공외교를 보다 더 효과적으로 추진해야만 한다. 보다 장기적인 관점에서 미국의 공공외교 기관들과 활동 사례들을 참고하여 한국의 공공외교 추진 전략을 마련해야 할 것으로 보인다.

둘째는 중국 공공외교의 한국적 함의이다.[20]

중국이 본격적으로 현재 의미로서의 공공외교 모습을 보여준 시점은 2009년 후진타오 주석 담화 이후부터라고 볼 수 있으며, 당의 대외선전판공실과 국가의 국무원 신문판공실이 컨트롤타워 역할을 하여 산하 부처와 함께 공공외교 활동을 수행하고 있다. 국무원 산하의 외교부, 교육부, 문화부, 그리고

---

20 김현규 교수(한국외대 글로벌정치연구소) 담당

공산당 산하의 선전부는 실무적인 역할을 담당하고 있다. 정부 부처 이외에도 반관반민 성격의 공공외교 관련 기관과 비정부기구 또한 중국의 공공외교 활동에서 빼놓을 수 없는 행위자이다. 중국의 국가 특성상 정부 부처든 반관반민 기관이든 비정부기구이든 공산당의 관리 감독과 영향력에서 자유로울 수 없기에, 우리는 그것을 참작하여 양국 간 교류 협력을 수행해야 할 것이다.

우리가 여기서 생각해 봐야 할 문제는 두 가지이다. 첫 번째로 국가 간의 관계가 소원해질 때 공공외교 활동이 실효성을 가질 수 있느냐이다. 사드(THAAD) 배치 문제가 발생한 지 불과 1년 전만 하더라도 한중 관계를 역사상 최고로 가까운 우호 관계라 칭하면서 상호 간 친밀감을 과시한 적이 있었다. 전방위적으로 한중 간 교류가 증대되는 시기였고, 이에 발맞춰 상호 간 공공외교 활동 또한 무수히 많이 진행하고 있었다. 재중 한국 유학생과 재한 중국 유학생의 수도 가파르게 증가하여, 인적 교류 역시 정점을 찍었다. 하지만 2016년 사드 배치 문제 발생 이후, 모든 것은 완전히 뒤바뀌었다. 한중 관계는 급속도로 악화하였고, 같은 해 9월 중국 국가방송총국에서 일방적으로 한류를 제한하는 '한한령(限韩令)'을 선포하여 지금까지 이어지고 있다. 게다가 사건 발생 초기 중국 국민은 한국산 불매운동을 전개하기도 하여, 그것을 이기지 못한 한 대기업은 중국 시장에서 완전히 철수하였고, 많은 한국 기업들이 동남아시아로 공장을 이전하는 상황이 벌어졌다. 이러한 영향으로 양국의 상호 이미지는 끝없이 추락하였으며, 이를 개선할 공공외교 활동 역시 중단되었다. 그렇다면 과연 한중수교 이후 중국의 대 한국 공공외교가 실효성이 없었던 것일까? 결국 소프트 파워를 강화하는 외교 전략인 공공외교는 안보 문제와 결부되었을 때 부차적인 것으로 밀리는 것인가? 우리는 이 점을 생각하여 한국의 대중국 공공외교를 보완하고 전개해 나가야 할 것이다.

두 번째로 중국의 공공외교에서 학술계의 교류에 주목할 필요가 있다. 사드 배치 문제 발생 직후 정부 부처가 주관하거나 반관반민 성격의 공공외교 기관이 주최한 공공외교 활동들은 중단되었지만, 비정부기구는 규모와 비용을 줄였을지 몰라도 중단 없이 계속 공공외교 활동을 지속하였다. 특히 학술계의 교류인 대학에서 주최한 국제학술회의, 한중 양국 대학 간 공동으로 주최하는 포럼, 한중 양국 싱크탱크 간 정기회의는 꾸준히 이루어지고 있었다. 게다가 공공외교를 수행하는 데에 있어 싱크탱크의 역할이 중요하다는 정부의 문건이 최근 등장하였다. 18차 당대회 보고에서 공공외교와 인문 교류를 수행할 때 싱크탱크 역할이 중요하다고 밝혔고, 정부 자문에 관한 제언, 여론 주도 등 중요한 기능을 수행해야 한다고 명시하였다. 아울러 학자들의 위상과 지위도 과거에 비해 높아졌다. 한반도에서 국제적인 사건이 발생하면, 중앙정부에서 전국의 한반도 전문가를 중앙으로 초빙해 그들의 의견을 청취하거나, 직접 자문을 구하러 지방으로 출장을 가기도 한다. 또한 학자 출신의 왕후닝(王沪宁)이 중앙 정치국 상무위원 7인 안에 들어가 있을 정도이다. 이러한 점을 기회로 삼아 중단 없이 추진되고 있는 학술 교류회의에 참석하여 그들의 의견을 청취하고, 도리어 우리의 입장을 더욱 명확히 밝히는 활동을 하여 상호 간의 이해를 증진하는 데에 이바지해야 할 것이다.

셋째는 일본 공공외교의 한국적 함의이다.[21]

21 서인원 박사(일제강제동원피해자지원재단 전문관) 담당

일본의 공공외교는 외무성을 중심으로 경제산업성, 문부과학상, 문화청, 관광국 등 정부 기관, 국제교류기금, 민간 기관인 방송국 NHK, NGO, 지자체와 연계하여 실시하고 있다. 일본의 공공외교는 외견상으로 외무성을 통해서 공공외교의 비전과 계획을 설정하고 국제교류기금을 통해서 문화를 통한 장기적인 관계구축의 공공외교에 나서고 있다고 할 수 있다.

한국의 공공외교는 외교부를 중심으로 2010년을 '공공외교의 원년'으로 선포하고 하드 파워 기반의 정무·경제외교와 소프트 파워 기반의 공공외교를 병행하는 이른바 스마트 파워(Smart power) 외교를 지향하고 있다. 한국은 일본에 비해 공공외교 활동을 늦게 시작하였지만 공공외교 활동을 강화하기 위해 다양한 노력을 하고 있다. 한국의 공공외교에 대한 영향력을 확대하고자 재외공관이 현지의 관습·문화·외교 관계 등을 고려한 맞춤형 공공외교 사업을 수행하고 있다.

일본 정부는 '쿨 재팬'을 통해 일본문화를 전파하면서 일본의 평화적 가치를 강조하고 전쟁국가가 아닌 평화 국가의 이미지를 제고하는 공공외교를 하고 있다. 또한 일본 정부는 일본의 매력을 산업화하고 해외 수요를 확장하는 동시에 리스크 머니(risk money, 투자의욕) 공급을 지원하여 민간 부문에서 사업을 지속적으로 전개할 수 있는 제도를 마련하고 있다. 일본 정부는 대미 공공외교를 통한 글로벌 무대로의 문화 권력을 확장하면서 국제 사회에서 문화 권력을 넓혀가고 있다. 국제교류기금과 사사카와평화재단 등이 대미 공공외교에 쓰는 연간 예산은 1,070만 달러(약 11억 7,700만 엔)로 한국 공공외교 예산의 8배를 뛰어넘는다. 이러한 자금력으로 국제 사회에서 일본의 문화 권력을 확대하고 있다. 최근에 추진하고 있는 재팬 하우스 개설은 중국과 한국에 대항하는 홍보 목적으로 개설됐다는 의견도 적지 않다. 일본정부는 재팬 하우스의 구조적 연대 결여를 해결해야 하고 단일방향의 독립형 허브보다는 상호작용과 다방향으로 네트워크를 확장해 나가야 한다. 대미 공공외교 강화와 일방적이고 문화 권력을 확장 중인 공공외교는 일본 국가 이미지에 부정적인 영향력을 미칠 수 있다.

현재 한국의 공공외교는 현지의 관습·문화·외교 관계 등을 고려한 맞춤형 공공외교 사업을 수행하고 있는 점은 단일방향보다는 상호작용과 다방향으로 네트워크를 확장해 나갈 수 있는 계기가 되고, 한국의 스마트파워 외교를 확대할 수 있을 것이다. 일본은 공공외교를 산업화하고 리스크 머니(risk money) 공급을 지원하며 민간 부문에서 사업을 지속적으로 전개할 수 있는 제도를 구축하고 있어 한국도 한국의 매력, 문화 콘텐츠, 공공외교 등을 산업화하고 리스크 머니 공급을 지원할 수 있는 제도를 마련해야 문화 강국, 선진국의 공공외교로 자리매김할 수 있을 것이다.

넷째는 러시아 공공외교의 한국적 함의이다.[22]

러시아 공공외교 활동의 기저에는 러시아의 언어 및 문화 컨텐츠 요소가 핵심으로 자리잡고 있다. 러시아의 공공외교 전략은 독립국가연합 국가의 국민에게 소련 문화와 러시아어에 대한 익숙함, 그리고 가장 인접한 강대국으로서 협력이 주는 이점에 대한 기대를 강화했고, 옛 서구권 국가들에는 러시아의 이미지가 공산국가 이미지 해소, 그리고 제3세계 국가들에게는 공여국

22 조용성 박사(러시아 상트페테르부르크국립대학교 ABD) 담당

으로서의 이미지 강조로 구분된다. 하지만 러시아의 소프트 파워 강화 전략은 러시아의 영향력을 강화한다는 점에서 의구심의 대상이 되는 것은 자연스러운 일이었다. 앞서 언급한 우크라이나와 에스토니아의 사례처럼 러시아의 영향력 확대는 신생 독립국의 언어 문화적 영향력을 약화할 수도 있는 것이기 때문에, 비록 친러를 지향하는 외교 정책을 설정한 국가에게도 항상 긍정적인 것만은 아니기 때문이다. 한편 2010년대 중반부터 발생한 우크라이나 위기 및 서방 세계와의 갈등으로 인해, 서구에서 러시아의 공공외교 전략은 잠재적 위협이 되었다. 2022년 2월 2일 독일 관계 당국은 RT의 독일어 송출을 금지하는 조치를 취했고, 크렘린은 이에 반발하는 성명을 낸 것이 그 예이다.

러시아의 문화적 팽창은, 그것이 순수한 협력의 의도를 띄었던, 장기적으로 지역 내 친러적인 분위기 조성을 통해 군사안보 부문의 이점 확보를 도모하던, 물리적인 국경과 경제적 이해관계로 얽힌 구소련 지역과 서유럽 국가들에 있어서 복잡한 문제이다. 그렇다면 러시아 공공외교 기관들의 활동은 한국에 어떤 의미를 주는가. 대한민국의 경우 러시아에 대한 이미지는 남북대치라는 특수상황으로 인해 여전히 "러시아와 소련은 동의어이며, 북한을 지원하는 분단의 원흉, 북중러-한미일 냉전구도"로 이해하는 경직성이 있다. 그럼에도 동시에 투자 및 천연가스, 남북철도 연결의 장이라는 긍정적인 인식도 동시에 존재하고 있다. 이 때문에 러시아의 한국 공공외교는 러시아의 문화와 언어를 소개하는 경향 또한 있다. 2013년 이래 국제협력청은 시인 푸시킨(Alexander Pushkin)이 탄생한 6월 6일을 러시아어의 날로 기념하고, 한국에서 시낭송대회와 푸시킨 동상 제막식을 진행해왔다. 즉, 한국인의 인식에서 공산주의와 보드카, 미녀 등 러시아에 대한 피상적인 인식 대신, '문화유산과 예술의 나라'로서 인식을 개선하고, 자국을 알리는 것이 러시아의 대한(對韓) 공공외교의 기본방향인 것이다.

체제 전환기 옐친 정부는 한러 협력에 집중하였지만, 현재 푸틴 정부는 실용적인 남북한 균형외교를 모토로 삼고 있다. 그렇다고 유럽과 일부 구소련 국가들의 경우처럼 러시아의 공공외교에 대해 잠재적인 위협으로 경계해야 할 필요성은 높지 않아 보인다. 대한민국의 경우 러시아인 디아스포라 및 재정착 고려인의 규모가 국내 정책과 여론 형성에 유의미할 정도로 영향을 준다고 보기 어렵다. 또 남북 관계에서 중요한 행위자는 미국과 중국으로서, 러시아가 군사안보 분야에서 직접적인 영향력을 행사하는 것은 사실상 어려운 상황이다, 그리고 과거 이념전쟁처럼 북한을 일방적으로 옹호하리라는 것은 쉬운 선택지가 아니기 때문이다. 따라서 한국의 특수성을 고려하는 상황에서, 러시아 공공외교의 활동은 좀 더 객관적인 타자로서 외교의 장에 임하고자 하는 노력이라고 평가할 수 있을 것이다.

다섯째는 독일 공공외교의 한국적 함의이다.[23]

문화 외교로 특징되는 독일의 공공외교 정책은 명확하게 방향성을 설정하여 추진되고 있다. 독일의 문화 외교는 우선 상대국과 동등한 지위에서 서로 소통하고 이해하는 것에 중점을 두고 있으며, 이질적인 문화로 구성된 국제 사회에서 소통과 공존에 역점을 두고 있다. 이런 점에서 미국 중심의 공공외교가

23 박광기 교수(대전대 정외과) 담당

자국의 위상과 이념, 이미지 및 주요 정책 등을 대외적으로 홍보하는 것에 중점을 두고 있는 것과 차별된다. 따라서 독일의 문화 외교는 단순히 국외에서 독일의 문화를 홍보하고 지원하는 것이 아니라, 문화가 독일의 외교 정책을 지원하는 수단으로 인식하고 있다. 이런 의미에서 독일의 문화 외교는 공공외교의 주요 내용으로 외교의 '제3의 축' 또는 '제3의 차원'으로 인식되고 있다.

따라서 독일의 공공외교는 평화와 갈등의 해소를 위해 문화적으로 그리고 종교적, 지역적 갈등으로 인해 나타나고 있는 국제적 차원의 갈등과 분쟁을 문화적 이해와 소통을 통해 해결의 실마리를 찾는 중요한 외교적 수단과 방법으로 인식할 수 있다. 따라서 독일은 문화 외교로 대표되는 공공외교를 통해 .정치·문화적 경계를 넘어 대화와 소통으로 세계적 네트워크를 구축하여 세계 공통의 문제를 해결함에 있어 독일의 이익에 기초하여 기여할 수 있도록 노력하고 있다. 이를 위해 독일은 정부와 민간의 연계망을 활용하여 지역과 민간 또는 기업의 역할을 확산시키는 방향으로 전개하여 국제적 문화협력 활동을 염두에 두고 추진하고 있으며, 국가보조로 진행되고 있는 재외 문화기구나 교육 기관 등도 현지의 민간이나 기업을 공공 파트너로 조직하고 운영하는 방안으로 공공외교를 확산시키고 있다. 따라서 공공외교를 수행하고 있는 해외의 단체들은 문화 외교의 현지 활동가와 민간 활동가를 적극 활용하고, 현지 상황을 감안하여 개별 국가 및 지역별 공동 컨셉트를 연계시켜 협력을 강화하고 있으며, 특히 국제 및 유럽의 국가 간 기구와 국내 기관의 유기적인 협력을 통해 문화 외교 활동에 방해가 되는 관료적인 문제와 법률적인 장애를 해결하도록 노력하며, 통신 매체, 미래기술, 인터넷 등을 문화 외교 활동에 효과적으로 활용하고 있으며, 해외에서 활동하고 있는 단체들이 수행하는 과제나 프로젝트 등이 중복되지 않고 상호 간 시너지를 발휘할 수 있도록 프로젝트의 선정과 수행에 있어서 수행 기관들이 상호 협의하고 조정하는 등 비용 절감 및 효율성을 극대화하고 있다.

이와 같은 독일의 공공외교의 가치지향적인 방향성과 활동 내용, 역할, 그리고 공공외교의 수행 방법 등은 우리나라 공공외교에 적지 않은 시사점을 주고 있다. 현재 우리나라의 공공외교는 외교부를 주축으로 세종학당, 문화원, 한국국제협력단(KOICA), 재외동포재단, 한국국제교류재단 등 주로 공공 기관을 통해 이루어지고 있다. 그러나 BTS로 대표되는 K-Pop, K-뷰티, K-푸드, K-컬처, K-드라마 및 영화 등 한국문화가 전 세계적인 관심과 호응으로 세계인이 열광하고 따라하기 등의 열풍이 일어나고 있는 현실에서 정부와 공공 기관 그리고 민간이 협력할 수 있는 방향성을 설정하고 이를 지원하고 협력할 수 있는 제도와 네트워크를 형성할 필요가 있다. 그리고 이러한 우리의 공공외교 정책은 독일이 지향하고 있는 공공외교의 정책방향과 같이 가치지향적이며, 자유로운 형식에서 소통과 이해 및 공존할 수 있도록 민간차원에서 주도적으로 공공외교의 수행이 가능하도록 제도화하는 노력이 필요하다고 할 것이다. 이런 의미에서 공공외교는 단순히 정부 차원에서 통상적인 외교만을 의미하는 것이 아니라, 정부와 민간, 그리고 국민 개개인이 공공외교의 주체라는 점을 잊지 말아야 할 것이다.

여섯째는 프랑스 공공외교의 한국적 함의이다.[24]

---

24 강유덕 교수(한국외대 LT학부) 담당

오늘날 소프트 파워란 상대국 정부와 상대국 국민의 마음을 얻어 내 편으로 끌어들이는 것을 의미하며, 공공외교는 소프트 파워를 실현하는 정책적 도구를 의미한다. 그런데 자국의 이해관계를 반영한 정치적 선전만으로는 진정한 소프트 파워를 구축할 수 없으며, 보편적 가치에 입각해 상호 이익, 더 나아가 전 세계의 평화와 번영에 기여할 수 있는 의지와 구체적인 내용이 필요하다. 또한 공공외교는 외교부, 문화부와 같은 특정 국가 기관의 전략과 역량에 의해 좌우되는 것이 아니라, 정부와 공공 기관, 민간, 기업 등을 망라하는 종합적인 접근이 필요하다.

문화 외교를 주축으로 한 프랑스의 공공외교는 과거에는 제국주의적 잔재가 남아있었지만, 2000년대 들어서는 지구적 차원의 문화융성과 세계 네트워크 발전에 기여하는 데 초점을 두는 방향으로 탈바꿈하는 데 성공했다. 영미권의 문화 외교가 의사소통(communication)에 축을 두고 있다면, 프랑스의 문화 외교는 자국의 문화를 전파하고, 타국이 가진 문화적 수용성을 수용하며, 저개발국가의 예술, 문화 인사들과의 역량 구축에 초점을 맞추고 있다는 점에서 차이를 보인다. 물론 여러 연구가 지적하는 바와 같이 이러한 변화가 국제 사회에서의 영향력이 과거에 비해 감소한 데서 나온 반작용의 결과일 수도 있다. 그러나 이러한 추측은 1980년대 이후 프랑스 내에서 진행된 세계화와 지속 가능한 발전에 대한 치열한 논쟁을 간과하는 것이다.

2000년대에 접어들어 프랑스는 자국 문화 중심의 보급 외교에서 탈피하여 문화를 교류와 존중의 측면에서 상호공유하는 노력을 하고 있다. 물론 프랑스어권 국가들과의 유대 관계를 강화하고, 중심 국가로서의 입지를 공고히 하는 노력을 하고 있으나, 이러한 시도는 제2차 세계대전 직후 탈제국주의 과정에서 나타난 현상과는 매우 다른 것이다. 적어도 2000년대 이후에는 자국 중심의 문화를 넘어 외국의 가치 있는 문화를 소개, 전파하여 세계적 문화유산에 기여하고자 하는 노력도 병행하는 것이다. 공공외교의 본질이 기본적 가치와 윤리적 정당성에 의해 상대국 시민의 마음을 사로잡는 것이라면, 프랑스의 공공외교는 그 기본을 충족시키고 있다. 또한 프랑스 문화와 사회, 프랑스의 시각을 프랑스어가 아닌 영어로 전달하고자 하는 노력도 과거에서는 상상할 수 없었던 변화이다.

이러한 프랑스의 공공외교는 역사적 경험과 지정학적 환경이 상이한 한국에 있어서도 함의를 갖는다. 공공외교는 정부 대 정부간에 이루어지던 전통외교와는 달리 ① 비(非)정부 행위자의 역할 증대, ② 쌍방향성, ③ 행위자 간의 협력, ④ 개방적, 장기적, 상시적, ⑤ 소프트웨어의 중요성 등과 같은 특징이 있다. 프랑스의 공공외교는 식민주의 시절로 거슬러 올라가기 때문에 과거에는 정부의 역할이 컸고, 일방적(프랑스→해외) 성격이 강했다. 반면에 1980년대 이후 격렬한 논쟁과 내부 검토를 거쳐 정부의 역할 중 상당 부분이 공적 독립 기구로 이관되었고, 보급 중심의 문화 외교에서 상호 교류 중심으로 전환되었다. 또한 수많은 프로젝트를 통해 다양한 민간 행위자를 참여시켰고, 문화활동 지원과 방송국 설립을 통해 끊임없이 새로운 콘텐츠를 생산, 문화 중심지의 위치를 유지할 수 있었다.

한국의 공공외교는 상대적으로 뒤늦게 시작되었고, 주로 한국어 및 한국 문화를 해외에 소개, 보급하는 활동이 주를 이루고 있다. 우선 한국적 가치(value)는 무엇인가, 이 가치가 세계인이 공유할 보편적 가치와 일치하는가에 대한 검토가 필요하다. 다른 이의 마음을 얻기 위해서는 보편적 기준에서 정당성을 확보할 수 있어야 하기 때문이다. 이러한 가치를 기반으로 한국적인 콘텐츠를 개발하여, 세계와 공유한다는 시각이 필요할 것이다. 또한 여전히 공공외교에 있어 정부의 역할이 큰 상황이다. 따라서 정부 주도의 공공외교에서 탈피하여 각 분야별 교류에 전문가, 예술가, NGO 등 다양한 민간 행위자를 포함하려는 노력이 필요하다.

일곱째는 영국 공공외교의 한국적 함의이다.[25]

영국의 공공외교는 자국의 대외 정책 목표를 달성하기 위하여 다른 국가의 시민과 기관들의 영국에 대한 이해를 증진하는 것을 목적으로 한다. 즉, 영국의 중앙정부가 중심이 되어 공공외교 대전략 및 세부 목표 등을 기획한다는 것이다. 하지만 영국은 공공외교의 실질적인 정책 방향성을 설정하는 과정에서 정부 정책과의 균형과 조화를 강조하는 동시에 집행 기관의 독립성과 자율성을 보장하고 있다. 자국의 대외 정책 방향성과 공공외교 정책의 전략이 부합할 수 있도록 정책 노선을 설정한 후 민간 부문의 참여와 교류를 확대하기 위하여 집행 기관에게 재량권을 제공하는 것이다. 공공외교의 전반적인 전략을 수립하는 외무·영연방 및 개발사무소는 정책의 일관성과 실현가능성을 담보하는 역할을 맡고, 영국 문화원, 윌튼파크, BBC 등 집행 기관은 자신 조직의 강점을 살려 다양하고 새로운 정책 수행을 가능하게 하는 것이다.

영국의 공공외교 정책 집행 기관들은 외무·영연방 및 개발사무소의 자금

25 김효정 교수(경희대 국제개발협력연구센터) 담당

을 지원받음에도 불구하고, 정책 수행 과정에서 권한을 위임받았기 때문에 각 기관이 매우 적극적이고 능동적인 자세로 공공외교 정책을 수행한다는 특징이 있다. 또한 정부 차원에서 각 기관의 정책이 중복되거나 편중되지 않도록 효율적으로 조정업무를 담당하기 때문에 영국의 공공외교 정책이 성공적이라고 평가받고 있다고 볼 수 있다. 또한 영국의 공공외교 정책 성공 사례들은 영국이 강점과 비교우위를 가지고 있는 교육과 문화적 산물들을 기반으로 하는 것이 주류를 이루고 있다. 이러한 정책 흐름은 2000년대 이후 사회적 경제 분야로 확장되어 영국 정부가 대안적 체제로 인식한 사회적 기업을 공공외교 전략으로 삼았다. 불평등의 심화와 환경 파괴에 대한 대응이 시급하게 요구되는 상황에서 영국의 사회적 기업은 전 지구적 공동의 문제를 해결할 수 있는 대안으로 떠오르며, 국제 사회에서 관심을 받고 있다. 이에 영국 문화원은 사회적 기업이 성공적으로 설립되고 유지될 수 있도록 우호적 환경을 구축하는 것을 공공외교의 새로운 축으로 삼고, 이에 대한 정책 경험 공유 및 기술 이전을 추진하고 있다.

이러한 영국의 공공외교는 한국에 많은 정책적 함의를 제공한다. 첫 번째 공공외교를 전담하는 정부 부처와 집행 기관 간의 관계이다. 공공외교는 문화, 예술, 교육, 사회적 경제, 스포츠 등 다양한 분야를 아우르기 때문에 많은 수의 집행 기관이 참여할 가능성이 높다. 이 과정에서 중앙정부 부처가 막강한 권한을 가지고 집행 기관을 통제하거나, 아니면 집행 기관의 재량권 확대를 명분으로 방임하게 된다면 공공외교 정책의 효율성이 저해될 수 있다. 따라서 관련 기관 간 구체적 역할 분담이 필요하고, 각 기관의 정책 기능이 가시적으로 구분될 수 있도록 하는 것이 중요하다.

두 번째 공공외교 정책 사례를 통한 교훈이다. 영국은 유럽 연합을 탈퇴한 이후 주변 지역인 유럽 국가들을 대상으로 적극적인 공공외교 정책을 펼친다. 독일과 프랑스뿐만 아니라 이탈리아, 크로아티아, 그리스 등 다양한 유럽 국가들과 문화적, 학술적 교류를 통하여 양자 관계를 돈독히 하고 있다. 이는 영국이 지리적으로 근접해있는 주변 국가들과의 외교 관계가 얼마나 중요한지를 인식하고 있다는 것을 의미한다. 한국도 지리적 근접성을 기반으로 하여 주변국을 대상으로 하는 공공외교 정책 전략을 수립할 필요가 있다. 또한 영국이 사회적 경제 분야에서 두각을 나타내며 사회적 기업을 중심으로 공공외교 전략을 수립한 것과 같이, 한국도 공공외교 정책을 수립함에 있어 다른 국가의 성공 사례를 무조건적으로 모방하기보다는 우리나라가 갖고 있는 강점과 비교우위를 고려하여 정책의 범주를 확장할 필요가 있다.

여덟째는 호주 공공외교의 한국적 함의이다.[26]

호주 공공외교 기관과 활동으로부터 한국이 얻을 수 있는 함의는 국가의 정체성이 공공외교의 목표와 방향에 영향을 미친다는 것이다. 호주는 인·태 지역에 있는 서구 국가라는 정체성의 혼재 속에 호주의 인·태 지역 정체성을 확립하는 데 공공외교를 활용해 왔다. 한국도 국력 신장에 걸맞은 새로운 정체성을 정립할 필요가 있다. 한국은 1996년에 경제협력개발기구(OECD) 회원국이 된 G20 국가로 2021년에는 영국에서 개최된 G7+ 회의에 플러스 국가로 초

26 박재적 교수(한국외대 국제지역대학원)·Feta Simon 담당

청받았다. 그동안 한국의 공공외교는 북핵 및 통일 정무 외교를 뒷받침하는 역할을 해왔다. 이제는 한국의 공공외교도 북핵, 통일에 맞춘 공공외교를 펼칠 것인지, 선진 중견국의 정체성을 가지고 좀 더 포괄적으로 국제 사회의 안정과 평화에 기여하는 국가 이미지를 창출하는 방향으로 공공외교의 초점을 맞출 것인지 고민해야 할 시점이다.

호주의 공공외교에서 얻을 수 있는 또 다른 시사점은 한국이 원조외교에 좀 더 적극적이어야 한다는 점이다. 호주는 원조를 공공외교의 수단으로 잘 활용하고 있다. 한국도 그렇게 하기 위해서는 먼저 원조의 규모를 늘려야 한다. 한정된 재원을 고려할 때, 한국국제협력단(KOICA)의 무상자금과 수출입은행의 대외경제협력기금(EDCF)을 통한 양허성차관(Concessional loan)의 단절 현상을 극복하고, 양쪽을 연계할 필요가 있어 보인다. 아울러 인·태 지역 국가들이 대체로 '민·관 합작 투자(Public Private Partnership, PPP)'를 선호하는바, 그들의 PPP 제도를 면밀하게 분석하고 대기업과의 연계 진출을 도모할 필요가 있다. 이때 한국 기업이 정부 자금을 진출 동력으로 사용할 수 있는 제도적 장치를 갖춰주어야 한다. 한편, 한국의 원조 예산이 미·일·중·러 등 주요 국가와 비교하면 매우 적으므로, 좀 더 비용 대비 효과가 큰 사업을 발굴하여야 할 것이다.

원조가 아닌 경제적 이익을 위한 인프라 투자도 공공외교의 수단이 될 수 있다. '한국 해외인프라 도시개발지원공사(KIND)'가 해외건설촉진법에 따라 설립되어 2018년 6월 공식 출범하였는데, KIND는 우리 기업에 프로젝트 기획과 타당성 조사 지원, 양질의 프로젝트 정보 제공, 금융 조달 능력 제고 등 투자 개발 사업의 전 단계를 효율적으로 지원해야 하고, 인·태 지역 내 유사 기관과의 협력을 추진해야 한다. 2022년에 국민연금의 기금 자산이 1천조 원에 다다를 것으로 예상되는데, 국민연금 기금을 해외인프라 투자에 활용하는 방안을 긍정적으로 검토할 필요가 있다. 호주 등 세계 각국의 주요 연기금이 인프라 건설에 투자하는 것을 참조하여, 한국과 역내 국가의 대통령, 외교부 장관 등 고위급 회담에 연기금 관계자를 동원하여 우리의 인프라 투자 참여에 대한 의지를 확인시켜줄 필요가 있다. 즉, 인프라 투자가 우리의 경제적 이익을 확보한다는 측면에 더해 호주의 예처럼 공공외교적인 성과도 가져올 수 있는바, KIND나 국민연금공단도 공공외교의 주체가 될 수 있다.

셋째, 한국은 호주의 주요 외교·안보 정책연구원이 홈페이지에 원외 인사의 짧은 현안분석 글을 게시할 수 있는 공간을 제공하거나, 정책 블로그를 개설하여 호주의 정책 공공외교에 기여하고 있는 점을 주목할 필요가 있다. 한국의 주요 외교·안보 정책연구원은 원내 인사의 현안분석 글을 게시하고 있으나 이에 대한 환류를 청취할 수 있는 통로는 부재하다. 또한, 한국 주요 정책연구원의 홈페이지에 섭외받지 않은 원외 인사가 현안 분석 글을 기고할 수 있는 통로가 대체로 부재하다. 일부 연구원에서 발행하는 학술지에 기고할 수 있으나, 비교적 긴 논문 형식의 글을 요구하고 정책 서클 및 일반 대중의 접근성이 상대적으로 저조하다. 한국 주요 정책연구원은 '동아시아 연구원(EAI)'의 'Global NK' 등 매우 소수의 예외를 제외하고는 호주처럼 활발히 정책 블로그를 운영하고 있지도 않다. 미국 워싱턴 소재 '한국경제연구소(KEI)'가 운영하는 블로그인 'The Peninsula' 등 소수의 예외를 제외하고, 한국 정부나 기업으로부터 재정적 지원을 받는 해외 정책연구원도 정책서클 인사가 비교적 자유롭게 한반도 정책 관련 짧은 현안 분석 글을 게재할 수 있는 공간이나 정책 블로그를 운영하고 있지 않다. 따라서, 정부의 지원을 받는 한국 내·외 외교·안보 분야 연구원이 정책 블로그를 활발히 운영하도록 정부가 유도해야 할 것이다.

참고문헌

I부. 글로벌 공공외교 기관의 현황과 역할

본 단행본 본문 II부.

김태환. 2015. "일본의 대미 공공외교와 한국의 지식외교 대응 방안." 『주요국제문제분석』, 2015-15: 1-25.

____. 2016. "주변국 공공외교의 최근 추세 유형과 한국에 대한 함의." 『주요국제문제분석』, 2016-45: 1-30.

백우열·함명식. 2017. "중국의 대한국 공공외교 성과와 한계 분석: 시진핑 집권 시기를 중심으로." 『한국정치학회보』, 51(5): 135-159.

송태은. 2017. "미국 공공외교의 변화와 국제평판: 미국의 세계적 어젠더와 세계여론에 대한 인식." 『국제정치논총』, 57(4): 163-198.

외교부 홈페이지(https://www.mofa.go.kr/)

제II부. 세계 주요국의 공공외교 기관과 활동

제1장 미국의 공공외교 기관과 활동

김명섭·안혜경. "9·11 이후 미국 공공외교의 변화." 『세계지역연구논총』 제25집 3호 (2007).

미국의 소리. "VOA 소개." https://www.voakorea.com/p/3955.html (검색일: 2022.01.20.).

박지현·이숙종. "미국의 공공외교 정책: 국무부 국제방문자리더십 프로그램 사례연구." 『국제.지역연구』 제30집 2호 (2021).

송태은. "미국 공공외교의 변화와 국제 평판." 『국제정치논총』 제57집 4호 (2017).

외교부. "주요국의 공공외교." https://www.mofa.go.kr/www/wpge/m_22714/contents.do (검색일: 2022.01.18.).

주한미국 대사관 및 영사관. "아메리칸센터 코리아." https://kr.usembassy.gov/ko/education-culture-ko/american-center-korea-ko/ (검색일: 2022.01.15.).

주한미국 대사관 및 영사관. "철통같은 한미 동맹 강화." https://kr.usembassy.gov/

ko/031721-strengthening-the-ironclad-u-s-rok-alliance-ko/ (검색일: 2022.01.18.).

Ebitz, Amy. "The Use of Military Diplomacy in Great Power Competition." Brookings. February 12, 2019. https://www.brookings.edu/blog/order-from-chaos/2019/02/12/the-use-of-military-diplomacy-in-great-power-competition/ (검색일: 2022.01.12.).

Kim, Young Ho. "Public Diplomacy and Cultural Communication: The International Visitor Program." Ph.D. Dissertation, University of Southern California, LA, 1990.

Nakamura, Kennon H. and Matthew C. Weed. "U.S. Public Diplomacy: Background and Current Issues." U.S. Congressional Research Service. December 18, 2009. https://sgp.fas.org/crs/row/R40989.pdf (검색일: 2022.01.12.).

Nye, Joseph S. *Soft Power.* New York, NY: PublicAffairs, 2004.

Nye, Joseph S. "Public Diplomacy and Soft Power." *The Annals of the American Academy of Political and Social Science* 616-1 (2008).

Nye, Joseph S. *The Future of Power.* New York, NY: PublicAffairs, 2011.

US Advisory Commission on Public Diplomacy. "Comprehensive Annual Report on Public Diplomacy and International Broadcasting." 2020. https://www.state.gov/2020-comprehensive-annual-report-on-public-diplomacy-and-international-broadcasting/ (검색일: 2022.01.13.).

US Agency for Global Media. "Who We Are – History." https://www.usagm.gov/who-we-are/history (검색일: 2022.01.16.).

US Agency for Global Media. "Who We Are – Mission." https://www.usagm.gov/who-we-are/mission (검색일: 2022.01.16.).

US Department of State. "International Visitor Leadership Program – At-a-Glance." https://exchanges.state.gov/non-us/program/international-visitor-leadership-program-ivlp (검색일: 2022.01.18.).

US Department of State. "Launching the 80th Anniversary of the International

Visitor Leadership Program." https://eca.state.gov/highlight/launching-80th-anniversary-international-visitor-leadership-program (검색일: 2022.01.18.).

US Department of State. "Under Secretary for Public Diplomacy and Public Affairs - Our Mission." https://www.state.gov/bureaus-offices/under-secretary-for-public-diplomacy-and-public-affairs/ (검색일: 2022.01.12.).

US National Commission on Terrorist Attacks. *The 9/11 Commission Report: Final Report of the National Commission on Terrorist Attacks Upon the United States.* New York, NY: W. W. Norton & Company, 2004.

USAID. "Dollars to Results." https://results.usaid.gov/results (검색일: 2022.01.13.).

USAID, "Education," https://www.usaid.gov/education (검색일: 2022.01.13.).

USAID. "Providing Humanitarian Assistance." https://www.usaid.gov/humanitarian-assistance (검색일: 2020.01.13.).

USAID. "What We Do." https://www.usaid.gov/what-we-do (검색일: 2022.01.13.).

USAID. "Who We Are." https://www.usaid.gov/who-we-are (검색일: 2022.01.13.).

Wallin, Matthew. *Military Public Diplomacy: How the Military Influences Foreign Audiences.* Washington, D.C.: American Security Project, 2015,

제2장 중국의 공공외교 기관과 활동

문현미. "역사적 제도주의 관점에서 본 중국 공공외교 연구." 『현대중국연구』 제23권 3호 (2021).

백우열·함명식. "중국의 대한국 공공외교 성과와 한계 분석: 시진핑 집권 시기를 중심으로." 『한국정치학회보』 제51집 5호 (2017).

안지영. "중국 공공외교 전략과 수행방식 변화 연구." 『한국콘텐츠학회논문지』 제20권 7호 (2020).

양명·차창훈. "중국 공공외교의 등장과 강화: 조직구조와 수행방식을 중심으로." 『21세기 정치학회보』 제24집 1호 (2014).

이계란·김현태. “中國公共外交的發展現狀及對策分析.” 『중국연구』 제69권 (2016).
이장원. “중국의 공공외교: 배경, 목표, 전략.” 『동서연구』 제23권 2호 (2011).
이희옥. “중국공공외교의 확산: 체계와 목표.” 『중국학연구』 제54권 (2010).
전가림. “중국의 소프트파워 발전 전략과 그 영향력: 공자학원과 방송 미디어 매체를 중심으로.” 『중국연구』 제50권 (2010).
李保高. “중국 공공외교와 공자아카데미.” 『중국어문학논집』 제88호 (2014).
王宇轩. “公共外交视阈下中国国家形象塑造面临的挑战及对策研究.” 『중국지식네트워크』 제18권 (2021).

廖宏斌. “我国公共外交的发展现状及对策分析.” 『四川大学学报(哲学社会科学版)』 第5期 (2007).
田田·陈逍. “改革开放以来中国公共外交成就与发展趋势探究.” 『国际公关』 第9期 (2020).
杨洁篪. “努力开拓中国特色公共外交新局面.” 『求是』 第4期 (2011).
钟龙彪·王俊. “中国公共外交的演进: 内容与形式.” 『外交评论(外交学院学报)』 第3期 (2006).

공자학원 홈페이지. http://ci.cn/#/Home (검색일: 2022.02.04.).
국무원 신문판공실 홈페이지. http://www.scio.gov.cn/zfbps/index.htm (검색일: 2022.02.03).
중국공공외교협회 홈페이지. http://www.chinapda.org.cn (검색일: 2022.02.05).
중국 국제 중국어 교육 기금회 홈페이지. http://www.cief.org.cn/jj (검색일: 2022.02.04).
중국인민대외우호협회 홈페이지. http://www.cpaffc.org.cn (검색일: 2022.02.05).
차이홍 공자학원 홈페이지. http://www.chg.co.kr:4433/intro/intro.aspx (검색일: 2022.02. 04).
차하얼학회 홈페이지. http://www.charhar.org.cn (검색일: 2022.02.05).

제3장 일본의 공공외교 기관과 활동

신동민. “공공외교 목표와 추진방향의 개념적 재모색: 국제관계학 고전적 현실주의 시각에서". 『사회융합연구 4(2)』, (2020). pp.21~33.

외무성. 『외교백서』. 2021.

장혜영. "중국과 일본의 공공외교지역으로서의 베트남에 대한 양국의 ODA 정책연구", 『한중사회과학연구 31』. (2014). pp.193~231.

金子将史·北野充 編. 『パブリック・ディプロマシー戦略: イメージを競う国家間ゲームにいかに勝利するか』. PHP研究所, 2014.

小谷俊介. "我が国のパブリック・ディプロマシーの変遷と今後の課題." 『技術と文化による日本の再生: インフラ, コンテンツ等の海外展開 総合調査報告書』. 国立国会図書館, 2012.9.

首相官邸 http://www.kantei.go.jp

外務省 http://www.mofa.go.jp

経済産業省 http://www.meti.go.jp

國際交流基金 https://www.jpf.go.jp

笹川平和財団 https://www.spf.org

COOL JAPAN FUND https://www.cj-fund.co.jp

Japan House https://www.japanhouse.jp

JICA https://www.jica.go.jp

제4장 러시아의 공공외교 기관과 활동

강윤희. "러시아 공공외교의 제도적 정비, 성과와 한계: 러시아국제협력청을 중심으로." 중소연구』, 제45권 2호 (2021)

여인곤, 조한범, 김현택, 서동주. "러시아의 對한국 통일 공공외교 실태." 통일연구원 경제·인문사회연구회 협동연구총서 12-12-06. (2012).

우준모. "러시아의 공공외교: 특수성과 보편성". 『세계지역연구논총』. 제28집 3호. (2010)

Боришполец, К.П. ПУБЛИЧНАЯ ДИПЛОМАТИЯ: ПРАГМАТИЧНЫЙ

ВЗГЛЯД НА РАЗНООБРАЗИЕ РЕАЛЬНОГО ОПЫТА // международная аналитика. № 1(23). 2018. с. 22-31.

<인터넷 자료>

"롯데호텔서울 '알렉산드르 뿌쉬낀 기념 시 낭송회' 열어". 『뉴시스』. 2017년 6월11일. https://www.newsis.com/view/?id=NISX20170611_0000008654

Evans, Julian. "Spinning Russia," Foreign Policy. 1 December 2005.https://foreignpolicy.com/2005/12/01/spinning-russia/

"Germany bans German-language Russian state broadcaster RT", AlJazeera. 2 February 2022. . https://www.aljazeera.com/news/2022/2/2/germany-bans-german-language-russian-state-broadcaster-rt

"Ukraine extends ban on Russian news agencies, journalists". CPJ.org. 24 ay 2018. https://cpj.org/2018/05/ukraine-extends-ban-on-russian-news-agencies-journ/

"Сотрудники Sputnik Эстония прекратят трудовые отношения с редакцией". *РИА новости*. 31 December 2019. https://ria.ru/20191231/1563044938.html

RT https://russian.rt.com/about

Sputnik News Agency https://sputniknews.com/

Фонд Горчакова https://gorchakovfund.ru/

Фонд Русский мир https://russkiymir.ru/

Россотрудничество https://rwp.agency/

Российский совет по международным делам https://russiancouncil.ru/en/

Распоряжение президента Российской федерации https://gkrfkod.ru/zakonodatelstvo/

Указ президента Российской федерации http://www.kremlin.ru/acts/bank

제5장 독일의 공공외교 기관과 활동

<논문>

박병석, "소통과 공존의 공공외교: 독일 문화외교의 발전과 현황", 미국과 독일의 문화외교 정책 현황 세미나 발표자료, 국회입법조사처, 2009. 11. 24. p. 3. (https://www.nars.go.kr/report/view.do? cmsCode=CM0008&brdSeq=280(검색일, 2022. 2. 4.)

이은정, "디커플링: 독일 공공외교와 문화교류의 원칙 그리고 통일", 담론, 201, 17권 4호, 2014

<인터넷 자료>

https://www.daad.de/de/der-daad/wer-wir-sind/ (검색일: 2022. 2. 5.)

https://www.goethe.de/ins/kr/ko/uun/auf.html (검색일: 2022. 2. 4.)

https://www.kas.de/ko/web/korea/5130db43-9219-4e1f-bbb5-2e9f397a6e9e (검색일: 2022. 2. 5.)

https://korea.fes.de/ (검색일: 2022. 2. 5.)https:/

https://korea.hss.de/ko/ (검색일: 2022. 2. 5.)

https://www.freiheit.org/ (검색일: 2022. 2. 5.)

박명준, "[독일의 정책브레인을 해부한다(10)] 하인리히 뵐 재단(Heinrich Böll Stiftung)", 희망제작소, 2009.01.13., https://www.makehope.org/독일의-정책브레인을-해부한다10-하인리히-뵐 재단/ (검색일: 2022. 2. 5.)

박명준, "[독일의 정책브레인을 해부한다(8-1)] 프리드리히 에버트재단(FES)", 희망제작소, 2008.12.23., https://www.makehope.org/독일의-정책브레인을-해부한다8-1-프리드리히-에버트/ (검색일: 2022. 2. 5.)

외교부 홈페이지, http://www.mofa.go.kr/www/wpge/m_22714/contents.do (검색일: 2020.11.11.)

주한독일대사관 홈페이지, https://seoul.diplo.de/kr-de

제6장 프랑스의 공공외교 기관과 활동

<한글 문헌>

김규륜·양현모·전동진·최용환·한인택. "공공외교의 이론적 조명과 주변 4국의 한반도통일 공공외교 분석틀." 통일연구원. 경제인문사회연구회 협동연구총서 12-12-02, 2012.

김동률·김성해·김헌식. "미디어를 활용한 공공외교 활성화 방안 연구." 외교부 연구용역과제 보고서, 2013.

도종윤. "공공외교로서 프랑스의 문화외교: 한불 관계를 중심으로." 『한국지방정치학회보』 제7권 2호 47-70 (2017).

윤영주. "주한 외국문화원의 언어교육과 세종학당 비교 연구." 『교육문화연구』 제22권 4호 213-245 (2016).

이진로. 『국제방송의 역사와 유형』. 서울: 커뮤니케이션북스, 2014.

조홍식. "프랑스의 매력적 권력: 행위소의 개념을 중심으로." 『국제지역연구』 제22권 1호 105-131 (2013).

전동진. "프랑스 공공문화외교의 구조와 독일통일 과정에서 나타난 프랑스 공공문화외교의 방향." 『사회과학연구』 제28권 4호 459-482 (2012).

최정순. "주요 국가의 외국인 대상 자국어 교육을 위한 교사 자격 제도 운영에 관하여." 『국립국어원』 제21권 3호 59-82 (2011).

최지선. "공공외교의 틀에서 본 국제방송 정책." 『방송과 커뮤니케이션』 제21권 1호 47-91 (2020).

<영문 문헌>

Blanning, Timothy Charles William. *The Culture of Power and the Power of Culture: Old Regime Europe 1660-1789*. New York: Oxford University Press, 2002.

Looseley, David. *The Politics of Fun: Cultural Policy and Debate in Contemporary France*. Oxford: Berg Publishers, 1995.

<프랑스어 문헌>

Fondation des Alliances Française (FAF). *Rapport d'Actvité 2019,* 2020.

Fondation des Alliances Française (FAF). *Rapport d'Actvité 2020,* 2021.

France Média Monde. https://www.francemediasmonde.com/ (검색일: 2022.02.03).

Fumaroli, Marc. *L'Etat culturel: Essai sur une religion moderne.* Paris: Fallois, 1992.

Institut Français. *Rapport d'Actvité 2019,* 2020.

Institut Français. *Rapport d'Actvité 2020,* 2021.

Juppé, Alain and Louis Schweitzer. *La France et l'Europe dans le monde - Livre blanc sur la politique étrangère et européenne de la France 2008-2020,* 2008.

Ministère de l'Action et des Comptes publics (n.d.). *Projet de loi de finances.*

Perret, Jacques et Guy Saez. *Institutions et vie culturelles.* Paris: La Documentation française, 1996.

Rigaud, Jacques. *Les Relations culturelles extéieures, Rapport au Ministère des Affaires érangères.* Paris: La Documentation françise, 1979.

Roche, François and Bernard Pigniau. *Histoires de diplomatie culturelle des origines à 1995.* Paris: La Docummentation Française, 1995.

Sarkozy, Nicolas. *Lettre de mission de M. Nicolas Sarkozy, Président de la République, adressée à M. Bernard Kouchner, ministre des affaires étrangères, sur les priorités de la politique étrangère et européenne de la France,* le 27 août 2007.

Séréni, Frank. 1992. "La Cité internationale universitaire de Paris, 1925~1950." *Relations Internationales* No. 72.

<온라인 자료>

France24. https://www.france24.com/en/about-us (검색일: 2022.02.03).

France Médias Monde. https://www.francemediasmonde.com/ (검색일: 2022.02.03).

Institut Français. https://www.if.institutfrancais.com/fr/nos-actions (검색일: 2022.01.10).

제7장 영국의 공공외교 기관과 활동

김용훈. “실효적인 공공외교정책을 위한 법제도적 전략: 영국의 경험을 통한 공공외교법 개정방향성을 중심으로.” 『법학논총』 제25집 2호 (2018).

문상현. “공공외교와 국제방송: 한반도 평화협력시대에서 KBS 월드의 역할과 과제.” 『방송문화연구』 제30집 제2호 (2018).

이충희. “영국의 대 아프리카 전략: 식민지 외교에서 공공외교로의 전환.” 『아프리카 주요 이슈 브리핑』 제2권 제2호 (2019).

Houcine Msaddek. “The BBC and the making of British Public Diplomacy: The case of the Corporation’s Arabic Service.” Mémoire(s), identité(s), marginalité(s) dans le monde occidental contemporain. 27 (2022) https://doi.org/10.4000/mimmoc.10245(검색일: 2022. 2. 6.)

James Pamment. “What Became of the New Public Diplomacy? Recent Developments in British, Us and Swedish Public Diplomacy Policy and Evaluation Methods.” The Hague Journal of Diplomacy 7 (2012).

Tasiu Abubakar, “British public diplomacy: A case study of the BBC Hausa Service,” in Mirchandani, R. and Abubakar, A. (eds.), *Britain’s International Broadcasting: CPD Perspectives on Public Diplomacy.* California, USA: Figueroa Press, 2014.

대한민국 외교부. “주요국의 공공외교.”

https://www.mofa.go.kr/www/wpge/m_22714/contents.do (검색일: 2022. 2. 3.)

British Council. “British Council Annual Report and Accounts 2019-20.”

https://www.britishcouncil.org/sites/default/files/annual_report_2019-20.pdf (검색일: 2022. 2. 1.)

British Council, “Going Global,”

https://www.britishcouncil.org/going-global/about/past-events/2019 (검색일: 2022. 1. 30.)

British Council. “Our History.” https://www.britishcouncil.org/about-us/history (검

색일: 2022. 2. 1.)

British Council, "Social Enterprise,"

https://www.britishcouncil.org/society/social-enterprise (검색일: 2022. 2. 5.)

Portland Communication. "A Global Ranking of Soft Power 2019."

https://softpower30.com/wp-content/uploads/2019/10/The-Soft-Power-30-Report-2019-1.pdf (검색일: 2022. 2. 6.)

The National Archives, "Records of the British Council,"

https://discovery.nationalarchives.gov.uk/details/r/C40 (검색일: 2022. 2. 4.).

Wilton Park. "An Executive Agency of the Foreign and Commonwealth Office Annual Report and Accounts 2019/20."

https://assets.publishing.service.gov.uk/government/uploads/system/uploads/attachment_data/file/917803/Wilton_Park_Annual_Report_and_Accounts_2019-2020.pdf(검색일: 2022. 2. 2.)

Wilton Park. "History of Wilton Park."

https://www.wiltonpark.org.uk/about-us/history-of-wilton-park/ (검색일:2022. 2. 4.)

제8장 호주의 공공외교 기관과 활동

<한글 문헌>

박재적. "딜레마에 빠진 '중간국' 호주의 외교전략." 김흥규 역. 『신국제질서와 한국외교전략』. 서울: 명인출판사, 2021.

문경희·이희진. "호주 노동당 정부의 중견국 외교에 대한 고찰." 『21세기정치학회보』 제22집 2호 (2012).

<영문 문헌>

Australian Government - Department of Health, *Sports Diplomacy 2030* (Canberra, 2019).

Commonwealth of Australia, *Australia's public diplomacy: building our image* (Canberra, 2007).

McConachie, Bradley. "The New Colombo Plan: addressing the barriers to scholarship recipients' contributing to Australia's public diplomacy goals in China. Place Brand Public Dipl (2021).

Melissen, Jan and Yul Sohn. *Understanding Public Diplomacy in East Asia: Middle Powers in a Troubled Region* (New York: Palgrave Macmillan, 2015)..

Minns, John, Kieran Bradley & Fabricio H. Chagas-Bastos. "Australia's Refugee Policy: Not a Model for the World." *International Studies* 55(1) (2019).

Tow, William. "Deputy Sheriff or independent ally? Evolving Australian-American Ties in an Ambiguous World Order." The Pacific Review 17-2 (June 2004).

Tran, Ly Thi, Huyen Bui & Minh Nguyet Nguyen. Youth agency in public diplomacy: Australian youth participation in outbound mobility and connection building between Australia and the Indo-Pacific region, *International Studies in Sociology of Education* (2021).

<언론사(잡지사)>

고직순. "남중국해 당사국 아닌 호주는 개입하지 말라." 『한호일보』. 2017년 11월 24일.

문기환. "인터뷰] 한국해외인프라도시개발지원공사 임한규 사업개발 본부장." 『매일건설신문』. 2020년 3월 24일.

"반중으로 돌아선 호주, 미국과 '반(反)일대일로' 연합전선." 『한국경제』. 2018년 2월 25일.

"호주 총리, "틱톡 금지할 필요 없다." 『연합뉴스』. 2020년 8월 5일.

<온라인>

유현석. "한국공공외교 추진체계연구 및 전략 수립 『중견국 공공외교의 추진체계: 호주사례를 중심으로』." 한국국제교류재단. 2011년 12월 22일. https://webcache.googleusercontent.com/search?q=cache:vq-NllQOg4kJ:https://overseas.

mofa.go.kr/www/brd/m_22717/down.do%3Fbrd_id%3D20562%26seq%3D95%26data_tp%3DA%26file_seq%3D1+&cd=1&hl=ko&ct=clnk&gl=kr (검색일: 2022.02.05).

Adamson, Frances. "The Contribution of Indigenous Australia to our Diplomacy." Speech by Secretary of the Department of Foreign Affairs and Trade at Charles Darwin University, Northern Territory. 20 May 2021. https://www.dfat.gov.au/news/speech/contribution-indigenous-australia-our-diplomacy (검색일: 2022.02.05.).

Australian Government - Department of Foreign Affairs and Trade. "Australian Cultural Diplomacy Grants Program." https://www.dfat.gov.au/people-to-people/public-diplomacy/acdgp/australian-cultural-diplomacy-grants-program (검색일: 2022.02.05.).

Australian Goverment - Department of Foreign Affairs and Trade. "Public Diplomacy Strategy." https://www.dfat.gov.au/people-to-people/public-diplomacy/public-diplomacy-strategy (검색일: 2022.02.05.).

Broinowski, Alison. "Australia diplomacy: how to lose friends and influence no one." Nov 26, 2021. https://johnmenadue.com/australia-diplomacy-how-to-lose-friends-and-influence-no-one/ (검색일: 2022.02.05.).

Greene, Andrew."PM_Scomo' joins TikTok despite previous criticism of controversial Chinese-owned platform." 26 Dec 2021. https://www.abc.net.au/news/2021-12-26/scott-morrison-tiktok-pm-chinese-social-media/100725804 (검색일: 2022.02.05.).

Leary, Sarah. "stepping up sports diplomacy in the pacific: an Australian perspective." Aug 11, 2021. https://uscpublicdiplomacy.org/blog/stepping-sports-diplomacy-pacific-australian-perspective (검색일: 2022.02.05).

O'Keeffe, Annmaree. "ABC: Australia's waning soft-power star." *The Interpreter*. Lowy Institute. 24 Oct 2019. https://www.lowyinstitute.org/the-interpreter/abc-australia-s-waning-soft-power-star (검색일: 2022.02.05.).

Right to Know. "Public authorities." https://www.righttoknow.org.au/body/list/foreign_affairs_and_trade (검색일: 2022.02.05).

Thu, Huong Le. "Australia should bet on digital engagement with Southeast Asia." *The Strategist*. APSI. June 20 2021. https://www.aspistrategist.org.au/australia-should-bet-on-digital-engagement-with-southeast-asia/ (검색일: 2022.02.05.).

III부. 한국의 공공외교 기관과 활동

김용찬. 2018. "재외동포정책의 역사적 평가와 과제." 『민족연구』, 72: 4-28.

김형국·박로사. 2011. "한국의 국가브랜드 인터넷 홍보전략 정부 및 유관기관 홈페이지 현황 분석." 『국제정치논총』, 51(2): 7-33.

김휘정. 2013. "국제문화교류 진흥을 위한 한국문화원의 법적 위상 재정립 방안." 『문화산업연구』, 13(1): 43-52.

리단·정소영. 2015. "한국의 공공외교와 재외동포: 중국 교무공공외교의 시사점을 중심으로." 『디아스포라연구』, 9(2): 303-322.

문상현. 2011. "공공외교와 국제방송: 한반도 평화협력시대에서 KBS월드의 역할과 과제." 『방송문화연구』, 30(2): 39-71.

변지영·정헌주. 2018. "한국의 공공외교와 세종학당: 2007-2015년 국가별 지정 요인에 관한 실증분석." 『한국정치학회보』, 52(2): 173-201.

세종학당. 2021. 『2021 세종학당 안내지』.

송수전. 2019. "공공외교(Public Diplomacy) 촉진 관점에서의 KOICA ODA 활동방안 고찰." 『개발과 이슈』 제55호(2019-12): 4-19.

우병국·김명숙. 2005. "한국국제교류재단의 문화예술교류 지원정책과 방향." 『미술세계』, 2005-12: 109-110.

지충남 외. 2012. "재외한인 차세대 단체 네트워크 구조와 특성에 관한 연구." 『디아스포라연구』, 6(1): 179-211.

한국국제교류재단. 2021. 『2021 KF 홍보브로슈어』.

한국국제협력단. 2021. 『2021 KOICA 활동 개요(KOICA 리플렛-영문)』.

세종학당재단 홈페이지(https://www.ksif.or.kr/)

외교부 홈페이지(https://www.mofa.go.kr/)

재외동포재단 홈페이지(https://www.okf.or.kr/)

한국국제교류재단 홈페이지(https://www.kf.or.kr/)

한국국제협력단 홈페이지(https://www.koica.go.kr/)

해외문화홍보원 홈페이지(https://www.kocis.go.kr/)

IV부. 한국의 공공외교 개선을 위한 제언

본 단행본 본문 II부.

고경민. 2020. "한국의 국제개발협력 정책공공외교 추진 방향: 목표와 대상별 전략." 『한국동북아논총』, 25(3): 31-51.

김상배. 2012. "소셜미디어와 공공외교: 행위자-네트워크 이론으로 보는 미국의 전략." 『국제정치논총』, 52(5): 117-142.

김우상. 2013. "대한민국의 중견국 공공외교." 『정치정보연구』, 16(1): 331-350.

김태환. 2019. "가치외교의 부상과 가치의 "진영화": 강대국 사례와 한국 공공외교의 방향성." 『문화와 정치』, 6(1): 5-32.

____. 2020. "COVID-19 위기상황에서 한국 공공외교의 역할." 『주요국제문제분석』, 2020-17: 1-26.

____. 2020. "중견국 외교에 대한 지위 정체성 접근: 호주, 터키, 인도네시아 공공외교 사례와 한국에 대한 함의." 『주요국제문제분석』, 2020-10: 1-35.

박재적·이신화. 2019. "한국의 대미(對美) 정책공공외교: 목표, 주체, 대상 및 추진 방향." 『한국동북아논총』, 24(2): 5-29.

변웅. 2014. “한국의 대 아프리카 외교 추진 전략: 공공외교적 접근을 중심으로.” 『정책연구과제』, 2014-16: 2-28.

배영자. 2011. “공공외교로서 과학기술외교: 이론적 이해와 현황.” 『국가전략』, 17(1): 127-154.

백우열. 2017. “한국 공공외교 전략 및 정책 연구: 기초적 유형의 개념화.” 『국가전략』, 23(3): 5-31.

____. 2015. “한국의 對중국 공공외교 전략과 실행 분석.” 『한국과 국제정치』, 31(3): 115-142.

송문석·황기식. 2020. “한국체류 외국인 유학생의 공공외교 강화전략 연구.” 『한국과 국제정치』, 75: 108-141.

신미애. 2021. “외교적 차원에서 한국 보훈외교의 함의: 해외 보훈정책 사례 비교.” 『한국동북아논총』, 26(2): 27-44.

유준구. 2018. “과학기술외교의 부상과 우리의 대응.” 『주요국제문제분석』, 2018-48: 1-18.

이상환. 2020a. “포스트 코로나: 국제정치질서의 변화와 한국의 대응방안.” 『한국사회과학협의회 소식』, 24(2020-1): 8-10.

____. 2020b. “Post COVID-19 시대의 국제정치: 탈세계화, 디지털화 그리고 신냉전 질서의 도래.” 『정치정보연구』, 23(3): 151-168.

이진영. 2020. “한국 정부의 공공외교와 공적개발원조(ODA)의 정합성: 신남방정책(New Southern Policy)을 중심으로.” 『대한정치학회보』, 28(2): 171-195.

장보원. 2021. “과학기술 ODA 결정요인 연구: 호주와 한국 사례를 중심으로.” 『국제관계연구』, 26(1): 113-143.

주미영. 2015. “글로벌 신뢰국가 이미지 형성을 위한 한국의 공공외교 연구.” 『정치정보연구』, 18(2): 31-58.

최용석·김효미. 2013. “소셜 미디어를 이용한 공공외교가 국가이미지와 국가 브랜드에 미치는 영향에 관한 연구.” 『한국콘텐츠학회논문집』, 16(3): 426-438.

저자 소개

이상환 현 한국외국어대학교 정치외교학과 교수. 한국국제정치학회 회장(2020).

대표 저서 및 논문

- 『국제정치경제: 시각과 쟁점』(2021)
- *Issues and Perspectives in the Korean Peace Process*(2021)
- "Post COVID-19 시대의 국제정치: 탈세계화, 디지털화 그리고 신냉전 질서의 도래." 『정치정보연구』(2020), 23(3)
- "Trilateral Trade and Taking a Side Between the US and China." *Korean Journal of Defense Analysis*(2020), 32(4)

권재범 현 전북대학교 정치외교학과 조교수. 한국외국어대학교 대학원 정치외교학과 BK21 4단계 연구팀 계약교수(2020-2022) .

대표 저서 및 논문

- 『신남방정책·신북방정책 추진전략과 정책과제』(2020).
- 『유네스코 공동등재를 활용한 남북 문화유산협력』(2021).
- "When the Kangaroo Encounters the Flying Dragon: The Growth of Balancing Elements in Australia's China Policy." Pacific Focus 35(3) (2020): 491-529
- "Taming Neighbors: Exploring China's Economic Statecraft to Change Neighboring Countries' Policies and Their Effects." Asian Perspective 44(1) (2020): 103-138

김현규 현 한국외국어대학교 글로벌정치연구소 책임연구원. 한국정부 국비유학생(2015), 중국정부 우수재중유학생(2019).

대표 저서 및 논문

- "东亚区域合作视域下的互联互通研究." 『韩国研究论丛』 (2021), 41.
- "CSSCI 상위 학술지에 게재된 한반도 연구의 경향 분석: 최근 5년간 국제정치학 분야 18개 주요학술지를 대상으로." 『중국지식네트워크』 (2021), 17.

서인원 현 행정안전부산하 일제강제동원피해자지원재단 전문관(3급).

대표 저서 및 논문

- "일본영토편입사례의 독도주권에의 함의."『연구총서 독도영토주권과 국제법적 권원Ⅲ』(2021). 동북아역사재단
- "남쿠릴열도 영토분쟁 해결의 비현실성과 정치적 분쟁화에 대한 고찰."『독도논총 제11권 제1·2호』 통권 제12호 (2020.12), 독도조사연구학회
- "일본 군사력 증강 관련 법체제 정비에 대한 고찰."『한일군사문화연구 제27호』(2019.6), 한일군사문화학회
- "국제법으로 본 일제 강제동원 및 피해 보상 문제에 대한 고찰."『일본학보 제121호』(2019.12), 한국일본학회

조용성 현 상트페테르부르크국립대학교 박사과정 수료.

대표 저서 및 논문

- 『2016년 폴란드 인사노무관리 안내서』(2016). 서울:노사발전재단
- "Effects of a Threat and Alliance on International Cooperation: Comparison of Inter-Korean and Turkish-Armenian Railway Project", RUDN Journal of Political Science(2021), 23(2)

박광기 현 대전대학교 정치외교학과 교수. 한국정치정보학회 회장 역임(명예회장).

강유덕 현 한국외국어대학교 Language and Trade 학부 부교수. 대외경제정책연구원(KIEP) 유럽팀장/연구위원(2009-2016)

대표 저서 및 논문

- Handbook of Europe-Korea Relations (2021). London: Routledge(공저).
- 『세계질서의 변화를 읽는 7개의 시선』(2020). 서울: 메디치미디어(공저).
- "COVID-19 Social Distancing Restrictions and Public Perception in

European Countries: Macro-Level Analysis." Asia-Pacific Journal of EU Studies(2021), 19(2).
- "Refugee Crisis in Europe: Determinants of Asylum Seeking in European Countries from 2008-2014." Journal of European Integration(2020), 43(2).

김효정 현 경희대학교 국제개발협력연구센터 연구교수.

대표 저서 및 논문
- "정책 과정 내 관료화 현상의 결정 요인 연구: 한국 국제개발협력 정책에 대한 공공선택론적 분석을 중심으로." 『한국정책학회보』 (2021), 30(4).
- "기업의 ESG 실행과 평가의 괴리 가능성 연구: ESG 평가 지표 분석을 중심으로."『국가정책연구』 (2021), 35(4).
- "분쟁과 자연재해 상황에서 HDP Nexus 이행방안 연구." 『국제개발협력연구』 (2021), 13(1).

박재적 현 한국외국어대학교 국제지역대학원 부교수. 통일연구원 부연구위원(2010-2014).

대표 저서 및 논문
- (with Wooyeal Paik), "The Quad's Search for Non-Military Roles and China's Strategic Response: Minilateralism, Infrastructure Investment, and Regional Balancing," Journal of Contemporary China, 30(127), 2021.

Feta Simon 현 한국외국어대학교 국제지역대학원 박사과정. Lecturer, Governance and International Relations, Faculty of Social Sciences, Uganda Christian University.

글로벌 공공외교 기관과 활동

초판 인쇄 2022년 4월 5일
초판 발행 2022년 4월 11일

지은이 이상환 권재범 김현규 서인원 조용성
박광기 강유덕 김효정 박재적 Feta Simon
발행인 고윤성 Director, University Knowledge Press
편집장 신선호 Executive Knowledge Contents Creator
도서편집 이근영 Contents Creator
장혜정 Contents Creator
디자인 한 지 Designer
우승민 Designer
재무관리 조아라 Managing Creator
정예찬 Managing Creator
사전·홍보물 장지혜 Contents Creator
발행처 한국외국어대학교 지식출판콘텐츠원
02450 서울특별시 동대문구 이문로 107
전화 02)2173-2493~7
FAX 02)2173-3363
홈페이지 http://press.hufs.ac.kr
전자우편 press@hufs.ac.kr
출판등록 제6-6호(1969. 4. 30)
인쇄·제본 (주)케이랩 053)583-6885

ISBN 979-11-5901-895-4 [93340] 정가: 25,000원

* 본 도서는 2021년도 한국국제교류재단의 지원을 받아 완성되었음
* 잘못된 책은 교환하여 드립니다.

HU:iNE 은 한국외국어대학교출판부의 어학도서, 사회과학도서, 지역학 도서 Sub Brand이다. 한국외대의 영문명인 HUFS, 현명한 국제전문가 양성(International+Intelligent)의 의미를 담고 있으며, 휴인(携引)의 뜻인 '이끌다, 끌고 나가다'라는 의미처럼 출판계를 이끄는 리더로서, 혁신의 이미지를 담고 있다.